東洋古典譯註叢書 91

# 譯註 荀子集解 6

著者 荀況 集解 王先謙
譯註 宋基采

전통문화연구회

# 東洋古典譯註叢書를 발간하면서

우리의 古典國譯事業은 민족문화 진흥의 기초사업으로 1960년대부터 政府 支援으로 古文獻 現代化 작업을 추진하여 많은 成果를 거두었다. 당시 이 사업 추진의 先行課題로 東洋古典이라 일컬어지는 중국의 基本古典을 먼저 飜譯하여야 한다는 學界의 주장이 있었음에도 불구하고 우리 고전이 아니라는 일부의 偏狹한 視角과 財政 事情 등으로 인하여 배제되어 왔다.

전통적으로 중국의 기본고전은 우리 歷史와 함께 숨쉬며 각종 교육기관의 敎科書로 활용됨은 물론이고 지식인들의 必讀書가 되어 왔으며, 우리 文化의 基底에 자리잡고 거의 모든 방면의 體系와 根幹을 형성하여 왔다. 그래서 학문연구의 기본서 역할을 해 왔을 뿐만 아니라 오늘날에도 우리의 國學徒 및 東洋學 硏究者들에게 같은 역할을 하고 있음은 주지의 사실이다. 그럼에도 불구하고 中國古典은 우리 것이 아니라 하여 專門機關의 飜譯對象에 포함하지 않음으로써, 대부분 原典에서의 직접 번역이 아닌 重譯이나 拔萃譯의 방식이 주를 이루면서 敎養水準으로 出版되어 왔다.

오늘날 東洋 三國 중에서 우리의 東洋學 연구가 가장 부진한 이유는, 東洋基本古典에 대한 폭넓은 이해의 부족과 漢文古典 讀解力의 저하에 기인함을 우리는 솔직히 인정하여야 한다. 따라서 이들 중국고전에 대한 신뢰할 만한 國譯이 이루어지는 것이 한국학 연구를 촉진시키는 시급한 先行課題라 할 수 있다.

이에 韓國學 및 東洋學의 연구와 古典現代化의 基盤構築을 위해서는, 전문기관으로 하여금 동양고전을 단기간에 각 분야의 專門 硏究者와 漢學者가 상호 협동하여 연구번역하여 飜譯의 傳統性과 效率性, 硏究의 專門性을 높일 수 있도록 政策的 配慮가 있어야 한다.

이에 本會에서는 元老 및 中堅 漢學者와 斯界의 專攻者로 하여금 協同研究飜譯하여 공부하는 사람들이 믿고 引用하거나 깊이 있는 註釋 등을 활용할 수 있게 하고, 知識人들의 敎養을 증진시켜 줄 수 있는 東洋古典의 國譯書 간행을 지속적으로 추진해 왔다. 근래에 다행히 이 사업에 대하여 각계 지도층의 폭넓은 이해와 지원에 힘입어 2001년도부터 國庫補助를 받아 東洋古典譯註叢書를 간행하게 되었다. 이를 계기로 우리 先學의 註釋과 見解를 반영하는 등 국역사업의 內實을 기하게 되었음을 이 자리를 빌어 衷心으로 감사드리며, 아울러 國譯에 參與하신 관계자 여러분의 勞苦에 깊은 謝意를 표한다.

끝으로 우리의 이러한 작업은 오랜 역사 위에 축적된 先賢들의 業績과 現代學問을 이어주는 튼튼한 架橋와 礎石이 되어 진정한 韓國學과 東洋學 발전에 기여할 것을 굳게 믿으며, 21세기를 우리 文化의 世紀로 열어 가는 밑거름이 되도록 우리의 力量을 本 事業에 경주하고자 한다. 江湖諸賢의 부단한 관심과 지원을 기대해 마지않는다.

社團法人 傳統文化研究會 會長 李啓晃

# 凡 例

1. 본서는 ≪譯註 荀子集解≫의 제6책이다.
2. 본서의 底本은 ≪荀子集解≫(王先謙, 中華書局, 1998)로 하되, ≪荀子今註今譯≫(熊公哲, 臺灣商務印書館, 1975), ≪荀子全譯≫(蔣南華 등, 貴州人民出版社, 1995), ≪荀子校釋≫(王天海, 上海古籍出版社, 2005), ≪荀子詁譯≫(楊柳橋, 齊魯書社, 1985) 등을 참고하였다.
3. 본서는 원전의 傳統性과 번역의 現代性을 구현하기 위해 노력하였다.
4. 原文에는 우리나라 전통방식의 懸吐를 하였다.
5. 原文은 저본의 體制에 따라 단락을 구분하고, 각 단락마다 일련번호를 부여하였다.
6. 飜譯은 原義에 충실하게 하되, 이해가 어려운 부분은 意譯 또는 補充譯을 하였다.
7. 飜譯文은 한글과 漢字를 混用하였으며, 맞춤법과 띄어쓰기는 한글 맞춤법과 표준어 규정을 따르는 것을 원칙으로 하였다.
8. 譯註는 校勘, 異說, 인용문의 出典, 故事, 역사적 사건, 전문용어, 難解語, 人物, 制度, 官職 등에 관한 사항을 밝혔다.
9. 校勘은 원문의 誤字, 脫字, 衍字, 倒文 등을 대상으로 하였다.
10. 각 篇마다 간략한 해설을 달아 독자의 이해를 돕고자 하였다.
11. ≪荀子集解≫에서 諸家들이 참고한 書目의 略稱과 槪要는 다음과 같다.
    - 宋本 : 南宋의 呂夏卿(1018?~1070)이 神宗 熙寧 연간(1068~1077)에 간행한 大字本이다. 呂本이라고도 한다.
    - 宋台州本 : 南宋의 唐仲友(1136~1188)가 台州의 지방관으로 재직할 때 간행한 판본이다. 台本 혹은 監本이라고도 한다.
    - 建本 : 福建 建陽府 建陽縣에서 간행한 판본이다. 閩本이라고도 한다.

- 監本 : 일반적으로 각 朝代의 國子監에서 간행한 판본을 말하는데, 여기서는 唐仲友의 台州本을 말한다.
- 錢佃本 : 宋의 錢佃이 편찬한 ≪荀子考異≫를 가리킨다. 錢本이라고도 한다.
- 蜀本 : 宋나라 때 四川에서 간행한 판본이다.
- 元刻 : 元나라 때 민간에서 간행한 ≪纂圖分門類題註荀子≫ 10책이다.
- 世德堂本 : 明의 顧春이 嘉靖 12년(1533)에 校刻한 ≪六子全書≫본이다.
- 謝本 : 淸나라 盧文弨(1717~1795)의 교감에 謝墉(?~1795)이 자기의 교감을 합쳐 간행한 ≪荀子箋釋≫을 가리킨다. 謝刻이라고도 한다. 盧本 혹은 盧校本이라고도 한다.

12. ≪荀子集解≫에서 王先謙이 인용한 주요 註釋家는 다음과 같다. 맨 뒤 ( ) 안의 숫자는 ≪荀子集解≫에 인용된 횟수이다.

- 劉向(B.C. 77~B.C. 6) : 西漢 沛邑 사람으로, 본명은 更生, 자는 子政. 楚元王 劉交의 4대손이며 劉歆의 부친이다. 황궁의 서적을 교열하고 ≪別錄≫을 편찬하여 중국 目錄學의 시조로 불린다. 본래 ≪孫卿書≫는 333편이었는데, 중복된 290편을 删削하고 32편으로 확정하였다. (7건)
- 楊倞 : 생졸년 미상. 唐 虢州 弘農 사람으로 楊汝士의 아들이다. 憲宗 元和 13년(818)에 大理評事, 穆宗 長慶 3년(823)에 大理司直, 武宗 會昌 연간(841~846)에 汾州刺史를 지냈으며, 主客郎中을 역임하였다. ≪荀子注≫를 편찬하였다. (3,413건)
- 王應麟(1223~1296) : 宋 慶元 鄞縣 사람으로, 자는 伯厚, 호는 深寧居士, 별호는 厚齋. 浙西安撫司干辦公事 등을 역임하고, 禮部尙書 兼給事中까지 지냈다. 관직을 떠난 뒤 20년 동안 저술에만 전념하였으며, ≪玉海≫, ≪困學紀聞≫, ≪玉堂類稿≫, ≪掖垣類稿≫, ≪通鑑地理考≫, ≪漢藝文志考≫, ≪深寧集≫ 등이 유명하다. (3건)
- 盧文弨(1717~1795) : 淸 浙江 仁和 사람으로, 저명한 校勘學者이다. 자는 紹弓, 호는 磯漁, 室名은 抱經堂. ≪荀子箋釋≫을 편찬하였다. 淸 乾隆 嘉慶 연간에 餘姚盧氏 刊本으로 ≪抱經堂叢書≫가 있는데, 그가 교감한 21종의 서적을 모아 263권으로 간행하였다. (578건)

- 謝墉(1719~1795) : 清 浙江 嘉善 사람으로, 자는 昆城, 호는 金圃·東墅. 吏部左侍郞을 역임하였고 文衡을 아홉 번이나 맡았다. 그가 ≪荀子≫를 교감한 내용은 盧文弨의 ≪荀子箋釋≫에 포함되어 있다. ≪荀子集解≫에 그가 직접 거론되지는 않았다.
- 郝懿行(1755~1823) : 清 山東 棲霞 사람으로, 자는 恂九, 호는 蘭皐. 하급관리인 戶部主事로 21년간 재직하며 곤궁하였으나 訓詁學과 考證學에 조예가 깊었다. ≪荀子補注≫, ≪爾雅義疏≫, ≪山海經箋疏≫, ≪竹書紀年校正≫, ≪晉宋書故≫, ≪曬書堂集≫ 등이 있다. (372건)
- 郭嵩燾(1818~1891) : 清 湖南 湘陰 사람으로, 자는 筠仙, 호는 伯琛·玉池老人. 光緖 元年(1875)에 兵部左侍郞으로 駐英公使를 역임하였으며, ≪禮記質疑≫, ≪養知書屋集≫ 및 외국에서의 견문을 기록한 日記와 奏疏가 있다. (24건)
- 王念孫(1744~1832) : 清 江蘇 高郵 사람으로, 자는 懷祖, 호는 石臞. 戴震에게 수학하였다. 工部主事, 永定河道 등을 지냈다. 音韻學, 文字學, 訓詁學에 조예가 깊었으며, 校勘을 잘하였다. 그의 저서 ≪讀書雜志≫에 ≪荀子≫ 교감이 있다. (556건)
- 王引之(1766~1834) : 王念孫의 아들로, 자는 伯申, 호는 曼卿. 編修 등을 역임하고 宣宗 때 工部尙書까지 지냈다. 부친의 학통을 이어받아 訓詁學의 높은 경지에 이르렀고, ≪經義述聞≫, ≪經傳釋辭≫ 등을 저술하였다. (106건)
- 顧廣圻(1766~1835) : 清 江蘇 元和 사람으로, 자는 千里, 호는 澗薲·思適居士. 당대의 저명한 校勘學者로, 阮元·胡克家·孫星衍의 초빙을 받아 고서를 교감하였다. ≪思適寓齋記≫를 저술하였으며, 王念孫의 ≪讀書雜志≫의 ≪荀子雜志≫ 8권에 그의 교감이 있다. (27건)
- 兪樾(1821~1907) : 清 浙江 德清 사람으로, 자는 蔭甫, 호는 曲園. 編修, 河南學政 등을 지냈다. 관직을 그만둔 뒤 蘇州 紫陽書院, 上海 求志書院, 杭州 詁經精舍 등에서 후학을 가르쳤다. 王念孫 부자의 학문경향을 추종하여 당대의 큰 스승으로 추앙받았다. ≪群經平議≫, ≪諸子平議≫, ≪古書疑義擧例≫, ≪春在堂隨筆≫, ≪茶香室叢鈔≫, ≪詁經精舍自課文≫, ≪賓萌集≫, ≪春在堂詩編≫ 등 많은 저술을 남겼다. 그의 ≪荀子平議≫ 4권은 ≪諸子平議≫에 들어 있다. (246건)

- 汪中(1744~1794) : 清 江蘇 江都 사람으로, 자는 容甫. 어릴 적에 가난하여 서점에서 서적을 빌려 보았는데, 한 번 보면 암기하였다. 經學에 밝았고 諸子도 함께 연구하였다. 같은 고장의 王念孫・劉台拱과 교제하였다. ≪荀卿子通論≫, ≪廣陵通典≫, ≪春秋後傳≫, ≪容甫先生遺詩≫, ≪述學內外篇≫을 저술하였다. (8건)
- 洪頤煊(1765~1833) : 清 浙江 臨海 사람으로, 자는 筠軒. 경전의 訓詁에 밝았고 天文과 地理에도 조예가 있었다. ≪禮經宮室答問≫, ≪漢志水道疏證≫, ≪平津館讀碑記≫ 등을 저술하였다. (4건)
- 劉台拱(1751~1805) : 清 江蘇 寶應 사람으로, 자는 端臨. 天文, 音樂, 文字에 이르기까지 두루 관통하였다. ≪荀子補注≫, ≪論語駢枝經傳小記≫, ≪國語補校≫, ≪漢學拾遺≫ 등을 저술하였다. (49건)
- 郭慶藩(1844~1896) : 清 湖南 湘陰 사람으로, 자는 孟純, 호는 子靜. 郭嵩燾의 조카로, 音韻・文字學에 조예가 깊었다. ≪許書轉注說例≫, ≪說文經字正誼≫, ≪合校方言≫, ≪莊子集釋≫ 등을 저술하였다. (2건)

13. 본서에 사용된 주요 符號는 다음과 같다.

“　” : 對話, 각종 引用
‘　’ : “　” 안에서 再引用, 强調
「　」 : ‘　’ 안에서 再引用, 强調
(　) : 원문에서는 讀音이 특수한 글자나 僻字의 音
　　　번역문에서는 간단한 譯註
〔　〕 : 번역문과 뜻은 같으나 音이 다른 漢字나 句節, 譯註에서 인용한 原文.
≪ ≫ : 書名이나 典據
〈　〉 : 篇章名, 作品名, 補充譯
○ : 저본에 사용된 楊倞의 注와 王先謙의 集解 구분 표시 遵用

14. 본서의 校勘에 사용된 符號는 다음과 같다.

( )〔 〕 : (저본의 誤字)〔교감한 正字〕
〔　〕 : 저본의 脫字 補充
(　) : 저본의 衍字

# 參考書目

1. 底本


• ≪荀子集解≫, 王先謙 集解, 中華書局, 1988.


2. ≪荀子≫ 注解書


• ≪宋本荀子≫, 楊倞 注, 國家圖書館出版社 영인본, 2017.
• ≪荀子≫, 楊倞 注, 明 顧春 編, 嘉靖 12年(1533) 世德堂刊, 吉林出版集團公司 영인본, 2010.
• ≪荀子≫, 楊倞 注, 王鵬 整理, 上海世紀出版集團, 2010.
• ≪讀荀子≫, 物雙松(日本), 寶曆 14년(1764) 京師水玉堂 판각본.
• ≪讀荀子札記≫, 包遵信 撰, ≪文史哲≫ 連戴, 1978~1979.
• ≪荀子簡釋≫, 梁啓雄 著, 中華書局, 2010.
• ≪荀子考異≫, 錢佃 著, 中國哲學書電子化計劃 DB.
• ≪荀子校詁叢書≫, 李中生 撰, 高等教育出版社, 2001.
• ≪荀子校釋≫, 王天海 校釋, 上海古籍出版社, 2005.
• ≪荀子斷≫, 冢田虎(日本), 寬政 7년(1795) 京師水玉堂刊本.
• ≪荀子補釋≫, 劉師培 撰, 寧武南氏校印, 1936.
• ≪荀子補遺≫, 猪飼彦博(日本), 日本國會圖書館藏 필사본.
• ≪荀子補正≫, 駱瑞鶴 撰, 寧漢大學出版社, 1997.
• ≪荀子補注≫, 郝懿行 撰, 齊魯先喆遺書本.
• ≪荀子述≫, 朝川鼎(日本), 昭和 8년(1933) 활자본.
• ≪荀子新箋≫, 高亨 撰, 齊魯書社, 1980.
• ≪荀子略說≫, 安積信(日本), 昭和 8년(1933) 활자본.
• ≪荀子零箋≫, 金德建 撰, ≪中華文化論叢≫ 1980.
• ≪荀子箋釋≫, 盧文弨 校, 謝墉 輯校, 上海古籍出版社, 1986.
• ≪荀子訂補≫, 鍾泰 撰, 上海商務印書館出版社, 1936.
• ≪荀子正名篇釋詁≫, 劉念親 撰, ≪華國月刊≫ 連戴, 1923~1926.

- ≪荀子集解≫, 富山房編輯部 編輯, ≪漢文大系 第15≫, 富山房, 1913.
- ≪荀子集解補正≫, 趙海金 撰, ≪成功大學學報≫, 國立成功大學(台灣), 1972.
- ≪荀子增注≫, 久保愛(日本), 文政 3년(1820) 平安書林水玉堂 판각본.
- ≪荀子札迻≫, 孫詒讓 撰, 光緒二十年刊本.
- ≪荀子標注≫, 帆足萬里(日本), 昭和 2년(1927) 활자본.
- ≪荀學源流≫, 馬積高 著, 上海古籍出版社, 2000.
- ≪雙劍誃荀子新證≫, 于省吾 撰, 北京大業印刷局, 1940.
- ≪諸子箋校新志≫, 劉如瑛 撰, 正中書局, 1998.
- ≪增評荀子箋釋≫, 村岡良弼(日本), 明治 17년(1884) 東京 판각본.
- ≪香草續校書≫, 于鬯 撰, 中華書局, 1982.


3. ≪荀子≫ 譯註書


- ≪荀子≫, 김학주 옮김, 을유문화사, 2003.
- ≪荀子≫, 이운구 옮김, 한길사, 2006.
- ≪荀子≫, 장현근 옮김, 책세상, 2010.
- ≪荀子≫ 藤井專英(日本) 著, ≪新釋漢文大系 第5, 6≫, 明治書院, 1983.
- ≪荀子詁譯≫, 楊柳橋 著, 齊魯書社, 1985.
- ≪荀子今註今譯≫, 熊公哲 註譯, 臺灣商務印書館, 1975.
- ≪荀子讀本≫, 王忠林 注譯, 三民書局, 2009.
- ≪荀子譯注≫, 高長山 譯注, 黑龍江人民出版社, 2003.
- ≪荀子譯注≫, 張覺 譯注, 上海古籍出版社, 2012.
- ≪荀子全譯≫, 蔣南華等 注譯, 貴州人民出版社, 1995.


4. 中國 文獻

〔經部〕


- ≪經典釋文≫, 陸德明 撰, 文淵閣四庫全書, 臺灣商務印書館, 1986.
- ≪廣雅≫, 張揖 撰, 文淵閣四庫全書, 臺灣商務印書館, 1986.
- ≪群經音辨≫, 賈昌朝 撰, 文淵閣四庫全書, 臺灣商務印書館, 1986.
- ≪論語注疏≫, 何晏 注, 邢昺 疏, 北京大學出版社, 1999.
- ≪唐韻正≫, 顧炎武 撰, 文淵閣四庫全書, 臺灣商務印書館, 1986.
- ≪大戴禮記詳解≫, 王聘珍 撰, 中華書局, 1989.
- ≪孟子注疏≫, 趙岐 注, 孫奭 疏, 焦循 正義, 北京大學出版社, 1999.

• ≪毛詩正義≫, 毛公 傳, 鄭玄 箋, 孔穎達 正義, 北京大學出版社, 1999.
• ≪方言≫, 楊雄 撰, 文淵閣四庫全書, 臺灣商務印書館, 1986.
• ≪尙書正義≫, 孔安國 傳, 孔穎達 正義, 北京大學出版社, 1999.
• ≪說文通訓定聲≫, 朱駿聲 撰, 中華書局, 1984.
• ≪說文解字≫, 許愼 撰, 文淵閣四庫全書, 臺灣商務印書館, 1986.
• ≪說文解字注≫, 段玉裁 撰, 文淵閣四庫全書, 臺灣商務印書館, 1986.
• ≪詩三家義集疏≫, 王先謙 撰, 中華書局, 1987.
• ≪呂氏家塾讀詩記≫, 呂祖謙 撰, 文淵閣四庫全書, 臺灣商務印書館, 1986.
• ≪禮記正義≫, 鄭玄 注, 孔穎達 正義, 北京大學出版社, 1999.
• ≪玉篇≫, 顧野王 撰, 文淵閣四庫全書, 臺灣商務印書館, 1986.
• ≪龍龕手鑑≫, 釋行均 撰, 潘重規 編, 中華書局, 1988.
• ≪韻補≫, 吳棫 撰, 文淵閣四庫全書, 臺灣商務印書館, 1986.
• ≪六書正譌≫, 周伯琦 撰, 文淵閣四庫全書, 臺灣商務印書館, 1986.
• ≪儀禮注疏≫, 鄭玄 注, 賈公彦 疏, 北京大學出版社, 1999.
• ≪爾雅注疏≫, 郭璞 注, 邢昺 疏, 北京大學出版社, 1999.
• ≪一切經音義≫, 釋元應 撰, 文淵閣四庫全書, 臺灣商務印書館, 1986.
• ≪周禮注疏≫, 鄭玄 注, 賈公彦 疏, 北京大學出版社, 1999.
• ≪周易正義≫, 王弼・韓伯康 注, 孔穎達 正義, 北京大學出版社, 1999.
• ≪春秋穀梁傳注疏≫, 范寧 注, 楊士勛 疏, 北京大學出版社, 1999.
• ≪春秋公羊傳注疏≫, 何休 注, 徐彦 疏 北京大學出版社, 1999.
• ≪春秋左傳正義≫, 杜預 注, 孔穎達 疏, 北京大學出版社, 1999.
• ≪孝經注疏≫, 唐玄宗 注, 邢昺 疏, 北京大學出版社, 1999.

〔史部〕
• ≪國語≫, 韋昭 注, 文淵閣四庫全書, 臺灣商務印書館, 1986.
• ≪東觀漢記≫, 劉珍等 撰, 文淵閣四庫全書, 臺灣商務印書館, 1986.
• ≪史記≫, 司馬遷 撰, 裴駰 集解, 中華書局, 1959.
• ≪水經注≫, 酈道元 撰, 文淵閣四庫全書, 臺灣商務印書館, 1986.
• ≪晏子春秋≫, 晏嬰 撰, 文淵閣四庫全書, 臺灣商務印書館, 1986.
• ≪隷釋≫, 洪适 撰, 文淵閣四庫全書, 臺灣商務印書館, 1986.
• ≪戰國策≫, 高誘 注, 文淵閣四庫全書, 臺灣商務印書館, 1986.
• ≪漢書≫, 班固 撰, 中華書局, 1962.

• ≪後漢書≫, 范曄 司馬彪 撰, 中華書局. 1965.

〔子部〕

• ≪賈子新書≫, 賈誼 撰, 文淵閣四庫全書, 臺灣商務印書館, 1986.
• ≪鶡冠子≫, 無名氏 撰, 文淵閣四庫全書, 臺灣商務印書館, 1986.
• ≪敬齋古今黈≫, 李冶 撰, 文淵閣四庫全書, 臺灣商務印書館, 1986.
• ≪古今譚概≫, 馮夢龍 撰, 文淵閣四庫全書, 臺灣商務印書館, 1986.
• ≪古今事文類聚≫, 祝穆 撰, 文淵閣四庫全書, 臺灣商務印書館, 1986.
• ≪古韻標準≫, 江永 撰, 中華書局, 1982.
• ≪困學紀聞≫, 王應麟 撰, 文淵閣四庫全書, 臺灣商務印書館, 1986.
• ≪公孫龍子≫, 公孫龍 撰, 文淵閣四庫全書, 臺灣商務印書館, 1986.
• ≪孔子家語≫, 王肅 注, 文淵閣四庫全書, 臺灣商務印書館, 1986.
• ≪管子≫, 管仲 撰, 文淵閣四庫全書, 臺灣商務印書館, 1986.
• ≪老子≫, 王弼 注, 文淵閣四庫全書, 臺灣商務印書館, 1986.
• ≪論衡≫, 王充 撰, 文淵閣四庫全書, 臺灣商務印書館, 1986.
• ≪讀書雜記≫, 王紹蘭 撰, 中華書局, 1988.
• ≪獨異志≫, 李冘 撰, 文淵閣四庫全書, 臺灣商務印書館, 1986.
• ≪墨子≫, 墨翟 撰, 文淵閣四庫全書, 臺灣商務印書館, 1986.
• ≪白虎通義≫, 班固 撰, 文淵閣四庫全書, 臺灣商務印書館, 1986.
• ≪法言≫, 揚雄 撰, 李軌・柳宗元 注, 文淵閣四庫全書, 臺灣商務印書館, 1986.
• ≪本草綱目≫, 李時珍 撰, 文淵閣四庫全書, 臺灣商務印書館, 1986.
• ≪辭通≫, 朱起鳳 撰, 上海古籍出版社, 1982.
• ≪山海經≫, 郭璞 注, 文淵閣四庫全書, 臺灣商務印書館, 1986.
• ≪說苑≫, 劉向 撰, 文淵閣四庫全書, 臺灣商務印書館, 1986.
• ≪世說新語≫, 劉義慶 撰, 文淵閣四庫全書, 臺灣商務印書館, 1986.
• ≪尸子≫, 尸佼 撰, 李守奎 譯注, 黑龍江人民出版社, 2003.
• ≪新序≫, 劉向 撰, 文淵閣四庫全書, 臺灣商務印書館, 1986.
• ≪愼子≫, 愼到 撰, 文淵閣四庫全書, 臺灣商務印書館, 1986.
• ≪申子≫, 申不害 撰, 文淵閣四庫全書, 臺灣商務印書館, 1986.
• ≪呂氏春秋≫, 呂不韋 編, 高誘 注, 文淵閣四庫全書, 臺灣商務印書館, 1986.
• ≪列子≫, 張湛 注, 文淵閣四庫全書, 臺灣商務印書館, 1986.
• ≪鹽鐵論≫, 桓寬 撰, 文淵閣四庫全書, 臺灣商務印書館, 1986.

- ≪藝文類聚≫, 歐陽詢 撰, 文淵閣四庫全書, 臺灣商務印書館, 1986.
- ≪殷卜辭中所見先公先王考≫, 王國維 著, 臺北河洛圖書出版社, 1975.
- ≪日知錄≫, 顧炎武 撰, 文淵閣四庫全書, 臺灣商務印書館, 1986.
- ≪莊子集釋≫, 莊周 撰, 郭象 注, 陸德明 釋文, 成玄英 疏, 郭慶藩 輯, 王孝魚 點校, 中華書局, 1961.
- ≪諸子學述≫, 羅焌 撰, 岳麓書社, 1995.
- ≪太平御覽≫, 李昉 等 撰, 文淵閣四庫全書, 臺灣商務印書館, 1986.
- ≪太玄經≫, 揚雄 撰, 文淵閣四庫全書, 臺灣商務印書館, 1986.
- ≪通雅≫, 方以智 撰, 文淵閣四庫全書, 臺灣商務印書館, 1986.
- ≪韓非子≫, 韓非 撰, 文淵閣四庫全書, 臺灣商務印書館, 1986.
- ≪淮南子≫, 劉安 撰, 高誘 注, 文淵閣四庫全書, 臺灣商務印書館, 1986.

〔集部〕
- ≪群書治要譯注≫, 魏徵 等 撰, 中國書店出版社, 2012.
- ≪經義述聞≫, 王引之 撰, 世界書局, 1975.
- ≪經傳釋詞≫, 王引之 撰, 黃侃 楊樹達 批本, 岳麓書社, 1982.
- ≪讀書雜志≫, 王念孫 著, 江蘇古籍出版社, 2000.
- ≪讀諸子札記≫, 陶鴻慶 撰, 中華書局, 1959.
- ≪文選≫, 蕭統 撰, 文淵閣四庫全書, 臺灣商務印書館, 1986.
- ≪諸子平議≫, 兪樾 著, 中華書局, 1954.
- ≪集韻≫, 丁度 等 編, 上海古籍出版社, 1985.
- ≪楚詞補註≫, 洪興祖 撰, 文淵閣四庫全書, 臺灣商務印書館, 1986.
- ≪楚辭後語≫, 朱熹 撰, 文淵閣四庫全書, 臺灣商務印書館, 1986.
- ≪韓詩外傳≫, 韓嬰 撰, 文淵閣四庫全書, 臺灣商務印書館, 1986.

5. 韓國 文獻
- ≪星湖先生僿說≫, 李瀷 著, 驪江出版社, 1984.
- ≪順菴先生文集≫, 安鼎福 著, 韓國文集叢刊, 民族文化推進會, 1999.

6. 電子 資料
- 電子版 文淵閣四庫全書, 迪志文化出版社, 北京, 1999.
- 尙友千古(http : www.s-sangwoo.kr), 宋基采

• 韓國古典綜合DB(http : db.itkc.or.kr)
• 東洋古典綜合DB(http : db.cyberseodang.or.kr)

# 目 次

# 性惡篇 第二十三　제23편 사람의 本性은 악하다

孟子의 性善說을 비판하고 사람의 본성은 악하다는 人性論을 천명한 것이다. 이것은 荀子가 지닌 倫理思想의 가장 유명한 관점이며 政治思想의 기초이다. 인간의 물질욕망과 심리요구로부터 출발하여 본성이 악하다는 근거를 논증하였다.

악한 본성을 고쳐 선해지기 위해서는 後天의 교육과 환경이 필요하다는 것을 강조하였는데 그 방법으로, 현명한 스승을 구해 섬기고 품행이 단정한 벗을 가려 교제할 것을 제시하였다.

또 다른 측면으로는 군주의 권세를 확립하여 백성들을 통치하되 禮義를 밝혀 교화시키고 法治를 일으켜 관리하고 형벌을 엄중하게 적용하여 그들의 행위를 제한함으로써, 모든 사람이 질서를 준수하고 선량한 표준에 부합되도록 해야 한다고 하였다.

當戰國時하여 競爲貪亂하고 不脩仁義어늘 而荀卿明於治道하여 知其可化나 無勢位以臨之라 故激憤而著此論이라 書曰 惟天生民有欲하니 無主乃亂하여 惟聰明時乂라하니 亦與此同也라 舊第二十六이나 今以是荀卿論議之語라 故亦升在上이라 ○ 盧文弨曰 書作惟天生聰明時乂어늘 此無天生二字하니 似誤脫이라

楊倞注：戰國時代를 만나 〈제후들이〉 앞다투어 혼란을 일으키기를 좋아하고 仁義의 도리를 닦지 않았는데, 荀卿은 국가를 다스리는 정책에 밝아 〈그와 같은 풍조를〉 변화시킬 수 있는 방법을 알았으나, 백성을 통치할 권세와 지위가 없었기 때문에 매우 분개하여 이 논설을 저술한 것이다. ≪書經≫ 〈商書 仲虺之誥〉에 "惟天生民有欲 無主乃亂 惟聰明時乂(하늘이 백성을 내실 때 욕망을 갖게 하였으니, 군주가 없으면 곧 혼란해질 것이므로 총명한 〈인물을 세상에 내놓아〉 이들을 다스리게 한 것이다.)"라 하였으니, 그 말 또한 이 경우와 같다. 〈이 편이〉 예전에는 제26편이있으나 이것은 荀卿이 論辯하는 내용으로 〈구성되었기〉 때문에 〈차례를〉 위로 올려 배치하였다.

○ 盧文弨：〈惟聰明時乂가〉 ≪書經≫에는 '惟天生聰明時乂(하늘이 총명한 〈인물을 세상에〉 내놓아 이들을 다스리게 한 것이다.)'로 되어 있는데, 이곳에는 '天生' 두 자가 없으니 잘

못되어 빠진 것 같다.

## 23-1 人之性惡하니 其善者는 僞也라

사람의 本性은 악하니, 그것이 선해지는 것은 作爲 때문이다.

僞는 爲也며 矯也니 矯其本性也라 凡非天性而人作爲之者는 皆謂之僞라 故爲字人傍爲니 亦會意[1]字也라 ○ 郝懿行曰 性은 自然也요 僞는 作爲也라 僞與爲는 古字通이어늘 楊氏不了하여 而訓爲矯라 全書皆然하니 是其蔽也라 先謙案 郝說是라 荀書僞는 皆讀爲니 下文의 器生於工人[2]之僞 尤其明證이라

楊倞注 : 僞는 '爲(행하다)'이며 '矯(바로잡다)'의 뜻이니, 그 본성을 바로잡는다는 것이다. 일반적으로 天性으로 된 것이 아닌 사람의 作爲는 모두 '僞'라 이르기 때문에 '爲'자가 사람 인〔人〕 변에 할 위〔爲〕로 되어 있으니, 이 또한 會意 글자이다.

○ 郝懿行 : 性은 저절로 그렇게 된 것이고 僞는 作爲이다. '僞'와 '爲'는 옛 글자에 통용하였는데도 楊氏는 그렇다는 것을 알지 못해 '矯'의 뜻이라고 풀이하였다. ≪荀子≫에 〈나오는 '僞'자에 대해 楊氏의 풀이가〉 모두 그렇게 되어 있으니, 이는 그의 편협한 식견 때문이다.

先謙案 : 郝氏의 설이 옳다. ≪荀子≫의 '僞'는 모두 '爲'로 읽어야 하니, 아랫글의 '器生於工人之僞(기물은 匠人의 作爲에서 생겨나는 것이다.)'가 무엇보다도 그 분명한 증거이다.

## 23-2 今[3]人之性은 生而有好利焉하니 順是라 故爭奪生而辭讓亡焉이라

---

1) 會意 : 六書의 하나로 두 개 이상의 글자가 한데 모여 하나의 뜻을 표시하는 造字法이다.
2) 工人 : 아래(23-34)의 해당 본문에는 '工人'을 楊倞과 王念孫의 설에 따라 '陶人'으로 바로잡았다. 陶人은 옹기를 전문적으로 빚는 옹기장이이고 工人은 물건을 만드는 일반 匠人으로, 그 뜻이 다르지만 크게는 서로 통한다.
3) 今 : '夫'와 같다는 楊柳橋의 설에 따라 번역하였다. 王天海도 "性은 천연으로 나온 것이므로 古今를 구분하여 말할 수 없다. '今'은 發語詞이니 楊柳橋의 설이 옳다."라고 하였다. 아래 '今人'으로 시작되는 기타의 경우도 마찬가지이다.

대체로 사람의 本性은 나면서부터 利益을 좋아하는 마음이 있으니, 이 본성을 그대로 따르므로 쟁탈하는 행위가 생기고 사양하는 일이 없어진다.

天生性也라 順是는 謂順其性也라

楊倞注 : 천연으로 나온 것이 본성이다. 順是는 그 본성을 따르는 것을 이른다.

23-3 生而有疾惡(오)焉하니 順是라 故殘賊生而忠信亡焉이라

나면서부터 질투하고 증오하는 심리가 있으니, 이 본성을 그대로 따르므로 남을 해치는 일이 생기고 충성스럽고 성실한 마음이 없어진다.

疾은 與嫉同이라 惡는 烏路反이라

楊倞注 : 疾은 '嫉(질투하다)'과 같다. 惡는 〈음이〉 烏와 路의 반절이다.

23-4 生而有耳目之欲有好聲色焉[4]하니

나면서부터 아름다운 음악과 빛깔을 좋아하는 귀와 눈의 욕구가 있으니,

○ 先謙案 下有字는 疑衍이라

○ 先謙案 : 아래(有好聲色焉)의 '有'자는 잘못 덧붙여진 것으로 의심된다.

23-5 順是라 故淫亂生而禮義文理亡焉이라

이 본성을 그대로 따르므로 음란한 마음이 생기고 禮義와 法度가 없어진다.

文理는 謂節文條理也라

楊倞注 : 文理는 節文(예절)과 條理(법도)를 이른다.

---

4) 生而有耳目之欲有好聲色焉 : 이와 짝이 되는 위 두 문구의 형식에 비춰볼 때 아래의 '有' 자는 잘못 덧붙여진 것으로 의심된다는 王先謙의 주가 일리가 있으므로 단일구로 번역하였다.

23-6 然則從人之性하고

그렇다면 사람의 본성을 방종하게 풀어놓고

○ 先謙案 論語八佾篇集解에 從은 讀曰縱[5])이라하니라 下同이라

○ 先謙案 : ≪論語集解≫ 〈八佾篇〉에 "從은 '縱(풀어놓다)'으로 읽어야 한다."라 하였다. 아래도 같다.

23-7 順人之情엔 必出於爭奪하고 合於犯分亂理[6])하여 而歸於暴(포)라

사람의 性情대로 따를 경우에는 반드시 쟁탈하는 행위가 나타나게 되고 분수를 어기고 법도를 어지럽히는 행위와 합치되어 결국 난폭해지는 쪽으로 돌아갈 것이다.

○ 兪樾曰 犯分은 當作犯文이니 此本以文理相對라 上文曰 順是라 故淫亂生而禮義文理亡焉이라하고 下文曰 合於文理而歸於治라하니 竝其證也라 合於犯文亂理는 與合於文理와 正相對成義어늘 今作犯分하니 則與下文不合矣라 當由後人習聞犯分하고 罕聞犯文하여 而誤改之耳라

○ 兪樾 : 犯分은 마땅히 '犯文'으로 되어야 하니, 이것은 본디 '文'과 '理'가 서로 짝이 된다. 윗글에 "順是 故淫亂生而禮義文理亡焉(이 본성을 그대로 따르므로 음란한 마음이 생기고 禮義와 法度가 없어진다.)"이라 하고, 아랫글에 "合於文理而歸於治(예절과 법도에 합치되어 〈결국 세상이〉 다스려지는 쪽으로 돌아갈 것이다.)"라 하였으니, 이것이 모두 그 증거이다. '合於犯文亂理'는 '合於文理'와 정확히 서로 짝이 되어 뜻을 이루는데, 지금 '犯分'으로 되어 있으니, 아랫글과 부합되지 않는다. 이는 분명히 후세 사람이 '犯分'

---

5) 論語八佾篇集解 從讀曰縱 : 論語八佾篇集解는 '論語集解八佾篇'과 같다. ≪論語集解≫는 魏나라 何晏·孫邕·鄭沖·曹羲·荀顗 등 다섯 사람이 함께 편찬한 것으로 모두 10권이다. 從讀曰縱은 孔子가 魯나라 樂官에게 음악의 원리에 관해 말한 내용 중에 "從之 純如也(〈五音을 거침없이〉 풀어놓을 때는 화합을 이룬다.)"라 한 곳의 '從'에 대한 주이다.

6) 犯分亂理 : 趙海金은 '犯禮義 亂文理(禮義를 범하고 법도를 어지럽힌다.)'라는 말과 같다 하였고, 鍾泰는 犯分의 뜻이 음란하고 남을 해치고 쟁탈하는 것이라 하면서 兪樾의 "犯分은 마땅히 '犯文'으로 되어야 한다."는 설을 인정하지 않았다.

은 귀에 익고 '犯文'은 들어본 일이 드물기 때문에 잘못 고쳤을 것이다.

### 23-8 故必將有師法之化와 禮義之道니

그러므로 반드시 스승과 법제에 의한 敎化와 禮義를 따르는 일이 있어야 하니,

**道는 與導同이라**

楊倞注 : 道는 '導'와 같다.

### 23-9 然後出於辭讓하고 合於文理하여 而歸於治라 用[7]此觀之하면 然則[8]人之性惡明矣니 其善者는 僞也라

그런 뒤에야 사람들이 辭讓하는 일이 나타나고 예절과 법도에 합치되어 〈결국 세상이〉 다스려지는 쪽으로 돌아갈 것이다. 이로써 본다면 사람의 본성은 악한 것이 분명하니, 그것이 선해지는 것은 作爲 때문이다.

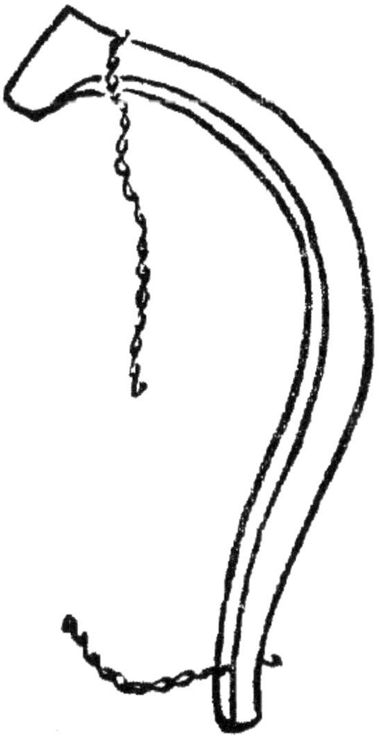

도지개

### 23-10 故枸木必將待檃栝(은괄)烝[9]矯然後直하며

그러므로 굽은 목재는 반드시 도지개를 이용하여 〈뜨거운 물에〉 찌고 바로잡는 과

---

7) 用 : '以'·'由'와 같다.

8) 用此觀之 然則 : 이것을 직역하면 '이로써 본다고 하자, 그렇다면'이라는 정도가 될 것이다. 간결한 번역을 위하여 '然'자를 무시하고 懸吐에서도 이를 반영하였다. 아래에 보이는 여덟 군데의 동일한 문구의 경우도 모두 이와 동일하게 처리하였다.

9) 烝 : '蒸(찌다)'과 통한다.

정을 거친 뒤에야 곧아지며

枸는 讀爲鉤니 曲也라 下皆同이라 檃栝은 正曲木之木也라 烝은 謂烝之使柔라 矯는 謂矯之使直也라

楊倞注 : 枸는 '鉤'로 읽어야 하니, 굽었다는 뜻이다. 아래도 모두 같다. 檃栝(도지개)은 굽은 목재를 바로잡는 나무이다. 烝은 〈뜨거운 물에〉 쪄 부드럽게 하는 것을 이른다. 矯는 휘어진 것을 바로잡아 곧아지게 하는 것을 이른다.

23-11 鈍金必將待礱(롱)厲然後利라

무딘 쇠는 반드시 숫돌에 갈리는 과정을 거친 뒤에야 날카로워지는 법이다.

礱厲는 皆磨也라 厲는 與礪同이라 ○ 盧文弨曰 注礪는 舊作勵하니 誤라

楊倞注 : 礱과 厲는 모두 〈숫돌에〉 간다는 뜻이다. 厲는 '礪(숫돌)'와 같다.

○ 盧文弨 : 〈楊氏〉 주의 〈與礪同의〉 '礪'는 옛 판본에 '勵(힘쓰다)'로 되어 있으니, 잘못된 것이다.

23-12 今人之性惡하니 必將待師法然後正하고 得禮義然後治라 今人無師法則偏險而不正하고

대체로 사람의 본성은 악하니, 반드시 스승과 법제를 기다린 뒤에야 정직해지고 禮義를 얻은 뒤에야 다스려질 수 있다. 대체로 사람에게 스승과 법제가 없다면 편벽되고 음험하여 정직하지 않고

○ 王念孫曰 廣雅에 險은 衺(사)也라하고 成相篇曰 險陂傾側이라하고 大戴記衛將軍文子篇曰 如商[10]也는 其可謂不險矣라하니라

○ 王念孫 : ≪廣雅≫에 "險은 사악하다는 뜻이다."라 하고, 〈成相篇〉에 "險陂傾側(음험하고 사악해 편파적이라.)"이라 하고, ≪大戴禮記≫ 〈衛將軍文子篇〉에 "如商也 其可謂不險矣(商이 〈벗을 사귀는 방법과〉 같은 경우는 사악하지 않다고 이를 만하다.)"라 하였다.

10) 商 : 孔子의 제자인 子貢의 이름이다.

23-13 無禮義則悖亂而不治라 古者聖王以人性惡하여 以爲偏險而不正하고 悖亂而不治라 是以爲之起禮義하고 制法度하여 以矯飾[11]人之情性而正之하고 以擾化人之情性而導之也라 始皆出於治하고 合於道者也라

禮義가 없다면 도리를 거스르고 질서를 어지럽혀 다스려지지 않을 것이다. 옛날에 聖王은 사람의 본성이 악한 것으로 인해 편벽되고 음험하여 바르지 않고, 도리를 거스르고 질서를 어지럽혀 다스려지지 않는다고 생각하였다. 이 때문에 禮義를 만들고 법도를 제정함으로써 사람들의 性情을 정돈하고 개선하여 바로잡고, 사람들의 性情을 길들이고 교화시켜 인도하였다. 이에 비로소 모두 잘 다스려지는 방향으로 나아가고 선량한 표준〔道〕에 부합되었던 것이다.

矯는 彊抑也라 擾는 馴也라

楊倞注 : 矯는 억누른다는 뜻이다. 擾는 길들인다는 뜻이다.

23-14 今之人 化師法하고 積文學하며 道禮義者는 爲君子요 縱性情하여 安恣睢하여 而違禮義者는 爲小人이라 用此觀之면 然則人之性惡明矣니 其善者는 僞也라

지금 사람들 중에 스승과 법제에 의해 교화되고 문화와 학식을 쌓으며 禮義를 따르는 사람은 君子가 되고, 타고난 性情을 방종하게 풀어놓고 방자하고 거만한 타성에 젖어 禮義를 어기는 자는 小人이 된다. 이로써 본다면 사람의 본성은 악한 것이 분명하니, 그것이 선해지는 것은 作爲 때문이다.

23-15 孟子曰 人之學者는 其性善[12]이라하니라

---

11) 飾 : '飭'과 통한다.

12) 人之學者 其性善 : 지금의 ≪孟子≫에는 이 문구가 없다. ≪孟子≫ 〈告子 上〉에 "人無有不善(사람의 본성은 선하지 않는 일이 없다.)"이라 하고, 또 "學問之道無他 求其放心而已矣(배우고 묻는 목적은 다른 데에 있지 않다. 그 놓아버린 선한 마음을 되찾자는 데에 있을 뿐이다.)"라고 하였는데, 그 뜻이 이것과 비슷하다.

孟子는 "사람들이 배우려고 하는 것은 그 본성이 선하기 때문이다."라고 하였다.

孟子言人之有學은 適所以成其天性之善이요 非矯也니 與告子所論者是也[13)]라

楊倞注 : 孟子가 사람들이 배우려고 하는 것은 곧 그 天性의 선함을 보전하기 위해서이지 바로잡기 위해서가 아니라고 말했으니, 告子와 토론한 말들이 그것이다.

23-16 曰 是不然이라 是不及知人之性하고 而不察乎人之性僞之分者也라

나의 말은 이렇다. 이는 그렇지 않다. 이는 사람의 본성을 미처 알지 못하고 또 사람의 본성과 作爲의 구분을 살피지 못한 말이다.

不及知는 謂智慮淺近하여 不能及於知니 猶言不到也라 書曰 予沖人이 不及知也라하니라

楊倞注 : 不及知는 지혜와 사고가 얕아서 알아보는 데에 미치지 못한 것을 이르니, '不到(이르지 못하다.)'라는 말과 같다. ≪書經≫ 〈周書 金縢〉에 "予沖人 不及知(〈옛날 周公이 왕실을 위해 고생했는데도〉 내 이 나이 어린 사람(周 成王)이 미처 알지 못했다.)"라 하였다.

23-17 凡性者는 天之就[14)]也라 不可學하고 不可事며 禮義者는 聖人之所生也라

---

13) 與告子所論者是也 : ≪孟子≫ 〈告子 上〉에 告子가 "본성은 버드나무와 같고 義는 버드나무를 구부려 만든 그릇과 같으니, 사람의 본성을 仁義롭게 바꾸는 것은 버드나무로 그릇을 만드는 것과 같다."라 하자, 孟子가 "당신은 버드나무의 본성에 순응하여 그릇을 만들 수 있는가? 아니면 버드나무의 본성을 손상시킨 뒤에 그릇을 만들 수 있는가? 만약 버드나무의 본성을 손상시켜 그릇을 만드는 것이라면 사람의 본성을 손상시켜 仁義롭게 바꿀 수 있다는 말이 아니겠는가."라 하였다. 또 告子가 "본성은 여울물과 같다. 〈여울물을〉 동쪽으로 트면 동쪽으로 흐르고 서쪽으로 트면 서쪽으로 흐르는 것이니, 사람의 본성이 善과 不善의 구별이 없는 것이 마치 물이 동쪽과 서쪽의 구별이 없는 것과 같다."라 하자, 孟子가 "물이 사실 동쪽과 서쪽의 구별이야 없지만 어찌 위와 아래의 구별이 또 없겠는가. 사람의 본성이 선한 것은 물이 아래로 내려가는 것과 같으니, 사람이 선하지 않는 일이 없고 물이 아래로 내려가지 않는 일이 없다."라 하였다. 告子는 後天의 作爲를 논한 것에 반해 孟子는 先天의 본성을 논한 것으로, 토론 주제가 달라 의견이 일치될 수 없었다.

14) 就 : '成'과 같다.

**人之所學而能**하고 **所事而成者也**라

대체로 본성은 천연으로 이루어진 것이어서 배워서 그렇게 될 수 없고 노력으로 그렇게 될 수 없으며, 禮義는 聖人이 만들어낸 것이어서 사람들이 배움을 통해 해낼 수 있고 노력을 통해 이룰 수 있는 것이다.

聖人之所生은 明非天性也라 事는 爲也며 任也라 周禮太宰職에 六曰事典이니 以富邦國하고 以任百官이라하고 鄭云 任은 事也라하니라 ○ 盧文弨曰 鄭注엔 本云 任은 猶傳也라하니라 玩楊意하면 卻只作事라

楊倞注：聖人이 만들었다는 말은 天性이 아니라는 것을 밝힌 것이다. 事는 作爲의 뜻이며 맡는다는 뜻이다. ≪周禮≫ 〈天官 太宰職〉에 "六曰事典 以富邦國 以任百官(여섯째는 事典(일을 다스리는 규정)이니 이것으로 천하 각국을 부강하게 만들고 百官이 그 직무를 감당하도록 한다.)"이라 하고, 鄭玄이 "任은 '事'의 뜻이다."라 하였다.

○ 盧文弨：鄭玄의 주는 본디 "任은 '傳(세우다)'와 같다."라 하였다. 楊氏의 생각을 연구해보면 〈傳는〉 '事'의 뜻으로 쓴 것일 뿐이다.

23-18 **不可學**하고 **不可事(而)〔之〕在(人)〔天〕**[15]**者**를 **謂之性**이요 **可學而能**하고 **可事而成之在人者**를 **謂之僞**라 **是性僞之分也**라

배워서 그렇게 될 수 없고 노력으로 만들어낼 수 없는 것으로 하늘에 달려 있는 것을 본성이라 이르고, 배움을 통해 해낼 수 있고 노력을 통해 이룰 수 있는 것으로 사람에게 달려 있는 것을 作爲라 이른다. 이것이 본성과 作爲의 구분이다.

不可學하고 不可事는 謂不學而能하고 不事而成也라 ○ 顧千里曰 而在人者의 而는 疑當作之요 人은 疑當作天이니 與可學而能하고 可事而成之在人者를 謂之僞와 爲對文也라 上文凡性者는 天之就也라 不可學하고 不可事도 亦其明證이라

楊倞注：'不可學 不可事'는 '배워서 그렇게 될 수 없고 노력으로 만들어낼 수 없다.'는 것을 이른다.

---

15) (而)〔之〕在(人)〔天〕：저본에는 '而在人'으로 되어 있으나, 顧千里의 주에 의거하여 '之在天'으로 바로잡았다.

○ 顧千里 : '而在人者'의 '而'는 아마도 마땅히 '之'로 되어야 하고 '人'은 아마도 마땅히 '天'으로 되어야 하니, '可學而能 可事而成之在人者 謂之僞'와 대구가 된다. 윗글의 '凡性者 天之就也 不可學 不可事'도 이것을 〈증명할 만한〉 분명한 증거이다.

## 23-19 今人之性은 目可以見하고 耳可以聽이라 夫可以見之明不離目하고 可以聽之聰不離耳하니

대체로 사람의 본성은 〈예를 들면〉 눈은 볼 수가 있고 귀는 들을 수가 있다. 〈사물을〉 볼 수 있는 視力은 눈을 떠나지 않고 〈소리를〉 들을 수 있는 聽力은 귀를 떠나지 않으니,

**可見之明常不離於目하고 可聽之聰常不離於耳也라**

楊倞注 : 볼 수 있는 시력은 언제나 눈을 떠나지 않고, 들을 수 있는 청력은 언제나 귀를 떠나지 않는다.

## 23-20 目明而耳聰은 不可學明矣라

눈의 視力과 귀의 聽力은 배워서 될 수가 없다는 것이 분명하다.

**如目明耳聽之不假於學이 是乃天性也라**

楊倞注 : 눈의 시력과 귀의 청력이 배움의 힘을 빌리지 않는 것과 같은 것이 곧 天性이다.

## 23-21 孟子曰 今人之性(善)〔惡〕[16]은 將[17]皆失喪其性故也[18]라하니라

孟子는 "대체로 사람의 본성이 악해진 것은 분명히 모두가 그 본성을 잃어버렸

---

16) (善)〔惡〕 : 저본에는 '善'으로 되어 있으나, 包遵信과 王天海의 설에 의거하여 '惡'으로 바로잡았다.

17) 將 : '必'과 같다.

18) 故也 : 저본의 원주에 "'故也'는 楊氏의 주에 의거하면 아마도 마땅히 '故惡也'로 되어야 할 듯하다.〔故也 據楊注 似當作故惡也〕"라고 하였다.

기 때문이다."라고 하였다.

孟子言失喪本性이라 故惡也라

楊倞注 : 孟子가 사람이 그 본성을 잃어버렸기 때문에 악해진 것이라고 말했다는 것이다.

23-22 曰 若是면 則過矣라 今人之性은 生而離其朴하고 離其資하여 必失而喪之라

나의 말은 이렇다. 그와 같이 〈주장한다면〉 잘못된 것이다. 대체로 사람의 본성은 태어나면서부터 그 질박함을 떠나고 그 고유한 자질을 벗어나기 때문에 반드시 그의 〈선량한 본성을〉 잃어버리게 된다.

朴은 質也라 資는 材也라 言人若生而任其性이면 則離其質朴而偸薄하고 離其資材而愚惡하여 其失喪必也라 ○ 郝懿行曰 朴은 當爲樸이니 樸者는 素也라 言人性生而已離其質樸與其資材하여 其失喪必矣요 非本善而後惡이라

楊倞注 : 朴은 질박하다는 뜻이다. 資는 자질의 뜻이다. 사람이 만약 세상에 태어나 그 본성대로 내버려두면 그 질박함을 떠나 경박해지고 그 고유한 자질을 떠나 愚惡해져서 그 선한 본성을 잃어버릴 것이 분명하다는 것을 말한다.

○ 郝懿行 : 朴은 마땅히 '樸'으로 되어야 하니, 樸이란 소박하다는 뜻이다. 사람의 본성은 〈사람이 세상에〉 태어나면 그때 이미 그 소박함과 고유한 자질을 떠나므로 그의 〈선량한 본성을〉 잃어버릴 것이 분명하고, 본디 선했다가 나중에 악해지는 것은 아니라는 것을 말한다.

23-23 用此觀之면 然則人之性惡明矣[19)]라

---

19) 人之性惡明矣 : 王念孫의 주에서는 이 문구 밑에 마땅히 '其善者僞也'의 문구가 있어야 한다고 하였으나, 여기서는 '사람이 그의 본성을 잃어버려 악하다.'고 한 孟子의 설을 반박한 것이므로 이 문구가 있으면 안 된다. 鍾泰·駱瑞鶴·王天海 등도 모두 王念孫의 설을 인정하지 않았다.

이로써 본다면 사람의 본성은 악한 것이 분명하다.

○ 王念孫曰 此下亦當有其善者僞也句라 人之性惡하니 其善者僞也二句 前後凡九見하니 則此亦當然이라

○ 王念孫 : 이 문구(然則人之性惡明矣) 밑에도 마땅히 '其善者僞也(그것이 선해진 것은 作爲 때문이다.)' 구가 있어야 한다. '人之性惡 其善者僞也' 두 구가 앞뒤에 모두 아홉 번 보이니, 이곳에도 마땅히 그렇게 되어야 한다.

23-24 所謂性善者는 不離其朴而美之하며 不離其資而利之也라

이른바 본성이 선해진다는 것은 그 질박함을 떠나지 않으면서 아름답게 변화되며, 그 고유한 자질을 벗어나지 않으면서 더 좋아지는 것이다.

不離質朴資材하고 自得美利하여 不假飾而善하니 此則爲天性이라

楊倞注 : 질박함과 고유한 자질을 떠나지 않고 스스로 아름다워지고 더 좋아져서 거짓으로 꾸미는 과정을 거치지 않고 선해지는 것이니, 이것이 곧 天性이 된다.

23-25 使夫資朴之於美와 心意之於善은 若夫可以見之明不離目하고 可以聽之聰不離耳니

고유한 자질이며 질박함이 아름다워지고 심지·의식이 선해지게 하는 것은 마치 〈사물을〉 볼 수 있는 視力이 눈을 떠나지 않고 밝아지고 〈소리를〉 들을 수 있는 聽力이 귀를 떠나지 않고 밝아지는 경우와 같으니,

使質朴資材自善이 如聞見之聰明이 常不離於耳目하니 此乃天性也라

楊倞注 : 〈태어날 때의〉 질박함과 고유한 자질을 스스로 선해지게 하는 것이 마치 〈소리를〉 듣고 〈사물을〉 보는 시력과 청력이 언제나 귀와 눈을 벗어나지 않아 밝은 경우와 같으니, 이것이 곧 天性이다.

23-26 故曰 目明而耳聰也라하니라

이 때문에 "〈天性이란〉 눈의 시력과 귀의 청력이 밝아진 것과 〈같다.〉"고 말한 것이다.

故曰如目明耳聰이 此乃是其性이니 不然이면 則是矯僞[20]使之也라

楊倞注 : 이 때문에 눈의 시력과 귀의 청력이 〈밝아진 것과〉 같은 것이 곧 그 천성이라고 말한 것이니, 그런 것이 아니면 바로잡아 작위적으로 바꾸어 그렇게 되도록 만드는 것이다.

23-27 今人之性은 飢而欲飽하고 寒而欲煖하고 勞而欲休하니 此人之情性也라 今人飢라도 見長[21]而不敢先食者는 將有所讓也요

대체로 사람의 본성은 배고프면 배불리 먹으려 하고 추우면 따뜻하게 입으려 하고 수고로우면 쉬려고 하니, 이것이 사람의 性情이다. 그런데 대체로 사람이 배고프더라도 웃어른을 보면 감히 먼저 먹지 않는 것은 사양하려는 마음이 있기 때문이고

○ 兪樾曰 注不釋長字는 蓋以爲尊長也라 然下文云 勞而不敢求息者는 將有所代也라하여 無爲尊長任勞之文하니 則此句長字도 亦非謂尊長也라 長은 讀爲粻이라 爾雅釋言에 粻은 糧也라하고 詩崧高篇에 以峙其粻이라하여늘 鄭箋曰 粻은 糧也라하니라 見粻而不敢先食은 與下文勞而不敢求息과 意正相配라 若作見長이면 則轉與下意不倫矣리라

○ 兪樾 : 〈楊氏의〉 주에 '長'자를 풀이하지 않은 이유는 아마도 〈'長'을〉 尊長(웃어른)으로 생각했기 때문일 것이다. 그러나 아랫글에 "勞而不敢求息者 將有所代也(수고

---

20) 矯僞 : 잘못된 것을 바로잡아 작위적으로 바꾼다는 뜻이다. 僞는 '爲'와 같다. 23-1 集解 참조.

21) 長 : 兪樾의 주에는 '粻'자로 읽어야 한다고 하였으나, 鍾泰는 '尊長'의 '長'으로 풀이하는 것이 옳다고 하면서 아래 문구에 '長'을 말하지 않은 것은 생략한 것이라고 하였다. 王天海도 "여기에서 '有所讓(사양하려는 마음이 있어서이다.)'을 말하고 아래 문구에서 자제가 부형에게 사양한다고 말했는데, 부형은 곧 웃어른이다."라고 하면서 鍾泰의 설에 동의하였다.

로우면서도 감히 쉬려고 하지 않는 것은 대신하려는 마음이 있기 때문이다.)"라 하여 尊長을 위해 수고를 대신 맡는다는 문구가 없으니, 이 문구의 '長'자 또한 尊長을 말한 것이 아니다. 長은 '粻(양식)'으로 읽어야 한다. ≪爾雅≫ 〈釋言〉에 "粻은 양식이다."라 하였고, ≪詩經≫ 〈大雅 崧高篇〉에 "以峙其粻(〈가는 길에 쓸〉 양식 비축했기에)"이라 하였는데, 鄭玄의 箋에 "粻은 양식이다."라고 하였다. '見粻而不敢先食'은 아랫글 '勞而不敢求息'과 뜻이 정확히 서로 어울린다. 만약 '見長(웃어른을 보다)'으로 쓴다면 도리어 아래 뜻과 맞지 않을 것이다.

## 23-28 勞而不敢求息者는 將有所代也라

수고로우면서도 〈웃어른을 보면〉 감히 쉬려고 하지 않는 것은 〈웃어른의 수고를〉 대신하려는 마음이 있기 때문이다.

所以代尊長也라

楊倞注 : 웃어른의 〈수고를〉 대신하려는 마음 때문이다.

## 23-29 夫子之讓乎父하고 弟之讓乎兄하며 子之代乎父하고 弟之代乎兄하니 此二行者는 皆反於性而悖於情也라

대체로 자식이 아버지에게 〈먹을 것을〉 사양하고 아우가 형에게 〈먹을 것을〉 사양하며, 자식이 아버지의 〈수고를〉 대신하고 아우가 형의 〈수고를〉 대신하니, 이 두 가지 행위는 모두 사람의 본성에 반대되고 감정에 어긋난다.

悖는 違라

楊倞注 : 悖는 어긋난다는 뜻이다.

## 23-30 然而孝子之道요 禮義之文理也라 故順情性則不辭讓矣요 辭讓則悖於情性矣라 用此觀之면 然則人之性惡明矣니 其善者는 僞也라

그렇지만 이는 孝子의 도리이고 禮義의 법도이다. 그러므로 性情을 따르면 사양하지 않게 되고 사양을 하면 性情에 어긋나게 된다. 이로써 본다면 사람의 본성은 악한 것이 분명하니, 그것이 선해지는 것은 作爲 때문이다.

23-31 問者曰 人之性惡하면 則禮義惡(오)生고하면

묻는 사람이 "사람의 본성이 악하다면 禮義는 어디서 생기는가?"라고 한다면,

禮義從何而生고하니라 惡는 音烏라

楊倞注 : 〈禮義惡生은〉 '禮義는 어디서 생기는가?'라는 뜻이다. 〈惡生의〉 惡는 음이 '烏'이다.

23-32 應之曰 凡禮義者는 是生於聖人之僞요 非故生於人之性也라

나는 다음과 같이 대답할 것이다. 대체로 禮義라는 것은 聖人의 〈후천적인〉 作爲에 의해 생기는 것이고 본디 사람의 본성에서 나오는 것은 아니다.

故는 猶本也라 言禮義生於聖人矯僞抑制요 非本生於人性也라

楊倞注 : 故는 '本'과 같다. 禮義는 聖人이 바로잡아 작위적으로 바꾸고 억제하는 데서 생기고 본디 사람의 본성에서 나오는 것은 아니라는 것을 말한다.

23-33 故陶人埏埴(선식)而爲器하니

대체로 陶工이 진흙을 반죽하여 기물을 만드니,

陶人은 瓦工也라 埏은 擊也라 埴은 埴黏土也니 擊黏土而成器라 埏은 音羶이라

楊倞注 : 陶人은 기와를 굽는 匠人이다. 埏은 내리친다는 뜻이고 埴은 찰흙을 반죽한다는 뜻이니, 찰흙을 때려 기물을 만드는 것이다. 埏은 음이 '羶'이다.

23-34 然則器生於(工)〔陶〕[22]人之僞요 非故生於人之性也[23]라

22) (工)〔陶〕 : 저본에는 '工'으로 되어 있으나, 楊倞의 後說과 王念孫의 주에 의거하여 '陶'로 바로잡았다.

23) 非故生於人之性也 : 王念孫은 본디 '非故生於陶人之性也'로 되어 있었을 것이라고 하였

그렇다면 기물은 陶工의 作爲에 의해 생겨나고 본디 사람의 본성에서 생기는 것은 아니다.

言陶器自是生於工人學而爲之요 非本生於人性하여 自能爲之也라 或曰 工人은 當爲陶人이라 故는 猶本也라 ○ 王念孫曰 楊後說에 以此工人爲陶人之誤하니 是也라 此文은 本作故陶人埏埴而爲器하니 然則器生於陶人之僞요 非故生於陶人之性也라 故工人斲木而成器하니 然則器生於工人之僞요 非故生於工人之性也라 今本陶人之性과 工人之性이 皆作人之性하니 此涉上下文人之性而誤라 下文云 瓦埴豈陶人之性이며 器木豈工人之性이리오하니 是其明證矣라

楊倞注：질그릇은 본디 匠人이 기술을 배워 만드는 데서 생겨나고 본디 사람의 본성에서 나와 저절로 만들어질 수 있는 것이 아니라는 것을 말한다. 혹자는 "工人은 마땅히 '陶人'으로 되어야 한다."라고 하였다. 故는 '本'과 같다.

○ 王念孫：楊氏의 다음 설에 이 '工人'은 '陶人'의 잘못이라 하였으니, 그것이 옳다. 이 글은 본디 '故陶人埏埴而爲器 然則器生於陶人之僞 非故生於陶人之性也 故工人斲木而成器 然則器生於工人之僞 非故生於工人之性也'로 되어 있었을 것이다. 지금 판본에는 '陶人之性'과 '工人之性'이 모두 '人之性'으로 되어 있으니, 이는 위아래 글 '人之性'과 연관되어 잘못된 것이다. 아랫글에 "瓦埴豈陶人之性 器木豈工人之性(진흙을 반죽하여 기와를 만드는 것이 어찌 陶工의 본성이겠으며, 나무 그릇을 깎아 그릇을 만드는 것이 어찌 匠人의 본성이겠는가.)"이라 하였으니, 이것이 그 분명한 증거이다.

23-35 故工人斲木而成器하니 然則器生於工人之僞요 非故生於人之性也[24]라 聖人積思慮하고 習僞故하여 以生禮義而起法度라 然則禮義法度者는 是生於聖人之僞요 非故生於人之性也라

대체로 匠人이 나무를 깎아 그릇을 만드니, 그릇은 장인의 作爲에 의해 생겨나

---

으나, 鍾泰는 아래의 '禮義法度者 是生於聖人之僞 非故生於人之性也'를 근거로 '陶'자가 없는 것이 옳다고 하였다.

24) 非故生於人之性也：王念孫은 23-34의 주에서 본디 '非故生於工人之性也'로 되어 있었을 것이라 하였으나, 이 또한 잘못 이해한 것이므로 따르지 않았다.

고 본디 사람의 본성에서 생기는 것은 아니다. 聖人이 생각을 축적하고 作爲를 익혀 禮義를 만들어내고 法度를 세운다. 그렇다면 예의와 법도는 성인의 作爲에 의해 생기는 것이고 본디 사람의 본성에서 생기는 것은 아니다.

自是聖人矯人性而爲之 如陶人工人然也라

楊倞注 : 본디 聖人이 사람의 본성을 바로잡아 禮義와 法度를 만든 것이 陶工과 匠人의 그 경우와 같다는 것이다.

23-36 **若夫目好色**하고 **耳好聽**하고 **口好味**하고 **心好利**하며 **骨體膚理好愉佚**하니 **是皆生於人之情性者也**라

눈이 고운 색깔을 좋아하고 귀가 음악소리를 좋아하고 입이 맛깔스러운 맛을 좋아하고 마음이 財利를 좋아하며 신체와 살결이 쾌적하고 편안함을 좋아하니, 이는 모두 사람의 性情에서 생기는 것이다.

膚理는 皮膚文理也라 佚은 與逸同이라 人勞苦則皮膚枯槁也라

楊倞注 : 膚理는 피부의 결이다. 佚은 '逸(편안하다)'과 같다. 사람이 수고하고 애쓰면 피부가 마른다.

23-37 **感而自然**이요 **不待事而後生之者也**라

〈이는 외물에〉 감촉되어 저절로 그렇게 되는 것이고 노력의 과정을 거친 뒤에 생기는 것은 아니다.

受性自爾[25]요 不待學而知也라

楊倞注 : 부여받은 본성이 저절로 그렇게 되는 것이고 배우는 과정을 거쳐야 아는 것은 아니다.

23-38 **夫感而不能然**이요 **必且待事而後然者**를 **謂之生於僞**라

25) 自爾 : 본문의 '自然'과 같다.

〈외물에〉 감촉되더라도 그렇게 되지 못하고 반드시 노력의 과정을 거친 뒤에 그렇게 되는 것을 作爲에서 생기는 것이라고 말한다.

○ 王引之曰 僞는 音爲라 謂之僞三字中에 不當有生於二字니 此涉上生於而衍也라 上文曰 可學而能하고 可事而成之在人者를 謂之僞라하고 正名篇曰 慮積焉하고 能習焉而後成도 謂之僞라하니 皆其證이라

○ 王引之 : 僞는 음이 '爲'이다. '謂之僞' 세 자 중간에 '生於' 두 자가 있어서는 안 되니, 이는 위의 '生於'와 연관되어 잘못 덧붙여진 것이다. 윗글에 "可學而能 可事而成之在人者 謂之僞(배움을 통해 해낼 수 있고 노력을 통해 이룰 수 있는 것으로 사람에게 달려 있는 것을 作爲라 이른다.)"라 하고, 〈正名篇〉에 "慮積焉 能習焉而後成 謂之僞(사려가 쌓이고 관능이 습관화된 뒤에 〈일종의 행위규범을〉 형성하는 것을 作爲라 이른다.)"라 하였으니, 이것이 모두 그 증거이다.

23-39 是性僞之所生과 其不同之徵也라

이것이 본성과 作爲가 만들어내는 것과 이것들이 〈갖추고 있는〉 서로 다른 특징이다.

徵은 驗이라

楊倞注 : 徵은 특징이라는 뜻이다.

23-40 故聖人化性而起僞하니

그러므로 聖人이 자기의 본성을 변화시키고 作爲의 노력을 행하는 것이니,

言聖人能變化本性而興起矯僞也라

楊倞注 : 聖人이 능히 본성을 변화시키고 바로잡아 작위적으로 바꾸는 노력을 행한다는 말이다.

23-41 僞起而生禮義하고

作爲의 노력이 행해진 뒤에 禮義가 생겨나고

老子曰 智惠出이라야 有大僞라하고 莊子亦云 仁相僞也요 義相虧也[26)]라하니 皆言非其本性也라 ○ 謝本은 從盧校하여 作僞起於性이라 王念孫曰 宋錢佃校本云 僞起於性而生禮義라하나 諸本作僞起而生禮義하고 無於性二字라 案諸本是也라 上文云 凡禮義者는 是生於聖人之僞요 非故生於人之性也라하니 則不得言僞起於性而生禮義明矣라 宋本有於性二字者는 不曉荀子之意而妄加之也라 禮義生於聖人之僞라 故曰 僞起而生禮義라하니라 下文云 能化性하고 能起僞하니 僞起而生禮義라하니 是其明證矣라 先謙案 王說是라 今從諸本하여 删於性二字라

楊倞注 : ≪老子≫에 "智惠出 有大僞(지혜가 나타나야 큰 거짓이 있게 된다.)"라 하고, ≪莊子≫에도 "仁相僞也 義相虧也(仁은 거짓이 될 수 있고 義는 기준에 미치지 못할 수 있다.)"라 하였으니, 이는 모두 그것이 본성이 아니라는 것을 말한다.

○ 謝本은 盧校本에 따라 〈僞起가〉 '僞起於性'으로 되어 있다.

王念孫 : 宋 錢佃의 校本에는 '僞起於性而生禮義(본성에서 作爲의 노력이 행해진 뒤에 禮義가 생겨난다.)'라 하였으나 기타의 여러 판본에는 '僞起而生禮義'로 되어 있고 '於性' 두 자가 없다. 살펴보건대, 기타의 여러 판본이 옳다. 윗글에 "凡禮義者 是生於聖人之僞 非故生於人之性也(대체로 禮義라는 것은 聖人의 〈후천적인〉 作爲에 의해 생기는 것이고 본디 사람의 본성에서 생기는 것은 아니다.)"라 하였으니, '僞起於性而生禮義'라고 말할 수 없다는 것이 분명하다. 宋本에 '於性' 두 자가 있는 것은 ≪荀子≫의 뜻을 이해하지 못해 함부로 추가한 것이다. 禮義는 聖人의 作爲의 노력에 의해 생기는 것이므로 "作爲의 노력이 행해진 뒤에 禮義가 생겨난다."라고 말한 것이다. 아랫글에 "能化性 能起僞 僞起而生禮義(〈君子를 귀하게 여기는 것은〉 그들이 능히 자기의 본성을 변화시키고 능히 作爲의 노력을 행할 수 있기 때문이니, 作爲의 노력이 행해져 禮義가 생겨나는 것이다.)"라 하였으니, 이것이 그 분명한 증거이다.

先謙案 : 王氏의 설이 옳다. 여기서는 기타의 여러 판본에 따라 '於性' 두 자를 삭제하였다.

23-42 禮義生而制法度라 然則禮義法度者는 是聖人之所生也라 故聖人之所

26) 仁相僞也 義相虧也 : ≪莊子≫ 〈知北遊〉에 보인다. 오늘날의 ≪莊子≫에는 '仁可爲也 義可虧也'로 되어 있다. 이에 따라 번역하였다.

**以同於衆**하여 **其不異於衆者**[27)]는 **性也**요

禮義가 생겨난 뒤에 法度를 제정한다. 그렇다면 예의와 법도란 聖人이 만들어 낸 것이다. 聖人이 일반 대중과 같아 저 일반 대중과 전혀 다른 점이 없는 것은 〈先天의〉 본성이고,

○ **兪樾曰 同於衆**이 **卽不異於衆也**니 **於文複矣**라 **據下文云 所以異而過衆者**는 **僞也**하면 **疑此文亦當作所以同於衆而不過於衆者**는 **性也**라 **而譌作其**하고 **過譌作異**하여 **而詞意俱不可通矣**라

○ 兪樾 : '同於衆(일반 대중과 같다.)'이 곧 '不異於衆(일반 대중과 다르지 않다.)'이니, 글이 중복되었다. 아랫글에 "所以異而過衆者 僞也(〈일반 대중과〉 다르면서 일반 대중의 범주를 뛰어넘는 것은 〈후천의〉 作爲 때문이다.)"라고 말한 것에 의하면, 아마도 이 글 또한 마땅히 '所以同於衆而不過於衆者 性也'로 되어야 할 것 같다. '而'가 '其'로 잘못되고 '過'가 '異'로 잘못되어 글 뜻이 모두 통할 수 없게 되었다.

## 23-43 **所以異而過衆者**는 **僞也**라

〈일반 대중과〉 다르면서 일반 대중의 범주를 뛰어넘는 것은 〈후천의〉 作爲 때문이다.

**聖人過衆**은 **在能起僞**라

楊倞注 : 聖人이 일반 대중의 범주를 뛰어넘는 것은 능히 作爲의 노력을 행하는 데에 있다는 것이다.

## 23-44 **夫好利而欲得者**는 **此人之情性也**라 **假之**[28)]**有(弟兄)**[29)]**資**[30)]**財而分**

---

27) 所以同於衆 其不異於衆者 : 兪樾의 주에 '同於衆'과 '不異於衆'은 같은 말이 중복된 것이라고 하면서 '而'가 '其'로 잘못되고 '過'가 '異'로 잘못되었다고 하였으나, 王天海는 其는 '而'와 같고 '而不異於衆者'는 완전히 같고 다르지 않다는 뜻을 강조한 것이라고 하면서 원문에 이상이 없다고 하였다.

28) 假之 : 假若과 같은 것으로, '만약'의 뜻이다.

29) (弟兄) : 저본에는 '弟兄'이 있으나, 王先謙의 주에 의거하여 잘못 덧붙여진 것으로 처리

**者**에 **且順情性**하여 **好利而欲得**이면 **若是則兄弟相拂奪矣**어니와

대체로 財利를 좋아하고 그것을 얻고자 하는 것은 곧 사람의 性情이다. 예를 들어 재물을 취해 나누는 일이 있다고 할 때 만약 性情을 따라 財利를 좋아하고 그것을 얻고자 한다면 형제간에도 서로 성을 내며 쟁탈하겠지만

拂은 違戾也라 或曰 拂字는 從木旁弗이니 擊也라 方言云 自關而西謂之柫이라하니 今之農器連枷也라하니라 且는 發辭也라 ○ 盧文弨曰 拂奪은 宋本作怫奪하니 注同이라 兪樾曰 楊注違戾之訓은 旣得之矣라 讀拂爲柫이면 義轉迂曲이라 說文에 拂은 過擊也라하니 拂自可訓擊이라 何必改爲柫乎아 柫者는 農器也라 施之於此면 非所安矣라 又案 說文色部에 (愠艴)〔艴은 愠〕[31]怒色也[32]라하니 此拂字는 疑艴之叚音이라 言兄弟必艴然爭奪也라 先謙案 據下文言讓乎國人하면 則非兄弟分財之謂明이라 弟兄二字는 衍文也라 有資財而分할새 順情性則兄弟相奪하고 化禮義則讓乎國人이라야 文義正相對待라 若兄弟分財而讓及國人은 非情理所有矣라 弟兄二字는 乃淺人緣下文兄弟相拂奪妄加之라

楊倞注 : 拂은 어기고 거스른다는 뜻이다. 혹자는 "'拂'자는 木의 形符에 '弗'을 붙인 것이니, 때린다는 뜻이다. ≪方言≫에 '函谷關 서쪽 지방에서는 〈拂을〉 '柫'이라 이른다.' 하였으니, 지금의 농기구인 도리깨이다."라 하였다. 且는 發語辭이다.

---

하였다.

30) 資 : '취한다'는 뜻이다.

31) (愠艴)〔艴愠〕: 저본에는 '愠艴'로 되어 있으나, ≪諸子平議≫와 ≪說文解字注≫에 의거하여 '艴愠'으로 바로잡았다.

32) (愠艴)〔艴愠〕怒色也 : ≪說文解字≫ 〈色部〉의 '艴'자에는 "色艴如也 從色弗聲 論語色艴如也(〈艴은〉 色이 변한 것 같다는 뜻이다. 色은 形符가 되고 弗은 聲符가 된다. ≪論語≫ 〈鄕黨〉에 '色艴如也(≪논어≫에는 艴이 勃로 되어 있음)"라 하였다.)"라고 하였고, 이에 대한 段玉裁의 ≪說文解字注≫에 "色艴如也는 살펴보건대 마땅히 '艴怒色也(艴은 노한 기색이다)'로 되어야 한다. ≪孟子≫ 〈公孫丑 上〉의 '曾西艴然不悅(曾西가 성을 발칵 내어 언짢아하였다.)'이라고 한 곳의 趙岐 주에 '艴 愠怒色也(艴은 노한 기색이다.)'라 하였다.〔色艴如也 按此當作艴怒色也 孟子曾西艴然不悅 趙曰 艴 愠怒色也〕"라고 하였다. 따라서 兪樾이 인용한 '艴 愠怒色也'는 ≪설문해자≫가 아니라 단옥재의 ≪설문해자주≫에서 인용한 ≪맹자≫의 조기 주이며, 조기의 주에는 "艴然 愠怒色也"로 되어 있다.

○ 盧文弨 : 拂奪은 宋本에 '怫奪'로 되어 있고 〈楊倞의〉 주도 그와 같이 되어 있다.

兪樾 : 楊氏 주의 '違戾(어기고 거스르다)'라는 뜻풀이는 이미 제대로 된 것이다. '拂'을 '柫'로 읽는다면 뜻이 도리어 왜곡되어버린다. ≪說文解字≫에 "拂의 뜻은 지나가면서 때린다는 뜻이다."라 하였으니, '拂'이 절로 때린다는 뜻이 될 수 있다. 어찌 굳이 고쳐 '柫'로 만들 게 있겠는가. 柫이란 농기구이다. 그것을 여기에다 쓴다면 걸맞지 않다. 또 살펴보건대, ≪설문해자≫ 〈色部〉에 "艴의 뜻은 성을 내는 기색이다."라 하였으니, 이 '拂'자는 아마도 '艴'의 假借音일 것이다. 이것은 형제가 반드시 성을 내며 쟁탈할 것이라는 것을 말한다.

先謙案 : 아랫글에 "국내의 다른 사람에게도 양보할 것이다."를 근거로 보면 형제간에 재물을 나누는 것을 말하는 것은 아니라는 것이 분명하다. '弟兄' 두 자는 잘못 덧붙여진 글이다. '재물을 취해 나누는 일이 있을 때 性情을 따르면 형제간에도 서로 쟁탈하고 禮義로 교화되면 국내의 다른 사람에게도 양보한다.'고 하여야 글 뜻이 정확히 서로 대를 이룬다. 만약 형제가 재물을 나누면서 국내의 다른 사람에게 그것을 양보한다면 이는 인정과 도리로 볼 때 있을 수 있는 일이 아니다. '弟兄' 두 자는 곧 식견이 얕은 사람이 아랫글 '兄弟相拂奪'로 인해 함부로 추가했을 것이다.

### 23-45 且化禮義之文理[33)]면 若是則讓乎國人矣리라 故順情性則弟兄爭矣요 化禮義則讓乎國人矣라

만약 禮義의 규범에 교화된다면 국내의 다른 사람에게도 양보할 것이다. 그러므로 性情을 따르면 형제간에도 다투고, 禮義에 의해 교화되면 국내의 다른 사람에게도 양보할 것이다.

### 23-46 凡人之欲爲善者는 爲性惡也라

대체로 사람들이 선해지려고 하는 것은 본성이 악하기 때문이다.

爲其性惡이라 所以欲善也라

楊倞注 : 그 본성이 악하기 때문에 선해지려고 한다는 것이다.

---

33) 文理 : 규범의 뜻이다.

23-47 夫薄願厚하고 惡願美하며 狹願廣하고 貧願富하며 賤願貴하니 苟無之中者라면 必求於外라 故富而不願財하고 貴而不願埶니 苟有之中者라면 必不及於外라

얇으면 두터워지길 선망하고 흉하면 아름다워지길 선망하며 좁으면 넓어지길 선망하고 가난하면 부유해지길 선망하며 미천하면 귀해지길 선망하니, 만약 자기 속에 없는 것이라면 반드시 바깥에서 추구할 것이다. 그러므로 부유하면 재물을 선망하지 않고 존귀하면 권세를 선망하지 않는 것이니, 만약 자기 속에 있는 것이라면 반드시 바깥을 돌아보지 않을 것이다.

既有富貴於中이라 故不及財埶於外也라

楊倞注 : 이미 자기 속에 부유함과 존귀함이 있기 때문에 바깥에서 재물과 권세를 추구할 필요가 없는 것이다.

23-48 用此觀之면 人之欲爲善者는 爲性惡也리

이로써 본다면 사람들이 선해지려고 하는 것은 본성이 악하기 때문이다.

無於中이라 故求於外니 亦猶貧願富之比라

楊倞注 : 선함이 자기 속에 없으므로 바깥에서 추구하는 것이니, 이는 또 가난하면 부유해지길 선망하는 경우와 같다.

23-49 今人之性은 固無禮義라 故彊學而求有之也하며 性不知禮義라 故思慮而求知之也라 然則(生)〔性〕[34]而已면 則人無禮義하고 不知禮義라

대체로 사람의 본성은 본디 禮義가 없기 때문에 노력하여 배우고 그것을 지니기를 추구하며, 본성은 예의를 모르기 때문에 사색하고 고려하여 그것을 알기를 추구하는 것이다. 그러므로 본성만 지니고 있다면 사람이 예의가 있을 수 없고 예

34) (生)〔性〕: 저본에는 '生'으로 되어 있으나, 盧文弨의 주에 의거하여 '性'으로 바로잡았다. 아래 楊倞 주의 경우도 같다.

의를 알 수도 없다.

(生)〔性〕而已는 謂不矯僞者라 ○ 盧文弨曰 生而已는 元刻作性而已라 下同이라

楊倞注 : 본성만 지니고 있다는 것은 바로잡아 작위적으로 바꾸지 않는 것을 이른다.

○ 盧文弨 : 生而已는 元刻本에 '性而已'로 되어 있다. 아래도 같다.

23-50 **人無禮義則亂**하고 **不知禮義則悖**라 **然則(生)〔性〕而已**면 **則悖亂在己**[35]라 **用此觀之**면 **人之性惡明矣**니 **其善者**는 **僞也**라

사람에게 禮義가 없다면 질서를 어지럽히고, 예의를 모른다면 도리를 거스르게 될 것이다. 그러므로 본성만 지니고 있다면 도리를 거스르고 질서를 어지럽히게 되는데 이는 자기가 〈예의로 교화되지 않는 데에〉 있다. 이로써 본다면 사람의 본성은 악한 것이 분명하니, 그것이 선해지는 것은 作爲 때문이다.

不矯而爲之면 則悖亂在己니 以此知其性惡也라

楊倞注 : 바로잡아 작위적으로 바꾸지 않으면 도리를 거스르고 질서를 어지럽히는 일이 자기에게 있게 되는 것이니, 이로 인해 그 본성이 악하다는 것을 안다는 것이다.

23-51 **孟子曰 人之性善**[36]이라하니라 **曰 是不然**하다 **凡古今天下之所謂善者**는 **正理平治也**며 **所謂惡者**는 **偏險悖亂也**라 **是善惡之分也已**라

孟子는 "사람의 본성은 선하다."라고 하였다.

---

35) 在己 : 久保愛는 '在'자는 '不'자의 잘못인 것 같다 하고, 陶鴻慶은 '相亡'의 잘못으로 의심된다고 하였다. 그러나 王天海는 잘못된 글자가 아니라고 하면서 '在己之不化禮義也(자기가 禮義로 교화되지 않는 데에 있다.)'의 뜻이라고 하였다.

36) 人之性善 : ≪孟子≫ 〈告子 上〉에 "사람의 본성이 선한 것은 마치 물이 아래로 내려가는 것과 같으니, 사람이 선하지 않은 이가 있지 않고 물이 아래로 내려가지 않는 일이 없다.〔人性之善也 猶水之就下也 人無有不善 水無有不下〕"라고 하였다.

나는 말한다. 이는 그렇지 않다. 대체로 옛날부터 지금까지 온 천하에서 이른바 선하다는 것은 단정하고 순리롭고 공평하고 질서를 지키는 것이며, 이른바 악하다는 것은 편벽되고 음험하고 도리를 거스르고 질서를 어지럽히는 것이다. 이것이 善과 惡의 한계이다.

善惡之分은 在此二者라 分은 扶問反[37)]이라

楊倞注 : 선과 악의 한계는 이 두 가지에 있다. 分은 〈음이〉 扶와 問의 반절이다.

23-52 **今誠以人之性固正理平治邪**(야)아 **則有惡**(오)**用聖王**이며 **惡用禮義哉**아

지금 진실로 사람의 본성이 본디 단정하고 순리롭고 공평하고 질서를 지키는 것이라고 생각하는가? 그렇다면 또 聖王이 무슨 필요가 있겠으며 禮義가 무슨 필요가 있겠는가.

有는 讀爲又라 惡는 音烏라

楊倞注 : 有는 '又'로 읽는다. 惡는 음이 '烏'이다.

23-53 **雖有聖王禮義**라도 **將曷加於正理平治也哉**아 **今**[38)]**不然**이라 **人之性惡**이라

비록 聖王과 禮義가 있다 하더라도 단정하고 순리롭고 공평하고 질서를 지키는 본성에 또 무슨 보탬이 있겠는가. 이것은 그렇지 않다. 사람의 본성은 악하다.

今以性善爲不然者는 謂人之性惡也라

楊倞注 : 지금 본성이 선하다는 것을 그렇지 않다고 하는 것은 사람의 본성이 악하기 때문이라는 것을 이른다.

23-54 **故古者聖人以人之性惡**하여 **以爲偏險而不正**하고 **悖亂而不治**라 **故爲**

---

37) 分 扶問反 : 分의 음은 府와 文의 반절인 平聲과, 扶와 問의 반절인 去聲 두 가지가 있는데, 平聲은 나눈다는 뜻이고, 去聲은 한계의 뜻이다.

38) 今 : '是'와 같다.

之立君上之埶以臨之하고 明禮義以化之하고 起法正[39]以治之하고 重刑罰以禁之하여 使天下皆出於治하고 合於善也라 是聖王之治며 而禮義之化也라 今當試去君上之埶하고

그러므로 옛날에 聖王은 사람의 본성이 악한 것으로 인해 편벽되고 음험하여 바르지 않고 도리를 거스르고 질서를 어지럽혀 다스려지지 않는다고 생각하였다. 이 때문에 군주의 권위를 확립하여 그들을 통치하고 禮義를 밝혀 그들을 교화하고 법도를 세워 그들을 다스리고 형벌을 무겁게 하여 그들의 〈범죄를〉 금지함으로써, 천하가 모두 잘 다스려지는 방향으로 나아가고 선량한 표준에 부합되도록 했던 것이다. 이것이 聖王의 다스림이며 禮義의 교화이다. 지금 시험삼아 군주의 권위를 버리고

○ 先謙案 當은 是嘗之借字라 當試는 猶嘗試니 說見君子篇이라

○ 先謙案 : 當은 '嘗'의 假借字이다. 當試는 '嘗試'와 같으니, 이에 관한 설은 〈君子篇〉(24-21)에 보인다.

23-55 無禮義之化하고 去法正之治하고 無刑罰之禁하여 倚而觀天下民人之相與也에

禮義에 의한 교화를 없애고 법도에 의한 다스림을 버리고 형벌로 금지하는 것을 없애고서, 한번 서서 천하 백성들이 서로 어울려 사는 것을 살펴보자,

倚은 任也라 或曰 倚는 偏倚니 猶傍觀也라하니라 ○ 王念孫曰 楊說非也라 倚者는 立也니 言立而觀之라 說卦傳의 參天兩地而倚數에 虞翻曰 倚는 立也①라 楚辭九辯의 澹容與而獨倚兮는 謂獨立也요 招隱士의 白鹿麏麚兮 或騰或倚는 謂或騰或立也라 列子黃帝篇曰 有七尺之骸와 手足之異하며 戴髮含齒하여 倚而趣者를 謂之人이라하니 謂立而趣也요 淮南氾論篇曰 立之於本朝之上하고 倚之於三公之位라하니라

39) 法正 : '法政'과 같은 것으로 정치규범을 말하는데, 편의상 법도로 풀이하였다.

① 廣雅同이라

≪廣雅≫도 이와 같다.

楊倞注 : 倚은 의지한다는 뜻이다. 혹자는 "倚는 한쪽에 의지한다는 뜻이니, 〈倚而觀은〉 곁에서 본다는 말과 같다."라 하였다.

○ 王念孫 : 楊氏의 설은 틀렸다. 倚는 '立'의 뜻이니, 〈倚而觀은〉 서서 그들을 살펴보는 것을 말한다. ≪周易≫ 〈說卦傳〉의 "參天兩地而倚數(셋이란 홀수로 天을 삼고 둘이란 짝수로 地를 삼아 卦爻의 수를 확립한다.)"라 한 곳에 虞翻이 "倚는 '立'의 뜻이다."라 하였다. ≪楚辭≫ 〈九辯〉의 "澹容與而獨倚兮(따분하여 한가로이 홀로 서 있노라니)"의 〈獨倚는〉 홀로 서 있는 것을 이르고, 〈招隱士〉의 "白鹿麏麚兮 或騰或倚(흰 사슴과 노루들이 혹은 달리고 혹은 서 있네.)"의 〈或騰或倚는〉 어떤 것은 달려가고 어떤 것은 서 있다〔或立〕는 것을 이른다. ≪列子≫ 〈黃帝篇〉에 "有七尺之骸 手足之異 戴髮含齒 倚而趣者 謂之人(일곱 자의 몸에 형태가 다른 팔과 발을 지녔으며 두상에 머리털이 자라고 입 안에 치아를 머금고 서 있기도 하고 달리기도 하는 것을 사람이라 이른다.)"이라 한 곳의 〈倚而趣는〉 서 있기도 하고 달리기도 하는 것〔立而趣〕을 이르고, ≪淮南子≫ 〈氾論篇〉에 "立之於本朝之上 倚之於三公之位(그를 조정 위에 세우고 三公 자리에 세웠다.)"라 하였다.

23-56 若是則夫彊者害弱而奪之하고 衆者暴寡而譁之하여

그렇게 되면 강자는 약자를 침해하여 그들의 것을 빼앗고 다수는 소수를 깔보아 시끄럽게 떠들어댐으로써

衆者陵暴於寡而諠譁之하여 不使得發言也라 ○ 兪樾曰 如楊注라면 譁與奪義不倫이라 禮記曲禮篇에 爲國君華之의 鄭注曰 華는 中裂之라하니 此文譁字는 當讀爲華하여 而從中裂之訓이라 陵暴於寡而分裂之는 與害弱而奪之者無異也라

楊倞注 : 다수가 소수를 깔보아 시끄럽게 떠들어댐으로써 말을 꺼내지 못하게 할 것이라는 것이다.

○ 兪樾 : 楊氏의 주대로라면 '譁'와 '奪'은 뜻이 비슷하지 않다. ≪禮記≫ 〈曲禮篇〉에 "爲國君華之(제후를 위해 〈오이를 두 조각으로〉 쪼갠다.)"라고 한 곳의 鄭玄 주에 "華는 중심에서 〈두 조각으로〉 쪼갠다는 뜻이다."라 하였으니, 이 글의 '譁'자는 마땅히 '華'로 읽어 중심에서 쪼갠다는 뜻을 따라야 한다. 소수를 깔보아 그들을 분열시킨다는 것은 약자를 침해하여 그들의 것을 빼앗는다는 것과 다를 게 없다.

## 23-57 天下悖亂而相亡不待頃矣리라

온 천하가 도리를 거스르고 질서를 어지럽혀 〈제후국들이〉 잇달아 멸망하는 일이 잠깐 동안에 일어날 것이다.

頃은 少頃也라 本或爲須니 須臾也라

楊倞注 : 頃은 '少頃(잠깐)'의 뜻이다. 어떤 판본에는 간혹 '須'로 되어 있으니, 이 또한 '須臾(잠깐)'의 뜻이다.

## 23-58 用此觀之면 然則人之性惡明矣니 其善者는 僞也라

이로써 본다면 사람의 본성은 악한 것이 분명하니, 그것이 선해지는 것은 作爲 때문이다.

## 23-59 故善言古者는 必有節於今하고 善言天者는 必有徵於人이라

대체로 옛일에 관해 잘 설명하는 사람은 반드시 지금의 〈사실을〉 증거로 삼고, 하늘에 관해 잘 설명하는 사람은 반드시 사람의 〈일을〉 증거로 삼는다.

節은 準이라 徵은 驗이라 ○ 郝懿行曰 節者는 信也라 言論古必以今事爲符信이라 四語는 董子書[40]偁之라 王引之曰 諸書無訓節爲準者라 節은 亦驗也라 禮器注云 節은 猶驗也[41]라하니라 下文曰 凡論者는 貴其有辨合하고 有符驗이라하니 符驗卽符節①이라 漢書董仲舒傳에 作善言古者는 必有驗於今하니 是節卽驗也라

① 哀六年公羊傳注에 節은 信也[42]라하고 齊策注에 驗은 信也[43]라하니라 或言符節하고 或言符

40) 董子書 : 董子는 西漢의 철학가이자 경학가인 董仲舒(B.C. 179~104)이다. 書는 ≪漢書≫ 권56 〈董仲舒列傳〉에 보이는 그가 쓴 賢良科 對策文을 가리킨다.

41) 節 猶驗也 : ≪禮記≫ 〈禮器〉에 "無節於內者 觀物弗之察矣(마음속에 먼저 이와 같은 것을 증명한 일이 없다면 사물을 보더라도 인식하지 못한다.)"라고 한 곳의 鄭玄 주이다.

42) 節 信也 : ≪春秋公羊傳≫ 哀公 6년에 "與之玉節而走之(그에게 玉節을 주어 도망가게 하였다.)"라고 한 곳의 何休 주이다.

43) 驗 信也 : ≪戰國策≫ 〈齊策〉 '成侯鄒忌爲齊相'의 "亦驗其辭於王前(점을 친 사람이 한 말을

驗하고 或言符信하니 一也라

≪春秋公羊傳≫ 哀公 6년의 주에 "節은 '信'의 뜻이다."라 하고, ≪戰國策≫ 〈齊策〉의 주에 "驗은 '信'의 뜻이다."라 하였다. 어떤 곳에서는 '符節'이라 하고, 어떤 곳에서는 '符驗'이라 하고, 어떤 곳에서는 '符信'이라 하였는데, 〈이는 모두〉 같다.

楊倞注 : 節은 '準(준칙)'의 뜻이다. 徵은 '驗(증거)'의 뜻이다.

○ 郝懿行 : 節이란 '信'이다. 옛일에 관해 잘 논하는 사람은 반드시 지금의 사실로 符信(증거)을 삼는다는 것을 말한다. 이 네 마디 말은 董子의 글에 거론되었다.

王引之 : 여러 문헌에 '節'의 뜻을 '準'이라 한 곳은 없다. 節 또한 '驗'의 뜻이다. ≪禮記≫ 〈禮器〉의 주에 "節은 '驗'과 같다."라 하였다. 아랫글에 "凡論者 貴其有辨合 有符驗(대체로 담론이란 그것이 〈증권을〉 나눈 것처럼 합치되고 符節처럼 검증할 수 있는 것이 중요하다.)"이라 하였으니, '符驗'은 '符節'이다. ≪漢書≫ 〈董仲舒傳〉에는 '善言古者 必有驗於今'으로 되어 있으니, 이곳의 '節'은 곧 '驗'과 같다.

23-60 凡論者는 貴其有辨合하고 有符驗이라

대체로 담론이란 그것이 〈증권을〉 나눈 것처럼 합치되고 符節처럼 검증할 수 있는 것이 중요하다.

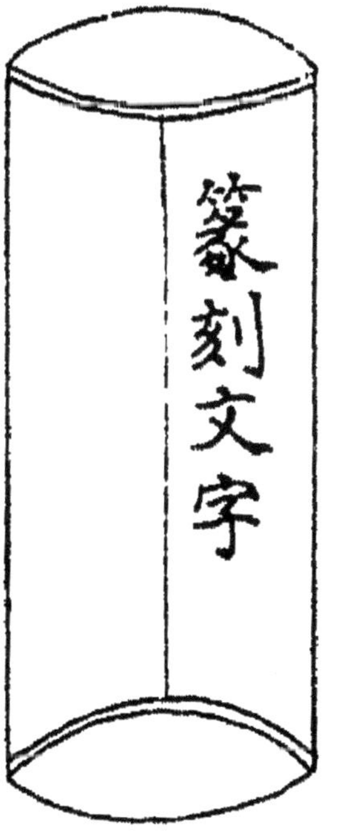

符節

辨은 別也라 周禮小宰의 聽稱責以傳別에 鄭司農云 別之爲兩하여 兩家各執其一이라하니라 符는 以竹爲之하니 亦相合之物이라 言論議如別之合하고 如符之驗이라야 然可施行也라

楊倞注 : 辨은 '別'의 뜻이다. ≪周禮≫ 〈小宰〉의 "聽稱責以傳別(재물을 차용한 것에 관한 송사를 심리할 때는 〈증권을〉 나눈 것을 근거로 삼는다.)"라고 한 곳에, 鄭司農(鄭衆)이 "〈하나의 증권을〉 둘로 나누어 쌍방이 각자 하나씩 지니는 것이다."라고 하였다.

---

齊王 앞에서 증명하였다.)"이라고 한 곳의 高誘 주이다.

符는 대나무로 만드는 것이니, 이 또한 〈상대방의 진위 여부를〉 서로 맞춰보는 물건이다. 논의하는 일은 마치 〈증권을〉 나눈 것이 서로 합치되고 符節처럼 검증되어야 시행할 수 있다는 것을 말한다.

23-61 故坐而言之를 起而可設하고 張而可施行이라 今孟子曰 人之性善이라하나 無辨合符驗하며 坐而言之를 起而不可設하고 張而不可施行하니 豈不過甚矣哉아 故性善則去聖王이요 息禮義矣며

그러므로 앉아서 말한 것을 일어나서 〈그 법도를〉 세울 수 있고 널리 알려 시행할 수 있는 것이다. 지금 孟子는 "사람의 본성은 선하다."고 말하지만 그 말과 합치되는 증거와 검증할 만한 근거가 없으며, 앉아서 말한 것을 일어나서 〈그 법도를〉 세울 수 없고 널리 알려 시행할 수가 없으니, 어찌 매우 중대한 잘못이 아니겠는가. 그러므로 본성이 선한 것으로 여긴다면 聖王을 배제하고 禮義를 소멸시키는 것이며,

性善則不假聖王禮義也라

楊倞注 : 본성이 선하다면 聖王과 禮義를 필요로 하지 않을 것이라는 것이다.

23-62 性惡則與聖王하고 貴禮義矣리라

본성이 악한 것으로 여긴다면 聖王을 따르고 禮義를 존중하는 것이다.

○ 謝本은 從盧校하여 與作興이라 王念孫曰 呂錢本에 興은 皆作與라 案齊語에 桓公知天下諸侯多與己也의 韋注曰 與는 從也라하니라 與聖王은 從聖王也라 與는 與去正相反하니 則作與者是하니 從元刻作興非라 先謙案 王說是라 今改正이라

○ 謝本은 盧校本에 따라 '與'가 '興'으로 되어 있다.

王念孫 : 呂錢本에 '興'은 모두 '與'로 되어 있다. 살펴보건대, ≪國語≫ 〈齊語〉에 "桓公知天下諸侯多與己也(桓公은 천하의 제후가 대부분 자기를 따른다는 것을 알았다.)"라고 한 곳의 韋昭 주에 "與는 따른다는 뜻이다."라고 하였다. 與聖王은 聖王을 따른다〔從聖王〕는 뜻이다. '與'는 '去'와 정확히 서로 반대인 것으로 보면 '與'로 된 것이 옳으니, 元刻

本에 따라 '輿'으로 되어 있는 것은 틀렸다.

先謙案 : 王氏의 설이 옳다. 여기서는 고쳐 바로잡았다.

23-63 **故檃栝之生**은 **爲枸木也**요 **繩墨之起**는 **爲不直也**요 **立君上**하고 **明禮義**는 **爲性惡也**라 **用此觀之**면 **然則人之性惡明矣**니 **其善者**는 **僞也**라 **直木不待**檃栝**而直者**는 **其性直也**요 **枸木必將待**檃栝**烝矯然後直者**는 **以其性不直也**라 **今人之性惡**하여 **必將待聖王之治**와 **禮義之化**니 **然後皆出於治**하고 **合於善也**라 **用此觀之**면 **然則人之性惡明矣**니 **其善者**는 **僞也**라

그러므로 도지개가 생겨난 것은 굽은 나무 때문이고, 먹줄이 만들어진 것은 곧지 않은 것 때문이고, 군주를 세우고 禮義를 밝히는 것은 본성이 악하기 때문이다. 이로써 본다면 사람의 본성은 악한 것이 분명하니, 그것이 선해지는 것은 作爲 때문이다.

곧은 목재가 도지개에 의지하지 않고도 곧은 것은 그 본성이 곧기 때문이고, 굽은 목재가 반드시 도지개에 묶여서 불에 쬐어 바로잡히는 과정을 거친 뒤에 곧아지는 것은 그 본성이 곧지 않기 때문이다.

대체로 사람의 본성은 악하니 반드시 聖王의 다스림과 禮義의 교화를 거쳐야 하니, 그런 다음에 모두 모두 잘 다스려지는 방향으로 나아가고 선량한 표준에 부합되는 것이다. 이로써 본다면 사람의 본성은 악한 것이 분명하니, 그것이 선해지는 것은 作爲 때문

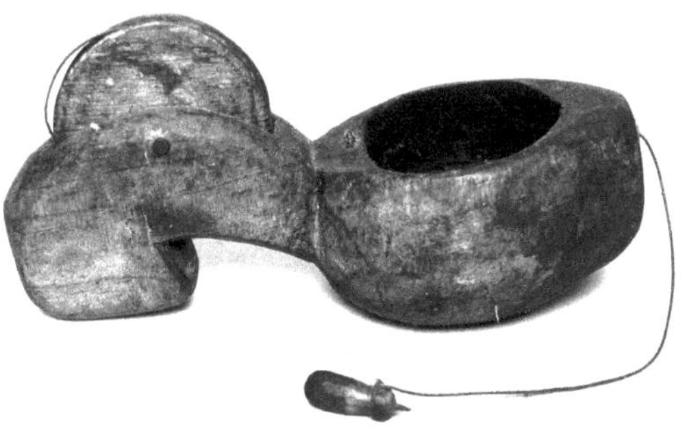

먹줄

이다.

23-64 問者曰 禮義積僞者는 是人之性이라 故聖人能生之也라하면

묻는 사람이 "作爲를 쌓아 禮義를 만드는 것은 곧 사람의 본성이다. 그러므로 聖人은 그것을 만들어낼 수가 있다."라고 한다면,

言禮義雖是積僞所爲나 亦皆人之天性自有라 聖人能生之하고 衆人但不能生耳라 ○ 先謙案 禮義積僞者는 積作爲而起禮義也라 楊注非라

楊倞注：禮義가 비록 作爲를 쌓아 만들어진 것이기는 하나 이 또한 사람의 천성 속에 본디 지닌 것으로서 聖人은 능히 이것을 만들어내고 뭇사람은 만들어내지 못한 것일 뿐이라는 것이다.

○ 先謙案：禮義積僞란 作爲를 쌓아 禮義를 일으킨다는 뜻이다. 楊氏의 주는 틀렸다.

23-65 應之曰 是不然이라 夫陶人埏埴而生瓦하니 然則瓦埴豈陶人之性也哉며

나는 다음과 같이 대답할 것이다. 이는 그렇지 않다. 옹기장이는 진흙을 반죽하여 기와를 만들어내니 그렇다면 진흙을 반죽하여 기와를 만드는 것이 어찌 옹기장이의 본성이겠으며,

豈陶人亦性而能瓦埴哉아 亦積僞然後成也라

楊倞注：어찌 옹기장이 또한 천성으로 진흙을 반죽하여 기와를 만들어낼 수 있겠는가. 이 또한 作爲를 익힌 다음에 이뤄낼 수 있다는 것이다.

23-66 工人斲木而生器하니 然則器木豈工人之性也哉아 夫聖人之於禮義也는 辟(則)〔亦〕[44]陶埏而生之也라

목수는 나무를 깎아 그릇을 만들어내니 그렇다면 나무를 깎아 그릇을 만드는

44) (則)〔亦〕：저본에는 '則'으로 되어 있으나, 世德堂本에 의거하여 '亦'으로 바로잡았다.

것이 어찌 목수의 본성이겠는가. 대체로 聖人이 禮義를 〈만들어내는 것은〉 비유하면 그 또한 옹기장이가 진흙을 반죽하여 〈기와를〉 만들어내는 〈것과 같다.〉

辟는 **讀爲譬**라

楊倞注 : 辟는 '譬'로 읽는다.

23-67 **然則禮義積僞者 豈人之本性也哉**아 **凡人之性者**는 **堯舜**[45]**之與桀**跖이 **其性一也**요 **君子之與小人**이 **其性一也**라

그렇다면 作爲를 쌓아 禮義를 만드는 것이 어찌 사람의 본성이겠는가. 대체로 사람의 본성이란 堯·舜과 桀·盜跖의 본성이 동일하고 君子와 小人의 본성이 동일하다.

**言皆惡也**라

楊倞注 : 〈사람의 본성은〉 누구나 악하다는 것을 말한다.

堯

舜

45) 堯舜 : 龍宇純은 아랫글에 '堯·禹'를 아울러 칭했으므로 이곳도 마땅히 '堯禹'로 되어야 한다고 하였다. 여기서는 저본대로 두었다.

23-68 今將以禮義積僞爲人之性邪(야)아 然則有曷貴堯禹며 曷貴君子矣哉아

그러니 지금 과연 作爲를 쌓아 禮義를 만드는 것을 사람의 본성이라 할 수 있겠는가. 그렇다면 또 무엇 때문에 堯·禹를 귀하게 여기겠으며, 무엇 때문에 君子를 귀하게 여기겠는가.

所以貴堯禹者는 以其能化性異於衆也라 有는 讀爲又라

禹

楊倞注 : 堯·禹를 귀하게 여기는 까닭은 그들이 능히 일반 대중과 달리 본성을 변화시켰기 때문이라는 것이다. 有는 '又'로 읽어야 한다.

23-69 凡貴堯禹君子者는 能化性하고 能起僞니 僞起而生禮義라 然則聖人之於禮義積僞也는 亦猶陶埏而爲之也라

대체로 堯·禹와 君子를 귀하게 여기는 것은 그들이 능히 자기의 본성을 변화시키고 능히 作爲의 노력을 행할 수 있기 때문이니, 作爲의 노력이 행해져 禮義가 생겨나는 것이다. 그렇다면 聖人이 作爲를 쌓아 禮義을 만드는 것은 또한 옹기장이가 진흙을 반죽하여 〈기와를〉 만들어내는 것과 같다.

聖人化性於禮義는 猶陶人埏埴而生瓦라 ○ 王念孫曰 呂錢本엔 亦下皆有猶字라 案上文云 夫聖人之於禮義也는 辟亦陶埏而生之也라하니 則此句內當有猶字라 故楊注亦云 聖人化性於禮義는 猶陶人埏埴而生瓦라하니라 先謙案 謝本은 從盧校하여 無猶字라 今依王說하여 從呂錢本增이라

楊倞注 : 聖人이 禮義에 의해 본성을 변화시키는 것은 옹기장이가 진흙을 반죽하여 기와를 만들어내는 것과 같다는 것이다.

○ 王念孫 : 呂・錢本에는 '亦' 밑에 모두 '猶'자가 있다. 살펴보건대, 윗글에 "夫聖人之於禮義也 辟亦陶埏而生之也(대체로 聖人이 禮義를 〈만들어내는 것은〉 비유하면 그 또한 옹기장이가 진흙을 반죽하여 〈기와를〉 만들어내는 〈것과 같다.〉)"라 하였으니, 이 문구 안에 마땅히 '猶'자가 있어야 할 것이다. 그러므로 楊氏의 주에도 "聖人化性於禮義 猶陶人埏埴而生瓦"라 하였다.

先謙案 : 謝本은 盧校本에 따라 '猶'자가 없다. 여기서는 王氏의 설에 의거하여 呂・錢本에 따라 〈'猶'자를〉 추가하였다.

## 23-70 用此觀之면 然則禮義積僞者 豈人之性也哉아

이렇게 본다면 作爲를 쌓아 禮義를 만들어내는 것이 어찌 사람의 본성이겠는가.

(卽)〔旣〕[46]類陶埏而生이라하니 明非本性也라

楊倞注 : 〈作爲를 쌓아 禮義를 만들어내는 것은〉 이미 옹기장이가 진흙을 반죽하여 〈기와를〉 만들어내는 것과 같다고 하였으니, 〈그것은〉 본성이 아니라는 것을 밝힌 것이다.

## 23-71 所賤於桀跖小人者는 從其性하고 順其情하며 安恣睢하여 以出乎貪利爭奪이라 故人之性惡明矣니 其善者는 僞也라

桀・盜跖과 小人들을 천하게 여기는 것은 그들이 자기의 본성을 따르고 자기의 정욕에 순종하며 방자하고 거만한 타성에 젖어서 財利를 탐내 쟁탈하는 길로 나아갔기 때문이다. 이로써 본다면 사람의 본성은 악한 것이 분명하니, 그것이 선해지는 것은 作爲 때문이다.

桀跖小人이 是人之本性也라

楊倞注 : 桀・盜跖과 小人들이 〈하는 행위가〉 사람의 본성이라는 것이다.

## 23-72 天非私曾騫孝(已)〔己〕[47][48]而外衆人也라

46) (卽)〔旣〕 : 저본에는 '卽'으로 되어 있으나, 世德堂本에 의거하여 '旣'로 바로잡았다.

曾參

하늘이 曾參·閔子騫·孝己만 편애하고 뭇사람을 도외시한 것은 아니다.

曾騫은 曾參閔子騫也요 孝(已)〔己〕는 殷高宗之太子니 皆有至孝之行也라

楊倞注 : 曾·騫은 曾參과 閔子騫이고 孝己는 殷高宗의 태자이니, 모두 지극한 효행이 있었다.

23-73 然而曾騫孝(已)〔己〕獨厚於孝之實而全於孝之名者는 何也오 以綦[49]於禮義故也라

그런데도 曾參·閔子騫·孝己가 유독 孝道의 실제내용에 충실하여 〈효자의〉 명성을 보전한 것은 무엇 때문인가? 이는 禮義에 대해 온 힘을 다했기 때문이다.

三人能矯其性하여 極爲禮義故也라

楊倞注 : 이들 세 사람이 능히 그 본성을 바로잡아 禮義에 대해 온 힘을 다했기 때문이라는 것이다.

閔子騫

23-74 天非私齊魯之民而外秦人也라 然而於父子之義와 夫婦之別에 不如齊魯之孝(具)〔共〕敬(父)〔文〕[50]者는 何也오

---

47) (已)〔己〕: 저본에는 '已'로 되어 있으나, 宋 浙本에 의거하여 '己'로 바로잡았다. 아래도 같다.

48) 曾騫孝(已)〔己〕: 曾參(B.C. 505~B.C. 436)과 閔子騫(B.C. 536~B.C. 487, 이름은 損)은 모두 孔子의 문인으로 대표적인 孝子들이다. 孝己는 부모를 섬길 때 하룻밤에 다섯 번 일어나 부모가 입은 옷의 두께와 사용하는 베개의 높낮이를 살펴보았다고 한다.

49) 綦 : '極'과 같다.

하늘이 齊나라와 魯나라 백성만 편애하고 秦나라 사람을 도외시한 것은 아니다. 그런데도 아비와 자식 사이의 도리와, 지아비와 지어미 사이의 분별에 있어서 〈秦나라 사람은〉 齊나라와 魯나라 백성들처럼 〈자식이 부모에게〉 효성스럽고 공순하며 〈지아비와 지어미 사이에〉 공경하여 예절이 있지 못하는 것은 무엇 때문인가?

孝具는 能具孝道라 敬父는 當爲敬文이니 傳寫誤耳라 敬而有文은 謂夫婦有別也라 ○ 王念孫曰 敬文은 見勸學禮論二篇이라 於父子之義夫婦之別上에 當有秦人二字어늘 而今本脫之라 孝具二字不詞하고 且與敬文不對라 具當爲共이니 字之誤也라 孝共은 卽孝恭①이니 正與敬文對라 楊云 孝具는 能具孝道라하니 此望文生義而非其本旨라

① 令德孝恭이 見周語라
'令德孝恭(효성스럽고 공순한 아름다운 덕행)'이라는 말이 ≪國語≫ 〈周語〉에 보인다.

楊倞注 : 孝具는 능히 효도를 갖췄다는 뜻이다. 敬父는 마땅히 '敬文'으로 되어야 하니, 옮겨 쓰는 과정에 잘못된 것일 뿐이다. 敬而有文은 지아비와 지어미 사이에 분별이 있다는 것을 이른다.

○ 王念孫 : 敬文은 〈勸學〉과 〈禮論〉 두 편에 보인다. '父子之義夫婦之別' 위에 마땅히 '秦人' 두 자가 있어야 할 것인데, 지금 판본에는 이것이 누락되었다. '孝具' 두 자는 말이 이뤄지지 않고 또 '敬文'과 대가 되지 않는다. '具'는 마땅히 '共'으로 되어야 하니, 글자가 잘못된 것이다. '孝共'은 곧 '孝恭'이니, 정확히 '敬文'과 대가 된다. 楊氏는 "孝具는 능히 효도를 갖췄다는 뜻이다."라고 하였으니, 이는 글자만 보고 대강 뜻을 짐작한 것으로 그 본래의 뜻이 아니다.

23-75 以秦人從情性하여 安恣睢하여 慢於禮義故也라 豈其性異矣哉아

秦나라 사람은 타고난 性情대로 방임하여 방자하고 거만한 타성에 젖어 禮義에 대해 소홀했기 때문이다. 어찌 그들의 본성이 다를 리가 있겠는가.

50) 孝(具)〔共〕敬(父)〔文〕: 저본에는 '孝具敬父'로 되어 있으나, 楊倞과 王念孫의 주에 의거하여 '孝共敬文'으로 바로잡았다.

綦禮義則爲曾閔하고 慢禮義則爲秦人은 明性同於惡하고 唯在所化耳라 若以爲性善이면 則曾閔不當與衆人殊하고 齊魯不當與秦人異也리라

楊倞注 : 禮義에 대해 온 힘을 다하면 曾參과 閔子騫이 되고 禮義에 대해 소홀하면 秦나라 사람이 된다는 말은, 사람의 본성은 다 같이 악하고 오직 이것을 변화시키는 데에 달려 있다는 것을 밝힌 것이다. 만약 사람의 본성이 선하다고 생각한다면 曾參과 閔子騫이 분명히 뭇사람과 다르지 않고 齊나라와 魯나라 사람이 秦나라 사람과 다르지 않을 것이다.

23-76 塗之人[51)]可以爲禹라하니 曷謂也오

"길 가는 사람도 禹와 〈같은 聖人이〉 될 수 있다."라고 하는데, 이는 무슨 말인가?

塗는 道路也라 舊有此語어늘 今引以自難하여 言若性惡이면 何故塗之人皆可以爲禹也오하니라

楊倞注 : 塗는 도로이다. 옛날에 이 말이 있었는데, 지금 그것을 끌어와 스스로 물어 "만약 본성이 악하다면 무슨 까닭으로 저 길 가는 사람도 모두 禹가 될 수 있단 말인가?"라고 말한 것이다.

23-77 曰 凡禹之所以爲禹者는 以其爲仁義法正[52)]也라 然則仁義法正有可知可能之理라

그 답은 이렇다. 대체로 禹가 〈聖人으로서의〉 禹가 된 까닭은 그가 능히 仁義와 法度를 행했기 때문이다. 그렇다면 인의와 법도는 알 수도 있고 행해질 수도 있는 이치를 갖추고 있다.

---

51) 塗之人 : '行道之人'과 같은 것으로, 길 가는 보통 사람이란 뜻이다.
52) 仁義法正 : 仁義는 일반적으로 仁愛와 正義의 뜻으로 이해되는데 여기서는 사회도덕을 말하고, 法正은 정치규범으로 법도를 말한다.

人皆有之라

楊倞注 : 사람마다 모두 〈禹와 같은 사람이 될 가능성을〉 지니고 있다는 것이다.

23-78 然而塗之人也라도 皆有可以知仁義法正之質하고 皆有可以能仁義法正之具하니 然則其可以爲禹明矣라 今以仁義法正爲固無可知可能之理邪(야)아 然則唯禹不知仁義法正하고 不能仁義法正也리라

그리하여 저 길 가는 사람이라 하더라도 모두 仁義와 法度를 알 수 있는 자질을 지녔고 모두 인의와 법도를 행할 수 있는 재능을 갖추고 있으니, 그렇다면 누구나 禹가 될 수 있다는 것이 분명하다. 그러니 지금 인의와 법도를 본디 알 수 있고 행할 수도 있는 이치가 없다고 여기겠는가. 〈만약에〉 그렇다면 비록 禹라 하더라도 인의와 법도를 알지 못하고 인의와 법도를 행하지 못할 것이다.

唯는 讀爲雖라

楊倞注 : 唯는 '雖'로 읽는다.

23-79 將使塗之人固無可以知仁義法正之質하고 而固無可以能仁義法正之具邪아 然則塗之人也는 且內不可以知父子之義하고 外不可以知君臣之正이리라 不然이라

혹시 저 길 가는 사람은 본디 仁義와 法度를 알 수 있는 자질이 없고 본디 인의와 법도를 행할 수 있는 재능이 없다고 할 수도 있는가? 그렇다면 저 길 가는 사람은 안으로는 아비와 자식 사이의 도리를 알 수 없고 밖으로는 군주와 신하 사이의 준칙을 알 수 없을 것이다. 〈그러나 사실은〉 그렇지 않다.

以塗之人無可知可能之論爲不然也라 ○ 兪樾曰 不然二字는 當在今[53]字之下니 今不然三字爲句라 上文云 今不然이라 人之性惡이라하니 是其例也라

---

53) 今 : 아래(23-80) '今塗之人者'의 '今'을 가리킨다.

楊倞注 : 저 길 가는 사람은 알 수 없고 행할 수 없다는 논리에 대해 그렇지 않다고 한 것이다.

○ 兪樾 : '不然' 두 자는 마땅히 '今'자 밑에 있어야 하니, '今不然' 세 자가 한 구가 된다. 윗글(23-53)에 "今不然 人之性惡(이것은 그렇지 않다. 사람의 본성은 악하다.)"이라 하였으니, 이것이 그 실례이다.

**23-80 今塗之人者는 皆內可以知父子之義하고 外可以知君臣之正하니 然則其可以知之質과 可以能之具 其在塗之人明矣라 今使塗之人者以其可以知之質과 可以能之具로 本夫仁義〔法正〕之可知(之理)可能之(具)〔理〕[54)]하면 然則其可以爲禹明矣라 今使塗之人伏術[55)]爲學하되 專心一志하여 思索孰[56)]察하여 加日縣[57)]久히 積善而不息하면 則通於神明하고 參於天地矣리라**

지금 저 길 가는 사람은 모두 안으로는 아비와 자식 사이의 도리를 알 수 있고 밖으로는 군주와 신하 사이의 준칙을 알 수 있으니, 그렇다면 〈仁義와 法度를〉 알 수 있는 자질과 〈인의와 법도를〉 행할 수 있는 재능이 저 길 가는 사람에게도 있다는 것이 분명하다.

지금 저 길 가는 사람에게 그들이 알 수 있는 자질과 행할 수 있는 재능을 가지고 저 인의와 법도를 알 수 있고 행할 수 있는 이치를 장악하게 한다면 그들도 禹〈같은 聖人이〉 될 수 있다는 것이 분명하다. 지금 저 길 가는 사람에게 도를 지켜 학습을 진행하되 온 마음을 다 기울여 사색하고 깊이 헤아리면서 하루 또 하루 오랫동안 善을 쌓아 중단하지 않도록 한다면 神明에 통하고 天地와 필적하게 될 것이다.

**伏術은 伏膺於術이라 孰察은 精孰而察이라 加日은 累日也라 縣久는 縣繫以久長이라**

---

54) 本夫仁義〔法正〕之可知(之理)可能之(具)〔理〕: 저본에는 '本夫仁義之可知之理可能之具'로 되어 있으나, 陶鴻慶의 설에 의거하여 '本夫仁義法正之可知可能之理'로 바로잡았다.

55) 伏術 : 伏은 '守'와 같고, 術은 '道'와 같다. 곧 도를 지킨다는 뜻이다.

56) 孰 : '熟'과 같다.

57) 縣 : '懸'과 같다.

○ 郝懿行曰 伏與服은 古字通이라 服者는 事也라 古書服事亦作伏事하고 服膺亦作伏膺이라 王念孫曰 術者는 道也①라 服術은 猶言事道라

① 見大傳注樂記注魯語晉語注라
≪禮記≫ 〈大傳〉·〈樂記〉의 鄭玄 주, ≪國語≫ 〈魯語〉·〈晉語〉의 韋昭 주에 보인다.

楊倞注 : 伏術은 道術에 대해 伏膺(마음에 새겨 잊지 않음)한다는 뜻이다. 孰察은 정밀하고 자세히 살핀다는 뜻이다. 加日은 여러 날이라는 뜻이다. 縣久는 장구하게 유지한다는 뜻이다.

○ 郝懿行 : '伏'과 '服'은 옛 글자에 통용하였다. 服이란 일삼는다는 뜻이다. 옛 문헌에 '服事'가 '伏事'로 되어 있기도 하고 '服膺'이 '伏膺'으로 되어 있기도 하다.

王念孫 : 術이란 '道'이다. 服術은 '事道(도를 일삼다)'란 말과 같다.

23-81 故聖人者는 人之所積而致矣라

그러므로 聖人이란 보통 사람이 〈善을〉 쌓아 〈그 지위에〉 도달한 것이다.

雖性惡이라도 若積習하면 則可爲聖人이라 書曰 惟狂克念作聖이라하니라

楊倞注 : 비록 본성은 악하더라도 만약 〈선을〉 쌓고 익힌다면 聖人이 될 수 있다는 것이다. ≪書經≫ 〈周書 多方〉에 "미치광이라도 능히 생각하고 궁리하면 聖人이 될 수 있다."라 하였다.

23-82 曰 聖可積而致라 然而皆不可積은 何也오 曰 可以而不可使[58]也라

어떤 사람이 "聖人은 〈善을〉 쌓아 〈그 지위에〉 도달한다고 하였다. 그렇지만 모든 사람이 다 〈선을〉 쌓지 못하는 것은 무엇 때문인가?"라고 하였다.

나의 대답은 이렇다. 〈그들이 스스로〉 할 수는 있으나 〈억지로〉 하게 할 수는 없기 때문이다.

可以爲而不可使爲는 以其性惡이라

58) 可以而不可使 : 可以는 '可以爲'가 생략된 것이다. 不可使도 '不可使爲'가 생략된 것이다.

楊倞注 : 할 수는 있지만 〈억지로〉 하게 할 수 없는 것은 그 본성이 악하기 때문이다.

**23-83 故小人可以爲君子而不肯爲君子**하고 **君子可以爲小人而不肯爲小人**이라 **小人君子者**는 **未嘗不可以相爲也**라 **然而不相爲者**는 **可以而不可使也**라 **故塗之人可以爲禹則然**이나 **塗之人能爲禹則未必然也**라

그러므로 小人은 君子가 될 수 있음에도 君子가 되려 하지 않고, 君子는 小人이 될 수 있음에도 小人이 되려 하지 않는다. 小人과 君子는 서로가 상대방처럼 될 수 없는 것은 아니다. 그런데도 서로가 상대방처럼 되지 않는 것은 〈그들이 스스로〉 할 수 있으나 〈억지로〉 하게 할 수는 없기 때문이다. 그러므로 저 길 가는 사람이 禹처럼 될 수 있다는 것은 그럴 수 있으나, 저 길 가는 사람이 능히 禹처럼 된다는 것은 꼭 그렇지 않다.

○ 盧文弨曰 故塗之人可以爲禹下에 元刻有未必然也塗之人可以爲禹十一字나 宋本無라

○ 盧文弨 : '故塗之人可以爲禹' 밑에 元刻本에는 '未必然也塗之人可以爲禹' 11자가 있으나 宋本에는 없다.

**23-84 雖不能爲禹**라도 **無害可以爲禹**라 **足可以徧行天下**라 **然而未嘗有徧行天下者也**라 **夫工匠農賈**는 **未嘗不可以相爲事也**라

비록 禹처럼 되지 못하더라도 禹처럼 될 수 있다는 〈가능성에는〉 변함이 없다. 발은 천하를 두루 돌아다닐 수 있다. 그러나 일찍이 천하를 두루 돌아다닌 사람은 없다. 匠人과 농부와 상인은 서로 상대방의 일을 할 수 없는 것은 아니다.

事는 業이라

楊倞注 : 事는 '業(전문적으로 하는 일)'의 뜻이다.

**23-85 然而未嘗能相爲事也**라 **用此觀之**면 **然則可以爲**나 **未必能也**며 **雖不能**이나

無害可以爲라 然則能不能之與可不可는 其不同遠矣나 其〔未嘗〕[59]不可以相爲明矣라

그러나 일찍이 상대방의 일을 하지는 못한다. 이로써 본다면 〈스스로〉 할 수는 있으나 반드시 하지는 못하며, 비록 하지는 못하더라도 할 수 있다는 〈가능성에는〉 변함이 없다. 그렇다면 할 수 있는 것과 못하는 것, 될 수 있는 것과 될 수 없는 것은 그 차이가 크지만 그들이 상대방의 일을 할 수 없는 것은 아니라는 것이 분명하다.

工賈可以相爲而不能相爲는 是可與能不同也라 可與能旣不同하니 則終不可以相爲也라 此明禹亦性惡하여 以能積僞爲聖人이며 非禹性本善也라 聖人異於衆者는 在化性也라

楊倞注 : 匠人과 상인이 서로 상대방의 일을 할 수 있는데도 서로 하지 못하는 것은 가능한 것과 실제로 해내는 것이 같지 않다는 것이다. 가능한 것과 실제로 해내는 것이 이미 같지 않으니, 끝내 상대방의 일을 할 수가 없다. 이 말은 禹 또한 자기의 본성이 악하기 때문에 作爲를 쌓아 聖人이 될 수 있었던 것이며 禹의 본성이 본디 선한 것은 아니라는 것을 밝힌 것이다. 聖人이 일반 대중과 다른 이유는 그의 본성을 변화시켰다는 데에 있다.

23-86 堯問於舜曰 人情何如오하니 舜對曰 人情甚不美어늘 又何問焉하니잇고 妻子具而孝衰於親하고 嗜欲得而信衰於友하고 爵祿盈而忠衰於君하니이다 人之情乎여 人之情乎여 甚不美어늘 又何問焉하니잇고하니라 唯賢者[60]爲不然이라

堯가 舜에게 물었다.

"사람의 감정이란 어떤 것이오?"

舜이 대답하였다.

"사람의 감정이란 매우 좋지 못한 것인데, 또 어찌 물으십니까. 처자식이 생기

59) 〔未嘗〕 : 저본에는 '未嘗'이 없으나, 久保愛의 설에 의거하여 보충하였다.

60) 賢者 : 賢人과 같은 말로, 재능과 덕이 있는 사람을 가리킨다.

면 어버이에 대한 孝心이 감소하고, 좋아하고 즐기려는 욕심이 충족되면 친구에 대한 信義가 감소하고, 작위와 봉록이 만족스러우면 군주에 대한 忠誠이 감소하는 법입니다. 사람의 감정이여, 사람의 감정이여, 매우 좋지 못한 것인데, 또 어찌 물으십니까."

賢人만은 그렇지 않다.

引此亦以明性之惡이라 韓侍郎作性原[61]曰 性也者는 與生俱生也요 情也者는 接於物而生也라 性之品有三하고 而其所以爲性五며 情之品有三하고 而其所以爲情七이라 曰 何也오 曰 性之品有上中下三이라 上焉者는 善而已矣요 中焉者는 可道[62]而上下也요 下焉者는 惡焉而已矣라 其所以爲性者五니 曰仁曰禮曰信曰義曰智라 上焉者之於五也에 主於一[63]而行於四하고 中焉者之於五也에 一不少有焉이면 則少反焉하여 其於四也混하고 下焉者之於五也에 反於一而悖於四라 性之於情에 視其品[64]이라 情之品有上中下三하고 其所以爲情者七이니 曰喜曰怒曰哀曰懼曰愛曰惡(오)曰欲이라 上焉者之於七也에 動而處其中[65]하고 中焉者之於七也에 有所甚有所亡[66]이라 然而求合其中者也라 下焉者之於七也에 亡與甚하여 直情而行者也라 情之於性에 視其品이라 孟子之言性曰 人之性善[67]이라하고 荀子之言性曰 人之性惡[68]이라하고 揚子之言性曰 人之性은 善惡混[69]이라하니라 夫始

---

61) 韓侍郎作性原 : 韓侍郎은 吏部侍郎을 지낸 韓愈(768~824)를 말한다. 저본의 원주에 "性原은 마땅히 '原性'이 되어야 할 듯하다.〔性原 似當作原性〕"라고 하였다. 〈原性〉은 인간 본성의 근원을 규명한다는 뜻으로, ≪昌黎集≫ 권11 〈雜著〉에 보인다.

62) 道 : '導'와 통용한다.

63) 一 : 仁·義·禮·智·信 가운데 하나의 덕이라는 뜻으로, '信'을 가리킨다.

64) 性之於情 視其品 : 본성이 감정에 대해 영향을 끼쳐 그 등급이 같다는 뜻으로, 본성이 감정에 대해 직접적으로 영향을 끼쳐 등급도 동일한 세 등급이고 등급에 따른 善과 惡의 성향도 서로 같다는 말이다. 視는 '견주다', '같다'의 뜻이다.

65) 動而處其中 : 動은 '往往(항상)'이란 뜻이고, 中은 한쪽으로 기울거나 치우침도 없고 지나치거나 미치지 못함도 없다는 뜻이다.

66) 有所甚有所亡 : 甚은 '過'의 뜻이고 亡은 '不及'의 뜻으로, '有所過有所不及(지나친 것도 있고 미치지 못한 것도 있다.)'과 같은 말이다.

67) 孟子之言性曰 人之性善 : 23-51의 역주 참조.

善而進惡[70]과 與始惡而進善[71]과 與始也混而今也善惡[72]은 皆擧其中而遺其上下者也니 得其一而失其二者也라 叔魚之生也에 其母視之하고 知其必以賄死[73]하고 楊食我之生也에 叔向之母聞其號也하고 知必滅其宗[74]하며 越椒之生也에 子文以爲大慼하여 知若敖氏之鬼不食也[75]하니 人之性果善乎아 后稷之生也에 其

---

68) 荀子之言性曰 人之性惡 : 23-1에 "사람의 본성은 악하니, 그것이 선해진 것은 作爲 때문이다.〔人之性惡 其善者 僞也〕"라고 하였다.

69) 揚子之言性曰……善惡混 : 揚子은 漢나라 揚雄을 가리킨다. 그의 ≪法言≫ 〈修身〉에 "사람의 본성은 善과 惡이 섞여 있다. 그 선을 닦으면 선한 사람이 되고 그 악을 닦으면 악한 사람이 된다. 氣는 선이나 악으로 향해 달려가는 말이다.〔人之性也 善惡混 修其善則爲善人 修其惡則爲惡人 氣也者 所適善惡之馬也歟〕"라고 하였다.

70) 始善而進惡 : 孟子의 性善說을 가리킨 것이다.

71) 始惡而進善 : 荀子의 性惡說을 가리킨 것이다.

72) 始也混而今也善惡 : 揚雄의 善惡混在說을 가리킨 것이다.

73) 叔魚之生也……知其必以賄死 : 叔魚는 春秋 때 晉나라 大夫 羊舌肹의 아우인 羊舌鮒의 자이다. ≪國語≫ 〈晉語〉에 "叔魚가 태어났을 때 그의 어머니가 살펴보고 말하기를 '이 아이는 호랑이 눈에 돼지 주둥이, 솔개 어깨에 소의 배를 지녔으니, 골짜기는 채울 수 있어도 이 아이의 욕심은 만족시킬 수 없을 것이다. 반드시 뇌물로 인해 죽을 것이다.'라 하고, 끝내 돌보지 않았다.〔叔魚生 其母視之曰 是虎目而豕喙 鳶肩而牛腹 谿壑可盈 是不可饜也 必以賄死 遂弗視〕"라 하였다. 뒤에 叔魚가 司馬로 있으면서 邢侯와 雍子가 田野를 다투는 獄事를 판결할 때 雍子의 뇌물을 받고 邢侯를 억울하게 판결한 일로 인해 邢侯에게 살해되었다.

74) 楊食我之生也……知必滅其宗 : 楊食我는 晉나라 羊舌肹의 아들 伯石이다. 자가 食我인데 그의 封邑이 楊이었으므로 이렇게 불렸다. ≪春秋左氏傳≫ 昭公 28년에 "〈楊食我가 태어났을 때〉 그의 할머니가 보려고 갔다가 마루에 이르러 아이의 울음소리를 듣고 되돌아와 말하기를 '이것은 승냥이와 이리의 소리이다. 이리 새끼는 野心이 있으니, 이 아이가 아니면 羊舌氏의 집안을 망칠 자가 없을 것이다.'라 하고, 끝내 보지 않았다.〔姑視之 及堂聞聲而還曰 是豺狼之聲也 狼子野心 非是莫喪羊舌氏矣 遂弗視〕"라고 하였다. 뒤에 晉侯가 祁盈을 죽일 때 그가 祁盈의 패거리로 혼란을 도왔다 하여 함께 죽이고 羊舌氏를 멸족시켰다.

75) 越椒之生也……知若敖氏之鬼不食也 : 越椒는 春秋 때 楚나라 公族으로 자는 子越이다. 若敖氏의 후대이며 鬪椒라 불리기도 한다. ≪春秋左氏傳≫ 宣公 4년에 "당초에 楚나라 司馬 子良이 아들 越椒를 낳았을 때 〈그의 백부〉 子文이 〈子良에게〉 말하기를 '반드시 이 아이를 죽여라. 이 아이의 형상은 곰·호랑이 같고 울음소리는 승냥이·이리 같으니, 죽이지 않으면 반드시 우리 若敖氏를 멸망시킬 것이다. 속담에 이리 새끼는 野心이 있다고 했는데, 이 아이가 바로 이리이다. 어찌 길러서야 되겠는가.'라고 하였으나, 子良이 듣지 않

母無災하고 其始匍匐也에 則岐岐然嶷嶷然[76]하며 文王之在母也에 母不憂하고 既生也에 傅不勤하고 既學也에 師不煩[77]하니 人之性果惡乎아 堯之朱와 舜之均과 文王之管蔡는 習非不善也로되 而卒爲姦하고 瞽叟之舜과 鮌(곤)[78]之禹는 習非不惡也로되 而卒爲聖하니 人之性이 善惡果混乎아 故曰 三子之言性也는 擧其中而遺其上下者也니 得其一而失其二者也라 曰 然則性之上下者는 其終不可移乎아하여 曰 上之性은 就學而愈明하고 下之性은 畏威而寡罪라 是故로 上者可學[79]而下者可制也니 其品則孔子謂不移[80]也라하니라 曰 今之言性者異於此는 何也오하여 曰 今之言者는 雜老佛而言也라 雜老佛而言也者 奚言而不異리오하니라

楊倞注 : 이것을 인용하여 본성이 악하다는 것을 밝힌 것이다. 韓侍郎(韓愈)이 〈原性〉을 지었는데 다음과 같다.

"본성이란 출생과 함께 생긴 것이고, 감정이란 사물과 접촉하여 생겨나는 것이다.

---

으니, 子文은 크게 근심하였다. 子文은 죽을 때에 이르러 그 종족을 모아놓고 이르기를 '〈후일에〉 越椒가 國政을 맡거든 너희들은 속히 도망가서 화를 당하지 않도록 하라.'고 하고, 눈물을 흘리며 '귀신도 얻어먹기를 구하는데, 若敖氏의 귀신은 어찌 굶주리지 않겠는가.'라 했다.〔初 楚司馬子良生子越椒 子文曰 必殺之 是子也 熊虎之狀而豺狼之聲 弗殺 必滅若敖氏矣 諺曰 狼子野心 是乃狼也 其可畜乎 子良不可 子文以爲大慼 及將死 聚其族曰 椒也知政 乃速行矣 無及於難 且泣曰 鬼猶求食 若敖氏之鬼 不其餒而〕"라고 하였다. 뒤에 越椒는 令尹이 되어 楚나라 왕을 공격했다가 실패하여 멸족되었다.

76) 后稷之生也……則岐岐然嶷嶷然 : 后稷은 周나라 왕실의 선조이다. 그의 어머니 姜嫄이 거인의 발자국을 밟고 잉태하여 后稷을 나았다고 한다. ≪詩經≫ 〈大雅 生民〉에 "잉태한 지 십 개월 달이 찬 뒤에, 순조로운 첫 분만 양 새끼 낳듯. 産門도 파열되지 아니했기에, 어미 몸에 아무런 피해 없었네.〔誕彌厥月 先生如達 不坼不副 無菑無害〕"라 하였고, 그 밑에 "태어나서 이제 막 기어 다닐 때, 철이 들고 지혜도 총명하였네.〔誕實匍匐 克岐克嶷〕"라고 하였다.

77) 文王之在母也……師不煩 : 文王의 어머니 太任은 文王을 임신했을 때 胎教를 잘했다는 것으로 유명하다. 傅는 傅父로, 고대에 귀족 자녀를 보육하고 지도하는 나이 많은 남자이다. ≪國語≫ 〈晉語〉에 "文王은 어머니를 근심하게 하지 않았고 傅父를 수고롭게 하지 않았고 스승을 번거롭게 하지 않았다.〔文王在母不憂 在傅弗勤 處師弗煩〕"라고 하였다.

78) 鮌(곤) : '鯀'과 같다.

79) 學 : ≪昌黎集≫에는 '敎'로 되어 있다.

80) 不移 : ≪論語≫ 〈陽貨〉에 "오직 지극히 지혜로운 자와 가장 어리석은 자는 변하지 않는다.〔唯上知與下愚不移〕"라 한 데서 나온 말이다.

본성의 등급은 세 가지가 있고 그 본성을 구성하는 내용은 다섯 가지이며, 감정의 등급은 세 가지가 있고 그 감정을 구성하는 내용은 일곱 가지이다. 그것은 무엇인가? 본성의 등급은 上·中·下 세 가지가 있다. 上等에 속한 사람은 완전히 선할 뿐이고, 中等에 속한 사람은 인도하는 과정을 통하여 〈그 덕을〉 향상시키거나 후퇴하게 할 수도 있으며, 下等에 속한 사람은 완전히 악할 뿐이다.

본성을 구성하는 구체적인 내용은 다섯 가지가 있으니, 仁·禮·信·義·智이다. 上等에 속한 사람은 이 다섯 가지 덕 가운데 하나의 덕이 주체가 되어 나머지 네 가지 덕과 두루 소통하고, 中等에 속한 사람은 이 다섯 가지 덕 가운데 하나의 덕이 조금 갖춰졌거나 그렇지 않으면 그 덕의 본질과 조금 상반되어 나머지 네 가지 덕도 〈善과 惡이〉 뒤섞여 있고, 下等에 속한 사람은 다섯 가지 덕 가운데 하나의 덕이 그 덕의 본질과 완전히 상반되어 나머지 네 가지 덕도 그 본질과 어긋난다. 본성이 감정에 대해 영향을 끼쳐 그 등급이 같다.

감정의 등급은 上·中·下 세 가지가 있고 감정을 구성하는 구체적인 내용은 일곱 가지가 있으니, 喜·怒·哀·懼·愛·惡·欲이다. 上等에 속한 사람은 일곱 가지 감정에 있어 항상 그 中을 견지하고, 中等에 속한 사람은 일곱 가지 감정에 있어 지나친 것도 있고 미치지 못한 것도 있지만 그 中에 부합하기를 추구하는 사람이다. 下等에 속한 사람은 일곱 가지 감정에 있어 미치지 못하거나 지나쳐 감정이 내키는 대로 행동하는 사람이다. 감정도 본성에 대해 영향을 끼쳐 그 등급이 같다.

孟子는 본성에 관해 논하기를 '사람의 본성은 선하다.'라 하고, 荀子는 본성에 관해 논하기를 '사람의 본성은 악하다.'라 하고, 揚子는 본성에 관해 논하기를 '사람의 본성은 선과 악이 섞여 있다.'고 하였다. 대체로 처음 본성은 선하지만 악한 쪽으로 나아간다는 말과, 처음 본성은 악하지만 선한 쪽으로 나아간다는 말과, 처음 본성은 선과 악이 섞여 있지만 나중에는 아예 선하거나 악해진다는 말은 모두 中等만 거론하고 그 上等과 下等을 빠뜨렸으니, 하나를 얻고 그 둘을 잃은 것이다.

叔魚가 태어났을 때 그의 어머니가 그의 용모를 보고 장래에 반드시 뇌물을 받은 일로 인해 죽을 줄을 알았고, 楊食我가 태어났을 때 叔向의 어머니가 그의 울음소리를 듣고서 반드시 장래에 이 아이로 인해 일족이 몰살될 줄을 알았으며, 越椒가 태어났을 때 子文이 크게 슬퍼하면서 若敖氏의 조상이 제사를 받아먹지 못할 것을 알았으니, 사람의 본성이 과연 선하다 하겠는가.

后稷이 태어날 때 그의 어머니가 고통이 없었고 처음 기어 다닐 때 철이 들고 총명하였으며, 文王은 어머니 뱃속에 있을 때 어머니를 근심하게 하지 않았고 태어난 뒤에 傅父를 수고롭게 하지 않았고 글을 배울 때 스승을 번거롭게 하지 않았으니, 사람의 본성이 과연 악하다 하겠는가.

堯의 아들 丹朱와 舜의 아들 商均과 文王의 아들 管叔·蔡叔은 그들이 가까이 접한 사람이 선하지 않은 것이 아니었는데도 끝내 간악한 사람이 되었고, 瞽叟(瞽瞍)의 아들 舜과 鮌(鯀)의 아들 禹는 가까이 접한 사람이 악하지 않은 것이 아니었는데도 끝내 聖人이 되었으니, 사람의 본성이 선과 악이 과연 섞여 있다고 하겠는가.

그러므로 '저 세 사람이 본성에 관해 말한 것은 中等만 거론하고 그 上等과 下等을 빠뜨렸으니, 하나를 얻고 그 둘을 잃은 것이다.'라고 한 것이다.

어떤 사람이 묻기를 '그렇다면 본성이 上等과 下等에 속한 사람은 끝내 변할 수 없는 것인가?'라 하기에, 답하기를 '上等에 속한 사람은 배우는 과정을 통해 사리에 더욱 밝아지고, 下等에 속한 사람은 권위를 두려워하여 범죄를 줄일 수 있다. 그러므로 上等인 사람은 배울 수 있고 下等인 사람은 제약할 수 있으니, 그 등급에 속한 사람은 孔子가 변하지 않는다고 하였다.'라 하였다.

또 묻기를 '오늘날 본성에 관해 논하는 사람들의 말이 이와 다른 것은 어째서인가?'라 하기에, 답하기를 '오늘날 본성에 관해 논하는 자들은 道家와 佛家의 주장을 섞어 말한다. 도가와 불가의 주장을 섞어 말하는 사람은 무슨 말인들 다르지 않겠는가.'라 하였다."

**23-87 有聖人之知者**하고 **有士君子之知者**하고 **有小人之知者**하고 **有役夫**[81]**之知者**라 **多言則**[82]**文而類**하며 **終日議其所以**하여 **言之千擧萬變**이라도 **其統類一也 是聖人之知也**라

聖人의 지혜라는 것이 있고, 士君子의 지혜라는 것이 있고, 小人의 지혜라는 것이 있고, 役夫의 지혜라는 것이 있다. 말을 많이 하지만 문채와 조리가 있어 법도에 맞으며 종일 그 이유에 관해 논하여 그 말이 수없이 변하더라도 큰 줄거리와 세목의 원칙은 한결같은 것이 곧 聖人의 지혜이다.

文은 謂言不鄙陋也라 類는 謂其統類不乖謬也라 雖終日議其所以然하여 其言千

---

81) 役夫 : 소상인과 심부름꾼으로, 노역에 종사하는 사람을 가리킨다.
82) 則 : '而'와 같다. 여기서는 역접의 뜻으로 사용되었다. 아래 少言則의 '則'도 같다.

擧萬變이라도 終始條貫如一이 是聖人之知也라

楊倞注 : 文은 말이 너절하지 않는 것을 이른다. 類는 그 줄거리와 세목의 원칙이 어긋나지 않는 것을 이른다. 비록 종일 그 이유에 관해 논하여 그 말이 수없이 변하더라도 조리가 처음부터 끝까지 한결같은 것이 聖人의 지혜라는 것이다.

23-88 少言則徑而省(생)하고 論而法하여 若佚[83)]之以繩이 是士君子之知也라

말을 적게 하지만 단순 명료하여 간결하고 조리가 있어 법도에 맞아 마치 먹줄로 제어하는 것과 같은 것이 곧 士君子의 지혜이다.

徑은 易(이)也라 省은 謂辭寡라 論而法은 謂論議皆有法하여 不放縱也라 論은 或爲倫이라 佚은 猶引也라 佚以繩은 言其直也라 聖人經營事廣이라 故曰多言하고 君子止恭其所守라 故曰少言也라 ○ 郝懿行曰 徑者는 直也라 論은 猶倫也라 古論倫字亦通이라 佚者는 隱也니 言若闇合於繩墨하여 不邪曲也라 楊注非라 兪樾曰 楊注에 佚은 猶引也라하나 然佚無引義하니 恐不可從이라 佚은 當讀爲秩이니 秩之言은 次也며 序也라 僖三十一年公羊傳에 天子秩而祭之의 何休注曰 秩者는 隨其大小尊卑高下所宜라하니라 故字亦通作程[84)]이라 尙書堯典의 平秩東作과 平秩南訛와 平秩西成이 史記五帝本紀에 秩皆作程이라 段玉裁以說文戴䞣字皆讀若詩秩秩大猷爲證이라 是程與秩은 聲義俱相近이라 秩之以繩은 猶程之以繩也라 致仕篇曰 程者는 物之準也라하니 是其義也라

楊倞注 : 徑은 쉽다는 뜻이다. 省은 말이 적은 것을 이른다. 論而法은 논의가 모두 법도가 있어 함부로 내뱉지 않는 것을 이른다. 論은 간혹 '倫'으로 되어 있기도 하다. 佚은 '引(팽팽하게 끌어당기다)'과 같다. 佚以繩은 그가 〈하는 말이〉 곧다는 말이다. 聖人은 경영하는 일의 범위가 넓으므로 '多言'이라 말하고, 君子는 자기가 지켜야 할 일에 대해서만 신중히 처리하면 되므로 '少言'이라 말한 것이다.

---

83) 佚 : 王天海의 설에 의하면 '抑'과 통하는 것으로, 억눌러 제어한다는 뜻이다. 이에 따라 번역하였다.

84) 故字亦通作程 : 이 문구는 아랫구에 대한 전제이므로 '故'를 '所以'의 뜻으로 보기는 어렵다. '古'와 같은 글자로 읽는 것이 옳을 것 같다.

○ 郝懿行 : 徑이란 곧바르다는 뜻이다. 論은 '倫'과 같다. 옛 문헌에는 '論'과 '倫'자를 또 서로 통용하였다. 佚이란 '隱'의 뜻이니, 하는 말이 은연중에 곧은 먹줄과 부합하는 것과 같아 요사스럽고 왜곡되지 않는다는 것이다. 楊氏의 주는 틀렸다.

兪樾 : 楊氏의 주에 "佚은 '引'과 같다."고 하였으나 佚에는 끌어당긴다는 뜻이 없으니, 따를 수 없을 것 같다. 佚은 마땅히 '秩'로 읽어야 하니, 秩이란 말은 차례이며 질서라는 뜻이다. ≪春秋公羊傳≫ 僖公 31년에 "天子秩而祭之(천자가 〈뭇 山川의 爵位를〉 차례로 정해 제사를 지낸다.)"라 한 곳의 何休 주에 "秩이란 그 크기의 大小와 위상의 尊卑와 높이의 高下 등에 접합한 것에 따라 〈적절히 정한다는 뜻이다.〉"라 하였다. 옛 문헌에는 〈秩자가〉 또 일반적으로 '程'으로 되어 있기도 하다. ≪尙書≫ 〈堯典〉의 '平秩東作(태양이 동쪽에서 떠오르는 시각을 관찰하여 변별한다.)'과 '平秩南訛(태양이 남쪽을 향해 운행하는 정황을 관찰하여 변별한다.)'와 '平秩西成(태양이 서쪽으로 지는 시각을 관찰하여 변별한다.)'이 ≪史記≫ 〈五帝本紀〉에는 이 '秩'이 모두 '程'으로 되어 있다. 〈이에 대해〉 段玉裁가 ≪說文解字≫에서 '戴'과 '䵒'자를 모두 ≪詩經≫ 〈小雅 巧言〉의 "秩秩大猷(조리 있는 국가의 크나큰 계책)"의 〈秩자처럼〉 읽는다고 한 것을 증거로 삼았다. 이는 程과 秩은 음과 뜻이 다 서로 가깝기 때문이다. 秩之以繩은 '程之以繩(먹줄로 사물을 측량한다.)'과 같다. 〈致仕篇〉에 "程이란 물건을 측량하는 표준이다."라 하였으니, 곧 그 뜻이다.

23-89 其言也謟(도)하고 其行也悖하여 其擧事多悔 是小人之知也라

그의 말은 참람하고 그의 행위는 도리에 어긋나서 하는 일들이 허물이 되는 경우가 많은 것이 곧 小人의 지혜이다.

言謟行悖는 謂言行相違也라 ○ 盧文弨曰 宋本에 謟作諂하고 悔作侮어늘 今從元刻이라 兪樾曰 多侮는 義不可通이라 盧從元刻作悔하니 是也라 詩生民篇에 庶無罪悔의 鄭箋曰 無有罪過라하니 是過謂之悔也라 襄二十九年公羊傳에 尙速有悔於予身의 何休解詁曰 悔는 咎라하니 是咎謂之悔也라 多悔는 猶云多過多咎耳라 其本字當作痗(회)니 悔乃假借字라 詩十月之交篇에 亦孔之痗의 釋文曰 痗는 本作悔라하니라

楊倞注 : 말이 참람하고 행위가 어긋난다는 것은 말과 행위가 서로 어긋난 것을 이른다.

○ 盧文弨 : 宋本에 謟는 '諂'으로 되어 있고 悔는 '侮'로 되어 있는데. 여기서는 元刻本을 따랐다.

兪樾 : '多侮'는 그 뜻이 통하지 않는다. 盧校本은 元刻本에 따라 '悔'로 되어 있으니, 옳다. ≪詩經≫ 〈大雅 生民篇〉에 "庶無罪悔(대체로 허물이며 후회가 없어)"라 한 곳의 鄭玄 箋에 "無有罪過(죄가 될 만한 허물이 없다는 말이다.)"라 하였으니, 이는 過를 '悔'라 이른 것이다. ≪春秋公羊傳≫ 襄公 29년에 "尙速有悔於予身(도와서 빨리 내 몸에 허물이 있게 하라.)"이라고 한 곳의 何休 ≪春秋公羊傳解詁≫에 "悔는 '咎(허물)'의 뜻이다."라 하였으니, 이는 咎를 '悔'라 이른 것이다. 多悔는 '多過', '多咎'라는 말과 같다. 본디 글자는 마땅히 '痗'로 되어야 하니, '悔'는 곧 假借字이다. ≪詩經≫ 〈小雅 十月之交〉편에 "亦孔之痗(근심에 또한 매우 병이 되었네.)"라 한 곳의 ≪經典釋文≫에 "痗는 본디 '悔'로 되어 있다."라 하였다.

## 23-90 齊給便敏而無類하고 雜能旁魄[85]而無用하고

말은 유창하고 민첩하더라도 조리가 없고, 재능이 다양하고 범위가 넓더라도 쓸모가 없고,

齊는 疾也라 給은 謂應之速이 如供給者也라 便은 謂輕巧라 敏은 速也라 無類는 首尾乖戾라 雜能은 多異術也라 旁魄은 廣博也라 無用은 不應於用이라 便은 匹延反이라 魄은 音薄이라 ○ 盧文弨曰 無用은 宋本元刻에 俱作毋用하고 注同이라 郝懿行曰 類者는 善也라 旁魄은 卽旁薄이니 皆謂大也라

楊倞注 : 齊는 빠르다는 뜻이다. 給은 대답이 빠른 것이 마치 〈윗사람이 요구하는 것을〉 供給하는 것과 같은 것을 이른다. 便은 날렵한 것을 이른다. 敏은 빠르다는 뜻이다. 無類는 앞뒤가 어긋난다는 뜻이다. 雜能은 특이한 기술이 많다는 뜻이다. 旁魄은 광대하다는 뜻이다. 無用은 쓰임에 적합하지 않다는 뜻이다. 便은 음이 匹과 延의 반절이다. 魄은 음이 '薄'이다.

○ 盧文弨 : 無用은 宋本과 元刻本에 모두 '毋用'으로 되어 있고 〈楊氏의〉 주도 동일하다.

郝懿行 : 類는 좋다는 듯이다. 旁魄은 곧 '旁薄'이니, 〈旁魄과 旁薄은〉 모두 큰 것을

85) 旁魄 : 광대하여 끝이 없다는 뜻으로, '旁薄', '磅礴'과 통한다.

이른다.

### 23-91 析速粹孰[86]而不急하며

〈언어를〉 분석하는 것이 빠르고 〈언어를〉 조합하는 것이 능숙하더라도 〈쓰이는 데에는〉 긴요하지 않으며,

析은 謂析辭니 若堅白之論[87]者也라 速은 謂發辭捷速이라 粹孰은 所著論甚精孰也라 不急은 言不急於用也라 ○ 謝本은 從盧校하여 析作折하고 注同이라 郝懿行曰 折速者는 言轉折疾速也라 粹與萃同하니 聚也라 萃孰은 言論薈萃而練孰也라 此皆以言語爭勝이라 故下遂云 不恤是非하고 不論曲直하여 以期勝人爲意 是役夫之知也라 王念孫曰 呂錢本엔 皆作析速이라 案楊注云 析은 謂析辭①니 若堅白之論者也라하니 則本作析明矣라 盧從元刻作折하니 非라 先謙案 王說是라 今從呂錢本하여 併注文改正이라 郝說非라

① 今本注文亦譌作折이라 案析辭見解蔽正名二篇이라
지금 판본에는 〈楊氏〉 주의 글자도 〈析이〉 잘못되어 '折'로 되어 있다. 살펴보건대, 析辭는 〈解蔽〉·〈正名〉 두 편에 보인다.

楊倞注 : 析은 언어를 분석하는 것을 이르니, 堅白論과 같은 것을 이른다. 速은 말을 꺼내는 것이 빠른 것을 이른다. 粹孰은 글을 짓고 논하는 것이 매우 정밀하고 노련하다는 뜻이다. 不急은 쓰이는 데에는 긴요하지 않다는 말이다.

○ 謝本은 盧校本에 따라 '析'이 '折'로 되어 있고 〈楊氏의〉 주도 동일하다.

郝懿行 : 折速이란 전환이 빠르다는 말이다. 粹는 '萃'와 같으니, 모인다는 뜻이다. 萃孰은 말을 조합하여 만드는 것이 숙련된 것을 말한다. 이것은 모두 言辯으로 남을 이기는 것을 다투는 것이기 때문에 밑에서 "不恤是非 不論曲直 以期勝人爲意 是役夫之知也(옳고 그른 것을 돌아보지 않고 굽고 곧은 것을 따지지 않으면서 반드시 남을 이기자는 것으로 마음을 갖는 것이 곧 役夫의 지혜이다.)"라 하였다.

---

86) 孰 : '熟'과 같다.

87) 堅白之論 : 戰國時代의 사상가 公孫龍이 주장한 명제로, 부분적 屬性으로 전체적 개념을 규정하는 불합리를 설명한 것이다. '離堅白'이라고도 한다.

王念孫 : 呂・錢本에는 모두 '析速'으로 되어 있다. 살펴보건대, 楊氏의 주에 "析 謂析辭 若堅白之論者也"라 하였으니, 본디 '析'으로 되어 있었다는 것이 분명하다. 盧校本은 元刻本에 따라 '折'로 되어 있으니, 틀렸다.

先謙案 : 王氏의 설이 옳다. 여기서는 呂・錢本에 따라 〈楊氏〉 주의 글자까지 고쳐 바로잡았다. 郝氏의 설은 틀렸다.

### 23-92 不恤是非하고 不論曲直하여 以期勝人爲意 是役夫之知也라

옳고 그른 것을 돌아보지 않고 굽고 곧은 것을 따지지 않으면서 반드시 남을 이기자는 것으로 마음을 갖는 것이 곧 役夫의 지혜이다.

期於必勝人은 惠施之論也라 徒自勞苦爭勝而不知禮義라 故日 役夫之知也라하니라

楊倞注 : 반드시 남을 이기려고 추구하는 것은 惠施의 논변이다. 이는 애써 이기려고 다툴 뿐 禮義를 알지 못하기 때문에 '役夫의 지혜'라고 말한 것이다.

### 23-93 有上勇者하고 有中勇者하고 有下勇者라 天下有中[88)]하면 敢直其身하고

上等의 용감한 사람이 있고 中等의 용감한 사람이 있고 下等의 용감한 사람이 있다. 천하에 中正한 道가 있으면 과감하게 그 몸을 나아가고

中은 謂中道라 敢은 果決也라 直其身은 謂中立而不倚하여 無回邪也라

楊倞注 : 中은 中正한 道를 이른다. 敢은 과감하다는 뜻이다. 直其身은 中正하게 서서 어느 한쪽으로 기울지 않아 간사한 일이 없는 것을 이른다.

### 23-94 先王有道하면 敢行其意하고

옛 聖王이 〈후대에 전한〉 正道가 있으면 과감하게 그 정신을 실행하고

言不疑也라

楊倞注 : 의심하지 않는다는 것을 말한다.

---

88) 中 : 中正한 道로, 여기서는 禮義를 가리킨다.

## 23-95 上不循於亂世之君하고 下不俗於亂世之民하며

위로는 난세의 군주를 따르지 않고 아래로는 난세의 백성과 어울리지 않으며,[89)]

循은 順從也라 俗은 謂從其俗也라 ○ 兪樾曰 楊注以從其俗爲俗하니 義不可通이라 俗은 乃鉛字之誤라 荀子書屢用鉛字라 榮辱篇曰 鉛之重之라하고 又曰 反鉛察之而兪可好也라하며 禮論篇曰 則必反鉛하며 過故鄕의 注竝曰 鉛與沿同하니 循也라하니 是鉛循同誼라 上不循於亂世之君과 下不鉛於亂世之民은 兩句一律이라 鉛俗字形相似하여 傳寫者因而致誤耳라 先謙案 王念孫云 不俗은 不習也라하니 說見榮辱篇이라 王不改字나 義較長이라 兪說亦通이라

楊倞注 : 循은 순종한다는 뜻이다. 俗은 그 풍속을 따르는 것을 이른다.

○ 兪樾 : 楊氏의 주는 그 풍속을 따르는 것을 '俗'의 뜻으로 풀이하였으니, 뜻이 통하지 않는다. 俗은 곧 '鉛'자의 잘못이다. ≪荀子≫에 여러 번 '鉛'자를 썼다. 〈榮辱篇〉(4-87)에 "鉛之重之(그들에게 순응하게 하고 그들에게 재삼 강조한다.)"라 하고, 또 (4-110) "反鉛察之而兪可好也(이것을 반복해 따라가며 살펴야 더 좋아질 수 있을 것이다.)"라 하였으며, 〈禮論篇〉(19-171)에 "則必反鉛 過故鄕(반드시 갔던 길을 따라 되돌아오며 옛 보금자리를 지날 때는 〈반드시 어정거리고 울부짖는다.〉)"이라 한 곳의 〈楊氏〉 주에도 모두 "鉛은 '沿'과 같으니, 따라간다는 뜻이다."라 하였으니, 이로 볼 때 '鉛'과 '循'은 같은 뜻이다. '上不循於亂世之君 下不鉛於亂世之民'은 두 구가 한 형식이다. '鉛'과 '俗'은 글자의 모양이 비슷하여 옮겨 쓰는 자가 그로 인해 오류를 범한 것일 뿐이다.

先謙案 : 王念孫이 "不俗 不習也(不俗은 익히지 않는다는 뜻이다.)"라 하였으니, 이에 관한 설명은 〈榮辱篇〉(4-65)에 보인다. 王氏는 글자를 고치지 않았으나 뜻은 비교적 더 낫다. 兪氏의 설도 일리가 있다.

## 23-96 仁之所在無貧窮하고 仁之所亡(무)無富貴하며

어진 덕이 있는 곳에서는 貧窮에 빠지는 일이 없고 어진 덕이 없는 곳에서는 富貴를 누리는 일이 없으며,

89) 어울리지 않으며 : 王念孫의 주 "不俗 不習也"에 따라 意譯하였다.

唯仁所在라야 (謂)〔爲〕[90)]富貴라 禮記曰 不祈多積하고 多文以爲富也라하니라 ○ 盧文弨曰 案此言仁之所在라면 雖貧窮甘之하고 仁之所亡라면 雖富貴去之라 注非라 王念孫曰 此汪中[91)]說也니 見丙申校本이라

楊倞注 : 오직 어진 덕이 있는 곳이라야 부귀를 누릴 수 있다는 것이다. ≪禮記≫ 〈儒行〉에 "재물을 많이 축적하는 것을 바라지 않고 지식을 많이 확보하는 것을 부유한 것으로 여긴다."라 하였다.

○ 盧文弨 : 살펴보건대, 이 말은 어진 덕이 존재하는 곳이라면 비록 빈궁이라도 달게 여기고, 어진 덕이 없는 곳에서는 비록 부귀라도 멀리한다는 것을 말한다. 〈楊氏의〉 주는 틀렸다.

王念孫 : 이 〈盧氏의 주는〉 汪中의 설이니, 〈汪中의〉 丙申年 校本에 보인다.

## 23-97 天下知之면 則欲與天下同苦樂之[92)]하고

천하 사람이 그를 알아주면 천하 사람과 苦樂을 함께하려 하고

得權位則與天下之人同休戚이라 苦는 或爲共也라 ○ 王念孫曰 作共者是也라 此本作欲與天下共樂之라 上言仁之所在無貧窮하고 仁之所亡無富貴라하니 則此言與天下共樂之者는 謂共樂此仁也라 樂上不當有苦字라 今本作同苦樂之者는 共樂誤爲苦樂하고 後人又於苦樂上加同字耳라 楊云 與天下同休戚은 此望文生義而爲之說耳라 太平御覽人事部七十六에 引作欲與天下共樂之하고 無同字하니 則宋初本尙有不誤者라

楊倞注 : 권세와 지위를 얻으면 천하 사람과 기쁨과 슬픔을 함께한다는 것이다. 苦는 어떤 판본에는 '共'으로 되어 있다.

○ 王念孫 : 〈苦가〉 '共'으로 된 것이 옳다. 이것은 본디 '欲與天下共樂之'로 되었을

---

90) (謂)〔爲〕: 저본에는 '謂'로 되어 있으나, 世德堂本에 의거하여 '爲'로 바로잡았다.

91) 汪中 : 처음 이름은 秉中, 자는 容甫, 호는 頌父로 淸代의 철학자이자 문학가이다. 乾隆 때 文宗閣과 文淵閣에서 ≪四庫全書≫를 교정하였으며, ≪荀卿子通傳≫을 저술하였다.

92) 欲與天下同苦樂之 : 王念孫의 주에는 '欲與天下共樂之'의 잘못이라고 하였으나, '苦樂' 두 자는 위의 '貧窮'과 '富貴'를 이어받은 것이므로 잘못되었다고 하기 어렵다.

것이다. 위에서 '仁之所在無貧窮 仁之所亡無富貴(어진 덕이 있는 곳에서는 빈궁에 빠지는 일이 없고 어진 덕이 없는 곳에서는 부귀를 누리는 일이 없다.)'를 말했으니, 여기서 '與天下共樂之(천하 사람과 함께 즐긴다)'를 말한 것은 이 어진 덕의 〈정치를〉 함께 즐거워한다는 것을 이른다. '樂' 위에 '苦'자가 있는 것은 옳지 않다. 지금 판본에 '同苦樂之'로 되어 있는 것은 '共樂'이 '苦樂'으로 잘못되었고 뒷사람이 또 '苦樂' 위에 '同'자를 더 붙인 것이다. 楊氏가 말한 '與天下同休戚'은 글자만 보고 대강 뜻을 짐작해 그렇게 말한 것일 뿐이다. ≪太平御覽≫ 〈人事部〉 76에 이 글이 인용되어 '欲與天下共樂之'로 되어 있고 '同'자가 없으니, 宋나라 초기 판본에는 아직 잘못되지 않은 부분이 있었을 것이다.

### 23-98 天下不知之면 則傀然獨立天地之閒(간)而不畏 是上勇也라

천하 사람이 그를 알아주지 않으면 하늘과 땅 사이에 우뚝 홀로 서서 두려워하지 않는 것이 곧 上等의 용감함이다.

傀는 傀偉니 大貌也라 公回反이라 或曰 傀與塊同이니 獨居之貌也라하니라 ○ 王念孫曰 後說是也라 君道篇云 塊然獨坐라하니라

楊倞注 : 傀는 위대하다는 뜻이니, 큰 모양이다. 〈음은〉 公과 回의 반절이다. 혹자는 "傀는 '塊'와 같으니, 홀로 거주하는 모양이다."라 하였다.

○ 王念孫 : 〈楊氏 주의〉 뒤의 설이 옳다. 〈君道篇〉(12-53)에 "塊然獨坐(덩그렇게 홀로 앉아 있다.)"라 하였다.

### 23-99 禮恭而意儉하며 大齊信焉而輕貨財하며

예의가 공손하고 뜻이 겸손하며 中正과 信義를 중시하고 재물을 하찮게 여기며,

大는 重也라 齊信은 謂整齊於信也라 ○ 王念孫曰 爾雅에 齊는 中也라하니 言大中信而輕貨財也라 康王之誥[93]의 底至齊信에 傳以齊信爲中信하니 是其證이라 齊信與貨財對文이라 非十二子篇의 大儉約而僈差等이 與此文同一例니 則齊信非

93) 康王之誥 : 저본의 원주에 "康王之誥는 원본에 '顧命'으로 되어 있으나, ≪尙書≫에 의거하여 바로잡았다.〔康王之誥 原本作顧命 據尙書改〕"라고 하였다.

整齊於信之謂라

楊倞注 : 大는 중시한다는 뜻이다. 齊信은 信義에 한결같다는 것을 이른다.

○ 王念孫 : ≪爾雅≫ 〈釋言〉에 "齊는 中正이란 뜻이다."라 하였으니, 中正과 信義를 중시하고 재물을 하찮게 여기는 것을 말한다. ≪書經≫ 〈周書 康王之誥〉의 "底至齊信(온 힘을 다해 中正과 信義를 시행하였다.)"이라 한 곳의 孔安國 傳에는 '齊信'을 '中信'으로 풀이하였으니, 이것이 그 증거이다. '齊信'과 '貨財'는 대구이다. 〈非十二子篇〉(6-14)의 '大儉約而優差等(검약을 중시하면서 차별과 등급이 없다.)'이 이 글과 동일한 형식이니, 齊信은 '整齊於信(신의에 한결같다)'을 말한 것이 아니다.

## 23-100 賢者敢推而尙之하고 不肖者敢援而廢之 是中勇也라

현능한 사람에 대해서는 과감히 추천하여 〈고위직으로〉 올리고 현능하지 못한 사람에 대해서는 과감히 끌어내려 파면시키는 것이 곧 中等의 용감함이다.

尙은 上也라 援은 牽引也라

楊倞注 : 尙은 위로 올린다는 뜻이다. 援은 끌어당긴다는 뜻이다.

## 23-101 輕身而重貨하며 恬禍而廣解하여

제 몸을 가벼이 여기고 재물을 중시하며 禍를 편안히 여기면서도 여러 방면으로 해명하여

恬은 安也라 謂安於禍難也하되 而廣自解說이니 言以辭勝人也라 解는 佳買反이라

楊倞注 : 恬은 편안하다는 뜻이다. 재앙과 환난을 편안하게 여기면서도 널리 스스로 〈그렇지 않다고〉 해명하는 것을 이르니, 언변으로 남을 이기는 것을 말한다. 解는 〈음이〉 佳와 買의 반절이다.

## 23-102 苟免하며 不恤是非然不然之情하여 以期勝人爲意 是下勇也라

요행히 禍를 모면하며, 옳고 그름이나 맞고 틀린 실제정황을 돌아보지 않으면서 반드시 남을 이기자는 것으로 마음을 갖는 것이 곧 下等의 용감함이다.

○ 盧文弨曰 苟免上當脫三字니 以上二句例之自明이라 王念孫曰 此亦汪氏中說也라 汪又云 苟免은 或是注文混入이라하니라 先謙案 不然은 然字衍하니 說見儒效篇이라

○ 盧文弨 : '苟免' 위에 분명히 세 글자가 빠졌으니, 위 두 구의 형식으로 보면 자명하다.

王念孫 : 이 또한 汪中 씨의 설이다. 汪氏가 또 "'苟免'은 혹시 〈楊倞〉 주의 글이 섞여 들여온 것이 아닌가 싶다."라고 하였다.

先謙案 : '不然'은 '然'자가 잘못 덧붙여진 것이니, 이에 관한 설명은 〈儒效篇〉(8-45)에 보인다.

23-103 繁弱鉅黍는 古之良弓也라

繁弱과 鉅黍는 옛날의 좋은 활이다.

繁弱은 封父(보)[94]之弓이라 左傳曰 封父之繁弱이라하니라 鉅與拒同이라 黍當爲來라 史記蘇秦說(세)韓王曰 谿子少府時力距來라하여늘 司馬貞云 言弓弩埶勁하여 足以拒於來敵也라하니라 ○ 郝懿行曰 性惡篇末自繁弱鉅黍以下는 皆言身有美質이라도 亦須師友漸靡[95]而成이라 然則性質本惡이라도 必資師友切劘而善은 其意自明矣라 然亦可知性善性惡은 皆執一偏而言이니 若就渾全而論하면 自當善惡竝存이라 所以孔子語性에 惟言相近하니 可知善惡存焉爾요 又言相遠[96]하니 可知善惡分焉爾라 故曰 羣言淆亂衷諸聖[97]也라하니라 王念孫曰 案作鉅黍者是하니 說見史記蘇秦傳이라

楊倞注 : 繁弱은 封父의 활이다. ≪春秋左氏傳≫ 定公 4년에 "封父의 繁弱을 〈주었

94) 封父(보) : 夏나라 때의 제후이다.

95) 漸靡 : 조금씩 젖어들어 감화되고 끊임없이 익혀 숙달이 된다는 뜻이다. '靡'는 선을 쌓고 익힌다는 積習의 뜻이다. 아래에 보이는 것도 같다.

96) 孔子語性……又言相遠 : ≪論語≫ 〈陽貨〉에 孔子가 "사람의 본성은 서로 가깝지만 습관이 다름으로 인해 서로 멀어진다.〔性相近也 習相遠也〕"라고 하였다.

97) 羣言淆亂衷諸聖 : 漢나라 揚雄이 한 말로, ≪揚子法言≫ 권2에 보인다.

다.〉"라 하였다. 鉅는 '拒'와 같다. 黍는 마땅히 '來'로 되어야 한다. ≪史記≫〈蘇秦列傳〉에 蘇秦이 韓王을 설득하기를 "谿子와 少府의 時力과 距來가 〈있다.〉"라 하였는데, 〈距來에 대해〉 司馬貞이 "弓弩는 힘이 강하여 충분히 쳐들어오는 적을 막을 수 있다는 말이다."라고 하였다.

○ 郝懿行 : 〈性惡篇〉 끝부분의 '繁弱鉅黍' 이하부터는 모두 자기가 좋은 자질을 지녔더라도 반드시 스승과 벗을 통해 감화되고 익숙해져야 제대로 이루어진다는 것을 말하였다. 그렇다면 본성과 자질이 본디 악하다 하더라도 반드시 스승과 벗을 통해 갈고 닦는 도움을 받아야 한다는 것은 그 뜻이 자명하다. 그러나 또 본성이 선하다느니 악하다느니 하는 것들은 모두 한쪽만을 고집하여 말한 것임을 알 수 있으니, 만약 전체적인 시각으로 논한다면 당연히 〈본성 속에〉 善과 惡이 함께 존재한다. 이 때문에 孔子가 본성에 관해 말할 때 오직 서로 가깝다고만 말했으니 선과 악이 함께 존재한다는 것을 알 수 있고, 또 〈습관이 다름으로 인해〉 서로 멀어진다고 말했으니 선과 악이 구분된다는 것을 알 수 있다. 그러므로 "뭇사람의 말이 혼란스러울 때는 聖人의 말씀으로 기준을 삼는다.〔羣言淆亂衷諸聖〕"고 하였다.

王念孫 : 살펴보건대, '鉅黍'로 되어 있는 것이 옳으니, 이에 관한 설명은 ≪史記≫〈蘇秦列傳〉에 보인다.

## 23-104 然而不得排檠하면 則不能自正이라

그러나 〈활을 교정하는 기구인〉 도지개로 바로잡아주지 않는다면 스스로 바르게 될 수 없다.

**排檠은 輔正弓弩之器라 檠은 巨京反이라**

楊倞注 : 排檠은 활을 輔正하는 기구이다. 檠은 〈음이〉 巨와 京의 반절이다.

## 23-105 桓公之葱과 大(태)公之闕과 文王之(祿)〔錄〕[98]과 莊君之曶(홀)과 闔閭之干將莫邪(야)鉅闕辟閭는 此皆古之良劒也라

桓公의 葱과 太公의 闕과 文王의 錄과 莊王의 曶과 闔閭의 干將·莫邪·鉅闕·

---

98) (祿)〔錄〕: 저본에는 '祿'으로 되어 있으나, 世德堂本에 의거하여 '錄'으로 바로잡았다.

辟閭는 이 모두 옛날의 좋은 검이다.

葱鬮錄曶은 齊桓公齊太公周文王楚莊王之劒名이로되 皆未詳所出이라 葱은 靑色也요 錄與綠同하니 二劒以色爲名이라 曹植七啓說劒云 雕以翠綠이라하니 亦其類也라 曶은 劒光采慌忽難視니 以形爲名也라 鬮은 未詳이라 或曰 鬮은 缺也라 劒至利則喜缺하여 因以爲名하니 鉅鬮亦是也라하니라 干將莫邪巨鬮은 皆吳王闔閭劒名이라 辟閭는 未詳이라 新序에 閭丘卬謂齊宣王曰 辟閭巨鬮은 天下之良劒也라하고 或曰 辟閭는 卽湛盧也니 閭盧聲相近이라 盧는 黑色也라 湛盧는 言湛然如水而黑也라하니라 又張景陽七(發)〔命〕[99]說劒曰 舒辟不常[100]이라하여늘 李善云 辟은 卷也라 言神劒柔하여 可卷而懷之하고 舒則可用이라하니 辟閭或此義歟아 ○ 盧文弨曰 曶은 舊本作曶하니 訛라 今改正하니 注同이라

楊倞注：葱・鬮・錄・曶은 齊 桓公・齊 太公・周 文王・楚 莊王의 검 이름인데, 모두 그 출전을 알 수 없다. 葱은 푸른색이고 '錄'은 '綠'과 같으니, 이 두 검은 색깔로 이름을 정한 것이다. 曹植의 〈七啓〉에 검에 관해 설명하기를 "雕以翠綠(청록색과 녹색으로 〈그 위를〉 장식하였다.)"이라 하였으니, 이 또한 그와 같은 유이다. 曶은 검의 광채가 황홀하여 똑바로 보기 어렵다는 뜻이니, 형태로 이름을 정한 것이다. 鬮은 알 수 없다. 혹자는 "鬮은 이지러졌다는 뜻이다. 검이 극도로 날카로우면 쉽게 이지러지므로 이로 인해 이름을 정한 것이니, 鉅鬮 또한 이 경우이다."라 하였다. 干將・莫邪・巨鬮은 모두 吳王 闔閭의 검 이름이다. 辟閭는 알 수 없다. ≪新序≫ 〈雜事 第五〉에 閭丘卬이 齊 宣王에게 이르기를 "辟閭와 巨鬮은 천하의 좋은 검입니다."라 하였고, 혹

99) 張景陽七(發)〔命〕：景陽은 西晉 張協의 자이다. 저본의 원주에 "〈七發〉은 바로 枚乘이 지은 것이니, 여기서는 마땅히 〈七命〉이라 해야 한다.〔七發乃枚乘作 此當七命〕"라고 하였고, 뒤의 舒辟不常(無方)은 張協의 〈七命〉에 보이므로, 이에 의거하여 저본의 '發'을 '命'으로 바로잡았다.

100) 舒辟不常：저본의 원주에 "舒辟不常은 〈七命〉에 '舒辟無方'으로 되어 있으며, 〈아래의 '辟 卷也 言神劒柔 可卷而懷之 舒則可用'이라는 내용이〉 李善의 주에 보이지 않는다.〔舒辟不常 七命作舒辟無方 未見李善注〕"라고 하였다. '不常'은 '無方'과 뜻이 같다. 그리고 '辟 卷也 言神劒柔 可卷而懷之 舒則可用'이 李善의 ≪文選注≫에는 보이지 않지만, ≪六臣注文選≫에서 呂延濟(唐)의 주에 유사한 내용이 보이므로, 楊倞이 呂延濟의 주를 李善의 주로 잘못 인용한 듯하다.

자는 "辟閭는 곧 湛盧니 閭와 盧는 음이 서로 가깝다. 盧는 검은색이다. 湛盧는 맑기가 마치 물 같으면서 색이 검은 것을 말한다."라 하였다. 또 張景陽의 ≪七命≫에 검에 관해 설명하기를 "舒辟不常(펴고 마는 것이 자유롭다.)"이라 하였는데, 李善이 "辟은 '卷(말다)'의 뜻이다. 神劍은 부드러우므로 그것을 말아 품속에 품을 수 있고 다시 펴면 사용할 수 있다는 말이다."라 하였는데, 辟閭가 혹시 이 뜻은 아닌지 모르겠다.

○ 盧文弨：胷은 옛 판본에 '胥'로 되어 있는데, 이는 잘못된 것이다. 여기서는 고쳐 바로잡았으니, 〈楊氏의〉 주도 마찬가지이다.

八駿圖

**23-106 然而不加砥厲**[101]면 **則不能利**하고 **不得人力**이면 **則不能斷**이라 驊騮騹(기)**驥纖離綠耳**는 **此皆古之良馬也**라

그러나 숫돌로 갈지 않으면 날카로울 수 없고 사람의 힘을 빌리지 않으면 물건을 자를 수 없다.

驊騮·騹驥·纖離·綠耳는 이 모두 옛날의 좋은 말이다.

皆周穆王八駿名[102]이라 騹는 讀爲騏라 謂青驪[103]니 文如博棊라 列子엔 作赤驥하여 與此

---

101) 厲：'礪'와 통용한다.

102) 皆周穆王八駿名：周 穆王의 여덟 마리 준마는 赤驥·盜驪·白義·踰輪·山子·渠黃·驊騮·綠耳이다. 驊騮·騹驥·纖離·綠耳는 그중 일부이며 騹驥는 赤驥, 纖離는 盜驪의 다른 표기이다.

不同이라 纖離는 卽列子盜驪也라 ○ 王念孫曰 騏驥之爲騹驥는 猶惎期之爲惎勤(기)也①라 楊云 騹는 讀爲騏라하니 是也나 而云謂青驪니 文如博棊는 則非라

① 凡之部之字는 或與諄部相轉[104)]이라 說見致士篇隱忌下라

대체로 之部 글자는 간혹 諄部와 서로 전용되기도 한다. 이에 관한 설명은 〈致士篇〉(14-3) '隱忌' 밑에 보인다.

楊倞注 : 〈驊騮·騹驥·纖離·綠耳는〉 모두 周 穆王의 여덟 마리 준마의 이름이다. 騹는 '騏'로 읽어야 한다. 〈騹驥는〉 青驪를 이르니, 털 무늬가 바둑판과 같다. ≪列子≫에는 '赤驥'로 되어 있어 이곳과 같지 않다. 纖離는 곧 ≪列子≫의 '盜驪'다.

○ 王念孫 : '騏驥'가 '騹驥'로 된 것은 '惎期'가 '惎勤'로 된 것과 같다. 楊氏가 "騹는 '騏'로 읽어야 한다."라 하였으니, 이는 옳지만 "青驪를 이르니, 털 무늬가 바둑판과 같다."라고 한 것은 틀렸다.

23-107 然而(前必)〔必前〕[105)]有銜轡之制하고 後有鞭策之威하며

그러나 반드시 앞에서는 재갈과 고삐로 통제하고 뒤에서는 채찍으로 위협하며

○ 王念孫曰 前必有는 本作必前有라 前有後有는 皆承必字而言이라 若作前必有면 則與下句不貫矣리라 羣書治要及初學記人部中과 太平御覽人事部四十五에 竝引作必前有라

○ 王念孫 : '前必有'는 본디 '必前有'로 되어 있었다. '前有'와 '後有'는 모두 '必'자를 이어받아 말한 것이다. 만약 '前必有'로 된다면 아랫구와 통하지 않을 것이다. ≪羣書治要≫ 및 ≪初學記≫ 〈人部 中〉과 ≪太平御覽≫ 〈人事部 45〉에 모두 이것을 인용하였는데, '必前有'로 되어 있다.

103) 青驪 : 온 몸의 털이 검은 말이다.

104) 凡之部之字 或與諄部相轉 : 之部와 諄部는 ≪說文解字篆韻譜≫ 권1 〈上平聲〉에 보인다. 之部에 속한 글자와 諄部에 속한 글자가 통용되기도 한다는 것이다. '騏'는 之部에 속하고, '騹'은 諄部에 속한다.

105) (前必)〔必前〕 : 저본에는 '前必'로 되어 있으나, 王念孫의 주에 의거하여 '必前'으로 바로잡았다.

23-108 加之以造父(보)[106]之馭니 然後一日而致千里也라 夫人雖有性質美而心辯知라도 必將求賢師而事之하고 擇良友而友之라 得賢師而事之면 則所聞者堯舜禹湯之道也요 得良友而友之면 則所見者忠信敬讓之行也리라 身日進於仁義而不自知也者는 靡使然也라

거기에 造父의 말몰이가 더해져야 하니, 그런 다음에 하루에 천 리를 달려갈 수가 있다.

사람이 비록 본성과 자질이 아름답고 두뇌가 총명하고 지혜롭더라도 반드시 현명한 스승을 구해 그를 섬기고 훌륭한 벗을 골라 그와 사귀어야 한다. 현명한 스승을 얻어 섬기면 그가 듣는 것이 堯·舜·禹·湯의 正道일 것이고, 훌륭한 벗을 얻어 사귀면 그가 보는 것이 충성스럽고 성실하고 공경하고 겸양하는 행실일 것이다. 그리하여 자기가 날로 仁義의 길로 나아가는데도 스스로 인식하지 못하는 것은 〈처한 환경에〉 익숙해진 것이 그렇게 되도록 한 것이다.

靡는 謂相順從也라 或曰 靡는 磨切也라

楊倞注 : 靡는 서로 순응하고 따르는 것을 이른다. 혹자는 "靡는 연마한다는 뜻이다."라 하였다.

23-109 今與不善人處하면 則所聞者欺誣詐僞也요 所見者汙漫淫邪貪利之行也리라

만약 좋지 않은 사람과 함께 지낸다면 그가 듣는 것은 남을 속이고 모함하고 거짓을 꾸미는 일일 것이고, 그가 보는 것은 더럽고 음란하고 사악하고 財利를 탐하는 행동일 것이다.

汙는 穢行也라 漫은 誕漫欺誑也라 莊子에 北人無擇曰 舜以其辱行漫我也라하니라

楊倞注 : 汙는 더러운 행위이다. 漫은 황당무계하고 속인다는 뜻이다. ≪莊子≫ 〈讓

106) 造父(보) : 西周 때 사람으로, 말을 잘 몰아 周 穆王의 총애를 받았다. 전설에 의하면 여덟 마리 駿馬를 얻어 왕에게 바치고 왕의 마부가 되었다고 한다.

王〉에 北人無擇이 "舜이 그의 치욕스러운 행위로 나를 속이려 한다.〔舜以其辱行漫我〕"라 하였다.

**23-110 身且加於刑戮而不自知者**는 **靡使然也**라 **傳曰 不知其子**어든 **視其友**하고 **不知其君**이어든 **視其左右**[107)]라하니 **靡而已矣**라 **靡而已矣**라

그리하여 제 몸이 형벌이나 사형을 당하면서도 스스로 인식하지 못하는 것은 〈처한 환경에〉 익숙해진 것이 그렇게 되도록 한 것이다.

옛글에 전해오기를 "자기 아들이 어떤지 모르거든 그의 벗을 보고, 자기 군주가 어떤지 모르거든 그의 左右를 보라."라고 하였으니, 〈처한 환경에〉 익숙해진 것에 의할 뿐이다. 〈처한 환경에〉 익숙해진 것에 의할 뿐이다.

---

107) 不知其子……視其左右 : ≪說苑≫ 〈雜言〉에는 "孔子가 말하기를 '자기 아들이 어떤지 모르거든 그가 사귀는 벗을 보고, 자기 군주가 어떤지 모르거든 그가 부리는 신하를 보라.'라고 했다.〔孔子曰 不知其子 視其所友 不知其君 視其所使〕"로 되어 있다. ≪孔子家語≫ 〈六本〉에도 유사한 내용이 보인다.

## 君子篇 第二十四　제24편 君子의 지위와 역할

이 제목의 君子는 天子를 가리킨다. 이 편에서는 천자의 특수한 지위에 관해 논한 뒤에 처벌과 포상을 죄와 공에 맞게 시행하고 현명하고 유능한 사람을 존중하고 임용하며, 신분의 貴賤과 관계의 親疎를 구분하고 어른과 어린이 사이에 先後 차례가 있게 해야 한다는 등 천자의 이상적인 역할에 관해 논하였다.

凡篇名은 多用初發之語名之어늘 此篇皆論人君之事니 卽君子當爲天子라 恐傳寫誤也라 舊第三十一이어늘 今升在上이라

楊倞注：대체로 篇名은 처음 꺼낸 말로 命名하는데 이 편은 모두 군주에 관한 일을 논했으니, '君子'는 마땅히 '天子'로 되어야 한다. 아마도 옮겨 쓰는 과정에 잘못된 듯하다. 옛 편차는 제31이었으나 여기서는 순서를 위로 올려 배치하였다.

### 24-1 天子無妻[1]는 告人無匹也라

天子에게 같은 또래가 없다는 것은 그와 필적할 사람이 없다는 것을 표명한 것이다.

告는 言也라 妻者는 齊也라 天子尊하여 無與二라 故無匹也라

楊倞注：告는 말한다는 뜻이다. 妻란 '齊(가지런하다)'의 뜻이다. 천자는 지위가 워낙 높아 그와 어울려 둘이 될 수 없기 때문에 필적할 사람이 없다는 것이다.

### 24-2 四海之內無客禮는 告無適也라

---

1) 妻：'儕(같은 또래)'로 읽어야 한다. '妻'와 '儕' 두 자는 옛날 韻書에는 '脂'部에 함께 속해 있는 것으로, 음이 변한 것일 뿐이다. 그리고 '妻'자에 '齊'의 뜻이 있기 때문에 서로 통할 수 있다.

온 천하에서 손님을 접대하는 예절로 〈그를 접대할 사람이〉 없다는 것은 그와 맞설 사람이 없다는 것을 표명한 것이다.

適은 讀爲敵이라 禮記曰 天子無客禮는 莫敢爲主焉이라 君適其臣에 升自阼階는 不敢有其室也라하니라

楊倞注 : 適은 '敵(맞서다)'으로 읽어야 한다. ≪禮記≫ 〈郊特牲〉에 "천자가 손님이 되는 예절이 없는 것은 감히 그의 주인이 될 수 없기 때문이다. 군왕이 신하의 집에 갔을 때 〈주인이 이용하는〉 동편 계단을 통해 堂으로 올라가는 것은 신하는 감히 자기 집을 사적으로 소유하지 못하기 때문이다."라고 하였다.

24-3 足能行이나 待相者然後進하며 口能言이나 待官人然後詔라

그에게 발이 있어 걸을 수 있지만 〈곁에서 禮를 행하는 것을〉 도와주는 사람을 기다린 다음에야 앞으로 나아가며, 입이 있어 말을 할 수 있지만 〈뜻을 전달하는〉 관리를 기다린 다음에야 명령을 내린다.

官人은 掌喉舌之官也라

楊倞注 : 官人은 군왕의 입을 대신하는 일을 맡은 관리이다.

24-4 不視而見하고 不聽而聰하고 不言而信하고 不慮而知하고 不動而功은 告至備也라

눈으로 보지 않아도 볼 수 있고, 귀로 듣지 않아도 잘 들을 수 있고, 말을 하지 않아도 백성들이 믿어주고, 思考를 하지 않아도 알 수 있고, 움직이지 않아도 공을 세울 수 있는 것은 그가 지극히 완비된 사람이라는 것을 표명한 것이다.

盡委於羣下라 故能至備也라

楊倞注 : 모든 것을 아래 관료들에게 맡기기 때문에 지극히 완비될 수 있다는 것이다.

24-5 天子也者는 (執)〔埶〕[2]至重하고 形至佚하고 心至愈하며

천자란 권세가 지극히 중대하고 육체가 지극히 편안하며 마음이 지극히 즐겁고

愈는 讀爲愉라

楊倞注 : 愈는 '愉(유쾌하다)'로 읽어야 한다.

24-6 志無所詘하고 形無所勞하여 尊無上矣라 詩曰 普天之下에 莫非王土요 率土之濱에 莫非王臣이라하니 此之謂也라

지향하는 일은 실현되지 않는 일이 없으니, 이 때문에 〈천자로 앉아 있다 하여〉 육체가 피곤할 수 없고 그의 존귀한 위상은 더할 수 없이 높다. ≪詩經≫ 〈小雅 北山〉에 "큰 하늘 아래, 왕의 흙 아닌 것 없고, 온 나라에, 왕의 신하 아닌 이 없네."라고 하였으니, 이를 두고 하는 말이다.

詩는 小雅北山之篇이라 率은 循也라 濱은 涯也라

楊倞注 : ≪詩經≫은 〈小雅 北山〉편이다. 率은 '循(따라가다)'의 뜻이다. 濱은 '涯(물가)'의 뜻이다.

24-7 聖王在上하여 分義行乎下하면 則士大夫無流淫之行하고

聖王이 윗자리에 있어 등급제도와 준칙이 아래 백성에게 행해지면 士大夫는 방자하고 음탕한 행위가 없고

○ 先謙案 羣書治要에 流作沈하니 二字通用이라 說見勸學篇이라

○ 先謙案 : ≪羣書治要≫에 '流'는 '沈'으로 되어 있으니, 이 두 자는 통용한다. 이에 관한 설명은 〈勸學篇〉(1-37)에 보인다.

---

2) (執)〔埶〕: 〈正論篇〉(18-105)에 "天子者 埶至重而形至佚 心至愉而志無所詘 而形不爲勞 尊無上矣(천자란 권세가 지극히 중대하고 육체가 지극히 편안하며 마음이 지극히 즐겁고 지향하는 일은 실현되지 않는 일이 없으니, 이 때문에 〈천자로 앉아 있다 하여〉 육체가 피곤할 수 없고 그의 존귀한 위상은 더할 수 없이 높다.)"라고 하여, 이곳의 문구와 거의 동일하므로, 저본의 '執'을 〈正論篇〉에 의거하여 '埶'로 바로잡았다.

24-8 百吏官人無怠慢之事하며 衆庶百姓無姦怪之俗하고 無盜賊之罪하여 莫敢[3]犯(大上之禁)〔上之大禁〕[4]이라

각급 관원들은 태만하고 거만한 일이 없으며, 수많은 백성들도 사악하고 괴벽한 습속이 없고 도둑질하는 죄를 범하는 일이 없어 감히 어느 누구도 군주의 엄격한 禁令을 범하는 일이 없게 된다.

大는 讀爲太라 太上은 至尊之號라 ○ 兪樾曰 楊說非也라 此當作莫敢犯上之大禁이니 傳寫倒之耳라 下文云 皆知夫犯上之禁不可以爲安也라하고 不言犯太上之禁하니 可知此文之誤矣라 先謙案 羣書治要엔 正作莫敢犯上之禁하고 無大字라

楊倞注 : 大는 '太'로 읽어야 한다. 太上은 至尊의 호칭이다.

○ 兪樾 : 楊氏의 설은 틀렸다. 이것(莫敢犯大上之禁)은 마땅히 '莫敢犯上之大禁'으로 되어야 하니, 옮겨 쓰는 과정에서 순서가 바뀐 것이다. 아랫글에 '皆知夫犯上之禁不可以爲安也(모두가 군주의 禁令을 범하고는 편안할 수 없다는 것을 알게 된다.)'라 하고 '犯太上之禁'이라고 말하지 않았으니, 이 글이 잘못되었다는 것을 알 수 있다.

先謙案 : ≪羣書治要≫에는 바르게 '莫敢犯上之禁'으로 되어 있고 '大'자는 없다.

24-9 天下曉然皆知夫盜竊之(人)[5]不可以爲富也하고 皆知夫賊害之(人)不可以爲壽也하고

온 천하 사람이 분명히 모두 도둑질을 하고는 부자가 될 수 없다는 것을 알게 되고, 모두가 남을 해치고는 타고난 자기 수명을 누릴 수 없다는 것을 알게 되고,

○ 王念孫曰 盜竊之賊害之下에 皆本無人字라 後人加兩人字하여 而以盜竊之人과

---

3) 敢 : 저본의 원주에 "敢은 원본에 '取'로 되어 있으나, 자형이 비슷하여 잘못된 것이므로, 〈楊氏의〉 注에 있는 글자에 의거하여 고쳤다.〔敢 原本作取 形近而誤 據注文改〕"라고 하였다.

4) (大上之禁)〔上之大禁〕: 저본에는 '大上之禁'으로 되어 있으나, 兪樾의 주에 의거하여 '上之大禁'으로 바로잡았다.

5) (人) : 저본에는 '人'이 있으나, 王念孫의 주에 의거하여 잘못 덧붙여진 것으로 처리하였다. 다음 '人'의 경우도 같다.

賊害之人을 與犯上之禁對文하니 謬矣라 盜竊不可以爲富하고 賊害不可以爲壽는 皆指其事而言이요 非指其人而言이니 不得加入兩人字也라 羣書治要엔 無人字라 先謙案 壽는 謂年命短長이라 人自賊害者는 非其壽命本如此也라

○ 王念孫 : '盜竊之'와 '賊害之' 밑에 모두 본디 '人'자가 없다. 후세 사람이 두 '人'자를 추가하여 '盜竊之人'과 '賊害之人'을 '犯上之禁'과 대를 맞췄으니, 이는 잘못된 것이다. 도둑질을 하고는 부자가 될 수 없고 남을 해치고는 타고난 자기 수명을 누릴 수 없다는 것은 모두 그 행위를 가리켜 말한 것이고 그 사람을 가리켜 말한 것은 아니니, 두 '人'자를 추가할 수 없다. ≪羣書治要≫에는 '人'자가 없다.

先謙案 : 壽는 수명의 長短을 이른다. 사람이 스스로 남을 해치는 자는 〈빨리 죽으니,〉 그 수명이 본디 그와 같은 것은 아니다.

24-10 皆知夫犯上之禁不可以爲安也라 由其道[6]면 則人得其所好[7]焉하고 不由其道면 則必遇其所惡(오)焉이라

모두가 군주의 禁令을 범하고는 편안할 수 없다는 것을 알게 된다. 聖王의 道를 따르면 누구나 자기가 좋아하는 것을 얻고, 聖王의 도를 따르지 않으면 반드시 자기가 싫어하는 일을 당하게 된다.

道는 謂政令이라

楊倞注 : 道는 정책과 법령을 이른다.

24-11 是故刑罰綦省(생)而威行如流라 世曉然皆知夫爲姦이면 則雖隱竄逃亡之라도 由不足以免也라 故莫不服罪而請[8]이라

그러므로 형벌이 극히 간소하더라도 군주의 위엄은 물이 흐르듯 〈확대된다.〉 세상 사람들은 분명히 모두가 간악한 짓을 자행하면 비록 몰래 숨거나 도망친다

6) 道 : 禮義와 法制를 말한다.

7) 其所好 : 자기가 좋아하는 것이란 뜻으로, 여기서는 편안함과 부유함과 장수를 누리는 것을 말한다.

8) 而請 : '如情'과 같다. '사실과 같이', '사실대로'라는 뜻이다.

하더라도 여전히 처벌을 면할 수가 없다는 것을 알기 때문에 사실대로 죄를 순순히 인정하지 않는 자가 없게 된다.

自請刑戮이라 ○ 謝本은 從盧校하여 世上有治字라 盧文弨曰 治世는 元刻無治字라 由는 猶通이라 故莫不은 宋本엔 無故字라 王念孫曰 無治字者是也라 世曉然은 猶上文言天下曉然하니 則世上不當有治字라 自聖王在上以下至此는 皆治世之事니 則無庸更言治世라 治字卽上流字之誤而衍者라 宋錢佃校本에도 亦云 諸本無治字라하니라 兪樾曰 請은 當讀爲情이라 成相篇明其請의 注曰 請은 當爲情이라하고 禮論篇情文俱盡이 史記禮書엔 情作請하여늘 徐廣曰 古情字或叚借作請이라하니 是其證也라 情은 實也라 莫不服罪而情은 猶莫不服罪而實也니 言服罪而不敢虛誕也라 論語所謂則民莫敢不用情也라 楊注以本字釋之하니 誤矣라 成相篇曰 下不欺上하여 皆以情言하니 明若日이라하니 卽此情字之義라 先謙案 王說無治字是也라 今從諸本刪正이라

楊倞注 : 〈請은〉 자기를 처벌해줄 것을 스스로 청할 것이라는 말이다.

○ 謝本은 盧校本에 따라 '世' 위에 '治'자가 있다.

盧文弨 : '治世'는 元刻本에 '治'자가 없다. 由는 '猶'와 통한다. '故莫不'은 宋本에는 '故'자가 없다.

王念孫 : '治'자가 없는 것이 옳다. '世曉然'은 윗글에서 말한 '天下曉然'과 같으니, '世' 위에 '治'자가 있으면 안 된다. '聖王在上'부터 여기까지는 모두 잘 다스려진 세상의 일이니, 새삼 다시 '治世'를 말할 이유가 없다. '治'자는 곧 위의 '流'자가 잘못되어 덧붙여진 것이다. 宋 錢佃의 校本에도 "여러 판본에는 '治'자가 없다."라 하였다.

兪樾 : 請은 마땅히 '情'으로 읽어야 한다. 〈成相篇〉 "明其請(일의 실정 반드시 알아내는 것)"이라고 한 곳의 〈楊氏〉 주에 "請은 마땅히 '情'이 되어야 한다."라 하였고, 〈禮論篇〉(19-56)의 "情文俱盡(드러내려는 감정과 예법 형식이 모두 완전하다.)"이 ≪史記≫ 〈禮書〉에는 '情'이 '請'으로 되어 있는데, 徐廣이 "옛 문헌에는 情자를 간혹 假借하여 '請'으로 되어 있기도 하다."라 하였으니, 이것이 그 증거이다. 情은 '實'의 뜻이다. 莫不服罪而情은 '莫不服罪而實(죄를 순순히 인정하되 사실대로 하지 않는 일이 없다.)'과 같으니, 스스로 죄를 인정하여 감히 거짓말을 하지 않는 것을 말한다. ≪論語≫ 〈子路〉의 이른바 "則民莫敢不用情(〈윗사람이 신의를 좋아하면〉 백성이 감히 진실하게 응하지 않을 자가 없을 것이다.)"의 〈경우와 같다.〉 楊氏의 주는 본디 글자(請)로 풀이하였으니, 잘못되었

다. 〈成相篇〉에 "下不欺上 皆以情言 明若日(백성 감히 군주를 속이지 못해 말이 모두 진실을 토하게 되면 〈그들 마음〉 해처럼 밝기만 하리)"이라 하였으니, 곧 이 '情'자의 뜻이다.

先謙案 : 王氏의 '治'자가 없다는 설이 옳다. 여기서는 여러 판본에 따라 〈'治'자를〉 삭제하여 정정하였다.

## 24-12 書云 凡人[9]自得罪라하니 此之謂也라

≪書經≫에 "대체로 사람들이 스스로 죄를 범한다."라고 하였으니, 이를 두고 하는 말이다.

**言人人自得其罪에 不敢隱也라 與今康誥義不同[10]하니 或斷章取義與아**

楊倞注 : 사람들이 스스로 죄를 범했을 때 감히 숨지 못한다는 말이다. 지금 〈康誥〉와는 뜻이 같지 않으니, 혹시 그 문구의 일부를 끊어 본의와는 다르게 사용한 것은 아닌지 모르겠다.

## 24-13 故刑當罪則威하고 不當罪則(悔)〔侮〕[11]하며 爵當賢則貴하고 不當賢則賤이라

그러므로 형벌이 범법 행위에 합당하면 위력이 있고 범법 행위에 합당하지 않으면 멸시되며, 官爵이 才德에 합당하면 존귀해지고 才德에 합당하지 않으면 천시된다.

**不當則爲下所侮賤이라**

楊倞注 : 〈형벌과 포상이〉 합당하지 않으면 아래 백성들로부터 〈형벌과 포상이〉 멸

---

9) 人 : ≪書經≫ 〈周書 康誥〉에는 '民'으로 되어 있다. 楊倞이 唐 太宗 李世民의 이름자를 피하느라 바꾼 것으로 보인다.

10) 與今康誥義不同 : ≪書經≫ 〈周書 康誥〉에서는 "백성들이 스스로 죄를 범하는데 도둑질과 약탈을 자행하고 재물로 인해 사람을 살해하면서 죽음도 두려워하지 않는 자를 증오하지 않는 사람이 없다."라고 하였는데, 여기서는 〈康誥〉의 이 뜻과는 달리 일부 문구만 인용하였다는 것이다.

11) (悔)〔侮〕 : 저본에는 '悔'로 되어 있으나, 楊倞의 주와 宋本에 의거하여 '侮'로 바로잡았다.

시되고 천시된다는 것이다.

24-14 古者刑不過罪하고 爵不踰德이라 故殺其父而臣其子하고 殺其兄而臣其弟라

옛날에 형벌은 범법 행위를 초과하지 않고 官爵은 관원의 덕행을 초과하지 않았다. 그러므로 그의 아버지를 처형하고도 그의 아들을 신하로 삼고 그의 형을 처형하고도 그의 아우를 신하로 삼기도 하였다.

言當罪而用賢하여 歸於至公也라 謂若殛鯀(곤)興禹[12)]하며 殺管叔封康叔[13)]之比也라

楊倞注 : 〈형벌을〉 범법 행위에 합당하게 적용하고 유능한 자를 임용하는 일을 지극히 공정하게 한다는 말이다. 鯀(鯀)을 죽이고 〈그의 아들〉 禹를 등용하였으며, 管叔을 죽이고 〈그의 아우〉 康叔을 봉해준 일과 같은 경우를 이른다.

24-15 刑罰不怒罪하고 爵賞不踰德하여

형법으로 처벌할 때 범인의 죄상을 초과하지 않고 官爵으로 포상할 때 관리의 공덕을 초과하지 않게 하여

○ 郝懿行曰 怒는 蓋盈溢之意니 與踰義近이라 楊氏無注나 或以恚(에)怒爲說하면 則非라 王念孫曰 怒踰는 皆過也①라 方言曰 凡人語而過를 東齊謂之弩[14)]라하고

---

12) 殛鯀(곤)興禹 : 鯀(鯀)은 禹의 아버지이다. 舜이 鯀에게 홍수를 다스릴 책임을 맡겨 9년이 지났으나 성과는 없고 오히려 악화되자 동쪽 바다의 섬인 羽山에서 처형하고 그의 아들 禹를 그 후임자로 임용한 일을 말한다.

13) 殺管叔封康叔 : 管叔과 康叔은 모두 周公의 아우이자 成王의 숙부들이다. 周公이 어린 나이로 즉위한 成王을 도와 섭정할 때 管叔이 반란을 일으키자 처형하고, 康叔을 衛나라에 봉해준 일을 말한다.

14) 凡人語而過 東齊謂之弩 : ≪方言≫에는 "대체로 사람들이 대화할 적에 정도에 지나치게 하는 것을 '過'라 이르며, 간혹 '僉'이라 말하기도 한다. 동쪽 齊 지방에서는 '劒'이라 이르고, 간혹 '弩'라 이르기도 한다.〔凡人語而過 謂之過 或曰僉 東齊謂之劒 或謂之弩〕"로 되어 있다.

又曰 弩는 猶怒也라하니 是怒卽過也라 上言刑不過罪하고 此言刑罰不怒罪나 其義一而已矣라

① 淮南主術篇注에 踰는 猶過也라하니라
≪淮南子≫ 〈主術訓〉의 〈高誘〉 주에 "踰는 '過'와 같다."라 하였다.

○ 郝懿行 : 怒는 가득 차 넘친다는 뜻이니, '踰'와 뜻이 가깝다. 楊氏의 주가 없으나 혹시 성낸다는 뜻으로 해설한다면 틀릴 것이다.

王念孫 : 怒와 踰는 모두 '過(지나치다)'의 뜻이다. ≪方言≫에 "대체로 사람들이 대화할 적에 정도에 지나치게 하는 것을 동쪽 齊 지방에서는 '弩'라고 이른다."라 하고, 또 "弩는 '怒'와 같다."라고 하였으니, 이로 볼 때 '怒'는 곧 '過'의 뜻이다. 위에서는 '刑不過罪(형벌은 범법 행위를 초과하지 않는다.)'를 말하고, 여기서는 '刑罰不怒罪(형벌으로 처벌할 때 범인의 죄상을 초과하지 않는다.)'를 말했으나, 그 뜻은 같을 뿐이다.

## 24-16 分然各以其誠通[15]이라

〈형벌과 포상이〉 분명하여 각자 진실한 마음이 소통되었다.

善惡分然하여 其忠誠皆得通達하여 無屈滯라 ○ 先謙案 分然은 又說見儒效篇이라

楊倞注 : 좋은 일과 나쁜 일을 한 것에 대한 〈형벌과 포상이〉 분명하여 그 진실한 마음이 모두 소통됨으로써 〈진실이〉 왜곡되거나 막히는 일이 없다는 것이다.

○ 先謙案 : 分然은 또 그에 관한 설명이 〈儒效篇〉(8-98)에 보인다.

## 24-17 是以爲善者勸하고 爲不善者沮하여 刑罰綦省(생)而威行如流하고 政令致明而化易(이)如神이라

이로 인해 좋은 일을 한 사람은 격려되고 나쁜 일을 한 사람은 저지되어 형벌이 극히 간소하더라도 군주의 위엄은 물이 흐르듯 〈확대되고〉 정책과 법령이 매우 명확하여 교화가 미쳐가는 것이 신의 조화와 같았다.

---

15) 分然各以其誠通 : 〈儒效篇〉(8-98)의 王念孫 주에 의하면 分然은 '介然'과 같은 것으로 견고한 모양이라고 하면서, 이 문구를 "진실한 마음이 꿋꿋하여 위아래의 마음이 서로 통하는 것을 말한다."라고 풀이하였다.

○ 兪樾曰 易는 當讀爲施라 詩皇矣篇에 施于孫子의 鄭箋曰 施는 猶易也라하니라 故施易二字古通用이라 何人斯篇에 我心易也의 釋文曰 易는 韓詩作施라하니 是其證也라 化易如神者는 化施如神也니 正與上句威行如流一律이라

○ 兪樾 : 易는 마땅히 '施'로 읽어야 한다. ≪詩經≫ 〈大雅 皇矣篇〉에 "施于孫子(그 은덕 손자에게 미치었다네.)"라 한 곳의 鄭玄의 箋에 "施는 '易'와 같다."라 하였다. 그러므로 '施'와 '易' 두 자는 옛날에 통용하였다. ≪詩經≫ 〈小雅 何人斯篇〉에 "我心易也(내 마음이 정말로 즐거우련만)"라 한 곳의 ≪經典釋文≫에 "易는 ≪韓詩外傳≫에 '施'로 되어 있다."라 하였으니, 이것이 그 증거이다. 化易如神은 化施如神(교화가 베풀어지는 것이 신의 조화와 같다.)과 같은 뜻이니, 정확히 위 문구 '威行如流'와 같은 형식이다.

24-18 傳曰 一人有慶이면 兆民賴之라하니 此之謂也니라

옛글에 전해오기를 "〈天子〉 한 사람이 善을 지니고 있으면 만백성이 그 은덕을 입는다."라고 하였으니, 이를 두고 하는 말이다.

尙書甫刑[16]之辭라

楊倞注 : ≪尙書≫ 〈周書 甫刑(呂刑)〉의 말이다.

24-19 亂世則不然이라 刑罰怒罪하고 爵賞踰德하며 以族論罪하고 以世[17]擧賢이라

혼란한 시대에는 그렇지 않다. 형법으로 처벌할 때 범인의 죄상을 초과하고 官爵으로 포상할 때 관리의 공덕을 초과하며, 친족관계를 근거로 죄를 결정하고 世家를 근거로 賢人을 등용한다.

泰誓所謂罪人以族하고 官人以世라 公羊亦云 尹氏卒이라 曷爲貶고 譏世卿也라하니라

楊倞注 : ≪尙書≫ 〈周書 泰誓〉의 이른바 "罪人以族 官人以世(사람을 처벌하되 친족에까지 미치고, 사람을 임용하되 세습의 방법으로 한다.)"라는 경우이다. ≪春秋公羊傳≫ 隱公

---

16) 甫刑 : '呂刑'과 같다.

17) 世 : 世家로, 여러 대에 걸쳐 국가의 요직에 있거나 특권을 누리는 집안이란 뜻이다.

3년에도 "尹氏가 죽었다. 무엇 때문에 그의 지위를 낮췄는가? 그의 집안이 대대로 卿〔世卿〕이 된 것을 풍자한 것이다."라고 하였다.

## 24-20 故一人有罪而三族皆夷하여 德雖如舜이라도 不免刑均하니 是以族論罪也라

그러므로 한 사람이 죄를 지었는데도 三族이 모두 誅戮을 당하여 덕이 비록 舜과 같더라도 함께 형벌을 받는 화를 면치 못하니, 이것이 친족관계를 근거로 죄를 결정하는 것이다.

三族은 父母妻族也라 夷는 滅也요 均은 同也니 謂同被其刑也라 ○ 盧文弨曰 案士昏禮記에 惟是三族之不虞의 鄭注에 三族은 謂父昆弟己昆弟子昆弟也라하고 又注周禮小宗伯禮記仲尼燕居엔 皆云 三族은 父子孫이라하니라

楊倞注：三族은 父族·母族·妻族이다. 夷는 몰살한다는 뜻이고, 均은 동일하다는 뜻이니, 함께 그 형벌을 당하는 것을 이른다.

○ 盧文弨：살펴보건대, ≪儀禮≫〈士昏禮〉에 "惟是三族之不虞(三族 가운데 예기치 못할 사정이 생길 수 있다.)"라 한 곳의 鄭玄 주에 "三族은 아버지의 형제와 자기의 형제와 자식의 형제를 이른다."라 하고, 또 ≪周禮≫〈小宗伯〉과 ≪禮記≫〈仲尼燕居〉의 정현 주에서는 모두 "三族은 아버지와 자식과 손자이다."라고 하였다.

## 24-21 先祖當賢이면 後子孫必顯하여 行雖如桀紂라도 列從必尊하니 此以世擧賢也라

선조가 일찍이 현능하였다면 후대 자손은 반드시 지위가 높고 귀하여 행실이 비록 桀·紂와 같더라도 서열이 반드시 높으니, 이것이 世家를 근거로 賢人을 등용하는 것이다.

當賢은 謂身當賢人之號也라 列從은 謂行列相從이라 當은 或爲嘗也라 ○ 王念孫曰 元刻엔 無後字하고 羣書治要同이라 案先祖當賢은 卽先祖嘗賢이라 作當者는 借字耳라 正名篇曰 嘗試深觀其隱而難察者라하고 性惡篇曰 當試去君上之勢라하니

當試는 卽嘗試也라 楊謂身當賢人之號라하니 失之라 古多以當爲嘗하니 說見墨子天志下篇注[18]라

楊倞注：當賢은 그 자신이 賢人이란 호칭에 걸맞은 것을 이른다. 列從은 줄을 지어 서로 따르는 것을 이른다. '當'은 간혹 '嘗'으로 되어 있기도 하다.

○ 王念孫：元刻本에는 '後'자가 없고, ≪羣書治要≫도 같다. 살펴보건대, 先祖當賢은 곧 '先祖嘗賢'이다. '當'으로 되어 있는 것은 假借字일 뿐이다. 〈正名篇〉(22-142)에 "嘗試深觀其隱而難察者(사람의 내면에 숨겨져 살피기 어려운 정황을 한번 깊이 살펴보겠다.)"라 하고, 〈性惡篇〉(23-54)에 "當試去君上之勢(시험삼아 군주의 권위를 버려보자)"라 하였으니, 當試는 곧 '嘗試'이다. 楊氏는 그 자신이 현인이란 호칭에 걸맞는 것을 이른다고 하였으니, 잘못되었다. 옛날에는 '當'을 '嘗'의 뜻으로 쓴 경우가 많았으니, 이에 관한 설명은 ≪墨子≫ 〈天志 下篇〉 주에 보인다.

24-22 以族論罪하고 以世擧賢하니 雖欲無亂이라도 得乎哉아 詩曰 百川沸騰하며 山冢崒(줄)崩하여 高岸爲谷이요 深谷爲陵이어늘 哀今之人은 胡憯莫懲고하니 此之謂也니라

친족관계를 근거로 죄를 결정하고 世家를 근거로 賢人을 등용하니, 비록 혼란이 일어나지 않기를 바라더라도 그렇게 될 수 있겠는가. ≪詩經≫에 "모든 하천 세차게 솟아오르며, 산꼭대기 와르르 무너져 내려, 높은 언덕 꺼져서 골짝이 되고, 깊은 골짝 메워져 언덕 되거늘, 슬프다 어리석은 지금 사람은, 어찌 일찍 잘못을 아니 멈추나."라고 하였으니, 이를 두고 하는 말이다.

詩는 小雅十月之交之篇이라 毛云 沸는 出也라 騰은 乘也라 山頂曰冢이라하니라 崒者는 崔嵬라 高岸爲谷하고 深谷爲陵은 言易位也라 鄭云 憯은 曾也라 懲은 止也라 變異如此하여 禍亂方至어늘 哀哉라 今在位之人은 何曾無以道德止之오하니라

楊倞注：≪詩經≫은 〈小雅 十月之交〉편이다. 〈毛傳〉에 "沸는 '出(솟구치다)'의 뜻이다. 騰은 '乘(올라타다)'의 뜻이다. 산꼭대기를 '冢'이라 한다."라 하였다. 崒은 산이 높다는 뜻이다. '높은 언덕 꺼져서 골짝이 되고, 깊은 골짝 메워져 언덕 되었다.'는 본

18) 墨子天志下篇注：王念孫의 ≪讀書雜志≫ 〈墨子〉에 보인다.

래의 위치를 바꾼 것을 말한다. 鄭玄의 箋에 "憯은 '曾(일찍)'의 뜻이다. 懲은 '止(멈추다)'의 뜻이다. '異變이 이와 같아 禍亂이 곧 닥칠 판인데, 슬프다, 지금 높은 지위에 있는 사람은 어찌 서둘러 도덕을 행하는 것으로 〈이와 같은 이변을〉 멈추게 하지 않는고.'라는 뜻이다."라고 하였다.

## 24-23 論法聖王이면 則知所貴矣요

聖王의 〈방식을〉 논의하고 모범으로 삼는다면 〈어떤 사람이〉 존귀한지 알게 되고,

論議法效聖王이라

楊倞注 : 聖王의 〈방식을〉 논의하고 모범으로 삼는다는 뜻이다.

## 24-24 以義制事면 則知所利矣라

道義를 근거로 사무를 처리한다면 〈어떤 방법이〉 유리한지 알게 된다.

以義制事則利博이라

楊倞注 : 도의로 사무를 처리하면 이익의 범위가 넓은 법이다.

## 24-25 論知所貴면 則知所養矣요 事知所利면 則動知所出矣라

〈聖人의 방식을〉 논의하여 〈어떤 사람이〉 존귀한지 알면 〈어떤 인재를〉 양성해야 할지 알 수 있고, 사무를 〈처리할 때 어떤 방법이〉 유리한지 알면 행동할 때 무엇부터 해야 할지 알 수 있다.

養은 謂自奉養이라 所出은 謂所從也라 ○ 陳奐曰 案養은 取也라 知所養이면 知所取法也라 周頌毛傳云 養은 取也라하니 是養有取義라 注에 養은 謂自奉養이라하니 失之라 兪樾曰 四句相對成文하니 下句不應多動字라 注亦不及動字之誼하니 則動字衍文也라

楊倞注 : 養은 스스로 봉양하는 것을 이른다. 所出은 '所從(무엇부터)'을 이른다.
○ 陳奐 : 살펴보건대, 養은 취한다는 뜻이다. 무엇을 수양해야 할지 알면 무엇을

모범으로 취할지 알 수 있다. ≪詩經≫ 〈周頌〉의 〈毛傳〉에 "養은 '取'의 뜻이다."라 하였으니, 이로 볼 때 養자에 취한다는 뜻이 있다. 〈楊氏의〉 주에 "養은 스스로 봉양하는 것을 이른다."라고 하였으니, 이는 잘못된 것이다.

兪樾 : 네 문구가 서로 대를 맞춰 글을 이루었으니, 아랫구(動知所出矣)에 '動'자가 더 들어가면 안 된다. 〈楊氏의〉 주에도 '動'자의 뜻을 언급하지 않았으니, '動'자는 잘못 덧붙여진 글자이다.

**24-26 二者**는 **是非之本**과 **得失之原也**라 **故**[19]**成王之於周公也**에 **〔論〕**[20]**無所往而不聽**은 **知所貴也**요 **桓公之於管仲也**에 **(國)**[21]**事無所往而不用**은 **知所利也**라 **吳有伍子胥而不能用**하여 **國至於亡**하니 **倍道失賢也**라 **故尊聖者王**하고 **貴賢者霸**하고 **敬賢者存**하고 **慢賢者亡**은 **古今一也**라 **故尙賢使能**하며 **等貴賤**하며 **分親疏**하며 **序長幼**는 **此先王之道也**라 **故尙賢使能**이면 **則主尊下安**하고 **貴賤有等**이면 **則令行而不流**하며

이 두 가지는 옳고 그름을 판단하는 근본이고 성공과 실패가 갈리는 근원이다.

대체로 周 成王이 周公에 대해 그가 논의하는 말을 따르지 않는 일이 없었던 것은 〈어떤 사람이〉 존귀한지를 알았기 때문이고, 齊 桓公이 管仲에 대해 그가 권하는 사업을 따르지 않는 일이 없었던 것은 〈어떤 방법이〉 유리한지를 알았기 때문이다. 吳나라에서는 伍子胥가 있었으나 그의 말을 따르지 않아 나라가 망했으니, 이는 道理를 어기고 賢人을 잃었기 때문이다.

대체로 聖人을 존귀하게 여기는 군주는 王者가 되고 현인을 존귀하게 여기는 군주는 霸者가 되며, 현인을 존경하는 군주는 보존되고 현인을 소홀히 대하는 군주는 멸망하는 것은 古今이 동일하다.

대체로 현인을 숭상하고 유능한 사람을 등용하며 貴賤에 등급을 두며 친근하고

---

19) 故 : '夫'와 같다.

20) 〔論〕: 저본에는 '論'이 없으나, 陶鴻慶의 설에 의거하여 보충하였다.

21) (國) : 저본에는 '國'이 있으나, 陶鴻慶의 설에 의거하여 잘못 덧붙여진 글자로 처리하였다.

소원한 관계를 구분하며 어른과 어린 사람의 질서가 있는 것은 곧 선대 聖王의 도이다.

대체로 현인을 숭상하고 유능한 사람을 등용하면 군주는 존귀해지고 신하는 편안해지며, 귀천에 등급이 있으면 명령이 행해져 정체되는 일이 없으며,

流는 邪移也라 各知其分이라 故無違令이라 ○ 王念孫曰 流는 讀爲留라 各安其分하면 則上令而下從이라 故令行而不留也라 君道篇曰 兼聽齊明하여 而百事不留라하니 是也라 羣書治要엔 正作令行而不留하니 作流者는 借字耳①라 楊以流爲邪移하니 失之라

① 繫辭傳에 旁行而不流라하여늘 釋文에 流는 京作留라하니라 荀子王制篇의 無有滯留 韓詩外傳엔 作無有流滯라
≪周易≫ 〈繫辭傳〉에 "旁行而不流(도가 두루 행해져 정체하지 않는다.)"라 하였는데, ≪經典釋文≫에 "流는 京房本에 '留'로 되어 있다."라 하였다. ≪荀子≫ 〈王制篇〉(9-101)의 '無有滯留(정체되는 일이 없게 한다.)'가 ≪韓詩外傳≫에는 '無有流滯'로 되어 있다.

楊倞注 : 流는 왜곡되고 지연된다는 뜻이다. 사람들이 저마다 자기의 분수를 알기 때문에 명령을 어기는 일이 없다는 것이다.

○ 王念孫 : 流는 '留'로 읽어야 한다. 사람들이 저마다 자기 분수에 만족하면 윗사람은 명령하고 아랫사람은 그에 따르게 되므로 명령이 행해져 정체되지 않는다. 〈君道篇〉(12-53)에 "兼聽齊明 而百事不留(여러 의견을 광범위하게 듣고 전체의 사정을 분명히 살펴 각종 일들이 정체되지 않는다.)"라 하였으니, 곧 이것이다. 〈令行而不流가〉 ≪羣書治要≫에는 '令行而不留'로 바르게 되어 있으니, '流'로 된 것은 假借字일 뿐이다. 楊氏는 流를 왜곡되고 지연된다는 뜻이라고 하였으니, 잘못된 것이다.

24-27 親疏有分이면 則施行而不悖하며

친근하고 소원한 관계에 구분이 있으면 은혜가 올바로 행해져 人情에 어긋나는 일이 없으며,

施는 謂恩惠라 親疏有分이면 則(恩惠)[22]各親其親이라 故不乖悖라 施는 式豉反이라 分은 扶問反이라

楊倞注 : 施는 은혜를 이른다. 친근하고 소원한 관계에 구분이 있으면 저마다 자기와 친근한 사람을 더 친애하기 때문에 人情에 어긋나지 않는다는 것이다. 施는 〈음이〉 式과 豉의 반절이다. 分은 〈음이〉 扶와 問의 반절이다.

## 24-28 長幼有序면 則事業捷成而有所休라

어른과 어린 사람 사이에 질서가 있으면 행하는 사업이 빨리 이루어져 휴식을 취하는 때가 있게 된다.

捷은 速也라 長幼各任其力이라 故事業速成하고 而亦有所休息之時也라 ○ 郝懿行曰 捷者는 接也라 夫少長有禮하여 晉人知其可用[23]하고 洙泗無斷(은)하여 魯俗覘(첨)其尤美[24]라 故知長幼循其序而後에 事業有所歸라 捷與接同이라 言相接續而成이라 故人得休息也라 捷不訓速이니 楊注恐非라

楊倞注 : 捷은 빠르다는 뜻이다. 어른과 어린 사람이 저마다 자기의 힘을 발휘하기 때문에 사업이 빨리 이루어지고 또 휴식을 취하는 때가 있다는 것이다.

○ 郝懿行 : 捷이란 '接'의 뜻이다. 대체로 젊은이와 어른이 禮가 있어 晉나라 사람이 그들을 사용할 만하다는 것을 알았고, 洙水와 泗水 〈일대의 백성들이 서로〉 불평하는 일이 없어 魯나라 풍속 중에 더욱 아름다운 것을 엿보았다. 그러므로 어른과 어린 사람이 그 질서를 준수한 다음에 행하는 사업이 결과를 얻어낼 수 있다. 捷은 '接'과 같다. 사업을 서로 뒤를 이어 이뤄내기 때문에 사람들이 휴식을 취할 수 있다는

---

22) (恩惠) : 저본에는 '恩惠'가 있으나, 위에 이 두 자가 있음으로 인해 잘못 덧붙여진 것으로 처리하였다.

23) 少長有禮 晉人知其可用 : 춘추시대 晉 文公이 楚나라 군대와 전투를 벌이기에 앞서 晉나라 군대의 강약을 살펴본 뒤에 "젊은 사람과 어른이 예의가 있으니, 이들을 사용할 만하다.〔少長有禮 其可用也〕"라고 한 것을 인용한 것이다. 젊은 사람과 어른이 예의가 있다는 것은 군대가 전진할 때 젊은 사람은 앞쪽에 있고 어른은 뒤쪽에 있는 것을 말한다. 晉人은 晉 文公을 가리킨다.(≪春秋左氏傳≫ 僖公 28년)

24) 洙泗無斷(은) 魯俗覘(첨)其尤美 : 洙泗는 지금의 山東 曲阜市 주위를 흐르는 洙水와 泗水로, 孔子가 학문을 강론하던 지역이다. 魯나라에 周公의 교화가 유지될 적에는 洙水와 泗水 가에 사는 백성들이 매우 예의가 있어 그 물을 건너갈 때 어린 사람이 노인을 부축해주고 그 짐을 대신 운반해주었다고 한다.(≪漢書≫ 卷28 〈地理志〉)

말이다. 捷은 빠르다는 뜻이 아니니, 楊氏의 주는 틀린 것 같다.

### 24-29 故仁者는 仁此者也요

대체로 仁을 추구하는 사람은 이것들을 좋아하는 사람이고,

仁은 謂愛說(열)也라 此는 謂尚賢使能하며 等貴賤하며 分親疏하며 序長幼五者也라 愛說此五者면 則爲仁也라

楊倞注 : 〈뒤의〉 仁자는 사랑하고 좋아하는 것을 이른다. 이런 일이란 賢人을 숭상하고 유능한 사람을 등용하며 貴賤에 등급을 두며 친근하고 소원한 관계를 구분하며 어른과 어린 사람의 질서가 있는 것 등 다섯 가지이다. 이 다섯 가지를 사랑하고 좋아한다면 仁이 된다.

### 24-30 義者는 分[25]此者也요

道義를 추구하는 사람은 이것들을 분명히 밝히는 사람이고,

分別此五者하여 使合宜면 則爲義也라

楊倞注 : 이 다섯 가지를 분별하여 각기 사리에 합당하게 한다면 이것이 도의가 된다.

### 24-31 節者는 死生此者也요

〈명예와〉 절조를 추구하는 사람은 이것들을 위해 목숨을 바치는 사람이고,

能爲此五者死生하면 則爲名節也라

楊倞注 : 능히 이 다섯 가지를 위해 목숨을 바친다면 명예와 절조가 된다.

---

25) 分 : 王天海는 楊倞이 分別로 풀이한 것을 인정하지 않고 '明'의 뜻이라고 하였다. 그 근거로 ≪呂氏春秋≫ 〈察傳〉에 "是非之經 不可不分(옳고 그른 원칙을 분명히 밝히지 않으면 안 된다.)"이라 한 곳의 高誘 주에 "分은 '明'의 뜻이다."라고 한 것을 예로 들었다. 그에 따라 번역하였다.

## 24-32 忠者는 惇愼此者也라

忠誠을 추구하는 사람은 이것들을 독실하고 성실하게 행하는 사람이다.

愼은 讀如順이라 人臣能厚順此五者면 則爲忠也라 ○ 郝懿行曰 愼者는 誠也라 言能惇厚誠信於此五者를 謂之忠也①라 兪樾曰 厚與順誼不倫하니 楊說非是라 敦愼은 當作敦慕라 儒效篇曰 敦慕焉하면 君子也에 王氏引之云 敦慕는 皆勉也라하니라 爾雅曰 敦은 勉也라하고 又曰 慔慔는 勉也라하여늘 釋文에 慔는 亦作慕라하니 是敦慕竝爲勉이라 此文疑本作忠者敦慔此者也니 敦慔與敦慕는 文異而義同이라 言人臣能勉此則爲忠也라 說文心部에 慔는 勉也라하니 是慔其本字요 慕其假字라 此用本字作慔어늘 因譌爲愼矣라 先謙案 羣書治要엔 惇愼下有於字라

① 說見不苟篇이라
〈愼에 관한〉 설명은 〈不苟篇〉(3-73)에 보인다.

楊倞注 : 愼은 '順'자처럼 읽어야 한다. 신하가 능히 이 다섯 가지를 독실하게 순응한다면 충성이 된다.

○ 郝懿行 : 愼이란 '誠'의 뜻이다. 능히 이 다섯 가지에 대해 독실하고 성실하게 행하는 것을 忠이라 이른다는 말이다.

兪樾 : '厚'와 '順'은 뜻이 같지 않으니, 楊氏의 설은 옳지 않다. '敦愼'은 마땅히 '敦慕'로 되어야 한다. 〈儒效篇〉(8-63)에 "敦慕焉 君子也(행하고 더 노력하면 君子가 된다.)"라 한 곳에 王引之가 "敦과 慕는 모두 힘쓴다는 뜻이다."라고 하였다. ≪爾雅≫에 "敦은 힘쓴다는 뜻이다."라 하고, 또 "慔慔는 힘쓴다는 뜻이다."라 하였는데, ≪經典釋文≫에 "慔는 또 '慕'로 되어 있기도 하다."라 하였으니, 이로 볼 때 '敦'과 '慕'는 모두 힘쓴다는 뜻이 된다. 이 글은 아마도 본디 '忠者敦慔此者也'로 되어 있었을 것이니, '敦慔'와 '敦慕'는 글은 다르지만 뜻은 같다. 신하가 능히 이것들에 대해 힘쓴다면 충성이 된다는 말이다. ≪說文解字≫ 〈心部〉에 "慔는 '勉'의 뜻이다."라 하였으니, 이로 볼 때 '慔'는 그 본디 글자이고 '慕'는 그 假借字이다. 여기는 본디 글자를 사용하여 '慔'로 되어 있었는데, 이것이 잘못되어 '愼'이 되었을 것이다.

先謙案 : ≪羣書治要≫에는 '惇愼' 밑에 '於'자가 있다.

## 24-33 兼此而能之면 備矣요

이것들을 겸하여 다 잘한다면 〈덕이〉 완비된 것이고

兼此仁義忠節而能之면 則爲德備也라

楊倞注 : 이 仁·義·忠·節을 겸하여 다 잘한다면 덕이 완비된 것이다.

24-34 備而不矜하고 一自善也면 謂之聖이라

〈덕이〉 완비되었는데 남에게 과시하지 않고 일체 자기의 덕을 개선하는 데에 〈힘쓴다면〉 그를 聖人이라 할 수 있다.

一은 皆也라 德備而不矜伐於人은 皆所以自善이니 則謂之聖人이라 夫衆人之心은 有 善則揚揚如也나 聖人包容萬物하여 與天地同功하니 何所矜伐爲也리오 ○ 郝懿行曰 上言兼此仁義忠節而能之면 備矣라 德備而不矜伐於人하고 一一自然盡善은 非聖人不能也라 先謙案 楊注未順하고 郝說增文成義하니 卽言備하고 又言一一盡善하여 於文爲複矣라 自는 猶己也라 德備而不以己之一善自矜은 非聖人不能也라

楊倞注 : 一은 모두라는 뜻이다. 덕이 완비되었는데도 남에게 과시하지 않는 것은 모두 자기의 덕을 더 좋게 하기 위한 것이니, 그런 사람을 聖人이라 이른다는 것이다. 대체로 뭇사람의 마음은 하나라도 잘한 것이 있으면 우쭐거리며 뽐내지만 聖人은 만물을 포용하여 天地와 그 공적이 같으니, 무슨 과시할 일이 있겠는가.

○ 郝懿行 : 위는 '이 仁·義·忠·節을 겸하여 능하다면 완비된 것이다. 덕이 완비되었는데도 남에게 과시하지 않고 하나하나 자연스레 완전무결하게 되는 것은 聖人이 아니면 그럴 수 없다.'라는 말이다.

先謙案 : 楊氏의 주는 순리롭지 못하고, 郝氏의 설은 글을 더 보태 뜻을 만들었으니, 이미 완비되었다 말하고 또 하나하나 완전무결하다고 말하여 문구가 중복되었다. 自는 '己'와 같다. 덕이 완비되었는데도 자기가 지닌 한 가지 좋은 것을 스스로 과시하지 않는다는 것은 聖人이 아니면 그럴 수 없다는 것이다.

24-35 不矜矣라 夫故天下不與爭能而致善用其功하고

남에게 과시하지 않기 때문에 천하 사람이 그와 재능을 다투지 않아 남들의 역

량을 최대한 잘 활용할 수 있고,

不矜而推衆力이라 故天下不敢爭能하여 而極善用於衆功이라 矜則有敵이라 故不尊也라

楊倞注 : 과시하지 않고 뭇사람의 힘으로 넘기기 때문에 천하 사람들이 감히 재능을 다투지 않아 뭇사람이 이룬 공을 최대한 잘 활용할 수 있다. 과시하면 적이 있기 때문에 존중받지 못한다.

24-36 有而不有也라 夫故爲天下貴矣라

〈재능을〉 지녔으면서도 자만하지 않기 때문에 천하 사람이 존중하는 존재가 되는 것이다.

有能而不自有라

楊倞注 : 재능을 지녔으면서도 자만하지 않는다는 것이다.

24-37 詩曰 淑人君子여 其儀不忒이로다 其儀不忒하니 正是四國이라하니 此之謂也니라

≪詩經≫에 "품성 좋은 저 군자여, 그의 의표 단정하다. 그의 의표 단정하니, 사방 나라 바로잡네."라 하였으니, 이를 두고 하는 말이다.

詩는 曹風尸鳩之篇이라 言善人君子는 其儀不忒이라 故能正四方之國이라 以喩正身待物하면 則四國皆化하고 恃才矜能하면 則所得者小也라

楊倞注 : ≪詩經≫은 〈曹風 尸鳩〉편이다. 품성이 좋은 君子는 그의 의표가 단정하기 때문에 능히 사방 나라를 바로잡는다는 말이다. 자기 몸을 단정히 하여 남을 대하면 사방 나라가 모두 감화되고, 재능을 믿고 과시하면 얻는 것이 적다는 것을 비유한 것이다.

## 成相篇 第二十五　제25편 북장단에 맞추어 부르는 노래

이 편은 詩歌의 형식을 빌려 국가를 이상적으로 다스리고 온 세상을 평안하게 하는 도리를 천명한 것으로, 구성이 평범하고 관점이 선명하다. 모두 56章이며 세 단락으로 구분되어 있는데 각 단락마다 '請成相'으로 시작된다.

첫 번째 단락에서는 군주는 반드시 참소하는 사람을 멀리하고 현자를 가까이해야 한다는 것을 지적함과 아울러 수많은 역사사실을 빌려 이상적인 聖王과 어진 재상을 형상화하였다.

두 번째 단락에서는 堯·舜·禹·許由·善卷 등을 幽王·厲王·郭公長父 등과 대비하여 그들의 성패를 가지고 군주와 신하들에게 반드시 禮義를 높이고 법을 중시하며, 현자를 숭상하고 유능한 사람을 부리며, 도의를 중시하고 사적인 이익을 가볍게 여길 것을 훈계하였다.

세 번째 단락에서는 이상적인 군주가 되는 요점들을 제시하였다.

각 章의 구성 형식은 일반적으로 세 자 두 구, 일곱 자 한 구, 네 자 두 구, 세 자 한 구인데, 이 형식을 벗어나는 경우도 가끔 있다. 押韻은 章마다 네 자씩이다.

'成'은 악곡 혹은 가사를 처음부터 끝까지 연주하거나 낭송한다는 뜻이고, '相'은 무두질한 가죽주머니 속에 왕겨를 넣어 만든 타악기의 일종으로, 모양은 小鼓와 비슷하다. 악곡을 연주하거나 가사를 낭송할 때 이것을 두드려 박자를 맞춘다. 여기서는 북을 쳐 장단을 맞추면서 韻文으로 이루어진 가사를 낭송한다는 뜻인데, 이것을 다듬어 '북장단에 맞추어 부르는 노래'로 제목을 붙였다. 어떤 사람은 成相을 고대 講唱文學의 한 체제라 하여 名詞로 보기도 한다.

以初發語名篇하고 襍論君臣治亂之事하여 以自見其意라 故下云 託於成相하여 以喩意라하니라 漢書藝文志에 謂之成相襍辭라하니 蓋亦賦之流也라 或曰 成功在相이라 故作成相三章이라하니라 舊第八이어늘 今以是荀卿襍語라 故降在下라 ○ 盧文弨曰 成相之義는 非謂成功在相也라 篇內但以國君之愚闇爲戒耳라 禮記에 治亂[1]以相이라하니라 相은 乃樂器니 所謂春(용)牘[2]이라 又古者瞽必有相이라 審此篇

音節하면 卽後世彈詞[3]之祖라 篇首卽稱如瞽無相하니 何倀倀고하니 義已明矣라 首句請成相은 言請奏此曲也라 漢藝文志成相雜辭十一篇이라하여늘 惜不傳이라 大約託於瞽矇諷誦之詞니 亦古詩之流也라 逸周書周祝解도 亦此體라 王引之曰 楊盧二說皆非也라 楊謂漢書藝文志에 謂之成相雜辭라하되 案志所載成相雜辭는 在漢人雜賦之末하니 非謂荀子之成相篇也라 楊又云 成功在相이라하니 稍爲近之나 然亦非荀子所謂成相也라 盧以相爲樂器之舂牘이니 斯爲謬矣라 以相爲樂器하면 則成相二字 義不可通하고 且樂器多矣어늘 何獨擧舂牘言之乎아 若篇首稱如瞽無相은 乃指相瞽之人而言으로 非樂器요 亦非樂曲也라 竊謂相者는 治也①라 成相者는 成此治也요 〔請〕[4]成相者는 請言成治之方也라 自世之殃以下는 乃先言今之不治하고 然後言成治之方也②라 下文云 凡成相은 辨法方이라하고 又云 請成相하라 道聖王하리라하고 又云 請成相하라 言治方[5]이라하니 是成相은 卽成治也③라 後言託於成相하여 以喩意[6]者는 成相爲此篇之總名이니 謂託此一篇之詞以喩意요 非謂託於矇瞽諷誦之詞也라 兪樾曰 盧說是也라 惟引治亂以相及瞽必有相以釋相字는 則皆失之라 樂器多矣어늘 何獨擧舂牘爲言이리오 旣以爲樂器하고 又以爲瞽必有相이라하면 義又兩歧矣라 此相字는 卽舂不相之相이라 禮記曲禮篇에 隣有喪 舂不相의 鄭注曰 相은 謂送杵聲이라하니 蓋古人於勞役之事에 必爲歌謳以相勸勉하니 亦擧大木者呼邪(야)許[7]之比라 其樂曲卽謂之相이라 請成相者는 請成此曲也라 漢志有成相雜辭하니 足徵古有此體라 王氏必以盧說爲謬는 何也오 先謙案 兪說近是라 王以成相爲成治나 於漢書之成相雜辭及本篇云 託於成相

---

1) 亂 : 악곡의 마지막 章이라는 뜻이다.

2) 舂(용)牘 : 대나무로 만든 악기의 일종이다.

3) 彈詞 : 현악기에 맞추어 노래하는 일종의 민간문예이다.

4) 〔請〕: 저본에는 '請'이 없으나 ≪讀書雜志≫에 의거하여 보충하였다. ≪독서잡지≫는 王念孫이 지은 것이지만, 왕염손의 아들 王引之의 설도 부기되어 있다.

5) 凡成相……言治方 : 王引之가 相을 '治'의 뜻이라고 주장하면서 관련된 본문을 인용한 것이므로 여기서는 그의 뜻에 맞춰 번역하였다.

6) 託於成相 以喩意 : 이 문구도 王引之의 뜻에 맞춰 번역하였다.

7) 邪(야)許 : 노동을 할 때 여럿이 힘을 내기 위해 반복적으로 내는 소리이다. 漢語拼音은 yé hǔ인데, 우리나라 사람들의 '영차'와 비슷하다.

以喩意엔 義未洽이라 郝氏讀相爲平聲[8])하니 尤非라

① 昭九年左傳楚所相也와 二十五年傳相其室의 杜注竝曰 相은 治也라하고 小爾雅同이라
≪春秋左氏傳≫ 昭公 9년에 "楚所相也(楚나라가 주관하여 다스리는 것이다.)"라 한 곳과, ≪春秋左氏傳≫ 昭公 25년에 "相其室(그의 집안일을 관리하였다.)"이라 한 곳의 杜預 주에 모두 "相은 '治'의 뜻이다."라 하였고, ≪小爾雅≫도 이와 같다.

② 下文請布基와 請牧基도 皆言成治之方也니 與請成相同義라
아랫글 '請布基'와 '請牧基'도 모두 治平한 국가를 이루는 방법을 말한 것이니, '請成相'과 같은 뜻이다.

③ 又云 治之經은 禮與刑이라하고 治之志는 後勢富라하고 治之道는 美不老라하니라
또 "治之經 禮與刑(국가를 다스리는 기본 원칙은 예법이며 형법에 달려 있거니)"이라 하고, "治之志 後勢富(국가를 다스리는 마음가짐은 권세 부귀 맨 뒤로 돌려야 하니)"라 하고, "治之道 美不老(국가를 다스리는 바른 도리는 아름답고 영구히 늙지 않나니)"라 하였다.

楊倞注 : 처음 나온 語句로 편명을 정했는데, 군주와 신하가 행한 治亂에 관한 일을 광범위하게 논하고서 자기 의견을 드러냈기 때문에, 밑에서 "託於成相 以喩意(북을 치며 부르는 노래에 부쳐 내 지닌 속마음을 드러내노라.)"라고 하였다. ≪漢書≫ 〈藝文志〉에 이것을 ≪成相雜辭≫라 하였으니, 어쩌면 이 또한 賦의 종류이다. 혹자는 "공을 이루는 것은 宰相에게 달려 있기〔成功在相〕 때문에 〈成相〉 3章을 지은 것이다."라 하였다. 옛 편차는 제8이었으나, 이것은 荀卿의 雜言에 속하기 때문에 여기서는 순서를 아래로 내려 배치하였다.

○ 盧文弨 : 成相의 뜻은 '成功在相(공을 이루는 것은 재상에게 달려 있다.)'을 말하는 것이 아니다. 이 편 안의 내용은 다만 군왕이 우매한 것을 경계로 삼은 것일 뿐이다. ≪禮記≫ 〈樂記〉에 "治亂以相(相으로 악곡의 마지막 章을 조절한다.)"이라 하였다. 相은 곧 樂器이니, 이른바 春牘이다. 또 옛날에 소경은 반드시 돕는 사람이 있었다. 이 편의 음절을 살펴보면 곧 후세에 유행

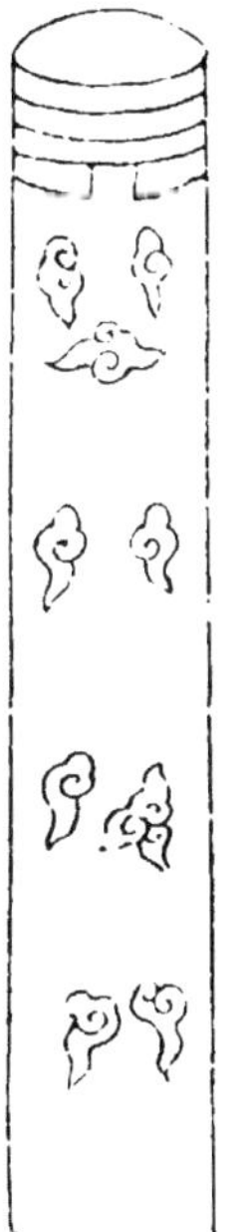
牘

8) 郝氏讀相爲平聲 : 郝氏는 郝懿行을 가리킨다. 그가 相을 平聲으로 읽었다는 내용은 아래 (25-4) '請布基 愼聖人'의 郝懿行 주에 보인다. 그는 相을 平聲으로 읽어 '본질'의 뜻이라고 주장하였다.

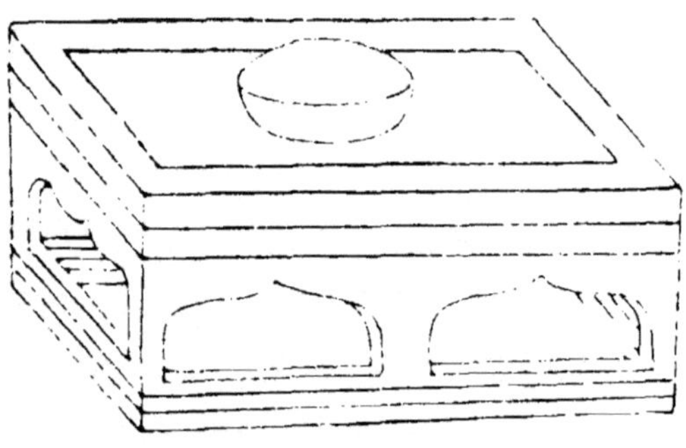
相

한 彈詞의 시조이다. 편 첫머리에 "如瞽無相 何倀倀(소경이 돕는 사람 없는 듯하니 얼마나 안절부절 허둥댔던고)"이라 말했으니, 그 뜻이 이미 분명하다. 첫 구 '請成相'은 이 곡을 연주하겠다고 청하는 것을 말한다. ≪漢書≫ 〈藝文志〉에 "≪成相襍辭≫ 11편이다."라 하였는데, 전해오지 않는 것이 안타깝다. 다분히 소경이 암송하는 가사에 가탁한 것이니, 이 또한 古詩 종류이다. ≪逸周書≫의 〈周祝解〉도 이 체제이다.

王引之 : 楊氏와 盧氏의 두 설은 모두 틀렸다. 楊氏는 "≪漢書≫ 〈藝文志〉에 이것을 ≪成相襍辭≫라 했다."라고 하였으나 살펴보건대, 〈藝文志〉에 실린 ≪成相襍辭≫는 漢나라 사람의 襍賦 끝부분에 있으니, ≪荀子≫의 〈成相篇〉을 말한 것이 아니다. 楊氏는 또 "成功在相"이라고 하였으니, 조금 그럴듯하지만 이 또한 ≪荀子≫의 이른바 '成相'은 아니다. 盧氏는 相을 악기의 하나인 春牘이라 하였으니, 이는 잘못된 것이다. 相을 악기라고 한다면 '成相' 두 자는 뜻이 통하지 않는다. 그리고 악기 종류가 많은데 어찌 유독 春牘을 들어 말한단 말인가. 편 첫머리에 '如瞽無相'이라 말한 것과 같은 경우는 곧 소경을 돕는 사람을 가리켜 말한 것으로, 악기가 아니고 악곡도 아니다. 나는 생각건대, 相이란 '治(다스리다)'의 뜻이다. 成相이란 治平한 국가를 이룬다는 뜻이고, 請成相이란 治平한 국가를 이루는 방법에 관해 말해보겠다는 뜻이다. '世之殃' 이하는 곧 먼저 현재 국가가 治平해지지 않은 것을 말하고, 그런 다음에 治平한 국가를 이루는 방법에 관해 말한 것이다. 아랫글에 "凡成相 辨法方(대체로 治平 국가 이루는 것은 그에 관한 방법을 가리자는 것)"이라 하고, 또 "請成相 道聖王(治平 이룰 방법을 들어나 보소 聖王에 관한 일을 말해보련다.)"이라 하고, 또 "請成相 言治方(治平 이룰 방법을 들어나 보소 그에 관해 내 한번 말해보려네.)"이라 하였으니, 이로 볼 때 成相은 곧 治平한 국가를 이룬다는 뜻이다. 그 뒤쪽에 '託於成 相以喻意(治平 국가 이룩할 노래에 부쳐 내 지닌 속마음을 드러내노라)'를 말한 것은 成相이 이 편의 총칭으로 된 이유이니, 이 한 편의 가사를 가탁하여 자기의 마음을 드러낸다는 말이고, 소경이 암송하는 가사에 가탁한다는 말이 아니다.

俞樾 : 盧氏의 설이 옳다. 다만 '治亂以相'과 '瞽必有相'을 인용하여 '相'자를 풀이한 것은 모두 잘못되었다. 악기 종류가 많은데 어찌 유독 春牘을 들어 말한단 말인가.

이미 이것을 악기라 해놓고, 또 소경은 반드시 돕는 사람이 있었다고 한다면, 뜻이 또 둘로 갈라진다. 이 '相'자는 곧 '舂不相'의 相이다. ≪禮記≫ 〈曲禮篇〉에 "隣有喪 舂不相(이웃집에 초상이 났다면 쌀 방아를 찧을 때도 서로 힘을 북돋우는 노래를 부르지 않는다.)"이라 한 곳의 鄭玄 주에 "相은 절굿공이를 보내는 소리를 이른다."라 하였으니, 대체로 옛사람은 수고로운 일을 할 때 반드시 노래를 불러 서로 힘을 북돋았으니, 이를테면 큰 나무를 들어 올릴 적에 '邪許'라고 소리치는 것과 비슷하다. 그 악곡은 곧 '相'이라 이른다. 請成相이란 이 곡을 이루겠다고 청한다는 뜻이다. ≪漢書≫ 〈藝文志〉에 ≪成相雜辭≫가 실려 있으니, 옛날에 이와 같은 체제가 있었다는 것을 충분히 증명할 수 있다. 王氏가 반드시 盧氏의 설이 잘못되었다고 한 것은 무엇 때문인가.

先謙案 : 兪氏의 설이 옳은 것 같다. 王氏는 成相을 治平한 국가를 이룬다는 뜻이라고 하였으나, ≪漢書≫의 ≪成相雜辭≫와 본 편에 '託於成相 以喩意(북을 치며 부르는 노래에 부쳐 내 지닌 속마음을 드러내노라.)'라고 말한 것에 비춰볼 때 뜻이 흡족하지 못하다. 郝氏는 相을 平聲으로 읽었으니, 더욱 틀렸다.

## 25-1 請成相[9]하라

북 치며 하는 노래 들어나 보소

請言成相之辭라

楊倞注 : 북장단에 맞추어 부르는 가사를 말해보겠다는 것이다.

## 25-2 世之殃은 愚闇愚闇墮(휴)[10]賢良하여

인간세상 재앙을 살펴본다면
어리석고 어두운 못된 자들이
덕 재능 지닌 인물 밀어뜨리어

9) 請成相 : 이 章의 押韻은 相·殃·良·相·倀으로, 陽部이다. 이 章부터 아래(25-50) '成相竭 辭不蹷'까지가 첫 번째 단락이다.

10) 墮(휴) : '隳(휴)'와 통한다. 남을 밀어뜨려 해를 끼친다는 뜻이다.

世之殃은 由於愚闇이니 此愚闇以重墮賢良也라 墮는 許規反이라 ○ 盧文弨曰 案愚闇重言之者는 卽下文愚以重愚하고 闇以重闇之意라 注似尙有脫誤라 又墮字는 卽陊(타)字之俗이라 說文에 於隓下作許規切하며 下有𡐦하고 注爲篆文이라 又載陊字注今俗作墮라 徒果切이라하니 則此字當從徒果切이라 廣韻亦然이라 且繹尙書元首叢脞之韻하면 可見[11]이라 王念孫曰 大戴記曾子制言篇의 是以惑闇하니 惑闇終其世而已矣도 亦重言惑闇이라

楊倞注 : 인간 세상에 재앙이 일어나는 것은 어리석고 어두운 자들 때문이니, 이 어리석고 어두운 자들이 겹겹이 에워싸 덕과 재능이 있는 사람을 밀어뜨린다는 것이다. 墮는 〈음이〉 許와 規의 반절이다.

○ 盧文弨 : 살펴보건대, 愚闇을 거듭 말한 것은 곧 아랫글에 말한 "愚以重愚 闇以重闇(어리석던 사람은 더 어리석고 어두웠던 사람은 더 어두워져)"과 같은 뜻이다. 〈楊氏의〉 주는 아무래도 빠졌거나 잘못된 글자가 있는 것 같다. 또 '墮'자는 곧 '陊'자의 俗字이다. ≪說文解字≫에 '隓' 밑에 "許와 規의 반절이다."라고 되어 있으며, 그 밑에 '𡐦'가 있고 그 주에 "〈이 글자는〉 篆字體 글자이다."라고 하였다. 또 '陊'자가 실려 있는데, 그 주에 "지금 俗字는 '墮'로 되어 있다. 〈음이〉 徒와 果의 반절이다."라 하였으니, 이 글자의 〈음은〉 마땅히 徒와 果의 반절이라고 한 것을 따라야 한다. ≪廣韻≫에도 그렇게 되어 있다. 그리고 ≪尙書≫에 "元首叢脞(군왕이 자질구레하다면)"라 한 부분의 韻을 살펴보면 〈墮의 음이 '타'라는 것을〉 알 수 있다.

王念孫 : ≪大戴禮記≫ 〈曾子制言篇〉의 "是以惑闇 惑闇終其世而已矣(이 때문에 미혹되고 어두우니 미혹되고 어두운 상태로 일생을 마칠 뿐이다.)"라 한 곳에서도 '惑闇'을 거듭 말하였다.

## 25-3 人主無賢하여 如瞽無相하여 何倀倀고

11) 且繹尙書元首叢脞之韻 可見 : 元首叢脞는 군왕이 본분을 망각하고 자질구레하게 신하가 해야 할 일을 대신한다는 뜻이다. ≪尙書≫ 〈虞書 益稷≫에 皐陶가 舜에게 군왕의 도리를 일깨워주기 위해 군주와 신하의 관계를 인체의 머리와 팔다리에 견주어 노래를 지어 부르기를 "元首叢脞哉 股肱惰哉 萬事墮哉(머리가 자질구레 제몫 못하면 그로 인해 팔다리 게을러지고 세상의 온갖 만사 무너지리라.)"라 하였는데, 이 노래 속에 운자인 墮·脞·惰가 모두 上聲哿韻에 속하여 음이 '타'이므로 이곳 '墮'자의 음 또한 '휴'가 아니라 '타'라는 것이다.

군주가 어진 재상 두지를 못해
소경에게 돕는 이 없는 것처럼
얼마나 안절부절 허둥대었나

倀倀은 無所往貌라 相은 息亮反이라 倀은 丑羊反이라

楊倞注 : 倀倀은 갈 곳이 없는 모양이다. 相은 〈음이〉 息과 亮의 반절이다. 倀은 〈음이〉 丑과 羊의 반절이다.

## 25-4 請布基[12)]하라 愼聖人[13)]이어다

국가정책 펴는 걸 들어나 보소
聖明 仁德 도리를 따라야 하네

愼은 讀爲順이라 請說陳布基業하리니 在乎順聖人也라 ○ 郝懿行曰 基者는 設也요 愼者는 誠也라 言請布陳設施하리니 必在誠用聖人也라 詩云 考愼其相[14)]이라하니 愼訓誠이요 相訓質也라 誠與成은 古字通이라 是卽成相名篇이니 篇中相字는 俱讀平聲이라 釋言云 基는 設也라하니 篇內皆同이라 注云基業은 失之라 顧千里曰 人字는

---

12) 請布基 : 이 章의 押韻은 基・人・治・災로, 支部이다. 基는 基業으로 근본이 되는 사업이란 뜻인데, 일반적으로 국가정책을 가리킨다.

13) 愼聖人 : 이에 대한 설이 다양하다. 특히 聖은 '聽'의 잘못이고 人은 '之'의 잘못이라고 주장한 兪樾의 주가 설득력이 있어 보인다. 그러나 劉師培는 '人'과 '仁'은 옛날에 통용하였고 仁의 음이 옛 '夷'자와 같으므로 '人'자가 이 章의 韻에 들어가지 않는다고 말할 수 없다고 하였다. 王天海는 劉師培의 설을 인정하면서 "愼은 '順'의 뜻이니, 楊倞의 주가 옳다. 聖人은 곧 '聖仁'이니 옛날에는 '人'과 '仁'이 통용되었다. 군주는 마땅히 聖明과 仁德의 도리를 따라야 한다는 것을 말한다. '人'자의 음을 여기서는 然과 宜의 반절로 읽어 이 음이 基・治・災와 가까우므로 '人'이 이 章의 韻에 들어가지 않는다고 말할 수 없다. 兪樾이 글자를 고쳐 뜻을 임의로 수정한 것은 따를 수 없다."라고 하였다. 王天海의 설에 따라 번역하였다. 聖明은 비범하고 총명하다는 뜻이고, 仁德은 사심 없이 사람을 사랑하는 숭고한 도덕이란 뜻이다.

14) 考愼其相 : ≪詩經≫ 〈大雅 桑柔〉에 "秉心宣猶 考愼其相(마음 잡고 계책을 두루 베풀어, 어진 재상 잘 가려 등용함일세.)"이라고 한 것을 인용한 것이다. 인용구의 번역은 郝懿行의 뜻에 따랐다.

疑當有誤니 不入韻이라 本篇人字는 下文兩見하니 一은 平傾人天韻이요 一은 精榮成人韻이라 此上韻基요 下韻治災로 互爲歧異하니 非原文耳라 俞樾曰 人字는 不入韻하니 疑當作愼聽之라 聖與聽은 音近而譌라 尙書無逸篇의 此厥不聽이 漢石經엔 作不聖하고 秦泰山碑의 皇帝躬聽이 史記엔 作躬聖하니 竝其證也라 聽譌作聖하니 則聖之二字不成義하여 後人因改爲聖人矣리라 請布基愼聽之는 欲人愼聽其言이요 下文云 請牧基賢者思는 欲賢者思其言이니 義正同也라 愼聽之三字[15]는 本禮記仲尼燕居篇이라

楊倞注 : 愼은 '順'의 뜻으로 읽어야 한다. 〈이 구절은〉 국가정책에 관해 개진할까 하는데, 그것은 聖人의 뜻에 순응하는 데에 있다는 말이다.

○ 郝懿行 : 基란 '設'의 뜻이고, 愼이란 '誠'의 뜻이다. 〈국가 운영의〉 조치에 관해 개진할까 하는데, 그것은 반드시 聖人을 진심으로 등용하는 데에 있다는 것을 말한다. ≪詩經≫에 "考愼其相(그 본질 진실하게 살펴보았네.)"이라 하였으니, 愼은 '誠(진실하다)'의 뜻이고, 相은 '質(본질이다)'의 뜻이다. '誠'과 '成'은 옛 글자에 통용하였다. 이것이 곧 '成相'으로 편명을 붙인 유래이니, 이 편 안의 '相'자는 모두 平聲으로 읽는다. ≪爾雅≫ 〈釋言〉에 "基는 '設'의 뜻이다."라 하였는데, 이 편 안의 〈基자는〉 모두 같다. 〈楊氏의〉 주에 〈基를〉 '基業'이라고 한 것은 잘못된 것이다.

顧千里 : '人'자는 아마도 분명히 잘못이 있는 것 같으니, 〈이 章의〉 韻에 들어가지 않는다. 이 편 안에서 '人'자는 아랫글에 두 번 보이니, 하나는 平·傾·人·天의 韻이고, 하나는 精·榮·成·人의 韻이다. 이곳은 위 韻은 '基'이고, 아래 韻은 治·災이므로, 〈人이〉 이것들과는 韻部가 서로 다르니, 원래의 글자가 아니다.

俞樾 : '人'자는 이 章의 韻 속에 들어가지 않으니, 아마도 마땅히 '愼聽之'로 되어야 할 것 같다. 聖과 聽은 음이 서로 가까워 잘못된 것이다. ≪尙書≫ 〈無逸篇〉의 "此厥不聽(이와 같은 말을 듣지 않는다면)"의 〈不聽이〉 漢나라 石經에는 '不聖'으로 되어 있고, 秦나라 泰山碑의 "皇帝躬聽(황제께서 그 말을 직접 들었다.)"의 〈躬聽이〉 ≪史記≫에는 '躬聖'으로 되어 있으니, 이것이 모두 그 증거이다. '聽'이 잘못되어 '聖'이 되고 보니 '聖之' 두 자가 뜻이 이뤄지지 않으므로 후세 사람이 고쳐 '聖人'이 되었을 것이다. '請

15) 愼聽之三字 : ≪禮記≫ 〈仲尼燕居〉에 孔子가 子貢·子張·言游 등 세 제자에게 "너희 세 사람은 신중히 듣거라.〔愼聽之〕 내가 너희에게 말하겠다. 禮의 항목이 아홉 가지가 있는데 大饗의 禮는 그중 네 번째이다."라고 하였다.

布基愼聽之'는 일반 사람이 그의 말을 신중히 들어주길 바란다는 뜻이고, 아랫글에 말한 '請牧基賢者思'는 賢者가 그의 말을 생각해주길 바란다는 뜻이니, 그 뜻이 정확이 같다. '愼聽之' 세 자는 ≪禮記≫ 〈仲尼燕居篇〉에 근간을 두고 있다.

## 25-5 愚而自專事不治하고 主忌苟勝하면 羣臣莫諫하여 必逢災하리라

군주가 어리석어 독단을 하면
국가의 일 제대로 되지를 않고
군주가 시기하여 이기려 들면
신하 중에 간하는 사람이 없어
국가 분명 재앙을 만날 것이네

**主旣猜忌하고 又苟欲勝人也라**

楊倞注 : 군주가 〈유능한 사람을〉 시기하고 또 무턱대고 남을 이기려 한다는 뜻이다.

## 25-6 論臣過[16]엔 反其施[17]로다

신하들의 허물을 논할 적에는
자기의 행위부터 반성해야 해

---

16) 論臣過 : 이 章의 押韻은 過・施・義・禍로, 歌部이다.

17) 論臣過 反其施 : 朱熹는 "論은 그 죄를 논하여 다스린다는 뜻이다. 신하의 허물을 다스리는 자는 반드시 자기가 행한 일을 반성하는 것이 옳으니, 신하만을 탓하여 문책해서는 안 된다는 것을 말한다."라 하고, 物雙松은 "反其施는 군주의 은혜를 배반하는 것을 말한다."라 하고, 久保愛는 "反은 '反求諸己(잘못의 원인을 돌이켜 자기 자신에게서 구한다.)'의 '反'이다. 자기 자신을 바로잡고 남을 책망하지 않는 것을 말한다."라 하고, 鍾泰는 "反其施는 그의 군주가 행한 행동을 반대로 한다는 뜻이다. 군주는 독단(自專)하는 것이 허물이 되고 신하는 군주 뜻에 동조하는 것(上同)이 허물이 되니, 독단과 동조는 정확히 상반된다."라 하고, 王天海는 "신하의 허물을 따져 묻더라도 자기의 행위를 반성한다는 말이다."라는 등 학자들의 설이 다양하다. 楊倞・朱熹・久保愛・王天海 등의 견해가 비슷한데, 그 견해를 참작하여 번역하였다.

言論人臣之過는 在乎不行施惠라 施는 式豉反이라 ○ 先謙案 言論人臣之過엔 當反其所施行이니 卽下所云 拒諫飾非하며 愚而上同也라 楊以施爲施惠하니 非라

楊倞注 : 신하들의 허물을 따져볼 때는 그에게 은혜를 베푸는 일을 행하지 않았는가를 돌아보는 데에 있다는 것을 말한다. 施는 〈음이〉 式과 豉의 반절이다.

○ 先謙案 : 신하들의 허물을 따져볼 적에는 마땅히 그가 시행한 일을 돌이켜보아야 하니, 곧 아래에서 말한 "충고를 거부하고 잘못 감추며, 어리석어 군주 뜻 영합한다.〔拒諫飾非 愚而上同〕"이다. 楊氏는 施를 施惠로 풀이하였으니, 틀렸다.

## 25-7 尊主安國尙賢義니

군주 존중 국가가 편안하는 건
賢者 道義 숭상에 달려 있거니

○ 郝懿行曰 施는 古讀如莎하고 義는 古讀如俄라 此皆古韻이니 餘可類推라 兪樾曰 義는 讀爲儀니 儀亦賢也라 尙書大誥篇에 民獻有十夫라하여늘 枚傳訓獻爲賢하고 大傳에 作民儀有十夫라 廣雅釋言曰 儀는 賢也라하니라 尙賢儀는 言崇尙賢者也라 作義者는 古字通用이라

○ 郝懿行 : 施는 옛날에 '莎'처럼 읽었고, 義는 옛날에 '俄'처럼 읽었다. 이는 모두 옛 韻이니, 기타의 경우도 이를 미루어 추측할 수 있다.

兪樾 : 義는 '儀'로 읽어야 하니, 儀 또한 어질다〔賢〕는 뜻이다. ≪尙書≫ 〈大誥篇〉에 "民獻有十夫(백성 중에 현자 열 사람이 있다.)"라 하였는데, 枚乘의 傳에 獻을 어질다〔賢〕는 뜻으로 풀이하였고, ≪尙書大傳≫에 '民儀有十夫'로 되어 있다. ≪廣雅≫ 〈釋言〉에 "儀는 어질다〔賢〕는 뜻이다."라 하였다. 尙賢儀는 현자를 숭상하는 것을 말한다. 〈儀자가〉 '義'로 되어 있는 것은 옛글자에 통용하였기 때문이다.

## 25-8 拒諫飾非하며 愚而上同하면 國必禍하리라

충고를 거부하고 잘못 감추며
어리석어 군주 뜻 영합한다면
국가는 어김없이 화를 당하리

所以尊主安國은 在崇尚賢義라 若拒諫飾非하여 以愚闇之性苟合於上이면 則必禍也라

楊倞注 : 군주를 존중하여 국가를 편안하게 하는 것은 賢者와 道義를 숭상하는 데에 있다. 만약 충고를 거부하고 잘못을 감추며 어리석은 품성으로 무턱대고 군주의 뜻에 영합한다면 반드시 화를 당할 것이라는 것이다.

25-9 曷謂罷(피)[18]오 國多私하여

무엇을 허약하다 이를 것인고
국가에 私利私慾 꾀한 이 많아

假設問答以明其義라 罷는 讀曰疲니 謂弱不任事者也라 所以弱者는 由於多私라 國語曰 罷士無伍라하여늘 韋昭曰 罷는 病也라 無(行)〔作〕[19]曰病이라하니라

楊倞注 : 問答을 가정하여 그 뜻을 밝힌 것이다. 罷는 '疲'로 읽어야 하니, 허약하여 국사를 감당하지 못하는 것을 이른다. 허약한 까닭은 사리사욕을 꾀하는 사람이 많기 때문이다. ≪國語≫ 〈齊語〉에 "罷士無伍(허약한 병사는 그와 한 대열이 되려는 사람이 없다.)"라 하였는데, 韋昭가 "罷는 '病'의 뜻이니, 일어나지 못하는 것을 '病'이라 한다."라고 하였다.

25-10 比周還主黨與施하며

파당 지어 군주를 현혹시키고
동류를 곳곳에다 깔아놓으며

還은 繞라 ○ 王念孫曰 還은 讀爲營이라 比周營主는 謂朋黨比周以營惑其主也라 施는 張也라 楊訓還爲繞하니 失之라 說見君道篇不還秩下라

---

18) 曷謂罷(피) : 罷는 '疲'와 통한다. 현능하지 못한 것을 뜻한다. 이 章의 押韻은 罷・私・施・移로, 脂部와 歌部 協韻이다. '私'는 脂部에 속하고, 나머지는 歌部에 속한다.

19) (行)〔作〕: 저본에는 '行'으로 되어 있으나, ≪國語≫의 韋昭 주에 의거하여 '作'으로 바로잡았다.

楊倞注 : 還은 에워싼다는 뜻이다.

○ 王念孫 : 還은 '營'으로 읽어야 한다. 比周營主는 같은 편에 속하는 사람들이 파당을 지어 그들의 군주를 현혹시키는 것을 이른다. 施는 깔아놓는다는 뜻이다. 楊氏는 還을 에워싼다는 뜻이라고 하였으니, 잘못되었다. 이에 관한 설은 〈君道篇〉(12-86) '不還秩' 아래에 보인다.

## 25-11 **遠賢近讒**하여 **忠臣蔽塞**하고 **主埶移**로다

賢者를 멀리하고 小人과 친해
충신은 〈군주 섬길 길이〉 막히고
군주 권세 딴 데로 옮겨감일세

## 25-12 **曷謂賢**[20)]고 **明君臣**하여

누구를 賢人이라 이를 것인고?
君臣간의 〈도리에〉 매우 밝아서

**明君臣之道則爲賢**이라

楊倞注 : 君臣간의 도리에 밝으면 현인이 된다.

## 25-13 **上能尊主(愛下)〔下愛〕**[21)]**民**이로다

위로 능히 군주를 높이 받들고
아래로는 백성을 사랑하는 자

**○ 王念孫曰 愛下民**은 **當作下愛民**이니 **與上能尊主對文**이라 **不苟臣道二篇**에 **竝云 上則能尊君**하고 **下則能愛民**이라하니 **是其證**이라

○ 王念孫 : '愛下民'은 마땅히 '下愛民'으로 되어야 하니, '上能尊主'와 대구이다.

---

20) 曷謂賢 : 이 章의 押韻은 賢·臣·民·賓으로, 眞部이다.

21) (愛下)〔下愛〕: 저본에는 '愛下'로 되어 있으나, 王念孫의 주에 의거하여 '下愛'로 바로잡았다.

〈不苟〉와 〈臣道〉 두 편에 모두 "上則能尊君 下則能愛民"이라 하였으니, 이것이 그 증거이다.

25-14 **主誠聽之**하면 **天下爲一海內賓**하리라

군주가 진정으로 그를 따르면
천하가 통일되어 〈안정이 되고〉
四海의 모든 사람 복종할 거네

25-15 **主之孽**[22]은 **讒人達**하고 **賢能遁逃國乃**蹷이라

군주의 재앙이란 다름 아니라
참소하는 사람은 영달 누리고
어질고 능한 사람 멀리 도망가
국가가 급기야는 무너짐일세

**孽**은 **災也**라 蹷은 **顚覆也**라

楊倞注 : 孽은 재앙이란 뜻이다. 蹷은 전복된다는 뜻이다.

25-16 **愚以重愚**하고 **闇以重闇**하여 **成**[23]**爲桀**하리라

어리석던 사람은 더 어리석고
어두웠던 사람은 더 어두워져
결국에는 桀王이 되고 말리라

**久而愚闇愈甚**하여 **遂至於桀也**라

楊倞注 : 세월이 오래될수록 어리석고 어두운 정도가 더욱 심해져 결국 桀王의 정도에까지 이르게 된다는 것이다.

---

22) 主之孽 : 이 章의 押韻은 孽・達・蹶・桀로, 月部이다.
23) 成 : '終'과 같다.

25-17 **世之災**[24]는 **妬賢能**이니 **飛廉知**[25]**政任惡來**로다

商 시대 재앙이란 〈다름 아니라〉
어질고 능한 사람 질투함이니
飛廉이 결국에는 정권을 잡고
그의 아들 惡來를 임용하였네

**惡來**는 **飛廉之子**니 **秦之先也**라 **史記曰 惡來有力**하고 **飛廉善走**하니 **父子俱以材力事殷紂也**라하니라

楊倞注 : 惡來는 飛廉의 아들이니, 秦나라의 先代이다. ≪史記≫ 〈秦本紀〉에 "惡來는 힘이 세고 飛廉은 잘 달렸는데, 父子가 재능과 힘으로 殷나라 紂王을 섬겼다."라고 하였다.

25-18 **卑其志意**하여 **大其園囿**하고 **高其臺**로다

그들이 지향한 게 낮기만 하여
〈향락 추구〉 정원을 크게 넓히고
〈高樓巨閣〉 누대를 높이 쌓았네

**卑其志意**는 **言無遠慮**하여 **不慕往古**라 ○ **盧文弨曰 臺下**에 **宋本有榭字**하고 **元刻無**라 **以韻讀之**에 **元刻是也**라 **今從之**라 **郝懿行曰 能**는 **讀如泥**하고 **來**는 **讀如黎**하고 **臺**는 **讀如題**니 **皆古韻**이라

楊倞注 : 卑其志意는 원대한 생각이 없어 옛 〈聖王의 정치를〉 동경하지 않는 것을 말한다.

○ 盧文弨 : '臺' 밑에 宋本에는 '榭'자가 있고 元刻本에는 없다. 韻으로 읽을 때 元刻本이 옳다. 여기서는 이를 따랐다.

郝懿行 : 〈妬賢能의〉 能는 '泥'자처럼 읽고, 〈任惡來의〉 來는 '黎'자처럼 읽고, 〈高其臺의〉 臺는 '題'자처럼 읽어야 하니, 이는 모두 古韻이다.

---

24) 世之災 : 이 章의 押韻은 災・能・來・臺로, 之部이다.
25) 知 : 주관 또는 장악한다는 뜻이다.

25-19 **武王怒**[26)]하여 **師牧野**하니 **紂卒易**(역)**鄕啓乃下**로다

〈이로 인해〉 武王이 격노하시어
牧野로 진격하여 〈紂를 치시니〉
紂의 군사 자기편 공격을 하고
微子 啓 투항하여 포로 되었네

易鄕은 回面也니 謂前徒倒戈攻于後라 啓는 微子名이라 下는 降(항)也라 鄕은 讀爲向라

楊倞注：易鄕은 향하는 방향을 돌린다는 뜻이니, 선봉에 있는 무리가 창을 거꾸로 잡고 자기편 후방을 공격하는 것을 이른다. 啓는 微子의 이름이다. 下는 항복한다는 뜻이다. 鄕은 '向'으로 읽어야 한다.

牧野誓師圖

25-20 **武王善之**하고 **封之於宋**하여 **立其祖**로다

武王께선 微子을 치하하시고
그를 저 宋나라에 봉해주시어
그의 조상 사당을 세우게 했네

立其祖하여 使祭祀不絶也라 左傳曰 宋祖帝乙[27)]이라하니라 ○ 兪樾曰 楊注未得祖字之義라 說文示部에 祖는 始廟也라하니 蓋祖之本義爲廟라 故尙書甘誓曰 用命賞于祖하고 弗用命戮于社라하고 考工記匠人曰 左祖右社라하여 竝以祖社對文하니 猶言廟社也라 鄭康成注考工記曰 祖는 宗廟라하니 得其義矣라 封之於宋하여 立其

26) 武王怒：이 章의 押韻은 怒・野・下・祖로, 魚部이다.

27) 帝乙：微子의 아버지이다.

**祖**는 **言封之於宋而立其宗廟也**라 **今人但知有爾雅**에 **祖**는 **王父也之訓**하여 **而說文**의 **祖**는 **始廟也之訓**이 **遂爲所奪**하니 **古誼之湮久矣**라

楊倞注 : 그의 시조를 세워 제사가 끊어지지 않게 하였다는 것이다. ≪春秋左氏傳≫ 文公 28년에 "宋祖帝乙(宋나라 시조는 帝乙이다.)"이라 하였다.

○ 兪樾 : 楊氏의 주는 '祖'자의 뜻을 잘 알지 못한 것이다. ≪說文解字≫ 〈示部〉에 "祖는 시조 사당이다."라고 하였으니, 아마도 '祖'의 원래 뜻이 사당일 것이다. 그러므로 ≪尙書≫ 〈甘誓〉에 "用命賞于祖 弗用命戮于社(명령에 복종하는 사람은 宗廟의 신주 앞에서 상을 내리고, 명령에 복종하지 않는 사람은 社稷壇의 신주 앞에서 처벌할 것이다.)"라 하고, ≪周禮≫ 〈考工記 匠人〉에 "左祖右社(왼쪽은 종묘이고, 오른쪽은 사직단이다.)"라 하여 모두 祖와 社끼리 대를 맞추었으니, '廟'·'社'라는 말과 같다. 鄭康成(鄭玄)의 ≪周禮≫ 〈考工記〉 주에 "祖는 종묘이다."라 하였으니, 그 뜻을 알았다. '封之於宋 立其祖'는 그를 宋나라에 봉하여 그의 종묘를 세우게 한 것을 말한다. 지금 사람들은 ≪爾雅≫에 "祖는 할아버지〔王父〕이다."라는 뜻이 있다는 것만 알아, ≪說文解字≫의 "祖는 시조 사당이다."라는 뜻이 마침내 묻히고 말았으니, 옛 뜻이 인멸된 지 오래이다.

微子

比干

25-21 **世之衰**[28)]에 **讒人歸**하여 **比干見刳**[29)]**箕子累**[30)]로다

28) 世之衰 : 이 章의 押韻은 衰·歸·累·懷로, 微部이다.

29) 比干見刳 : 比干은 紂王의 친족으로, 숙부라는 설과 이복형이라는 설이 있다. 그가 바른

세상의 도덕규범 쇠미해지자
참소하는 사람이 모여들어서
〈충신〉 比干 〈심장이〉 도려내지고
〈충고하던〉 箕子는 구금되었네

**累**는 **讀爲縲**라 **書曰 釋箕子之囚**라하니라

楊倞注：累는 '縲(포승)'로 읽어야 한다. ≪尙書≫ 〈周書 武成〉에 "釋箕子之囚(감옥에 갇힌 箕子를 석방하였다.)"라 하였다.

箕子

**25-22 武王誅之**할새 **呂尙**[31] **招麾**하니 **殷民懷**로다

武王께서 紂王을 주벌할 적에
呂尙이 군사 지휘 〈공격을 하니〉
殷나라 백성들이 귀순하였네

**招麾**는 **指揮也**라

楊倞注：招麾는 깃발로 지휘한다는 뜻이다.

呂尙

말로 주왕에게 충고하자 주왕이 노하여 "내가 듣기로는 聖人의 심장에는 구멍 일곱 개가 있다고 하였다. 과연 정말로 있는지 봐야겠다."라 하고, 그를 죽여 배를 갈라 심장을 도려냈다고 한다.

30) 箕子累：累는 죄인을 구속하는 포승줄로, 감옥에 구금된 것을 뜻한다. 箕子는 紂王의 친족이다. 比干이 살해된 뒤에 머리를 풀어헤치고 거짓으로 미쳐 노예가 되었다가 주왕에 의해 감옥에 구금되었다.

31) 呂尙：周代 齊나라 시조로 본성은 姜氏이다. 그의 선조가 呂國에 봉해졌으므로 이렇게 부른다. 文王의 스승으로 武王을 도와 殷나라 紂王을 몰아내고 周나라를 세운 공으로 齊에 봉해졌다. 姜尙・姜子牙・姜尙文・姜太公・太公望이라고도 한다.

25-23 世之禍[32]는 惡(오)賢(士)〔佐〕[33]니 子胥見殺百里[34](徙)〔移〕[35]로다

세상의 재앙이란 〈다름 아니라〉
어질고 능한 재상 싫어함이니
伍子胥 같은 사람 살해당하고
百里奚 같은 이는 쫓겨났다네

子胥는 吳大夫伍員字也니 爲夫差所殺이라 百里奚는 虞公之臣이라 徙는 遷也라 謀不見用하고 虞滅係虜라가 遷徙於秦이라

楊倞注：子胥는 吳나라 大夫 伍員의 자이니, 〈吳나라 왕〉 夫差에게 살해되었다. 百里奚는 虞公의 신하이다. 徙는 '遷'의 뜻이다. 그의 계책이 虞公에게 채용되지 않았고 虞나라가 〈晉나라에〉 멸망한 뒤에 포로로 잡혔다가 秦나라로 옮

伍子胥

32) 世之禍：이 章의 押韻은 禍・佐・移・施로, 歌部이다.

33) (士)〔佐〕：저본에는 '士'로 되어 있으나, 張覺의 설에 의거하여 '佐'로 바로잡았다. 張覺이 "伍子胥가 闔閭를 보좌하는 사람이 되자 吳王 夫差가 그를 미워하였고, 百里奚가 秦穆公을 보좌하는 사람이 되자 晉 獻公이 그를 미워하였기 때문에 '惡賢佐'라고 말한 것이다. 후세에 글을 베껴 쓰거나 글자를 새기는 사람이 古音을 몰라 '佐'가 '移'・'施'와 맞지 않는다고 생각하였기 때문에 어림짐작으로 바꿔 '士'가 된 것이다."라고 하였다.

34) 百里：춘추시대 虞나라 大夫 百里奚를 가리킨다. 晉 獻公이 虞나라를 멸망시킨 뒤에 포로가 되어 晉나라로 들어갔다가 晉나라에서 穆姬를 秦 穆公의 부인으로 시집 보낼 때 모시고 가는 하인이 되어 秦나라로 들어갔다. 나중에 秦 穆公에게 재상으로 발탁되어 蹇叔・由餘 등과 함께 穆公을 보좌하여 霸業을 이루었다. 일설에는 虞公에게 충고할 수 없다는 것을 알고 秦나라로 들어갔다고 한다.

35) (徙)〔移〕：저본에는 '徙'로 되어 있으나, 張覺의 설에 의거하여 '移'로 바로잡았다. 張覺이 "'徙'자는 이 章의 韻에 들어가지 않으니 본디 '移'로 되어 있었을 것이다. '徙'는 본디 '移'자의 주였는데 이것이 본문 속으로 섞여 들어갔고 후세 사람이 한 글자가 더 많은 것을 보고 잘못하여 '移'자를 삭제했을 것이다."라고 하였다.

겨갔다.

25-24 **穆公任之**하여 **强配五伯**(패)[36]하고 **六卿施**[37]로다

穆公이 百里奚를 재상에 임용
강성함이 五伯와 견줄 만하고
〈천자처럼〉 六卿을 설치하였네

**穆公**은 **秦穆公任好也**는 **伯**는 **讀曰霸**라 **六卿**은 **天子之制**라 **春秋時**에 **大國亦僭置六卿**이라 **六卿施**는 **言施六卿也**라

楊倞注 : 穆公은 秦 穆公 任好이다. 伯는 '霸'로 읽는다. 六卿은 천자의 제도이다. 春秋 때 큰 나라 또한 참람하게 六卿을 설치하였다. 六卿施는 六卿을 설치하였다는 말이다.

25-25 **世之愚**[38]는 **惡**(오)**大儒**니 **逆斥不通孔子拘**로다

세상에 무엇보다 어리석은 건
〈존경받는〉 大儒를 증오함이니
顯達하지 못하게 배척을 하여
孔子 〈같은 聖人도〉 포위당했네

**逆拒斥逐大儒**하여 **不使通也**라 **拘**는 **謂畏匡戹陳**[39]**也**라

---

36) 五伯(패) : 춘추시대 때 세력이 가장 크고 수령의 지위를 차지한 다섯 제후로, 일반적으로 齊 桓公, 晉 文公, 宋 襄公, 楚 莊王, 秦 穆公을 말하는데, 荀子가 말하는 五伯는 齊 桓公, 晉 文公, 楚 莊王, 吳王 闔閭, 越王 句踐이며 秦 穆公은 그 안에 들어가지 않는다. 伯는 '霸'와 같다.

37) 六卿施 : 고대의 천자는 六軍을 두었고 六軍의 主將을 六卿이라 불렀다. 춘추시대 때 강대한 제후국 중에 晉나라와 같은 경우도 참람하게 六卿을 두었다. 穆公이 六卿을 설치한 사실은 역사기록에 증거가 없다. 혹시 강대하다는 것을 형용하기 위해 과장한 말이 아닌가 한다. 施는 설치한다는 뜻이다.

38) 世之愚 : 이 章의 押韻은 愚・儒・拘・輸로, 侯部이다.

楊倞注 : 大儒를 거역하고 축출하여 顯達하지 못하게 한다는 것이다. 拘는 〈孔子가〉 匡城에서 포위당하고 陳나라에서 곤란한 일을 겪은 것을 이른다.

匡人解圍圖

25-26 **展禽**三絀(출)하며 **春申道綴**하여 **基畢輸**로다

展禽은 세 번이나 쫓겨났으며

春申君 행하려던 도가 멈추어

국가정책 완전히 무너졌다네

**展禽**은 **魯大夫無駭之後**라 **名獲**이요 **字子禽**이며 **諡曰惠**니 **居於柳下**라 三絀은 **爲士**

---

39) 畏匡戹陳 : 畏匡은 孔子가 56세 때인 B.C. 496년에 衛나라에서 陳나라로 가기 위해 지금의 河南 長垣縣 서남쪽인 匡城을 지나갈 때, 그 지역 사람들이 공자를 보고 지난날 자기들을 침해한 적이 있는 陽虎로 오해하여 길을 막고 포위한 일을 말한다. 戹陳은 공자가 63세 때인 B.C. 489년에 陳나라와 蔡나라 접경에 있었는데, 楚나라가 사람을 보내 초빙하자, 陳·蔡 두 나라에서 楚나라가 공자를 요직에 임용하여 자기네 나라를 위협하지나 않을까 두려운 나머지 사람을 파견하여 공자를 들판에서 포위하여 곤란을 겪게 한 일을 말한다. 畏는 '圍'와 같은 것으로, 포위한다는 뜻이다.

師[40]하여 三見絀也라 春申은 楚相黃歇이니 封爲春申君이라 綴은 止也니 與輟同이라 畢은 盡也라 輸는 傾委也라 言春申爲李園所殺하야 其儒術政治와 道德基業이 盡傾覆委地也라 ○ 盧文弨曰 此春申句有誤라 必非指黃歇이니 注非라 郝懿行曰 此荀卿自道라 荀本受知春申하여 爲蘭陵令하니 蓋將借以行道라가 迨春申亡而道亦連綴俱亡하며 基亦輸矣라 輸者는 墮也라 言己布陳設施畢墮壞也라 王念孫曰 楊說輸字之義甚迂라 輸者는 墮也니 言基業盡墮壞也라 公羊春秋隱六年鄭人來輸平의 傳曰 輸平者何오 輸平은 猶墮成也라 何言乎墮成고 敗其成也라하고 穀梁傳亦曰 輸者는 墮也라하며 小雅正月篇에 載輸爾載의 鄭箋曰 輸는 墮也라하니라 盧說本汪氏하니 見丙申校本이라 先謙案 注三絀下에 宋台州本有謂字라

楊倞注 : 展禽은 魯나라 大夫 無駭의 후손이다. 이름은 獲이고 자는 子禽이며 시호는 '惠'이니, 柳下에서 살았다. 三絀은 士師가 되어 세 번 축출된 것을 말한다. 春申은 楚나라 재상 黃歇이니, 春申君에 봉해졌다. 綴은 '止'의 뜻이니, '輟'과 같다. 畢은 모두라는 뜻이다. 輸는 무너져 없어졌다는〔傾委〕 뜻이다. 春申君이 李園에게 살해되어 그 儒家의 학술과 정치, 도덕과 국가정책이 모두 무너져 소멸되었다는 말이다.

○ 盧文弨 : 이 春申 문구는 잘못이 있다. 틀림없이 黃歇을 가리키는 것은 아닐 것이니, 〈楊氏의〉 주는 틀렸다.

郝懿行 : 이 말은 荀卿 자기 자신에 관한 말이다. 荀卿이 본디 春申君에게 인정을 받아 蘭陵令이 되었으니, 아마도 장차 그를 빌려 도를 행하려다가 春申君이 죽음으로 인해 그의 도 또한 함께 중단되고 사라졌으며, 국가정책도 무너졌을 것이다. 輸란 무너진다는〔墮〕 뜻이다. 자기가 〈국가 운영의〉 조치에 관해 개진한 일들이 모두 무너졌다는 말이다.

王念孫 : 楊氏가 말한 '輸'자의 뜻은 매우 터무니없다. 輸란 무너진다는〔墮〕 뜻이니, 국가정책이 모두 무너졌다는 말이다. ≪春秋公羊傳≫ 隱公 6년에 "鄭人來輸平(鄭나라 사람이 와서 우호관계를 파기하였다.)"이라 한 곳의 傳에 "우호관계를 파기했다〔輸平〕는 것은 무슨 말인가? 우호관계를 파기했다는 것은 곧 講和를 취소한다는〔墮成〕 말과 같다. 무엇을 講和를 취소하는 것이라 말하는가? 그 상호간의 講和를 취소하는 것이다."라 하고, ≪春秋穀梁傳≫에도 "輸란 '墮'의 뜻이다."라 하였으며, ≪詩經≫ 〈小雅 正月篇〉에 "載輸爾載(네 수레에 실은 짐 떨어뜨리고)"라 한 곳의 鄭玄의 箋에 "輸는 '墮'의

---

40) 士師 : 禁令과 刑獄을 관장하는 벼슬이름이다.

뜻이다."라고 하였다. 盧氏의 설은 汪氏(汪中)의 설에 근간을 두었으니, 〈汪中의〉 丙申年 校本에 보인다.

先謙案 : 〈楊氏의〉 주 '三絀' 밑에 宋 台州本에는 '謂'자가 있다.

## 25-27 請牧基[41)]하라 賢者思로다

〈治國의〉 기본 도리 들어나 보소
賢者를 흠모하고 〈써야 한다네〉

牧은 治라

楊倞注 : 牧은 다스린다는 뜻이다.

## 25-28 堯在萬世如見之로되 讒人罔極하니 險陂傾側하여 此之疑로다

堯帝는 만대 이전 사람으로서
〈그 정책〉 보이는 듯 〈선명하건만〉
참소한 자 〈악행은〉 끝이 없으니
음험하고 사악해 편파적이라
堯帝의 治國 방법 의심한다네

陂는 與詖同이라 言當疑此讒人傾險也라 ○ 王念孫曰 疑는 恐也며 畏也①라 此之疑는 此是畏也라 言此險陂傾側之讒人은 甚可畏也라 皐陶謨曰 何畏乎巧言令色孔壬이리오하니 是也라 楊未喩疑字之義라 兪樾曰 爾雅釋言에 疑는 戾也의 郭注曰 戾는 止也라 疑者亦止라하고 儀禮鄕射禮에 賓升하여 西階上疑立의 鄭注曰 疑는 止也라하니 是疑有止義라 其字蓋匙之叚借라 說文七部에 匙는 定也라하니 定이라 故爲止라 今說文엔 譌作未定하여 而疑之訓止를 遂不可曉矣라 讒人罔極險陂傾側此之疑는 承上文堯在萬世如見之而言이라 此之疑者는 此之止也라 言堯明見萬世하여 雖險陂傾側之徒라도 莫不由此而止也라 楊注에 言當疑此讒人陂險는 則與上意

---

41) 請牧基 : 이 章의 押韻은 基·思·之·疑로, 之部이다.

不貫矣라

① 旣濟象傳에 終日戒는 有所疑也라하고 襍記에 五十不致毁하고 六十不毁하고 七十飮酒食肉이니 皆爲疑死의 鄭注에 疑는 猶恐也라하며 宥坐篇에 其赴百仞之谷不懼라하여늘 大戴記勸學篇에 懼作疑라

≪周易≫ 旣濟卦의 〈象傳〉에 "終日戒 有所疑也(해가 지도록 경계하는 것은 의구심이 있다는 것을 말한 것이다.)"라 하고, ≪禮記≫ 〈雜記〉에 "五十不致毁 六十不毁 七十飮酒食肉 皆爲疑死(50세 이상은 지나치게 슬퍼하지 말고, 60세 이상은 슬퍼하지 않아도 되고, 70세 이상은 술을 마시고 고기를 먹어도 되니, 이는 모두 〈喪事로 인해〉 죽을까 두렵기 때문이다.)"라 한 곳의 鄭玄 주에 "疑는 '恐'과 같다."라 하였으며, 〈宥坐篇〉에 "其赴百仞之谷不懼(백 길이나 되는 깊은 산골짜기를 달려가더라도 두려워하지 않는다.)"라 하였는데, ≪大戴禮記≫ 〈勸學篇〉에 '懼'가 '疑'로 되어 있다.

楊倞注 : 陂는 '詖'와 같다. 마땅히 이 참소하는 사람이 간사하고 험악하다는 것을 의심해야 한다는 말이다.

○ 王念孫 : 疑는 '恐'의 뜻이며 '畏'의 뜻이다. 此之疑는 '此是畏'와 같다. 이 음험하고 사악하여 편파적인 참소하는 사람은 매우 두려워할 만하다는 말이다. ≪尙書≫ 〈皐陶謨〉에 "何畏乎巧言令色孔壬(어찌 말을 잘 꾸미고 낯빛을 잘 꾸미는 孔壬을 두려워하겠는가.)"이라 하였으니, 이와 같은 사례이다. 楊氏는 '疑'자의 뜻을 알지 못했다.

兪樾 : ≪爾雅≫ 〈釋言〉에 "疑는 '戾'의 뜻이다."라 한 곳의 郭璞 주에 "戾는 멈춘다는 뜻이다. 疑 또한 멈춘다는 뜻이다."라 하였고, ≪儀禮≫ 〈鄕射禮〉에 "賓升 西階上疑立(빈객은 올라가 서쪽 계단 위에 멈춰 선다.)"이라 한 곳의 鄭玄 주에 "疑는 멈춘다는 뜻이다."라 하였으니, 이로 볼 때 '疑'자에 멈춘다는 뜻이 있다. 그 글자는 아마도 '𠤕'의 假借字일 것이다. ≪說文解字≫ 〈匕部〉에 "𠤕는 '定(안정되다)'의 뜻이다."라 하였으니, 안정되기 때문에 멈춘다는 뜻이 된다. 그런데 지금의 ≪說文解字≫는 잘못되어 '未定(안정되지 못하다)'으로 되어 있어 '疑'자에 멈춘다는 뜻이 있다는 것을 결국 알 수 없게 되었다. '讒人罔極 險陂傾側 此之疑'는 윗글 '堯在萬世如見之'를 이어받아 말한 것이다. 此之疑는 곧 '此之止'이다. 堯帝가 〈국가를 다스리는 근본을〉 만대에 분명히 드러내 보였으니, 비록 음험하고 사악하여 편파적인 무리라 하더라도 이로 인해 〈그 악행을〉 멈추지 않을 수 없을 것이라는 말이다. 楊氏의 주에 "마땅히 이 참소하는 사람이 간사하고 험악하다는 것을 의심해야 한다는 말이다."라고 한 것은 위의 의미와 연결되지 않는다.

## 25-29 基必施[42]면 辨賢罷(피)로다

근본 정책 반드시 시행하려면
賢者와 무능한 자 변별해야 해

罷는 讀曰疲라 ○ 王念孫曰 施는 張也니 言必欲張大其基業이면 當先辨賢罷也라 下文曰 道古賢聖하면 基必張하리라하고 上文曰 請布基라하니 布與張亦同義라

楊倞注 : 罷는 '疲'로 읽어야 한다.

○ 王念孫 : 施는 '張'의 뜻이니, 반드시 그 국가정책을 확대하려 한다면 마땅히 먼저 현자와 무능한 자를 변별해야 한다는 말이다. 아랫글에 "道古賢聖 基必張(먼 옛날 聖王들의 도를 행하면 국가 基業 반드시 확장되리라.)"이라 하고, 윗글에 "請布基(국가정책 펴는 걸 들어나 보소.)"라 하였으니, 布와 張 또한 같은 뜻이다.

## 25-30 文武之道同伏戲[43]하니

文王 武王 〈행하신 治國의〉 도는
〈태곳적의〉 伏戲와 동일하거니

文武는 周文王武王이라 伏戲는 古三皇[44]太昊氏니 始畫八卦하고 造書契者라 戲는 與羲同이라

楊倞注 : 文武는 周 文王과 武王이다. 伏戲는 태곳적 三皇의 하나인 太昊氏이니 맨 처음 八卦를 그었고 書契를 만든 사람이다. 戲는 '羲'와 같다.

伏羲氏

42) 基必施 : 이 章의 押韻은 施·罷·戲·爲로, 歌部이다.
43) 伏戲 : 神農·黃帝와 함께 三皇으로 불리는 전설상의 고대 제왕이다. 伏羲·伏犧·庖犧로 표기하기도 한다.
44) 三皇 : 고대 전설상의 세 군왕으로, 伏羲·神農·黃帝를 가리킨다.

25-31 由之者治하고 不由者亂하니 何疑爲리오

이 도를 따른 나라 다스려지고

따르지 않는 나라 혼란해지니

〈그 이치〉 의심할 게 뭐가 있으랴

○ 郝懿行曰 爲는 古讀如譌[45)]하니 與施罷獻皆韻이라

○ 郝懿行 : 爲는 옛날에 '譌'자처럼 읽었으니, 施·罷·獻과 함께 모두 韻이다.

25-32 凡成相[46)]은 辨法方[47)]이니 至治之極復(복)後王[48)]이로다

대체로 북을 치며 노래하는 건

〈治國하는〉 방법을 밝히자는 것

이상적인 정치의 으뜸 준칙은

후대 왕의 〈법도를〉 회복함일세

後王은 當時之王[49)]이라 言欲爲至治면 在歸復後王이라 謂隨時設敎요 〔不〕必[50)] 拘於古法이라 ○ 先謙案 浙局本注法爲大字나 依各本改라

楊倞注 : 後王은 당시의 왕이다. 이상적인 정치를 이루고자 한다면 후대 왕의 법도로 돌아와 그것을 회복하는 데에 있다는 것을 말한다. 시대 상황에 따라 교화를 시행

45) 譌 : 저본의 원주에 "譌는 歌韻에 속하니 마땅히 '僞'로 되어야 할 듯하다.〔譌 屬歌韻 似當作僞〕"라고 하였다.

46) 凡成相 : 자기가 북을 치며 노래를 부르는 의미를 여기서 총괄해본다는 뜻이다. 이 章의 押韻은 相·方·王·詳으로, 陽部이다.

47) 法方 : 方法과 같다. '方'이 韻脚이므로 위치를 바꾼 것일 뿐이다.

48) 後王 : 후대의 왕이란 뜻으로, 先王의 대칭이다. 先王은 옛 聖王인 堯·舜·禹 등을 가리키고, 後王은 周나라 文王과 武王을 가리킨다.

49) 後王 當時之王 : 後王은 당시의 왕이란 뜻으로, 文王과 武王이 荀子가 살았던 周나라 시대의 왕이므로 하는 말이다.

50) 〔不〕必 : 저본에는 '不'이 없으나, 世德堂本에 의거하여 보충하였다. 저본의 원주에도 "必은 마땅히 '不'로 되어야 할 듯하다. 혹은 必 위에 '不'자가 빠진 듯하다.〔必 似當作不 或必上脫不字〕"라고 하였다.

해야 하고 굳이 옛 법에 구애받을 것이 없다는 것을 이른다.

○ 先謙案 : 浙局本에는 〈楊氏〉 주의 '法'이 '大'자로 되어 있으나, 기타 각 본에 의거하여 고쳤다.

## 25-33 (復)[51]愼墨季[52]惠 百家之說誠不詳이로다

愼子 墨子 季子와 그리고 惠子
百家가 주장하는 각종 설들은
〈허망하여〉 참으로 좋지 않다네

**愼到墨翟惠施라 或曰 季는 卽莊子曰 季眞之莫爲者也라하고 又曰 季子聞而(笑)〔恥〕[53]之라하니라하니 據此면 則是梁惠王犀首惠施同時人也라 韓侍郎云 或曰 季梁也라하여늘 列子曰 季梁은 楊朱之友[54]라하니라 言四子及百家好爲異說이라 故不用心詳明之라 詳은 或爲祥이라 ○ 王念孫曰 祥詳은 古字通이라 不祥은 不善也라 楊說失之라**

楊倞注 : 〈愼墨惠는〉 愼到와 墨翟과 惠施이다. 혹자는 "季는 곧 ≪莊子≫ 〈則陽〉에 '季眞之莫爲(季眞이 만물은 作爲가 없다고 〈주장했다.〉)'라고 말한 그 사람이다. 또 ≪莊子≫ 〈則陽〉에 '季子聞而恥之(季子가 그 말을 듣고 부끄럽게 여겼다.)'라 했다."라고 하였으니, 이를 근거로 보면 이 사람은 梁 惠王·犀首·惠施와 같은 시대 사람이다. 韓侍郎(韓愈)이 "혹자는 季梁이라 했다."라고 하였는데, ≪列子≫ 〈力命〉에 "季梁은 楊朱의 벗이다."라 하였다. 이들 네 사람과 百家가 괴상한 설을 주장하길 좋아하므로 이들의 설을 애써 자세히 밝히지 않는다는 말이다. 詳은 간혹 '祥'으로 되어 있기도 하다.

○ 王念孫 : '祥'과 '詳'은 옛 글자에 통하였다. 不祥은 좋지 않다는 뜻이다. 楊氏의

---

51) (復) : 저본에는 '復'이 있으나, 世德堂本에 의거하여 잘못 덧붙여진 것으로 처리하였다.

52) 季 : 劉師培는 "季는 곧 '魏'자가 잘못된 것이다. 옛 책의 글자는 획이 떨어져나간 경우가 많다. 이 魏자도 왼쪽 윗부분만 남아 있었는데, 후세 사람이 이것을 살피지 못했기 때문에 함부로 고쳐 '季'가 된 것이다. '魏'는 곧 〈非十二子〉편의 魏牟이다. 그러므로 愼到·墨翟·惠施와 함께 말한 것이다."라고 하였다.

53) (笑)〔恥〕 : 저본에는 '笑'로 되어 있으나, 지금의 ≪莊子≫ 〈則陽〉에 의거하여 '恥'로 바로잡았다.

54) 季梁 楊朱之友 : 지금의 ≪列子≫에는 '楊朱之友曰季梁'으로 되어 있다.

설은 잘못되었다.

25-34 治復一[55)]이니 脩之吉이라 君子執之心如結하리라

治國 도는 하나를 회복함이니
이 도를 시행하면 상서롭다네
君子가 견고하게 이걸 지키면
그 마음 잡아맨 듯 〈단단하리라〉

言堅固不解也라

楊倞注：마음이 견고하여 풀어지지 않는다는 말이다.

25-35 衆人貳之하고 讒夫棄之하니 形是詰하리로다

평범한 일반인은 의심을 하고
참소히는 사림은 아니 따르니
〈이들 죄를〉 형벌로 물어야 하네

衆人則不能復一하며 讒夫則兼棄之하고 但詰問治之形狀하니 言侮嫚也라 或曰 形은 當爲刑이라하니라 無德化하고 唯刑戮是詰하니 言苛暴也라 ○ 郝懿行曰 形與刑은 古字通이라 詰者는 治也라 書云 度(탁)作刑以詰四方이라하니라

楊倞注：일반인은 하나(禮法)를 회복하지 못하며, 참소하는 사람은 이런 것을 모두 버리고 다스리는 겉모양만 따진다는 것이니, 〈그들이 예법을〉 경멸하는 것을 말한다. 혹자는 "形은 마땅히 '刑'이 되어야 한다."라 하였다. 〈이럴 경우에는〉 덕으로 감화시키는 일은 없고 오직 형벌로 문책한다는 뜻이 되니, 〈정치가〉 가혹한 것을 말한다.

○ 郝懿行：'形'과 '刑'은 옛 글자에 통용하였다. 詰이란 다스린다는 뜻이다. ≪尙書≫ 〈周書 呂刑〉에 "度作刑以詰四方(형법을 고려해 제정하여 천하 백성의 죄를 다스렸다.)"이라 하였다.

---

55) 治復一：一은 禮法을 가리킨다. 이 章의 押韻은 一・吉・結・詰로, 質部이다.

25-36 **水至平**[56]이라 **端不傾**이로다 **心術如此象聖人**하리라

水面이란 지극히 고른 법이라
반듯하게 놓이면 기울지 않네
마음씨 〈바르기가〉 이와 같다면
위대하신 聖人과 다름없으리

**聖人心平如水**라

楊倞注 : 聖人은 마음이 고르기가 물과 같다는 것이다.

25-37 〔人〕[57]**而有埶**면 **直而用抴**[58]하여 **必參天**하리라

이런 사람 만약에 권세 지니면
자신 곧고 남 또한 이끌어주어
〈높은 功〉 저 하늘과 다름없으리

**而有埶之上**에 **疑脫一字**라 **言旣得權埶**엔 **則度己以繩**하고 **接人用抴**하여 **功業必參天也**라 ○ **郝懿行曰 而有埶句之上**에 **疑脫人字**하니 **蓋與聖人人字相涉而誤脫也**라 **此以平傾人天相韻**이라 **古讀平如偏也**라

楊倞注 : '而有埶' 위에 아마도 한 글자가 빠진 것 같다. 이미 권세를 얻은 뒤에는 자기 자신은 엄격하게 단속하고 남들은 관대하게 대해주어 그의 업적이 반드시 하늘처럼 높을 것이라는 말이다.

○ 郝懿行 : '而有埶' 문구 위에 아마도 '人'자가 빠진 것 같으니, 이는 위 '聖人'의 '人'자와 서로 연관되어 잘못 빠졌을 것이다. 여기서는 平·傾·人·天으로 韻을 붙였다. 옛날에는 '平'을 '偏'처럼 읽었다.

---

56) 水至平 : 이 章의 押韻은 平·傾·人·天으로, 耕部와 眞部가 섞여 있다. '平'과 '傾'은 耕部에 속하고, '人'과 '天'은 眞部에 속한다.

57) 〔人〕: 저본에는 '人'이 없으나, 郝懿行의 주에 의거하여 보충하였다.

58) 直而用抴 : 抴는 '枻'와 통용한다. 〈非相篇〉(5-88)에 "度己則以繩 接人則用抴(자신을 바로잡는 것은 목수가 먹줄을 놓듯이 하고, 남을 대하는 것은 사공이 배를 젓듯이 한다.)"라고 한 뜻과 같다.

25-38 **世無王**[59]하니 **窮賢良**하여

세상에 거룩하신 聖王이 없자
덕 재능 지닌 인물 처지 궁하여

**無王者興**이면 **賢良窮困**이라

楊倞注 : 王者가 일어나는 일이 없으면 덕과 재능이 있는 사람이 곤궁하다는 것이다.

25-39 **纍人芻豢仁(人)**[60]**糟糠**이라

흉포한 자 먹는 건 맛있는 고기
어진 사람 먹는 건 지게미로세

○ 郝懿行曰 二句[61]는 當爲七字一句라 王引之曰 下人字는 涉上人字而衍이라 上已言纍人하니 則下人字可蒙上而省(생)이라 此篇之例는 兩三字句下皆用七字句하니 以是明之라

○ 郝懿行 : 두 구는 마땅히 일곱 자 한 구가 되어야 한다.

王引之 : 아래 '人'자는 위의 '人'자와 연관되어 잘못 덧붙여진 것이다. 위에서 이미 '纍人'을 말했으니, 아래 '人'자는 위에 가려져 줄일 수 있다. 이 편의 형식은 세 글자로 된 두 구 밑에 모두 일곱 자 구를 썼으니, 이것으로 그렇다는 것을 알 수 있다.

25-40 **禮樂滅息**하고 **聖人隱伏**하여 **墨術行**이로다

禮樂 모두 사라져 흔적이 없고
聖人은 〈세상 피해〉 은거해버려
墨家 학설 〈도처에〉 유행한다네

---

59) 世無王 : 이 章의 押韻은 王・良・糠・行으로, 陽部이다.

60) (人) : 저본에는 '人'이 있으나, 王引之의 주에 의거하여 잘못 덧붙여진 것으로 처리하였다.

61) 二句 : 본문이 본디 '纍人芻豢 仁人糟糠'으로 되어 있으므로 하는 말이다.

25-41 **治之經**[62)]은 **禮與刑**이니 **君子以修百姓寧**이라 **明德愼罰**하면 **國家既治**하고 **四海平**하리라

〈국가를〉 다스리는 기본 원칙은
예법이며 형법에 〈달려 있거니〉
君子는 이로 인해 〈心身을〉 닦고
백성은 이로 인해 편안하다네
덕 밝히고 처벌을 신중히 하면
국가가 다스려질 뿐만 아니라
온 세상이 태평을 누리게 되리

25-42 **治之志**[63)]는 **後埶富**니

국가를 다스리는 마음가짐은
권세 부귀 맨 뒤로 돌려야 하니

**爲治之意**는 **後權埶與富者**니 **則公道行而貨賂息也**라

楊倞注 : 국가를 다스리는 마음가짐은 권세와 부귀를 뒷전으로 돌려야 하니, 그렇게 한다면 바른 도리가 행해지고 뇌물이 사라질 것이다.

25-43 **君子誠之好以待**라

君子라면 진실한 마음 〈지키며〉
〈임용되길〉 차분히 기다려야 해

**君子必誠此意**하고 **好以待用**이라

楊倞注 : 君子는 반드시 이 마음을 진실하게 가다듬고 이 원칙을 좋아하면서 임용

62) 治之經 : 이 章의 押韻은 經·刑·寧·平으로, 耕部이다.
63) 治之志 : 이 章의 押韻은 志·富·待·思로, 之部와 職部가 섞여 있다. '富'는 職部에 속하고 나머지는 之部에 속한다.

되기를 차분히 기다려야 한다는 것이다.

25-44 處之敦固하며 有深藏之면 能遠思하리라

그 의지 충후하고 확고한 데다
또 〈이걸 마음〉 깊이 간직한다면
먼 장래 생각할 수 있게 되리라

敦은 厚也라 有는 讀爲又라 旣處之厚固하면 又能深藏遠慮라

楊倞注 : 敦은 두텁다는 뜻이다. 有는 '又'로 읽어야 한다. 이미 마음가짐이 충후하고 확고하다면 또 깊이 간직하고 멀리 생각할 수 있다는 것이다.

25-45 思乃精[64]하면 志之榮하고 好而壹之神以成하리라

사고가 정밀하여 〈빈틈없다면〉
의지의 꽃 〈풍성히 피어날 거고〉
이런 걸 좋아하되 전일하다면
신묘한 경지 끝내 이뤄지리라

好而不二하면 則通於神明也라

楊倞注 : 좋아하되 딴마음을 품지 않는다면 神明과 통할 것이라는 말이다.

25-46 精神相(反)〔及〕[65]하여 一而不貳하면 爲聖人하리라

정밀함과 신묘함 교류하면서
一片丹心 딴마음 품지 않으면
결국에는 聖人이 될 수 있으리

---

64) 思乃精 : 이 章의 押韻은 精·榮·成·人으로, 耕部와 眞部가 섞여 있다. 人은 眞部에 속하고 나머지는 耕部에 속한다.

65) (反)〔及〕: 저본에는 '反'으로 되어 있으니, 王引之의 주에 의거하여 '及'으로 바로잡았다.

相反은 謂反覆不離散也라 ○ 王引之曰 反은 當爲及이니 字之誤也라 精神相及이라 故一而不貳라 楊說失之라

楊倞注 : 相反은 반복되어 흩어지지 않는 것을 이른다.

○ 王引之 : 反은 마땅히 '及'이 되어야 하니, 글자가 잘못된 것이다. 정밀함과 신묘함이 서로 미치기 때문에 전일하여 딴마음을 품지 않는 것이다. 楊氏의 설은 잘못되었다.

25-47 治之道[66]는 美不老하니

국가를 다스리는 바른 도리는
아름답고 시들지 아니하나니

老는 休息也라 莊子曰 佚我以老라하니라 爲治當日新(爲)〔其〕[67]美하고 無休息也라

楊倞注 : 老는 휴식한다는 뜻이다. ≪莊子≫ 〈大宗師〉에 "佚我以老(늙음으로써 나를 쉬게 한다.)"라 하였다. 국가를 다스릴 때는 마땅히 그 아름다움을 날로 새롭게 하고 쉬는 일이 없어야 한다는 것이다.

25-48 君子由之佼以好로다

군자가 이 도리를 따라 행하면
예쁜 것에 고운 것 겹쳐지는 셈

佼는 亦好也라 音絞라

楊倞注 : 佼는 또한 예쁘다는 뜻이다. 음은 '絞'이다.

25-49 下以教誨子弟하고 上以事祖考[68]로다

66) 治之道 : 이 章의 押韻은 道·老·好·考로, 幽部이다.
67) (爲)〔其〕: 저본에는 '爲'로 되어 있으나, 世德堂本에 의거하여 '其'로 바로잡았다.
68) 祖考 : 子弟의 대칭으로, 조부와 부친을 말한다. 편의상 윗대로 번역하였다.

아래론 이것으로 子弟를 교육
위로는 이것으로 윗대 섬길 만

接下以仁하고 事親以孝也라

楊倞注 : 아랫사람 대하기를 仁으로 하고, 어버이 섬기를 효도로 하게 된다는 것이다.

25-50 成相竭[69)]이라도 辭不蹷하리니

북장단 맞춘 노래 이미 마쳐도
내 말은 허둥대지 아니하리니

竭은 盡也라 論成相之事면 雖終篇하더라도 無顚蹷之辭라 蹷은 音厥이라

楊倞注 : 竭은 다한다는 뜻이다. 북장단에 맞추어 노래하는 일을 논한다면 비록 이 편을 모두 마치더라도 허둥대는 말이 없을 것이라는 것이다. 蹷은 음이 '厥'이다.

25-51 君子道[70)]之順以達하고

君子 능히 내 말을 따라 행하면
〈하는 일〉 순조로워 막힘이 없고

道는 言說也라 辭旣不蹷하니 君子言之면 必(弘)〔和〕[71)]順而通達이라 ○ 王念孫曰 道는 行也라 言君子能行此言하면 則順以達也라 楊說失之라

楊倞注 : 道는 말한다는 뜻이다. 말을 이미 허둥대지 않으니, 君子가 이대로 말한다면 반드시 和順하여 막히는 일이 없을 것이다.

○ 王念孫 : 道는 행한다는 뜻이다. 君子가 능히 내 말을 따라 행한다면 순조로워 막히는 일이 없을 것이라는 말이나. 楊氏의 설은 잘못되었다.

---

69) 成相竭 : 이 章의 押韻은 竭·蹷·達·孽로, 月部이다.

70) 道 : '導'와 통용하는 것으로, 따라간다는 뜻이다.

71) (弘)〔和〕 : 저본에는 '弘'으로 되어 있으나, 朱熹의 ≪楚辭後語≫에 의거하여 '和'로 바로잡았다.

25-52 宗其賢良하며 辨其殃孼하리라

덕 재능 지닌 이를 높이 받들며
재앙 빚는 자들을 변별하리라

君子尋成相之辭하면 必能宗其賢良以致治하고 辨其殃孼之爲害也라 ○ 顧千里曰 此句以前後例之에 應十一字어늘 今存八字하니 疑尙少三字나 無可補也[①]라 又下文託於成相以喩意라 案此句例之에 應十一字어늘 亦疑尙少四字라 本篇之例는 兩三字句一七字句一十一字句爲一章이라 每章凡四句요 每句有韻이라 其十一字句는 或上八下三이어나 或上四下七이니 各見本篇이라 上八下三者는 如愚以重愚闇以重闇 成爲桀之屬이 是也요 上四下七者는 如主誠聽之 天下爲一海內賓之屬이 是也라 唯下以教誨子弟하고 上以事祖考와 又孰[②]公長父之難하여 厲王流于彘兩處는 則上六下五니 雖變例라도 正可推知其十一字句矣라 盧校語定上四下七爲兩句하여 言五句爲一章하니 以前後例之에 不合이라

① 下文道古賢聖基必張도 亦應十一字어늘 今存七字하니 尙少四字라
아랫글(25-77) '道古賢聖 基必張(먼 옛날 聖王들의 도를 행하면 국가 基業 반드시 확장되리라.)'도 마땅히 열한 자가 되어야 하는데도 지금 일곱 자만 남아 있으니, 여전히 네 자가 부족하다.

② 楊注에 孰或爲郭이라하니라
楊氏의 주에 "孰은 간혹 '郭'으로 되어 있기도 하다."라고 하였다.

楊倞注 : 君子가 북장단에 맞추어 부르는 가사의 의미를 찾는다면 반드시 덕과 재능이 있는 이를 높이 받들어 좋은 정치를 이룩하고, 재앙을 빚어내는 자들이 해롭다는 것을 알 수 있다는 것이다.

○ 顧千里 : 이 구는 앞뒤의 형식으로 볼 적에 마땅히 열한 자가 되어야 하는데도 지금 여덟 자만 남아 있으니, 여전히 세 자가 부족한 것으로 의심되지만 보충할 만한 글자가 없다. 또 아랫글(25-97)에 '託於成相以喩意'가 있다. 살펴보건대, 이 句도 형식으로 볼 때 마땅히 열한 자가 되어야 하니, 이 또한 여전히 네 자가 부족한 것으로 의심된다. 이 편의 형식은 세 자 두 구, 일곱 자 한 구, 열한 자 한 구가 한 章이 된다. 章마다 모두 4구이고 句마다 韻이 있다. 그중에 열한 자로 된 구는 간혹 위는 여덟 자 아래는 세 자로 되거나, 혹은 위는 세 자 아래는 일곱 자로 되기도 하니, 각각 이

편 속에 보인다. 위는 여덟 자 아래는 세 자로 된 것은 '愚以重愚闇以重闇 成爲桀'(25-16)과 같은 경우가 그렇고, 위는 네 자 아래는 일곱 자로 된 것은 '主誠聽之 天下爲一海內賓'(25-14)과 같은 경우가 그렇다. 오직 '下以教誨子弟 上以事祖考'(25-49)와 또 '孰公長父之難 厲王流于彘'(25-93, 94) 두 곳은 위는 여섯 자 아래는 다섯 자이니, 이는 비록 변칙이라 하더라도 이것이 열한 자 句라는 것을 정확히 알 수 있다. 盧校本의 말은 위는 네 자 아래는 일곱 자로 정해 두 구로 정해 다섯 구가 하나의 章이 된다고 하였으니, 앞뒤의 형식으로 볼 때 맞지 않다.

## 25-53 請成相[72)]하라 道[73)]聖王하리라

북 치며 하는 노래 들어나 보소
聖王에 관한 일을 말해보려네

道는 亦言說이니 前章意未盡이라 故再論之也라 ○ 王念孫曰 道聖王은 從聖王也[①]라 下文道古賢聖基必張의 義與此同이라 楊說失之라 又案道古賢聖基必張上에 當有一四字句어늘 而今本脫之[②]라 此指當時之君而言하여 與上成湯異事라 故知有脫文이라

① 古謂從爲道하니 說見史記淮南衡山傳[74)]이라
옛날에는 從을 '道'라고 하였으니, 이에 관한 설명은 ≪史記≫ 〈淮南衡山列傳〉에 보인다.

---

72) 請成相 : 이 章의 押韻은 相·王·讓·明으로, 陽部이다. 이 章부터 아래(25-98) '觀往事 以自戒'까지 두 번째 단락이다.

73) 道 : 王念孫은 '從(따르다)'의 뜻이라고 하였으나, 李中生과 王天海는 이를 인정하지 않고 楊倞의 주가 옳다고 하였다.

74) 古謂從爲道 說見史記淮南衡山傳 : 王念孫이 그의 저서인 ≪讀書雜志≫ 〈史記 第六〉의 〈淮南衡山列傳〉에서 ≪史記≫에 '諸使道從長安來(각 사방의 使者가 長安으로부터 돌아왔다.)'라고 되어 있는 것을 주제로 삼아 논하여 "道와 從은 같은 뜻이다."라고 하였다. 그러면서 ≪漢書≫에 그 부분이 '諸使者道長安來'로 되어 있고 顔師古의 주에 "道는 '從'이다."라 한 것과, 鄭玄의 ≪禮記≫ 주에 "道는 '由' 및 '從'과 같다."라고 한 것 등 여러 사례를 그 근거로 제시하였다. 아울러 후대의 ≪史記≫에 '諸使道從長安來'로 되어 있는 이유에 대해 어떤 판본에는 '道'로 되어 있고 어떤 판본에는 '從'으로 되어 있었는데, 후세 사람이 이것을 잘못 합친 것이라고 하였다.

② 此篇之例는 兩三字句와 一七字句와 一四字句와 又一七字句 共五句爲一章이어늘 今少一四字句라
이 편의 형식은 세 자 두 구, 일곱 자 한 구, 네 자 한 구와 또 일곱 자 한 구 등 모두 다섯 구가 한 章으로 되었는데, 지금 이곳은 네 자 한 구가 적다.

楊倞注 : 道는 이 또한 말한다는 뜻이니, 앞 章에서 의도하는 뜻이 다 드러나지 않았기 때문에 재차 그에 관해 논한다는 것이다.

○ 王念孫 : 道聖王은 聖王을 따른다는 뜻이다. 아랫글(25-77) '道古賢聖基必張'의 뜻도 이것과 같다. 楊氏의 설은 잘못되었다. 또 살펴보건대, '道古賢聖基必張' 위에 마땅히 네 자 한 구가 있어야 할 것인데도 지금 판본에는 빠졌다. 이 구는 당대의 군주를 가리켜 말한 것이어서 그 위의 成湯과는 일이 다르기 때문에 빠진 글이 있다는 것을 알 수 있다.

## 25-54 堯舜尙賢身辭讓하고 許由善卷은 重義輕利하여 行顯明하니라

堯와 舜은 현능한 인물 존중해
〈제왕의 자리〉 직접 사양하였고
許由 善卷 〈그들은 뜻이 고상해〉
道義를 중시하고 私利를 잊어
그 덕행 눈부시게 드러났다네

莊子曰 堯讓天下於許由하니 許由不受라 又讓於子州支父(보)하니 子州支父曰 予適有幽憂之病하여 方且治之하니 未暇治天下也라하고 遂不受라하며 舜讓天下於善卷하니 善卷不受하고 遂入深山하여 不知其處라하니라

楊倞注 : ≪莊子≫ 〈讓王〉에 "堯가 천하를 許由에게 사양하자 許由가 받지 않았다. 또 子州支父에게 사양하자 子州支父가 '나는 마침 남모르는 병이 있어 지금 막 치료하려고 하니 천하를 다스릴 여유가 없다.'라 하고 마침내 받지 않았다."라 하였으며, 또 "舜이 천하를 善卷에게 사양하자 善卷이 받지 않고 마침내 깊은 산속으로 들어가 그 종적을 알 수 없었다."라고 하였다.

## 25-55 堯讓賢[75]은 以爲民이요

堯께서 현인에게 讓位한 것은
오로지 백성만을 위한 거였고

爲萬民求明君하니 所以不私其子라

楊倞注 : 만백성을 위해 현명한 군주를 구했으니, 이는 그의 아들을 편애하지 않았기 때문이다.

25-56 氾[76]利兼愛德施均이로다 辨[77]治上下하고 貴賤有等하여 明君臣하니라

이익 범위 넓히고 두루 사랑해
고루 널리 은덕이 미치었다네
위며 아래 모두가 다스려지고
貴賤이 구별되며 등급이 있어
군주와 신하 직분 분명하였네

25-57 堯授能[78]에 舜遇時하여 尙賢推德天下治로다 雖有聖賢이라도 適不遇世면 孰知之리오

堯께서 能者에게 讓位할 적에
舜이 마침 그때를 직접 만나서
현능하고 덕 있는 인물 존중해
천하가 다스려져 〈태평하였네〉
아무리 賢人 聖人 있을지라도
좋은 時運 만나지 못하고 보면
어느 누가 그 존재 알 수 있으랴

---

75) 堯讓賢 : 이 章의 押韻은 賢·民·均·臣으로, 眞部이다.
76) 氾 : '汎'과 같다. 넓다는 뜻이다.
77) 辨 : '辦'과 통용한다. 다스린다는 뜻이다.
78) 堯授能 : 이 章의 押韻은 能·時·治·之로, 之部이다.

**蓋以自歎**이라

楊倞注 : 어쩌면 〈荀子가 이를 통해〉 자신의 처지를 한탄하는 것으로 볼 수 있다.

25-58 **堯不德**[79)]하고 **舜不辭**하여

堯는 지닌 미덕을 자만해 않고
舜은 〈제왕 자리를〉 아니 사양해

**皆歸至公**이라

楊倞注 : 〈두 사람이〉 다 지극히 공정하다는 것이다.

25-59 **妻以二女任以事**로다 **大人哉舜**이여 **南面而立**하니 **萬物備**로다

舜에게 그의 딸을 시집보내고
〈또 이어〉 나랏일을 맡기었다네
위대한 사람이여 舜이란 인물
남쪽 향해 〈제왕의 자리에〉 서자
천지만물 온전히 갖춰졌다네

**委任羣下**하여 **無爲而理**라

楊倞注 : 〈舜이〉 신하들에게 각자의 임무를 맡김으로써 힘들여 하는 일이 없는데도 국가가 잘 다스려졌다는 것이다.

25-60 **舜授禹**[80)]는 **以天下**며

舜께서 〈제왕 자리〉 禹에게 준 건
온 천하 백성들을 위해서이며

---

79) 堯不德 : 이 章의 押韻은 德·辭·事·備로, 之部와 職部가 섞여 있다. '辭'와 '事'는 之部에 속하고 나머지는 職部에 속한다.

80) 舜授禹 : 이 章의 押韻은 禹·下·序·予로, 魚部이다.

舜所以授禹는 亦以天下之故也라 ○ 王念孫曰 此不言舜以天下授禹하고 而言舜授禹以天下者는 倒文以合韻耳①요 이라 非有深意也라 楊反以過求而失之라

① 禹下爲韻이라
'禹'와 '下'가 韻이 된다.

楊倞注 : 舜이 〈제왕 자리를〉 禹에게 물려준 것은 그 또한 온 천하의 백성들 때문이었다는 것이다.

○ 王念孫 : 여기에 '舜以天下授禹'라 하지 않고 '舜授禹以天下'라고 말한 것은 글 위치를 바꿔 韻에 맞추기 위해서일 뿐이고 깊은 뜻이 있는 것은 아니다. 그런데 楊氏는 도리어 그 뜻을 지나치게 찾음으로 인해 잘못되었다.

## 25-61 尙得推賢不失序[81)]로다

덕 있고 현명한 자 뽑아 올리되
〈규정 지켜〉 질서를 잃지 않았네

得은 當爲德이라

楊倞注 : 得은 마땅히 '德'이 되어야 한다.

## 25-62 外不避仇하고 內不阿親하여 賢者予[82)]하니라

밖으론 원수 혐의 아니 피하고
안으론 혈육 편애 아니하면서
賢者에게 〈천하를〉 위임하였네

---

81) 尙得推賢不失序 : 得은 '德'과 통용한다. 舜이 재능과 공덕의 高下를 근거로 덕 있는 자를 높이고 현명한 자를 선발함으로써 인재를 등용하는 원칙을 잃지 않았다는 뜻이다.

82) 外不避仇……賢者予 : 舜이 堯에게 등용되어 천자의 직무를 대행할 적에 홍수를 다스리는 임무를 맡은 鯀이 상황을 오히려 악화시키는 것을 보고 동쪽 해변의 羽山에서 처형하고 그의 아들 禹를 등용하여 아버지의 뒤를 이어서 홍수를 다스리게 하였다. 그리고 자기 아들 商均이 능력이 없자 제왕의 자리를 넘겨줄 때 그를 제쳐두고 능력이 뛰어난 禹를 선택함으로써 철저하게 公心을 지켰는데, 이를 두고 하는 말이다.

謂殛鯀興禹하며 又不私其子라 予는 讀爲與라 ○ 郝懿行曰 予者는 相推予也라 予與는 古今字라

楊倞注 : 舜이 鯀을 처형하고 禹를 등용하였으며, 또 그의 아들을 편애하지 않은 것을 이른다. 予는 '與(주다)'로 읽어야 한다.

○ 郝懿行 : 予란 상대에게 떠맡긴다는 뜻이다. '予'와 '與'는 古今의 시대에 따라 달리 쓰이는 글자이다.

25-63 (禹勞心力 堯有德)〔堯有德하여 勞心力〕[83)]하니 干戈不用三苗服[84)]하니라

堯는 더욱 거룩한 덕을 지니어
마음과 힘을 다해 수고했으니
창이며 방패 따위 쓰지 않고도
三苗가 복종하게 만들었다네

○ 王引之曰 力上本無心字어늘 後人以左傳言君子勞心하고 小人勞力이라 故以意加心字耳니 不知禹抑洪水 本是勞力於民이라 故淮南氾論篇과 論衡祭意篇에 竝言禹勞力天下라하니 非小人勞力之謂也라 且此篇之例는 凡首二句皆三字니 加

---

83) (禹勞心力 堯有德)〔堯有德 勞心力〕: 저본에는 '禹勞心力 堯有德'으로 되어 있으나, 劉師培의 설에 의거하여 '堯有德 勞心力'으로 바로잡았다. 劉師培는 "이 아래 두 章은 모두 堯의 일을 말했고 '禹有功' 이하 두 장에서 비로소 禹의 일을 말했다. 구 형식으로 교감하면 이 글 '禹'자는 잘못 덧붙여진 것으로 보인다. 어쩌면 마땅히 '堯有德 勞心力'으로 되어야 하니, 그래야만 '禹有功 抑下鴻'과 대구가 된다."라 하였는데, 王天海도 '禹'자는 위의 '舜授禹'로 인해 잘못 덧붙여진 것이라고 하면서 劉師培가 말한 것이 매우 옳다고 하였다. 이 章의 押韻은 德·力·服·息으로, 職部이다.

84) 干戈不用三苗服 : 무기를 사용하지 않고도 三苗를 복종하게 했다는 뜻이다. 三苗는 중국 고대 남방의 부족으로, 지금의 湖南省 岳陽, 湖北省 武昌, 江西省 九江 일대에 분포하였다. 有苗라 하기도 하는데 지금의 苗族이다. ≪韓非子≫ 〈五蠹〉에 "舜이 정권을 잡고 있을 때 有苗가 복종하지 않자, 禹가 무력으로 토벌할 것을 주장하였다. 舜이 '안 된다. 우리가 덕으로 충분히 교화시키지 못하고 무력을 행사하는 것은 도리가 아니다.'라 하고 3년 동안 교화를 베풀고 방패와 도끼를 들고 춤을 추자, 有苗가 마침내 복종하였다."라고 하였다. 이로 볼 때 이 일은 堯와는 관계가 없으니, 오류가 있는 것 같다.

一心字면 則與全篇之例不符矣라

○ 王引之 : '力' 위에 본디 '心'자가 없었는데 후세 사람이 ≪春秋左氏傳≫에 "君子勞心 小人勞力(爲政者는 마음으로 수고하고, 백성은 체력으로 수고한다.)"이라고 말했기 때문에 제멋대로 '心'자를 보탰을 것이니, 이는 禹가 홍수를 막아낸 것은 본디 백성을 위해 체력으로 수고한 것임을 알지 못해서이다. 〈禹가 체력으로 수고했기〉 때문에 ≪淮南子≫ 〈氾論篇〉과 ≪論衡≫ 〈祭意篇〉에 모두 "禹勞力天下(禹가 천하를 위해 체력으로 수고하였다.)"라고 말했으니, 여기는 '小人勞力'이라 한 그 말이 아니다. 그리고 이 편의 형식은 일반적으로 첫머리 두 구는 모두 세 자이니, '心' 한 자를 보태면 全篇의 형식과 서로 맞지 않다.

25-64 擧舜甽畝하여 任之天下하고 身休息하니라

밭도랑 사이에서 舜을 발탁해
천하 중책 그에게 맡기고서는
자기는 〈자리 떠나〉 편히 쉬었네

甽은 與畎同이라

楊倞注 : 甽은 '畎'과 같다.

25-65 得后稷[85)]하니 五穀[86)]殖하고 夔爲樂正[87)]鳥獸服하니라

〈舜께서〉 后稷 얻어 〈農政 맡기자〉
〈백성을 가르쳐서〉 五穀 자랐고
夔를 또 등용하여 樂正 맡기자
〈율동에 감동하여〉 鳥獸 따랐네

---

85) 得后稷 : 后稷은 高辛氏라 불리는 帝嚳의 아들로, 첫째 부인 姜嫄이 낳았다고 한다. 성은 姬, 이름은 棄이다. 舜 시대의 農官으로, 周나라 왕족의 시조이다. 이 章의 押韻은 稷·殖·服·德으로, 職部이다.

86) 五穀 : 벼·기장·수수·콩·보리를 가리킨다.

87) 夔爲樂正 : 夔는 舜의 신하이고, 樂正은 관직명으로, 樂官의 수장이다.

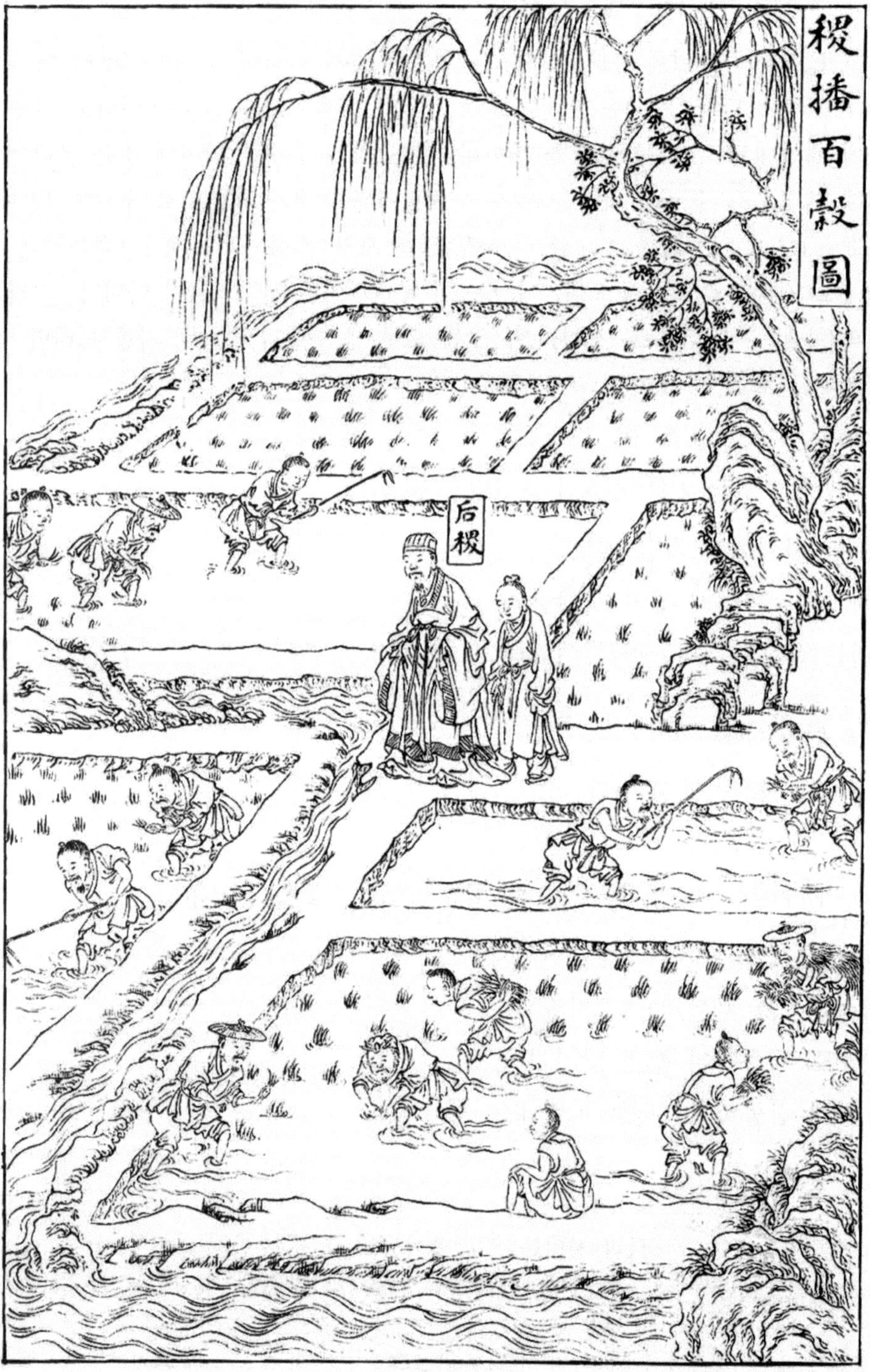


稷播百穀圖

后夔典樂圖

**謂擊石拊石**에 **百獸率舞**하고 **笙鏞以間**에 **鳥獸蹌蹌**[88] **也**라

楊倞注：石磬을 세게 혹은 가볍게 치자 온갖 짐승이 한데 어울려 춤을 추고, 생황과 큰 종을 번갈아 울리자 새와 짐승이 율동에 따라 움직였다고 한 것을 이른다.

25-66 **契**(설)**爲司徒**[89]하니 **民知孝弟**[90]하고 **尊有德**하니라

契이 또 司徒 되어 〈교화를 펴자〉
백성들이 孝悌의 도리를 알고
덕이 있는 사람을 존중하였네

25-67 **禹有功**[91]하니 **抑下鴻**하고

禹는 〈홍수 다스린〉 공이 있으니
큰물 막아 아래로 흘려보내고

大禹治水圖

88) 擊石拊石……鳥獸蹌蹌：≪尙書≫ 〈虞書 舜典〉의 내용으로, 夔가 樂正으로서 수행한 특별한 성과를 舜에게 보고하는 말이다. 각종 악기를 연주하자, 인간과 신령뿐 아니라 심지어 짐승까지도 감동하여 그 율동에 맞춰 춤을 추었다는 것이다.

89) 契(설)爲司徒：契은 商나라 왕족의 시조이다. 高辛氏라 불리는 帝嚳의 아들로, 둘째 부인 簡狄이 낳았다. 簡狄이 제비 알을 삼키고 그를 잉태하였다 하여 玄王이라 불리기도 한다. 禹를 도와 홍수를 다스린 공이 있어 司徒로 임용되었다. 子氏 성을 하사받고 商에 봉해졌다. 司徒는 백성을 교화시키는 일을 관장하는 관직명이다.

90) 孝弟：부모에게 효도하고 형에게 공순하다는 뜻으로, 인간으로서 지녀야 할 기본적인 윤리도덕이다. 弟는 '悌'와 같다.

91) 禹有功：이 章의 押韻은 功·鴻·工·江으로, 東部이다.

契敷五教圖

抑은 遏也라 下는 謂治水使歸下也라 鴻은 卽洪水也라 書曰 禹아 降水警予也라하니라

楊倞注 : 抑은 막는다는 뜻이다. 下는 물을 다스려 아래로 흘러가게 하는 것을 이른다. 鴻은 곧 홍수이다. ≪尙書≫ 〈虞書 大禹謨〉에 "禹야, 홍수가 나를 경고하였다."라고 하였다.

25-68 辟除民害逐共工하니라

백성들의 피해를 제거하고자
共工을 幽州 멀리 축출하였네

今尙書엔 舜流共工于幽州어늘 此云禹하니 未詳이라

楊倞注 : 지금의 ≪尙書≫ 〈虞書 舜典〉에는 舜이 共工을 멀리 幽州로 내보낸 것으로 되어 있는데, 여기서는 禹가 그렇게 한 것이라고 하였으니, 그 이유를 알 수 없다.

25-69 北決九河[92)]하고 通十二渚[93)]하며 疏三江[94)]하니라

북방에 아홉 줄기 河水를 트고
열두 州 〈막힌 물길〉 쳐내었으며

---

92) 九河 : 고대에 黃河가 지금의 河北省 任縣 동북쪽인 大陸澤에서 북쪽을 향해 아홉 줄기로 갈라진 작은 河水를 말한다. 그 이름은 太史·馬頰·覆釜·胡蘇·簡·絜·鉤盤·鬲津이며 이것을 九河로 통칭한다. 九河가 하류에서 다시 하나로 합쳐져 바다로 들어간다. 九河의 옛 물길은 지금은 이미 매몰되어 전부 알아낼 수 없으나 대략 지금의 山東省 平原縣 이북과 天津市 이남 일대이다.

93) 十二渚 : '十二州'와 같다. 禹가 홍수를 다스린 뒤에 중국을 冀州·兗州·靑州·徐州·荊州·楊州·豫州·梁州·雍州 등 아홉 개 州로 구분하였는데, 舜이 또 冀州에서 幽州와 幷州를 갈라내고 靑州에서 營州를 갈래내어 모두 열두 州가 되었다.

94) 三江 : 이에 대해 여러 설이 있는데, 여기서는 松江·婁江·東江을 가리킨다. 松江은 또 笠澤·吳江·松陵江으로도 불리는 것으로, 지금의 吳淞江이다. 婁江는 대체로 지금의 瀏河가 이에 해당되는데, 모두 長江으로 들어간다. 東江은 지금 이미 매몰되었다. 그 옛 물길은 지금의 蘇州 동남쪽 三江 입구에서 동남쪽으로 흘러 澄湖·白蜆湖 등을 경유하여 지금의 浙江 海鹽縣에서 바다로 들어간다.

〈낮은〉 세 강 준설해 소통시켰네

案禹貢에 道弱黑漾沇渭洛七水하고 又有濰淄其道와 伊洛瀍澗旣入于河數則하여 不止於十二라 此云十二者는 未詳其說也라 ○ 郝懿行曰 共工은 蓋主水土之官이라 禹抑鴻水라 故假言逐去之요 非實事也라 通十二渚는 卽肇十二州也라 小州曰渚라 故假渚言之라 注皆未了라

楊倞注 : 살펴보건대, ≪尙書≫ 〈夏書 禹貢〉에 弱水・黑水・漾水・沇水・渭水・洛水 등 일곱 줄기의 물이 제 길을 따라 흐른다고 하였고, 또 "濰水와 淄水가 제 길을 따라 흐른다."라는 것과, "伊水・洛水・瀍水・澗水가 이미 河水로 들어갔다."라는 것 등 몇 가지가 더 있으므로 물이 열두 줄기만은 아니다. 이곳에 열두 군데라고 한 것은 그 근거를 모르겠다.

○ 郝懿行 : 共工은 대체로 水土를 주관하는 관직명이다. 禹가 홍수를 막았기 때문에 겉으로만 共工을 쫓아버렸다고 말한 것이고 사실은 아니다. 通十二渚는 곧 ≪尙書≫ 〈虞書 舜典〉에 말한 "肇十二州(비로소 열두 州를 획정하였다.)"의 뜻이다. 작은 州를 '渚'라 말하기 때문에 '渚'를 빌려 말한 것이다. 〈楊氏의〉 주는 모두 분명치 않다.

25-70 禹傳土[95)]하여 平天下하고

禹께서 〈아홉 州로〉 대륙 구분해
천하 토지 고르게 정돈하였고

傳는 讀爲敷[96)]라 孔安國云 洪水泛溢할새 禹分布治九州之土也라하니라

楊倞注 : 傳는 '敷'로 읽어야 한다. 孔安國이 "홍수가 범람하자 禹가 九州의 경계를 구분하여 홍수를 다스렸다."라고 하였다.

25-71 躳親爲民行勞苦로다

95) 禹傳土 : ≪尙書≫ 〈夏書 禹貢〉에 보인다. 傳는 〈禹貢〉에 '敷'로 되어 있고, 구분한다는 뜻이다. 이 章의 押韻은 土・下・苦・輔로, 魚部이다.

96) 敷 : '敷'와 같다.

몸소 백성 위하여 〈돌아다니며〉
하는 일 수고롭기 그지없었네

行은 讀如字니 謂所行之事也라

楊倞注 : 行은 본음대로 읽어야 하니, 행하는 일을 이른다.

25-72 得益皐陶(요)橫革直成하여 〔以〕[97)]爲輔로다

그리고 伯益이며 皐陶에다가
또 橫革과 直成 등 인물을 얻어
보좌하는 신하로 삼으셨다네

橫革直成은 未聞이라 韓侍郎云 此論益皐陶之功하니 橫而不順理者革之하고 直者成之也라하니라 ○ 盧文弨曰 困學紀聞曰 呂氏春秋에 得陶化益眞窺橫革之交五人佐禹라 故功績銘乎金石[98)]하고 著於盤盂[99)]라하니 陶는 卽皐陶也요 化益은 卽伯益也요 眞窺는 卽直成也며 併橫革之交二人도 皆禹輔佐之名이라하니라 案窺(탱)與成音同하고 與窺形似라 呂氏春秋蓋本作窺하여늘 傳寫誤爲窺耳라 直與眞亦形似라 呂氏語見求人篇이라 王念孫曰 盧說是也라 橫革直成爲輔 此句例當用七字니 今本脫一字라 或在爲上이어나 或在爲下는 俱未可知라

楊倞注 : 橫革과 直成은 들어보지 못했다. 韓侍郎(韓愈)이 "여기서는 伯益과 皐陶의 공을 논한 것이니, 이들이 도리를 거슬러 순리롭지 않은 자는 바꾸고 정직한 자는 도와주었다는 것이다."라고 하였다.

○ 盧文弨 : ≪困學紀聞≫ 〈諸子〉에 "≪呂氏春秋≫에 '得陶化益眞窺橫革之交五人佐禹 故功績銘乎金石 著於盤盂(皐陶 · 伯益 · 直窺 · 橫革 · 之交 다섯 사람을 얻어 그들이 禹를 보좌

---

97) 〔以〕 : 저본에는 '以'가 없으나, 劉如瑛의 설에 의거하여 보충하였다. 劉如瑛이 "≪荀子≫에 사용하는 문체로 보면 '爲輔' 위에 '以'자가 빠졌다고 단정할 수 있다."라고 하였는데, 王天海도 본문의 '爲' 위에 '以'를 넣는 것이 의미가 좋다고 하면서 劉如瑛의 설을 따를 만하다고 인정하였다.

98) 金石 : 鍾이나 솥, 비석 따위를 말한다.

99) 盤盂 : 둥근 쟁반과 각이 진 바리이다.

皐陶

했기 때문에 공적이 金石에 새겨지고 盤盂에 드러나는 것이다.)'라 하였다. 陶는 곧 皐陶이고 化益은 곧 伯益이고 眞窺는 곧 直成이며, 横革과 之交 두 사람까지 모두 禹를 보좌하는 사람의 이름이다."라고 하였다. 살펴보건대, 竀은 成과 음이 같고 '窺'와 모양이 비슷하다. ≪呂氏春秋≫에는 본디 '竀'으로 되어 있었을 것인데, 옮겨 쓰는 과정에서 '窺'로 되었을 것이다. '直'은 '眞'과 또 모양이 비슷하다. ≪呂氏春秋≫의 내용은 〈求人篇〉에 보인다.

王念孫 : 盧氏의 설이 옳다. '横革直成爲輔'라고 한 이 구는 일반적인 형식으로 볼 때 마땅히 일곱 자를 사용해야 하니, 지금 판본에는 한 글자가 빠졌다. 〈빠진 글자가〉 '爲' 위에 있었는지 혹은 밑에 있었는지는 다 알 수 없다.

## 25-73 契(설)玄王[100]은 生昭明하니

玄王으로 불리는 商契께서는
〈그의 아들〉 昭明을 낳으셨는데

**詩曰 天命玄鳥**하시어 **降而生商**이라하고 **又曰 玄王桓撥**이라하니 **皆謂契也**라 **史記曰 契爲堯司徒**하여 **封於商**하고 **賜姓子氏**라하고 **契卒**에 **子昭明立也**라하니라

楊倞注 : ≪詩經≫ 〈商頌 玄鳥〉에 "天命玄鳥 降而生商(하늘이 玄鳥에게 명을 내리어 내려가서 商契을 낳게 하였네.)"이라 하고, 또 〈商頌 長發〉에 "玄王桓撥(玄王이 강직으로 다스리시니)"이라 하였으니, 모두 契에 관해 말한 것이다. ≪史記≫ 〈殷本紀〉에 "契이 堯의 司徒가 되어 商에 봉해졌고 子氏 성을 하사받았다."라 하고, 또 "契이 세상을 떠나자 아들 昭明이 그의 자리에 올랐다."라고 하였다.

---

100) 契(설)玄王 : 玄王은 契의 별칭이다. 契이 商에 봉해졌으므로 商契이라 부르기도 한다. 이 章의 押韻은 王·明·商·湯으로, 陽部이다.

## 25-74 居于砥石遷于商[101)]하니라

〈처음에는〉 砥石에 거주하였고
〈손자 때에〉 商丘로 자리 옮겼네

砥石은 地名이나 未詳所在라 或曰 卽砥柱也라하니라 左氏傳曰 閼伯[102)]居商丘하고 相土因之라하니 相土는 昭明子也라 言契初居砥石하고 至孫相土하여 乃遷商丘也라

楊倞注 : 砥石은 지명이나 어디에 있는지 알 수 없다. 혹자는 “곧 砥柱이다.”라고 하였다. ≪春秋左氏傳≫ 襄公 9년에 “閼伯居商丘 相土因之(閼伯이 商丘에 거주하였고 相土가 그로 인해 〈그곳에 거주하였다.〉)”라 하였는데, 相土는 昭明의 아들이다. 契이 처음에 砥石에 거주하였고, 손자인 相土에 이르러 비로소 商丘로 옮겼다는 말이다.

## 25-75 十有四世에 乃有天乙[103)]하니 是成湯[104)]이로다

〈契로부터〉 십사 대 전해 내려와
마침내 天乙 있어 〈왕이 됐거니〉
이분이 다름 아닌 成湯이라네

湯

史記曰 契卒에 子昭明立하고 昭明卒에 子相土立하고 相土卒에 子昌若立하고 昌若卒에 子曹圉立하고 曹

---

101) 居于砥石遷于商 : 商나라 왕조의 조상이 거주했던 지역에 관한 내력을 말한 것이다. 砥石은 중국 북쪽 변방에 있는 산 이름으로, 遼水의 발원지이다. 지금 사람들이 이것을 근거로 商나라 민족이 북방에서 온 것으로 알고 있다. 商은 지금의 河南省 商丘 남쪽에 있던 지명으로, 商 시대의 이름은 ‘亳’이다.

102) 閼伯 : 高辛氏로 불리는 帝嚳의 아들이라 한다. 堯 때 火正을 지냈다. 그의 아우 實沈과 화목하지 못하고 날마다 무기를 들고 서로 공격하여 堯가 그를 商丘로 옮기고 實沈은 大夏로 옮겼다고 한다.

103) 天乙 : 天帝, 곧 하느님 같은 乙이란 뜻으로, 湯王을 높여 부르는 호칭이다.

104) 成湯 : 湯이 夏桀을 정벌하여 武功이 이루어졌기 때문에 만들어진 湯의 별칭이다.

**圉卒**에 **子冥立**이라 **爲夏司空**하여 **勤其官**이라가 **死於水**어늘 **殷人郊之**[105]라 **冥卒**에 **子振立**하고 **振卒**에 **子微立**하고 **微卒**에 **子報丁立**하고 **報丁卒**에 **子報乙立**하고 **報乙卒**에 **子報丙立**하고 **報丙卒**에 **子主壬立**하고 **主壬卒**에 **子主癸立**하고 **主癸卒**에 **子乙立**[106]이라하니 **是十四世也**라

楊倞注：≪史記≫ 〈殷本紀〉에 "契이 죽자 아들 昭明이 그 자리에 오르고, 昭明이 죽자 아들 相土가 그 자리에 오르고, 相土가 죽자 아들 昌若이 그 자리에 오르고, 昌若이 죽자 아들 曹圉가 그 자리에 오르고, 曹圉가 죽자 아들 冥이 그 자리에 올랐다. 〈冥은〉 夏나라 司空이 되어 그의 직무에 몰두하다가 물에 빠져 죽었는데, 殷나라에서 그에게 郊祭를 지내 받들었다. 冥이 죽자 아들 振이 그 자리에 오르고, 振이 죽자 微가 그 자리에 오르고, 微가 죽자 아들 報丁이 그 자리에 오르고, 報丁이 죽자 아들 報乙이 그 자리에 오르고, 報乙이 죽자 報丙이 그 자리에 오르고, 報丙이 죽자 아들 主壬이 그 자리에 오르고, 主壬이 죽자 아들 主癸가 그 자리에 오르고, 主癸가 죽자 아들 乙이 그 자리에 올랐다."라고 하였으니, 이는 모두 14대이다.

25-76 **天乙湯**[107]이 **論**[108]**擧當**이어니 **身讓卞隨擧牟光**[109]하니라

成湯이라 불리는 商나라 天乙
인재 가려 뽑는 게 합당했거니
卞隨에게 왕위를 양보한 뒤에
〈또 이어〉 牟光에게 넘기려 했네

---

105) 爲夏司空……殷人郊之：이 부분은 ≪史記≫ 본문에 들어 있지 않고, 裴駰의 ≪史記集解≫에 宋忠의 말로 인용되어 있다.

106) 冥卒……子乙立：振은 ≪世本≫에는 '核'으로 되어 있고 갑골문 속에서는 '王亥'로 불린다. 微는 자가 上甲이므로 '上甲微'로도 불린다. 근대 학자의 고증에 의하면 報丁은 報丙의 아들이므로 報乙이 되어야 한다. 主壬은 示壬으로 되어야 하고 主癸는 示癸로 되어야 한다. 위를 반영한 湯 이전의 世系는 다음과 같다. 契 - 昭明 - 相土 - 昌若 - 曹圉 - 冥 - 王亥 - 王恒 - 上甲微 - 報乙 - 報丙 - 報丁 - 示壬 - 示癸 - 天乙.(≪殷卜辭中所見先王先公考≫)

107) 天乙湯：이 章의 押韻은 湯・當・光・張으로, 陽部이다.

108) 論：'掄'과 통용하는 것으로, 가려 뽑는다는 뜻이다.

109) 牟光：'務光'이라 하기도 한다.

莊子曰 湯讓天下於卞隨務光二人이어늘 不受하고 皆投水死[110]라하니라 牟는 與務同也라 ○ 俞樾曰 擧는 當讀爲與니 古擧與字通이라 周官師氏職曰 王擧則從의 鄭注曰 故書擧爲與라하고 史記呂后紀에 蒼天擧直의 徐廣曰 擧는 一作與라하니 是其證也라 此文本云 身讓卞隨與牟光이니 作擧者는 叚字耳라

楊倞注 : ≪莊子≫ 〈讓王〉에 "湯이 천하를 卞隨와 務光 두 사람에게 양보하였는데, 받지 않고 모두 강물에 몸을 던져 죽었다."라고 하였다. 牟는 '務'와 같다.

○ 俞樾 : 〈身讓卞隨擧牟光의〉 擧는 마땅히 '與(주다)'로 읽어야 하니, 옛날에 '擧'와 '與'자는 통용하였다. ≪周禮≫ 〈師氏職〉에 "王擧則從(왕이 직접 참여하면 따라간다.)"이라 한 곳의 鄭玄 주에 "옛 문헌에 '擧'는 '與'로 되어 있다."라 하고, ≪史記≫ 〈呂太后本紀〉에 "蒼天擧直(이 내 정직 하늘이 판단하리라.)"이라 한 곳의 徐廣의 〈주에〉 "擧는 어떤 판본에는 '與'로 되어 있다."라고 하였으니, 이것이 그 증거이다. 여기 글은 본디 '身讓卞隨與牟光'이라 했을 것이니, '擧'로 된 것은 假借字일 뿐이다.

## 25-77 道古賢聖[111]하면 基[112]必張하리라

먼 옛날 聖王들의 도를 행하면
국가 基業 반드시 확장되리라

道는 說이라 古之賢聖은 基業必張大也라

楊倞注 : 道는 말한다는 뜻이다. 고대의 賢君 聖王은 基業이 반드시 확대되었다는 것이다.

## 25-78 願陳辭[113]하리라 世亂惡(오)善不此治라

---

110) 湯讓天下於卞隨務光二人……皆投水死 : ≪莊子≫의 본문을 많이 줄여 인용한 것이다. ≪莊子≫에는 務가 '瞀'로 되어 있다.

111) 道古賢聖 : 道는 따라 행한다는 뜻이다. 賢은 '聖'을 수식하는 글자로, 단순히 거룩하다는 뜻이다. '道古聖'이라고 해야 할 것을 반드시 네 글자를 맞추기 위해 덧붙인 것이다. 이 편의 형식에 비춰볼 때 이 문구 위에 반드시 있어야 할 네 글자가 누락되었다. 앞서 (25-53) '請成相 道聖王'의 주에서 王念孫이 이에 대해 설명하였다.

112) 基 : 여기서는 '基業'의 약어로, 국가의 근간이 되는 사업이란 뜻이다.

하고픈 말 〈간곡히〉 말해보려네
세상이 혼란하여 善 미워해도
이것을 다스릴 줄 알지 못하네

不知治此世亂惡善之弊라 ○ 王引之曰 願陳辭下에 脫一三字句라

楊倞注 : 세상이 혼란하고 선을 미워하는 이 폐단을 다스릴 줄 모른다는 것이다. ○ 王引之 : '願陳辭' 밑에 세 자 한 구가 빠졌다.

25-79 隱諱疾賢하여 良[114](由)〔用〕[115]姦詐면 鮮無災하리라

〈제 잘못을〉 숨기고 賢者 질시해
언제나 간사한 자 임용한다면
재앙이 없는 때가 매우 적으리

隱諱過惡하며 疾害賢良하여 長用姦詐면 少無災也라 ○ 郝懿行曰 諱疾二字誤倒라 當作隱疾賢良諱由姦詐鮮無災니 亦四字七字句라 王念孫曰 良은 當爲長이니 楊注長用姦詐 是其證이라 今本長作良者는 涉注文疾害賢良而誤①라 先謙案 王說是라 宋台州本謝本竝作由와 浙局本作用은 蓋臆改라 但依注하여 作用爲是니 蓋由用形相似而誤라

① 注言疾害賢良者는 加一良字하여 以申明其義耳라 若正文則以隱諱疾賢爲句하고 長由姦詐鮮無災爲句하여 無良字라
〈楊氏의〉 주에 '疾害賢良(덕 있고 재능 있는 사람을 질시하고 해친다.)'이라고 말한 것은 良자 하나를 보태 그 뜻을 분명히 밝히기 위한 것일 뿐이다. 본문은 '隱諱疾賢'이 구가 되고 '長由姦詐鮮無災'가 구가 되어 '良'자가 없다.

楊倞注 : 허물과 죄악을 숨기며 덕 있고 재능 있는 사람을 질시하고 해치면서 오랫동안 간사한 자를 임용한다면 재앙이 없는 경우가 적다는 것이다.

---

113) 願陳辭 : 이 章의 押韻은 辭·治·災로, 之部이다.
114) 良 : 장구하다는 뜻이다.
115) (由)〔用〕: 저본에는 '由'로 되어 있으나, 楊倞과 王先謙의 주에 의거하여 '用'으로 바로잡았다.

○ 郝懿行 : '諱疾' 두 자는 잘못 위치가 뒤바뀌었다. 마땅히 '隱疾賢良 諱由姦詐鮮無災'로 되어야 하니, 이 또한 네 자, 일곱 자 구이다.

王念孫 : 良은 마땅히 '長'이 되어야 하니, 楊氏의 주에 '長用姦詐'라 한 것이 곧 그 증거이다. 지금 판본에 '長'이 '良'으로 되어 있는 것은 주의 글 '疾害賢良'과 연관되어 잘못된 것이다.

先謙案 : 王氏의 설이 옳다. 〈用자가〉 宋 台州本과 謝本에 모두 '由'로 되어 있는 것과, 浙局本에 '用'으로 되어 있는 것은 아마도 자의적으로 고쳤을 것이다. 그저 〈楊氏의〉 주에 의거하여 '用'으로 되는 것이 옳으니, 대체로 '由'와 '用'의 모양이 서로 비슷하여 잘못되었을 것이다.

## 25-80 患難哉는 阪爲先[116]이라

근심이며 고난이 시작되는 건
사악함과 거짓에 치중해서라

阪은 與反同이니 反先聖之所爲라 ○ 盧文弨曰 患難哉 阪爲先二句는 句三字요 聖知不用愚者謀七字句라 與辭治災哉時韻이라 阪爲先三字는 未詳하니 楊注不得其句라 蓋此篇通例는 兩三字句와 一七字句와 一四字句요 又一七字句니 如此五句爲一章也라 郝懿行曰 盧斷聖知二字屬下爲句하니 是也라 阪爲先者는 阪은 猶反也니 所行反側頗僻爲先이라 先은 古音西니 亦與下韻이라 王念孫曰 阪爲先의 先은 疑當作之라 此言爲治者는 當進聖知而退愚어늘 今不用聖知而用愚하니 是反爲之也라 楊謂阪與反同이라하니 是也라 但誤以先聖連讀耳라 之字는 本作㞢(지)라 說文에 㞫[117]字從儿㞢①라 此文之字는 蓋本從古作㞢어늘 寫者誤加儿耳라 㞢字는

116) 患難哉 阪爲先 : 劉師培는 哉는 '始'의 뜻이고, 阪은 두 마음을 품는다는 뜻인 反側이고, 爲는 譌와 같다고 하여, 이 두 구를 완전한 대구로 이해하였다. 梁啓雄은 阪에 대해 ≪廣雅≫ 〈釋詁〉에 "阪은 衺(간사하다)의 뜻이다."라고 한 것을 근거로, 간사한 술수로 이해하였다. 王天海는 劉師培와 梁啓雄의 견해에 동의하여 '患難始 邪爲先'으로 보아야 의미가 서로 이어진다고 하였다. 이들의 설을 참작하여 번역하였다. 이 章의 押韻은 哉·先·謀·時로, 之部이다.

117) 㞫 : 先의 옛 글자이다.

正與辭治災哉謀時爲韻이라

① 儿與人同이라
儿과 人은 같다.

楊倞注 : 阪은 '反'과 같으니, 옛 聖王이 행한 도를 반대하는 것이다.

○ 盧文弨 : '患難哉 阪爲先' 두 구는 한 구 세 자이고, '聖知不用愚者謀'는 일곱 자 한 구이다. 〈이 '先' · '謀'가 앞 章과 이 章에 있는〉 '辭' · '治' · '災' · '哉' · '時'와 韻이 된다. '阪爲先' 세 자는 알 수 없으니, 楊氏의 주는 구두가 적절하지 않다. 대체로 이 편의 일반적인 형식은 세 자 두 구, 일곱 자 한 구, 네 자 한 구이고, 또 일곱 자 한 구이니, 이와 같이 다섯 구가 한 章이 된다.

郝懿行 : 盧氏는 '聖知' 두 자를 끊어 밑으로 붙여 구를 만들었으니, 이것이 옳다. 阪爲先이란 阪은 '反'과 같으니, 행하는 일이 변덕을 부리고 正道를 어기는 것을 우선시한다는 뜻이다. 先은 옛 음이 '西'이니 이 또한 아래 韻과 같은 韻이다.

王念孫 : '阪爲先'의 '先'은 아마도 마땅히 '之'로 되어야 할 것 같다. 이 구는 나라를 다스리는 자는 마땅히 지혜로운 사람을 진출시키고 어리석은 사람을 물리쳐야 할 것인데 지금 지혜로운 사람을 쓰지 않고 어리석은 사람을 쓰고 있다는 말이니, 이것이 〈곧 마땅히 해야 할 것을〉 반대로 하는 것이다.〔反爲之〕 楊氏가 阪은 '反'과 같다고 하였으니, 옳다. 다만 〈유감스러운 점은〉 '先聖'을 잘못 붙여 읽은 것일 뿐이다. '之'자는 본디 '㞢'로 되어 있었을 것이다. ≪說文解字≫에 의하면 '先'자가 儿과 㞢로 되어 있다. 이 글의 '之'자는 아마도 옛 서체를 따라 '㞢'로 되어 있었을 것인데, 이것을 베껴 쓴 사람이 잘못 '儿'을 붙였을 것이다. '㞢'자는 정확히 '辭' · '治' · '災' · '哉' · '謀' · '時'와 韻이 된다.

25-81 聖[118]知不用愚者謀로다 前車已覆이어늘 後未知更(경)하니 何覺時[119]오

슬기로운 인물은 쓰지를 않고
어리석은 사람과 일을 꾀하네

---

118) 聖 : 聖이 저본에는 '反先聖之所爲'라는 楊倞의 주로 인해 구두가 앞의 '阪爲先' 뒤에 연결되어 있으나, 盧文弨와 郝懿行 등의 주에 의거하여 '知不用愚者謀'의 앞으로 옮겼다.

119) 何覺時 : '覺何時'와 같다. 梁啓雄은 "마땅히 '覺何時'로 되어야 하니, 베껴 쓰는 과정에서 뒤바뀐 것이다."라고 하였다.

앞서가던 수레가 뒤집혔건만
뒤 수레가 바꿀 줄 알지 못하니
어느 때나 〈잘못을〉 깨달을 건고

前車已覆이어늘 猶不知戒하니 更(갱)何有覺悟之時也리오 ○ 盧文弨曰 前車已覆四字句라 更(경)은 改也라

楊倞注 : 앞 수레가 이미 뒤집혔는데도 여전히 경계할 줄 모르니, 다시 어찌 잘못을 깨닫는 때가 있겠느냐는 것이다.

○ 盧文弨 : '前車已覆' 네 자가 한 구이다. 更은 고친다는 뜻이다.

25-82 不覺悟[120]하고 不知苦하여 迷惑失指易上下로다 中不上達하여 蒙揜耳目하리니 塞門戶하리라

〈잘못된 걸〉 깨달아 짐작 못하고
〈그로 인한〉 고통도 알지 못해서
정신이 갈팡질팡 방향을 잃어
군주 신하 위상이 뒤바뀐다네
속마음 군주에게 고하지 못해
〈군주는〉 귀와 눈이 가려지기에
〈충직한 말 들어올〉 문이 막히리라

不能闢四門也라 ○ 盧文弨曰 中은 元刻作忠하니 古通用이라 兪樾曰 中은 讀爲忠이라 言忠誠之士不能上達也라 漢張遷碑中謇於朝와 魏橫海將軍呂君碑君以中勇은 竝叚中爲忠이라 國語周語曰 考中度(탁)衷爲忠이라하니 蓋以中衷忠三字義竝通耳라

楊倞注 : 〈塞門戶는〉 사방 문을 활짝 열지 못한다는 것이다.

○ 盧文弨 : 中은 元刻本에 '忠'으로 되어 있으니, 옛날에 통용하였다.

兪樾 : 中은 '忠'으로 읽어야 한다. 〈中不上達은〉 충성하는 인물의 마음이 위로 전달

120) 不覺悟 : 이 章의 押韻은 悟·苦·下·戶로, 魚部이다.

되지 못한다는 말이다. 漢나라 〈張遷碑〉의 '中謇於朝(충직함이 조정에서 막혔다.)'와, 魏나라 〈橫海將軍呂君碑〉의 '君以中勇(呂君은 충직하고 용감하였다.)'은 모두 '中'이 '忠'의 假借字이다. ≪國語≫ 〈周語〉에 "考中度衷爲忠(자기 마음으로 남의 마음을 헤아리는 것은 忠이 된다.)"이라 하였으니, 대체로 '中'・'衷'・'忠' 세 자의 뜻이 모두 통하기 때문이다.

25-83 **門戶塞**[121]하면 **大迷惑**하여 **悖亂昏莫不終極**[122]하리라

〈충직한 말 들어올〉 문이 막히면
너무도 갈팡질팡 정신 못 차려
도리를 거스르고 사리 몰라서
〈마음속에〉 어떠한 준칙 없으리

**莫**은 **冥寞**이니 **言闇也**라 **不終極**은 **無已時也**라

楊倞注 : 莫은 어둡고 적막하다는 뜻이니, 정신이 어두운 것을 말한다. 不終極은 끝나는 때가 없다는 뜻이다.

25-84 **是非反易**하고 **比周欺上**하여 **惡**(오)**正直**하리라

是非가 전도되어 〈기준이 없고〉
서로들 파당 지어 군주를 속여
바르고 곧은 사람 미움당하리

**惡**는 **烏路反**이라 **下同**이라

楊倞注 : 惡는 〈음이〉 烏와 路의 반절이다. 아래의 경우도 같다.

25-85 **正直惡**(오)[123]하면 **心無度**하여 **邪枉辟回失道途**하리라

---

121) 門戶塞 : 이 章의 押韻은 塞・惑・極・直으로, 職部이다.

122) 終極 : 終은 '準'과 같고, 極은 中正한 표준이란 뜻이다.

123) 正直惡(오) : 이 章의 押韻은 惡・度・途・故로, 魚部와 鐸部가 섞여 있다. '途'와 '故'는 魚部에 속하고 나머지는 鐸部에 속한다.

바르고 곧은 사람 미움당하면
〈군주의〉 마음속에 법도가 없어
사악하고 굽으며 비뚤어져서
〈가야 할〉 바른길을 잃게 되리라

辟은 讀爲僻이라

楊倞注 : 辟은 '僻'으로 읽어야 한다.

25-86 己無郵[124]人하라 我獨自美라도 豈(獨)[125]無故[126]리오

내 자신이 남 향해 원망치 마라
자기만 훌륭하다 여긴다 해도
어찌 과연 허물이 없을까보냐

故는 事也라 不可尤責於人하고 自美其身이니 己豈無事리오 己亦有事而不知其過也라 或曰 下無獨字라하니라 ○ 盧文弨曰 無獨字則與全篇句法合이라

楊倞注 : 故는 일이라는 뜻이다. 남을 책망하고 스스로 자기를 훌륭하다고 여겨서는 안 되니, 자기라고 어찌 무슨 일이 없겠는가. 자기도 무슨 일이 있지만 그 허물을 모른다는 것이다. 혹자는 "아래 '獨'자는 없어야 한다."라고 하였다.

○ 盧文弨 : '獨'자가 없으면 全篇의 句法과 부합된다.

25-87 不知戒[127]하면 後必有어늘 恨(後)〔復〕[128]遂過不肯悔[129]로다

---

124) 郵 : '尤'와 통하는 것으로, 탓하고 원망한다는 뜻이다.

125) (獨) : 저본에는 '獨'이 있으나, 楊倞과 盧文弨의 주에 의거하여 잘못 덧붙여진 것으로 처리하였다.

126) 故 : '辜(허물)'와 통한다.

127) 不知戒 : 이 章의 押韻은 戒·有·悔·態로, 之部와 職部가 섞여 있다. '戒'와 '慝'는 職部에 속하고 나머지는 之部에 속한다.

128) (後)〔復〕: 저본에는 '後'로 되어 있으나, 王念孫의 주에 의거하여 '復'으로 바로잡았다. '復'은 '愎'과 같다.

스스로 경계할 줄 알지 못하면
뒤에 분명 〈잘못을〉 범할 터인데
사납고 완고하여 허물 감추며
〈잘못을〉 뉘우치려 아니 한다네

恨은 悔라 不肯悔前之非라 ○ 盧文弨曰 後必有三字爲句라 有는 讀曰又니 所謂貳過也라 古音戒라 又悔態爲韻이라 王念孫曰 盧說是矣나 而未盡也라 恨後遂過四字는 義不相屬이라 恨與很同①이라 後當爲復이니 字之誤也②라 復與愎同③하니 言很愎不從諫하고 以遂其過也라 莊子漁父篇曰 見過不更하고 聞諫愈甚을 謂之很이라하고 逸周書諡法篇曰 愎很遂過曰刺라하니라

① 爾雅에 鬩(혁)은 恨也라하여늘 孫炎本作很이라
≪爾雅≫에 "鬩은 '恨'의 뜻이다."라 하였는데, 孫炎本에 〈恨이〉 '很'으로 되어 있다.

② 復後形相近하고 又因上文後必有而誤라
'復'과 '後'는 모양이 거의 같고, 또 윗글 '後必有'로 인해 잘못된 것이다.

③ 韓子十過篇에 大知伯之爲人也는 好利而鷙愎이라하여늘 趙策에 愎作復이라 亦通作覆하니 管子五輔篇에 下愈覆鷙而不聽從이 是也라 又通作蝮하니 史記酷吏傳贊에 京兆無忌馮(閒)〔翊〕130)殷周蝮鷙 是也라
≪韓非子≫ 〈十過篇〉에 "夫知伯之爲人也 好利而鷙愎(대체로 知伯의 사람됨은 이익을 좋아하여 사납고 완고하였다.)"이라 하였는데, ≪戰國策≫ 〈趙策〉에는 '愎'이 '復'으로 되어 있다. 또 일반적으로 '覆'으로 되어 있으니, ≪管子≫ 〈五輔篇〉에 "下愈覆鷙而不聽從(백성들은 더한층 고집이 세고 사나워져 복종하려 하지 않는다.)"이라 한 것이 이것이다. 또 일반적으로 '蝮'으로 되어 있기도 하니, ≪史記≫ 〈酷吏列傳贊〉에 "京兆無忌馮翊殷周蝮鷙(京兆尹 無忌와 左馮翊 殷周는 잔인하고 사나웠다.)"라 한 것이 이것이다.

楊倞注 : 恨은 뉘우친다는 뜻이다. 〈不肯悔는〉 이전의 잘못을 뉘우치려 하지 않는

---

129) 恨(後)〔復〕遂過不肯悔 : 이것은 본디 일곱 자 한 구로 된 것인데, 저본에는 '恨'과 '後遂過不肯悔'가 분리되었고 그 중간에 '恨後遂過'에 대한 주가 끼어 있어 본문과 注의 위치가 일치하지 않으므로 뒷자리에 있던 것을 이곳으로 옮겼다. 아울러 그곳에 있던 楊倞의 注인 '不肯悔前之非'도 이곳 '恨悔' 밑으로 옮겨 붙였다.

130) (閒)〔翊〕 : 저본에는 '閒'으로 되어 있으나, ≪讀書雜志≫에 의거하여 '翊'으로 바로잡았다.

다는 뜻이다.

○ 盧文弨 : '後必有' 세 자가 한 구가 된다. 有는 '又'로 읽어야 하니, 이른바 과실을 되풀이한다는 뜻이다. 옛 음은 '戒'이다. '又'·'悔'·'態'가 韻이 된다.

王念孫 : 盧氏의 설이 옳으나 완전하지는 못하다. '恨後遂過' 네 자는 뜻이 서로 연결되지 않는다. '恨'은 '很'과 같다. '後'는 마땅히 '復'이 되어야 하니, 글자가 잘못된 것이다. '復'은 '愎'과 같으니, 완고하여 간하는 말을 따르지 않고 그 허물을 감싼다는 말이다. ≪莊子≫ 〈漁父篇〉에 "見過不更 聞諫愈甚 謂之很(허물을 알고서도 고치지 않으며 간하는 말을 듣고도 잘못이 더 심해지는 것을 고집스럽다고 이른다.)"이라 하고, ≪逸周書≫ 〈謚法篇〉에 "愎很遂過曰刺(고집 세고 사나운 것을 刺라고 말한다.)"라고 하였다.

25-88 讒夫多進하여 反覆言語하여 生詐態(특)하리라

참소하는 자들 또 많이 진출해
변덕스런 말들을 지껄여대어
간사하고 사악한 일이 생기리

○ 王念孫曰 態은 讀爲姦慝之慝①이라 言言語反覆하면 則詐慝從此生也②라 以態爲慝者는 古聲不分去入也라 秦策曰 科條既備라도 民多僞態이라하고 又曰 上畏大后之嚴하고 下惑奸臣之態이라하고 淮南齊俗篇曰 禮義飾則生僞態之(本)〔士〕[131]라하고 漢書李尋傳曰 賀良等反道惑衆하니 姦態當窮竟이라하니 皆借態爲慝이요 非姿態(태)之態也라

① 下人之態同이라
아래 '人之態'도 같다.

② 襄四年左傳에 樹之詐慝하여 以取其國家라하니라
≪春秋左氏傳≫ 襄公 4년에 "樹之詐慝 以取其國家(〈조정에〉 간사하고 사악한 자들을 심어 그의 국가를 탈취하였다.)"라 하였다.

○ 王念孫 : 態은 '姦慝'의 慝으로 읽어야 한다. 말이 변덕스러우면 간사하고 간악한 일이 이로부터 생긴다는 말이다. '態'을 '慝'이라고 한 것은 옛 聲韻에는 去聲과 入聲

---

131) (本)〔士〕: 저본과 ≪淮南子≫에 모두 '本'으로 되어 있으나, 王念孫의 ≪讀書雜志≫에 의거하여 '士'로 바로잡았다.

을 구분하지 않았기 때문이다. ≪戰國策≫ 〈秦策〉에 "科條旣備 民多僞態(규정과 법률이 완비된 국가라도 사람들이 간사하고 사악한 짓을 행하는 일이 많다.)"이라 하고, 또 "上畏太后之嚴 下惑姦臣之態(위로는 太后의 위엄을 두려워하고 아래로는 간신배의 사악한 짓에 미혹되었다.)"이라 하고, ≪淮南子≫ 〈齊俗篇〉에 "禮義飾則生僞態之士(禮義가 겉으로만 꾸며지면 간사하고 사악한 선비가 생긴다.)"라 하고, ≪漢書≫ 〈李尋傳〉에 "賀良等反道惑衆 姦態當窮竟(賀良 등은 도리를 어겨 많은 사람을 미혹시켰으니, 그 간사하고 사특한 죄를 마땅히 철저히 따져야 한다.)"이라 하였으니, 이는 모두 '態'을 빌려 '慝'으로 된 것이고 '姿態'의 態는 아니다.

25-89 人之態(특)[132]을 不(如)〔知〕[133]備면

〈참소하는〉 사람의 사악한 짓을
경계하고 대비할 줄을 모르면

如는 當爲知라 言人爲詐態(태)[134]라도 上不知爲備라

楊倞注 : 如는 마땅히 '知'가 되어야 한다. 사람이 간사한 태도를 보이는데도 군주가 대비할 줄을 모른다는 말이다.

25-90 爭寵嫉賢(利)〔相〕[135]惡(오)忌라가

총애 서로 다투고 賢人 질투해
피차간에 서로들 증오하다가

利在惡忌賢者라 ○ 王念孫曰 利惡忌三字는 義不相屬이라 楊曲爲之說하니 非也라 利는 當爲相이니 字之誤也라 相惡忌는 正承爭寵嫉賢言之라

楊倞注 : 〈利惡忌는〉 이익이 현자를 미워하고 시기하는 데에 있다는 것이다.

---

132) 人之態(특) : 이 章의 押韻은 態·備·忌·匿으로, 之部와 職部가 섞여 있다. '態'과 忌는 之部에 속하고 나머지는 職部에 속한다.

133) (如)〔知〕 : 저본에는 '如'로 되어 있으나, 楊倞의 주에 의거하여 '知'로 바로잡았다.

134) 態(태) : 楊倞은 '姿態'의 態로 이해한 것으로 보이므로 그에 맞춰 번역하였다.

135) (利)〔相〕 : 저본에는 '利'로 되어 있으나, 王念孫의 주에 의거하여 '相'으로 바로잡았다.

○ 王念孫 : '利惡忌' 세 자는 뜻이 서로 연결되지 않는다. 楊氏는 왜곡하여 말하였으니, 틀렸다. '利'는 마땅히 '相'이 되어야 하니, 글자가 잘못된 것이다. '相惡忌'는 정확히 '爭寵嫉賢'을 이어받아 말한 것이다.

## 25-91 妬功毁賢하여 下斂黨與하면 上蔽匿하리라

功臣을 질투하고 賢人도 비방하면서
밑에서 같은 편을 모아 합치면
군주의 〈귀와 눈이〉 가려질 거네

**斂은 聚也라 下聚黨與則上蔽匿也라**

楊倞注 : 斂은 모은다는 뜻이다. 밑에서 같은 편에 속하는 사람들을 모으면 군주의 〈귀와 눈이〉 가려진다는 것이다.

## 25-92 上壅蔽[136]하면 失輔埶하여

군주의 〈귀와 눈이〉 가려진다면
보필하는 신하며 권세를 잃어

**失輔弼之臣이면 則埶不在上이라**

楊倞注 : 보필하는 신하를 잃으면 권세가 군주에게 있지 않다는 것이다.

## 25-93 任用讒夫不能制하리라 (孰)〔郭〕[137]公長父(보)之[138]難하여

참소하는 사람을 임용하고는
〈뜻대로 마음대로〉 제어 못하리

---

136) 上壅蔽 : 이 章의 押韻은 蔽·勢·制·堯로, 質部와 月部가 섞여 있다. '堯'는 質部에 속하고 나머지는 月部에 속한다.

137) (孰)〔郭〕 : 저본에는 '孰'으로 되어 있으나, 楊倞과 盧文弨의 주에 의거하여 '郭'으로 바로잡았다.

138) 之 : 동사로, '致'와 같다.

〈참소하는 저 사람〉 郭公長父는
〈세상에 보기 드문〉 재난 초래해

孰公長父[139]는 皆厲王之嬖臣이나 未詳其姓名이라 墨子曰 厲王染於觿公長父榮夷終이라하되 觿公與孰公不同하니 未知孰是라 或曰 孰公長父는 卽詩所云皇父[140]也라 孰은 或爲郭이라 ○ 盧文弨曰 案古郭虢字通이라 郭公長父는 卽呂氏春秋當染篇之虢公長父也라 作郭字爲是라 之難二字는 當屬下爲七字句라 注觿公은 宋本從立하고 元刻從糸이로되 字書皆無攷라 墨子所染篇作厲公이라 王念孫曰 之者는 是也니 言難厲王者是此人也라 楚語云 秦徵衙實難桓景[141]이라하니 實難卽是難이라 兪樾曰 之難厲王流于彘七字爲句면 義終未安이라 此篇之例 雖以兩三字句와 一七字句와 一四字句와 一七字句爲一節이나 然古人之文은 變動不居하니 如云 治之道는 美不老하니 君子由之佼以好로다 下以教誨子弟하고 上以事祖考라 此節詞意明白하고 無奪文譌字하니 其弟四句六字요 其弟(七)〔五〕[142]句五字라 豈能以子弟二字屬下爲七字句乎아 然則此文以郭公長父之難六字爲句하고 厲王流于彘五字爲句 於義較安하니 不必拘泥字數하여 轉致不通也라 先謙案 兪說是라

楊倞注 : 孰公과 長父는 모두 厲王이 총애하는 신하이나 그 성명을 알 수 없다. ≪墨子≫〈所染〉에 "厲王染於觿公長父榮夷終(厲王은 觿公長父와 榮夷終에게 물들었다.)"이라 하였는데, '觿公'과 '孰公'은 같지 않으니, 어느 것이 옳은지 알 수 없다. 혹자는

---

139) 孰公長父 : 孰公은 '郭公'의 잘못이나, 교감하지 않았다. 楊倞은 '皆厲王之嬖臣'이라 하여 이를 두 사람으로 이해하였으나, 長父는 그의 자이므로 사실은 한 사람이다.

140) 詩所云皇父 : 詩는 ≪詩經≫〈小雅 十月之交〉이다. 皇父는 厲王의 卿士로, 권력을 독단하여 현자를 구하지 않고 부자를 고위직에 앉히는가 하면 탐욕이 많아 백성들의 재물을 수탈한 인물이다. 이 시는 큰 고을을 새로 조성하느라 백성들이 노역에 동원되어 살아가기 힘들다는 내용으로 되어 있다.

141) 秦徵衙實難桓景 : 徵衙는 北徵과 彭衙로 秦나라 公子鍼의 食邑이고, 實은 '寔'·'是'와 같다. 桓景은 秦 桓公과 그의 아들 景公이다. 公子鍼은 景公의 동복아우인데, 부유하기가 국가와 맞먹을 정도여서 그 위상이 景公과 비슷하였으므로 景公이 위협을 느꼈다.

142) (七)〔五〕 : 저본에는 '七'로 되어 있으나, 이 章에서 일곱 번째 구는 없고, 다섯 번째 구인 아래(25-94)의 '厲王流于彘'에 대한 설명이므로 '五'로 바로잡았다.

"執公長父는 곧 ≪詩經≫에서 말한 '皇父'이다."라고 하였다. 執은 〈문헌에 따라〉 간혹 '郭'으로 되어 있기도 하다.

○ 盧文弨 : 살펴보건대, 옛날에는 '郭'과 '虢'자는 통용하였다. 郭公長父는 곧 ≪呂氏春秋≫ 〈當染篇〉의 '虢公長父'이다. '郭'으로 된 것이 옳다. '之難' 두 자는 마땅히 밑으로 붙여 일곱 자 구가 되어야 한다. 〈楊氏〉 주의 '竵公'은 宋本에는 立이 形符이고 元刻本에는 糸이 形符(纗)인데, 字書에 모두 고증할 곳이 없다. ≪墨子≫ 〈所染篇〉에는 '厲公'으로 되어 있다.

王念孫 : '之'란 '是'와 같으니, 厲王에게 재난을 끼친 자가 곧 이 사람이라는 말이다. ≪國語≫ 〈楚語〉에 "秦徵衙實難桓景(秦나라 〈公子鍼이〉 北徵과 彭衙 이것으로 桓公과 景公을 곤란하게 만들었다.)"이라 하였으니, '實難'은 곧 '是難'이다.

兪樾 : '之難厲王流于彘' 일곱 자가 句가 된다면 그 뜻이 아무래도 완전치 못하다. 이 편의 형식이 비록 세 자 두 구, 일곱 자 한 구, 네 자 한 구, 일곱 자 한 구가 한 節로 되어 있다고는 하나, 옛사람의 글은 끊임없이 변화하여 고정된 형식이 없으니, 예를 들면 '治之道 美不老 君子由之佼以好 下以教誨子弟 上以事祖考(25-47~49)'라 한 경우가 그렇다. 이 節은 글 뜻이 명백하고 빠진 글이나 잘못된 글자가 없으니, 네 번째 구는 여섯 자이고 다섯 번째 구는 다섯 자이다. 어찌 '子弟' 두 자를 밑으로 붙여 일곱 자가 되게 할 수 있겠는가. 그렇다면 여기 글도 '郭公長父之難' 여섯 자가 句가 되고, '厲王流于彘' 다섯 자가 句가 되는 것이 뜻으로 볼 때 비교적 완전하니, 굳이 글자 수에 얽매여 오히려 뜻이 통하지 않게 할 것은 없다.

先謙案 : 兪氏의 설이 옳다.

### 25-94 厲王流于彘[143]로다

厲王이 彘邑으로 도망갔다네

**彘**는 **地名**이니 **在河東**이라 **左傳**에 **晉大夫有彘子**라 **言執公長父姦邪**하여 **遂使難作**하여 **厲王流竄于彘**라

143) 厲王流于彘 : 厲王(B.C. ?~B.C. 828)은 周나라의 10대 왕이다. 夷王의 아들로, 이름은 胡이다. 郭公長父와 榮夷公을 卿士로 삼아 폭정을 행하고 芮良夫와 召虎 등의 충고를 듣지 않았다. 백성들이 반란을 일으켜 왕궁을 습격하자, 지금의 山西省 霍縣 지역인 彘邑으로 도망갔다가 14년 뒤에 그곳에서 죽었다.

楊倞注 : 彘는 지명이니, 河東에 있다. ≪春秋左氏傳≫에 晉나라 大夫 彘子가 있다. 執公과 長父가 간사하여 마침내 재난이 일어나 厲王을 彘읍으로 도망가게 만들었다는 말이다.

25-95 **周幽**厲[144] **所以敗**는 **不聽規諫忠是害**로다 **嗟我何人**고 **獨不遇時**하고 **當亂世**아

周나라 幽王이며 厲王 〈저들이〉
패망한 그 까닭은 〈다름 아니라〉
충고하는 바른말 듣지를 않고
충신을 가차 없이 박해함일세
아아, 나는야 과연 누구이기에
유달리 좋은 기회 얻지 못하고
혼란한 세상 만나 〈살아가는고〉

**言自古忠良多有遇害**하니 **何獨我哉**라 **自慰勉之辭也**라

楊倞注 : 예로부터 충신과 선량한 사람이 박해를 당하는 일이 많이 있었으니, 어찌 유독 나만 그렇겠느냐는 말이다. 스스로 위로하고 격려하는 내용이다.

25-96 **欲**(衷對)〔**對衷**〕[145]이라도 **言不從**이라

군주 향해 내 충정 드러내려도

---

144) 周幽厲 : 幽厲는 周나라 幽王과 厲王이다. 幽王(B.C. ?~771)은 周나라의 12대 왕이다. 宣王의 아들로, 이름은 宮湦이다. 虢石父를 총애하여 卿士로 삼고 그에게 국정을 독단하게 하였다. 褒姒를 총애하여 태자 宜臼와 申后를 폐하고 褒姒의 아들 伯服을 태자로 세웠다. 그 뒤에 犬戎의 공격으로 살해되고 西周가 멸망하였다. 그의 아들 宜臼가 제후들에 의해 왕으로 즉위하여 도성을 洛陽으로 옮겨 東周가 시작되었다. 이 章의 押韻은 厲·敗·害·世로, 月部이다.

145) 欲(衷對)〔對衷〕 : 저본에는 '衷對'로 되어 있으나, 兪樾의 주에 의거하여 '對衷'으로 바로잡았다. 이 章의 押韻은 衷·從·凶·江으로, 東部와 冬部가 섞여 있다. '衷'은 冬部에 속하고 나머지는 東部에 속한다.

말 먹혀들지 않을 뿐만 아니라

衷은 誠也라 欲誠意以對時君이나 恐言不從而遇禍也라 ○ 郝懿行曰 對字失韻하니 疑封字之形譌라 衷封者는 言中衣內懷藏封事[146)]也라 王念孫曰 此篇之例는 凡首句必入韻이어늘 唯此處對字는 與下文之從凶江不協이라 衷對는 當爲剖衷이니 言欲剖衷以諫이나 而無如言之不見聽也[①]라 欲剖衷이나 言不從은 卽上文所謂中不上達也라 中與衷은 古字同耳라 衷字正與從凶江爲韻이라 今本作欲衷對者는 剖誤爲對하고 又誤在衷字之下耳라 楊說失之라 兪樾曰 王氏改欲衷對爲欲剖衷이나 此臆說也라 對字實不誤하고 但當在衷字上이라 對는 讀爲遂라 爾雅釋言에 對는 遂也라하고 詩皇矣篇에 以對于天下와 江漢篇에 對揚王休와 蕩篇에 流言以對의 毛傳竝曰 對는 遂也라하니라 又禮記祭義篇에 對揚以辟之의 鄭注亦曰 對는 遂也라하니라 蓋對遂音近하여 以聲相訓耳라 欲對衷者는 欲遂衷也라 言欲遂其衷忱이나 而無如言之不從也라 今本作欲衷對者는 因淺人不知對之爲遂하여 而疑對衷二字無義하여 因倒其文이라 楊氏卽據以爲說曰 欲誠意以對라하니 失之矣라 先謙案 兪說是라

① 史記蔡澤傳에 披腹心하여 示情素 卽剖衷之謂라
≪史記≫ 〈蔡澤列傳〉에 "披腹心 示情素(속마음을 열어 본심을 내보였다.)"라 한 것이 곧 '剖衷'이란 말이다.

楊倞注 : 衷은 '誠'의 뜻이다. 진심으로 당시의 군주를 대하고 싶지만, 간하는 말을 따라주지 않아 화를 당할까 두렵다는 것이다.

○ 郝懿行 : '對'자는 韻이 맞지 않으니, 아마도 '封'자의 모양이 잘못되었을 것이다. 衷封이란 속옷 안에 封事를 품은 것을 말한다.

王念孫 : 이 편의 형식은 모든 첫 구에 반드시 韻이 들어갔는데 오직 이곳의 '對'자만은 아랫글의 從·凶·江과 맞지 않다. '衷對'는 마땅히 '剖衷'이 되어야 하니, 가슴을 열어〔剖衷〕 간하고는 싶지만 그 말이 받아들여지지 않는 것보다 〈더 겸연쩍은 일은〉 없다는 말이다. '欲剖衷 言不從'은 곧 윗글의 이른바 '中不上達(속마음 군주에게 고하지 못해)'의 뜻이다. '中'과 '衷'은 옛 글자에 같이 쓰인다. '衷'자는 정확히 從·凶·江

146) 封事 : 밀봉한 上奏文을 말한다.

과 韻이 된다. 지금 판본에 '欲衷對'로 된 것은 '剖'자가 잘못되어 '對'로 되고 또 잘못되어 이것(對)이 '衷'자 밑에 있게 된 것이다. 楊氏의 설은 잘못되었다.

俞樾 : 王氏는 '欲衷對'를 고쳐 '欲剖衷'으로 하였으니, 이것은 짐작으로 하는 말이다. '對'자는 사실 잘못되지 않았고 다만 마땅히 '衷'자 위에만 있으면 된다. 對는 '遂'로 읽어야 한다. ≪爾雅≫ 〈釋言〉에 "對는 '遂(드러내다)'의 뜻이다."라 하고, ≪詩經≫ 〈皇矣篇〉에 '以對于天下'라 한 곳과, 〈江漢篇〉에 '對揚王休'라 한 곳과, 〈蕩篇〉에 '流言以對'라 한 곳의 〈毛傳〉에 모두 "對는 '遂'의 뜻이다."라 하였다. 또 ≪禮記≫ 〈祭義篇〉에 '對揚以辟之'라 한 곳의 鄭玄 주에 또한 "對는 '遂'의 뜻이다."라 하였다. 대체로 '對'와 '遂'는 음이 가까우므로 그 소리로 인해 서로 뜻이 같을 뿐이다. 欲對衷이란 충정을 드러내고 싶다〔欲遂衷〕는 뜻이다. 이는 그의 충정을 드러내고 싶지만 그 말이 받아들여지지 않는 것보다 〈더 겸연쩍은 일은〉 없다는 말이다. 지금 판본에 '欲衷對'로 된 것은 식견이 얕은 사람이 '對'가 '遂'의 뜻이라는 것을 몰라 '對'와 '衷' 두 자가 뜻이 없는 것으로 의심하여 그 글자를 뒤바꾼 것이다. 楊氏는 무턱대고 본문에 의해 말하기를 "欲誠意以對(진심으로 대하고 싶다.)"라 하였으니, 잘못되었다.

先謙案 : 俞氏의 설이 옳다.

25-97 **恐爲子胥身離[147)]凶**이로다 **進諫不聽**하고 **剄而獨鹿**하여 **棄之江**이로다

伍子胥 〈그와 같은〉 처지가 되어
재난 행여 당할까 겁이 난다네
바른말을 올려도 듣지를 않고
獨鹿으로 목 찔러 〈죽게 한 뒤에〉
〈죽은 송장〉 강물에 던져버렸지

**獨鹿**은 **與屬鏤同**이라 **本亦或作屬鏤**하니 **吳王夫差賜子胥之劒名**이라 **屬**은 **之欲反**이라 **鏤**는 **力朱反**이라 **國語里革曰 鳥獸成**에 **水蟲孕**하면 **水虞於是禁罝罜麗**(저주록)이라하니 **此當是自剄之後**에 **盛以罜麗**하여 **棄之江也**라 **賈逵云 罜麗**는 **小罟也**라하니라 ○ **盧文弨曰 案楊云本或作屬鏤**하니 **則訓劒不可易**이라 **國語以下**는 **必後人采它說附**

147) 離 : '罹'와 통한다.

益之라 罝는 韋昭云 當爲罜라하니 此衍罝字어늘 而又訛罜作罣(괘)라 宋本亦同하고 又無水虞二字라 郝懿行曰 黃縣蓬萊閒人은 皆以獨鹿爲酒器名이라 此言獨鹿은 蓋爲革囊盛尸하니 所謂鴟夷[148)]者也라 獨鹿은 與魯語之罜麗音義相近하고 而與屬鏤義遠이라 若作剄而屬鏤하면 語復不詞라 王念孫曰 後人讀獨鹿爲罜麗者는 蓋未解而字之義故也라 其意謂獨鹿果爲劍名이면 則不當言剄而獨鹿이라 故讀爲罜麗하여 謂是旣剄之後에 盛以罜麗하여 而棄之江也라 今案 而는 猶以也니 謂剄以獨鹿也라 古者而與以同義라 顧命曰眇眇予末小子 其能而亂四方은 言其能以治四方也①라 墨子尙賢篇曰 使天下之爲善者可而勸也요 爲暴者可而沮也는 言可以勸하고 可以沮也라 呂氏春秋去私篇曰 晉平公問於祁黃羊曰 南陽無令하니 其誰可而爲之는 言誰可以爲之也②라 而與以同義라 故二字可以互用이라 同人彖傳曰 文明以健하고 中正而應과 繫辭傳曰 蓍之德圓而神하고 卦之德方以知와 宣十五左傳曰 易子而食하고 析骸以爨은 皆以二字互用이라 而與以同義라 故又可以通用이라 繫辭傳에 上古結繩而治라하여늘 論衡齊世篇에 引此而作以하고 昭元年左傳에 櫜甲以見子南이라하여늘 考工記函人鄭司農注에 引此以作而라

① 某氏傳에 能如父祖治四方[149)]은 非是라
某氏(孔安國)의 傳에, 능히 아버지와 할아버지처럼 사방을 다스릴 수 있다는 뜻이라고 한 것은 옳지 않다.

② 高注에 而는 能也라하니 非是라 辨見呂氏春秋[150)]이라
高誘의 주에 "而는 '能'의 뜻이다."라 하였으니, 이는 옳지 않다. 이에 관한 변론은 ≪呂氏春秋≫에 보인다.

楊倞注 : 獨鹿은 '屬鏤'와 같다. 어떤 판본에는 또 간혹 '屬鏤'로 되어 있기도 하니, 吳王 夫差가 伍子胥에게 내려준 검의 이름이다. 屬은 〈음이〉 之와 欲의 반절이다. 鏤

---

148) 鴟夷 : 본디 가죽으로 만든 부대인데, 여기서는 술을 담는 술그릇을 가리킨다.

149) 某氏傳 能如父祖治四方 : 某氏는 漢나라 孔安國을 가리키고 傳은 그의 ≪尙書傳≫을 가리킨다. 孔安國이 ≪尙書≫의 '其能而亂四方'의 '而'자를 '如'와 같은 뜻으로 이해하여 풀이한 것이다.

150) 呂氏春秋 : 王念孫 자신의 저술인 ≪呂氏春秋≫ 校本을 가리킨다. 현재 대만 中央硏究院 傅斯年圖書館에 소장되어 있다. 1930년경 許維遹이 편집한 ≪呂氏春秋集釋≫ 권1 〈去私〉에 '而'는 '以'와 같다고 설명한 王念孫의 변론이 작은 글자 두 줄로 실려 있다.

는 〈음이〉 力과 朱의 반절이다. ≪國語≫ 〈魯語 上〉에 里革이 "鳥獸가 성장한 뒤에 水蟲이 알을 낳으면 하천을 관장하는 관리〔水虞〕가 명을 내려 코가 작은 그물〔罝罜麗〕을 물에 던지는 것을 금지한다."라 하였으니, 여기서는 분명히 伍子胥가 스스로 목을 찔러 〈죽은〉 뒤에 그 시신을 코가 작은 그물〔罜麗〕에 담아 강물에 던졌다는 뜻일 것이다. 賈逵가 "罜麗은 코가 작은 그물이다."라 하였다.

○ 盧文弨 : 살펴보건대, 楊氏는 〈獨鹿에 대해〉 "어떤 판본에는 또 간혹 '屬鏤'로 되어 있기도 하다."라 하였으니, 이것을 확고하게 검의 뜻으로 풀이한 것이다. ≪國語≫ 이하는 분명히 후세 사람이 다른 설을 채택하여 붙였을 것이다. 罝는 韋昭가 "마땅히 '罜'가 되어야 한다."라 하였으니, 이 위치에 '罝'자가 잘못 덧붙여진 것인데, 게다가 또 '罜'가 잘못되어 '罣'로 되었다. 宋本도 이와 같고 또 '水虞' 두 자가 없다.

郝懿行 : 黃縣과 蓬萊縣 사이의 사람들은 모두 獨鹿을 술그릇 이름으로 사용하고 있다. 여기서 말하는 獨鹿은 대체로 가죽 부대를 만들어 시신을 담은 것이니, 이른바 鴟夷란 것이다. 獨鹿은 ≪國語≫ 〈魯語〉에 보이는 '罜麗'과 음이나 뜻이 서로 가깝고 '屬鏤'와는 뜻이 멀다. 만약 '剄而屬鏤'라고 한다면 말이 중복되어 말이 안 된다.

王念孫 : 후세 사람이 獨鹿을 罜麗으로 읽는 것은 대체로 '而'자의 뜻을 이해하지 못했기 때문이다. 그의 생각에는 獨鹿이 과연 검 이름이라면 당연히 '剄而獨鹿'이라 말하지 않을 것이므로 〈獨鹿을〉 罜麗으로 읽어 이 문구를 이미 목을 찔러 〈죽은〉 뒤에 罜麗에 담아 그것을 강물에 버렸다는 뜻으로 생각하였다. 그러나 지금 살펴보건대, '而'는 '以'와 같으니, 獨鹿으로 목을 찌른 것을 이른다. 옛날에 '而'와 '以'는 같은 뜻이었다. ≪尙書≫ 〈顧命〉에 "眇眇予末小子 其能而亂四方"이라 한 것은 〈보잘것없는 내 이 小子가〉 어찌 능히 사방을 다스릴 수 있겠느냐〔其能以治四方〕는 말이다. ≪墨子≫ 〈尙賢篇〉에 "使天下之爲善者可而勸也 爲暴者可而沮也"라 한 것은 〈천하에 善을 행하는 자가〉 권장될 수 있고, 〈포악한 짓을 행하는 자가〉 제지받을 수 있다〔可以勸 可以沮〕는 말이다. ≪呂氏春秋≫ 〈去私篇〉에 "晉平公問於祁黃羊曰 南陽無令 其誰可而爲之"라 한 것은 〈晉 平公이 祁黃羊에게 묻기를 '南陽縣에 縣令이 없으니〉 누가 그 자리를 맡을 수 있겠는가?〔誰可以爲之〕'라고 했다는 말이다. '而'와 '以'는 같은 뜻이므로 이 두 자는 서로 바꿔 사용할 수 있다. ≪周易≫ 〈同人卦〉의 〈彖傳〉에 "文明以健 中正而應(文明의 덕을 지녀 강건하고 中正의 도로써 호응한다.)"이라 한 것과, ≪周易≫ 〈繫辭傳〉에 "蓍之德圓而神 卦之德方以知(蓍草의 기능은 원만하여 신묘하고 卦의 기능은 方正하여 지혜롭다.)"라 한 것과, ≪春秋左氏傳≫ 宣公 15년에 "易子而食 析骸以爨(자식을 서로 바꿔 잡아먹고 해골을 쪼개 불을 때 밥을 지었다.)"이라 한 것은 모두 이 두 자(而, 以)를 서로 바

꿔 사용하였다. '而'와 '以'는 같은 뜻이므로 또 통용할 수 있다. ≪周易≫ 〈繫辭傳〉에 "上古結繩而治(상고 때는 새끼 매듭으로 기록을 대신하여 세상을 다스렸다.)"라 하였는데 ≪論衡≫ 〈齊世篇〉에 이것을 인용하여 '而'가 '以'로 되어 있고, ≪春秋左氏傳≫ 昭公 원년에 "櫜甲以見子南(겉옷 안에 갑옷을 입고 子南을 만났다.)"이라 하였는데 ≪周禮≫ 〈考工記 凾人〉의 鄭司農(鄭衆) 주에 이것을 인용하여 '以'가 '而'로 되어 있다.

25-98 **觀往事**[151)]하여 **以自戒**하고 **治亂是非亦可識**이로다 **託於成相**[152)]하여 **以喻意**로다

지나간 역사사실 살펴보아서
그로 인해 자기 몸 경계도 하고
안정과 혼란이며 옳고 그름도
이 속에서 충분히 알 수 있다네
북을 치며 부르는 노래에 부쳐
내 지닌 속마음을 드러내노라

識은 如字라 亦讀爲志也라 ○ 顧千里曰 案此句例之에 應十一字니 亦疑尙少四字라

楊倞注 : 識은 본음(알다)대로 읽는다. 또 '志'로 읽기도 한다.

○ 顧千里 : 살펴보건대, 이 章의 끝구는 일반 형식으로 볼 때 마땅히 열한 자가 되어야 하니, 이곳 또한 네 자가 부족한 듯하다.

25-99 **請成相**[153)]하라 **言治方**하리라

북 치며 하는 노래 들어나 보소

---

151) 觀往事 : 이 章의 押韻은 事·戒·識·意로, 之部와 職部가 섞여 있다. '事'는 之部에 속하고 나머지는 職部에 속한다.

152) 託於成相 : 이 구 위에 네 자가 빠진 것으로 보인다.

153) 請成相 : 이 章의 押韻은 相·方·明·昌으로, 陽部이다. 이 章부터 이 편의 끝까지가 세 번째 단락이다.

治平 이룰 그 방법 말해보려네

言爲治之方術이라

楊倞注 : 국가를 다스리는 방법에 관해 말해보겠다는 것이다.

25-100 **君論有五**[154]**約以明**이라 **君謹守之**하면 **下皆平正**하며 **國乃昌**하리라

군주 행할 도리가 다섯 있는데
간결하고 아울러 분명하다네
군주가 신중하게 준수한다면
백성들이 모두가 공정해지며
국가도 이로 인해 번창하리라

論爲君之道有五어늘 甚簡約明白이라 謂臣下識이 一也요 君法明이 二也요 刑稱陳이 三也요 言有節이 四也요 上通利至莫敢恣 五也라

楊倞注 : 〈훌륭한〉 군주가 되는 방법을 논한 것으로 다섯 가지가 있는데, 매우 간단하고 분명하다는 것이다. '臣下識'이 첫 번째이고, '君法明'이 두 번째이고, '刑稱陳'이 세 번째이고, '言有節'이 네 번째이고, '上通利'부터 '莫敢恣'까지가 다섯 번째이다.

25-101 **臣下職**[155]하고 **莫游食**이니

臣民들이 저마다 직책 다하고
놀고먹는 일 없게 해야만 하니

游食은 謂不勤於事하고 素飡游手也라

楊倞注 : 游食은 맡은 일을 부지런히 수행하지 않고 밥만 먹고 빈둥대는 것을 이

154) 君論有五 : 論은 '倫'과 통하는 것으로, 도리를 말한다. 군주가 행할 도리가 다섯 가지가 있다는 뜻인데, 다음에서 이것들을 제시하였다. 物雙松은 이에 대해 '臣下職'·'守其職'·'君法明'·'君法儀'·'刑稱陳'이라 하면서 楊倞의 주는 틀렸다고 하였다.

155) 臣下職 : 이 章의 押韻은 職·食·極·力으로, 職部이다.

른다.

25-102 **務本**[156]**節用財無極**하리라 **事業聽上**하고 **莫得相使**라야 **一民力**하리라

農業에 주력하고 지출 줄이면
재물 행여 바닥날 일이 없으리
모든 일은 군주의 명에 따르고
서로간에 부리지 못하게 해야
백성 역량 하나로 통일되리라

**所興事業**[157]**皆聽於上**하여 **羣下不得擅相役使**하면 **則民力一也**라 **禮記曰 用民之力**하되 **歲不過三日也**라하니라

楊倞注 : 일으키는 사업을 모두 군주의 명에 따르고 뭇 신하가 제멋대로 서로 부려먹지 못하게 하면 백성들의 역량이 통일될 것이라는 뜻이다. ≪禮記≫ 〈王制〉에 "백성들의 노동력을 이용하되 한 해에 사흘을 넘지 않아야 한다."라고 하였다.

25-103 **守其職**[158]하여 **足衣食**하며

백성들이 제 본직 철저히 지켜
먹고 입을 衣食을 풍족케 하며

**民不失職**하면 **則衣食足矣**리라

楊倞注 : 백성들이 직업을 잃지 않는다면 의식이 풍족할 것이라는 것이다.

25-104 **厚薄有等明爵服**이라

---

156) 本 : 農業을 가리킨다. 옛날에 백성의 직업 분야를 士・農・工・商으로 구분하였는데, 농업은 工・商에 비해 중요하다 하여 本(근본)이라 하고 工・商은 末(말단)이라 하였다.
157) 事業 : 여기서는 관청을 짓는다거나 하천을 준설하고 도로를 만드는 등 국가에서 행하는 토목공사를 말한다. 일반적으로 백성들의 노동력을 무상으로 이용한다.
158) 守其職 : 이 章의 押韻은 職・食・服・得으로, 職部이다.

〈녹봉은〉 많고 적은 차등을 두고
작위 복식 분명히 구분해야 해

貴賤有別이라

楊倞注 : 귀한 자와 천한 자가 구별이 있게 한다는 것이다.

25-105 利往[159]卬上하여 莫得擅與면 孰私得[160]하리오

이익은 군주만을 의존케 하여
제멋대로 주는 일 없게 한다면
뉘 감히 은덕으로 환심을 사랴

利之所在는 皆卬於上하여 莫得擅爲賜與하면 則誰敢私得於人乎아 擅相賜與는 若齊田氏[161]然이라 卬은 與仰同하니 宜亮反이라 ○ 王引之曰 往字는 文義不順하니 楊說非也라 往은 當爲隹라 隹는 古唯字也①라 言臣民之利는 唯仰於上하여 莫得擅有所與也라 凡隷書從彳從亻之字는 多相亂이라 故往字或作住하니 與隹相似而誤라

① 唯는 或作惟維라 古鐘鼎文에 唯字作隹하고 石鼓文亦然이라
唯는 간혹 '惟'와 '維'로 되어 있기도 하다. 옛 鐘鼎文에는 '唯'자가 '隹'로 되어 있고 石鼓文에도 그렇다.

楊倞注 : 이익이 있는 곳에서는 모두 군주가 베풀어주는 것에만 의존하여 아무도 독단으로 베풀어줄 수 없게 한다면 누가 감히 〈군주 아닌〉 다른 사람에게 사적으로 얻겠는가. 독단으로 서로 은혜를 베푸는 일은 齊나라 田氏 같은 경우가 그렇다. 卬은 '仰'과 같으니, 〈음이〉 宜와 亮의 반절이다.

○ 王引之 : '往'자는 글 뜻이 순리롭지 않으니, 楊氏의 설은 틀렸다. '往'은 마땅히

---

159) 往 : 王引之는 마땅히 '隹'로 되어야 한다고 하였으나, 王天海는 ≪廣雅≫ 〈釋詁〉에 "往은 '至(이르다)'의 뜻이다."라 한 것을 인용하여 잘못된 글자가 아니라고 하였다.

160) 私得 : 得은 '德'과 같다. 사적으로 은덕을 베풀어 환심을 산다는 뜻이다.

161) 齊田氏 : 전국시대 齊나라 孟嘗君을 가리킨다. 성은 田이고 이름은 文이다. 그가 보살피고 먹여준 食客이 수천 명이었다고 한다.

'隹'가 되어야 한다. '隹'는 옛 '唯'자이다. 臣民의 이익은 오직 군주에게 의존하게 하여 아무도 독단으로 은혜를 베푸는 일이 없도록 해야 한다는 말이다. 일반적으로 隸書에 彳이 붙고 亻이 붙은 글자는 다른 글자와 뒤섞인 경우가 많기 때문에 '往'자가 간혹 '住'로 되어 있기도 하다. 〈'往'은〉 '隹'와 서로 비슷하여 잘못된 것이다.

25-106 **君法明**[162)]하면 **論有常**하니

군주의 법이 한번 분명해지면
시비판단 일관된 표준이 서니

**君法所以明**은 **在言論有常**하여 **不二三也**라

楊倞注 : 군주의 법이 분명해지는 것은 내세우는 말이 일관되어 갈팡질팡하지 않는 데에 있다는 것이다.

25-107 **表儀既設民知方**이라 **進退有律**하여 **莫得貴賤**하면 **孰私王**하리오

표준을 일단 이미 세워놓으면
백성들이 나아갈 방향 안다네
〈관리의〉 進退에도 규율이 있어
貴賤을 마음대로 조정 못하면
뉘 감히 군왕에게 아첨을 하랴

**進人退人**을 **皆以法律**하고 **貴賤各以其才**하면 **孰有私佞於王乎**아

楊倞注 : 사람을 임용하고 물리치는 것을 모두 법률에 따라 행하고, 귀하게 만들거나 천하게 만드는 것도 각각 그 재능에 따라 한다면, 어느 누가 군왕에게 아첨하겠는가.

25-108 **君法儀**[163)]하여 **禁不爲**하면

---

162) 君法明 : 이 章의 押韻은 明·常·方·王으로, 陽部이다.
163) 君法儀 : 이 章의 押韻은 儀·爲·移·它로, 歌部이다.

군주 법이 행동의 준칙이 되어
해서는 안 될 일을 금지한다면

爲君之法儀는 在自禁止하여 不爲惡이라 ○ 兪樾曰 禁不爲惡이나 而止曰禁不爲라하니 則辭不達이라 注義非也라 君法儀之儀는 當讀爲俄라 說文人部에 俄는 (行)[164]頃也라하고 詩賓之初筵篇에 側弁之俄의 鄭箋曰 俄는 頃貌라하며 廣雅釋詁曰 俄는 衺也라하니 是俄有頃邪之義라 管子書에 或叚義爲之라 明法解曰 雖有大義라도 主無從知之라 故明法曰 佼衆譽多하여 外內朋黨이니 雖有大姦이라도 其蔽主多矣라하여 以大姦爲大義하니 是其證也라 義儀는 古通用하고 義可爲俄라 故儀亦可爲俄라 君法儀는 與上文君法明相對라 上云 君法明하면 論有常이라하고 此云 君法儀하여 禁不爲라하니 言君法明盛則其論有常하고 君法傾邪則當禁之使不爲也라 蓋此皆蒙上文臣下職而言하니 所陳皆臣道也라 楊注因上文君論有五約以明之句하여 妄擧五節以當之하되 而以君法明爲其一하고 所擧又不相連屬하여 更有它文以閒之하니 殆不足據也라

楊倞注：〈훌륭한〉 군주가 되는 법도와 禮儀는 스스로 금지하여 악을 행하지 않는 데에 있다는 것이다.

○ 兪樾：〈楊氏는〉 금지하여 악을 행하지 않는 것이라고 하였으나, 〈본문에는〉 다만 '禁不爲'라 하였으니, 말이 순리롭지 못하다. 〈楊氏의〉 주는 틀렸다. '君法儀'의 '儀'는 마땅히 '俄'로 읽어야 한다. ≪說文解字≫ 〈人部〉에 "俄는 '頃(기울다)'의 뜻이다."라 하고, ≪詩經≫ 〈小雅 賓之初筵〉편에 "側弁之俄(비스듬히 쓴 모자 가우뚱하다.)"라 한 곳의 鄭玄 箋에 "俄는 기울어진 모양이다."라 하였으며, ≪廣雅≫ 〈釋詁〉에 "俄는 '衺(간사하다)'의 뜻이다."라 하였으니, 이로 볼 때 俄에는 '기울다'와 '간사하다'는 뜻이 있다. ≪管子≫에 간혹 '義'자를 빌려 쓴 곳도 있다. ≪管子≫ 〈明法解〉에 "비록 大義(크게 간악한 행위)가 있더라도 군주가 그것을 알 길이 없다. 그러므로 明法에 '사적으로 사귀는 사람이 많은 자는 동아리도 많아 조정 안팎이 모두 그의 朋黨이므로 비록 누

164) (行)：≪說文解字≫에 '行'으로 되어 있고 저본에도 그에 따라 '行'으로 되어 있으나, 段玉裁의 ≪說文解字注≫ 권8 〈人部 俄〉에 "각 판본에는 '行頃'으로 되어 있는데, 이는 〈다른 사람이〉 함부로 '行'을 보탠 것이다. 여기서는 바로잡았다.〔各本作行頃 乃妄加行耳 今正〕"라 한 것에 의거하여 잘못 덧붙여진 것으로 처리하였다.

가 大姦(크게 간악한 행위)이 있더라도 〈그를 위해〉 군주의 이목을 가려버리는 사람도 많다.'라 했다."라고 하여 '大姦'을 '大義'로 썼으니, 이것이 그 증거이다. 義와 儀는 옛날에 통용하였고 '義'는 '俄'가 될 수 있으므로 '儀' 또한 '俄'가 될 수 있다. '君法儀'는 윗글 '君法明'과 서로 대가 된다. 위(25-106)에서는 '君法明 論有常'이라 하고 여기서는 '君法儀 禁不爲'라 하였으니, 이는 군주의 법이 분명하고 확실하면 그 주장하는 말이 일관성이 있고 군주의 법이 편파적이고 바르지 않으면 마땅히 금지하여 그렇게 되지 않도록 해야 한다는 말이다. 대체로 이것은 모두 윗글(25-101) '臣下職'을 이어 말한 것이니, 개진하는 내용은 모두 신하의 도리에 관한 것이다. 楊氏의 주는 윗글(25-100) '君論有五約以明(군주 행할 도리가 다섯 있는데 간결하고 아울러 분명하다네.)'이라는 句로 인해 무턱대고 다섯 節을 뽑아 그 숫자에 맞췄는데, '君法明'이 그 가운데 하나가 되고 나머지 뽑은 것도 죽 이어지지 않아 또 다른 글이 그 사이에 끼어 있으니, 거의 근거로 삼을 것이 못 된다.

25-109 **莫不說**(열)**教名不移**[165]하리라

모두가 군주 教化 즐거워하여
국가 名器 바뀌지 아니하니라

**既能正己**하면 **則民皆悅上之教**하여 **而名器不移也**라 **說**은 **讀爲悅**이라

楊倞注 : 〈군주가〉 이미 능히 자기 자신을 바로잡으면 백성들이 모두 군주의 교화를 기뻐하여 名器가 바뀌지 않는다는 것이다. 說은 '悅(기뻐하다)'로 읽어야 한다.

25-110 **脩之者榮**하고 **離之者辱**하면 **孰**(它師)〔**師它**〕[166]리오

법령을 준수한 자 영화 누리고
법령을 어기는 자 치욕 당하면

---

165) 名不移 : 국가의 기본 제도가 바뀌지 않고 유지된다는 뜻이다. 名은 名器로, 존귀하고 미천한 신분의 등급을 구별하는 爵位·車馬·服飾 등을 가리킨다. 이것은 국가가 유지되는 기본 제도이다.

166) (它師)〔師它〕 : 저본에는 '它師'로 되어 있으나, 郝懿行의 주에 의거하여 '師它'로 바로잡았다.

그 누가 다른 것을 배울 것인가

孰敢以它爲師라 言皆歸王道하여 不敢離貳也라 ○ 郝懿行曰 它師二字誤倒라 當作師它니 則與儀爲移皆韻矣라

楊倞注 : 〈孰它師는〉 누가 감히 다른 것을 스승으로 삼겠느냐는 것이다. 사람들이 모두 聖王의 道로 돌아와 감히 딴마음을 품지 않을 것이라는 말이다.

○ 郝懿行 : '它師' 두 자는 위치가 잘못 뒤바뀐 것이다. 마땅히 '師它'로 되어야 하니, 그렇게 되면 〈它는〉 '儀'·'爲'·'移'와 모두 韻이 된다.

25-111 刑稱陳[167]하고 守其銀하면

형벌이 규율이며 준칙에 맞고
그 한계를 엄격히 준수한다면

稱은 謂當罪라 當罪之法施陳하면 則各守其分限이라 稱은 尺證反이라 銀은 與垠同이라 ○ 王念孫曰 楊說稱陳二字未安이라 余謂陳者는 道也라 文登畢氏恬谿[168]說尙書曰 李斐注漢書哀帝紀曰 陳은 道也[169]라하니 是古謂道爲陳이라 微子云 我祖底遂陳于上은 謂致成道於上也요 君奭云 率惟玆有陳은 謂有道也라하니라 念孫案 大戴記衛將軍文子篇의 君陳則進하고 不陳則行而退도 亦謂道與不道也라 言刑之輕重皆稱乎道하여 而各守其限也라

楊倞注 : 稱은 〈형벌이〉 죄에 들어맞는 것을 이른다. 죄에 들어맞는 법이 반포되면 사람들이 저마다 그 한계를 지킨다는 것이다. 稱은 〈음이〉 尺과 證의 반절이다. 銀은

167) 刑稱陳 : 王天海는 "陳은 眞部이고 程은 耕部이다. 眞과 耕은 韻이 가깝기 때문에 '陳'은 '程'과 통용할 수 있다. 程은 程式으로 준칙이다."라고 하면서 楊倞과 王念孫의 주를 인정하지 않았다. 이에 따라 번역하였다. 이 章의 押韻은 陳·銀·門·分으로, 眞部와 文部가 섞여 있다. '陳'은 眞部에 속하고 나머지는 文部에 속한다.

168) 文登畢氏恬谿 : 畢氏는 淸나라 畢亨(1724~1777)을 가리킨다. 恬谿는 그의 자이고, 文登은 山東의 縣으로 그의 출신지이다. 戴震과 종유하였으며 訓詁學에 밝았는데, 무엇보다 ≪尙書≫에 조예가 깊었다. 孫星衍이 ≪尙書今古文注疏≫를 편찬할 때 그의 설을 많이 채택하면서 經學에 독보적이라고 칭찬하였다.

169) 陳 道也 : ≪漢書≫ 권11 〈哀帝紀〉 제11에 '號曰陳聖劉太平皇帝'라 한 곳의 주이다.

'垠(한계)'과 같다.

○ 王念孫：楊氏의 '稱陳' 두 자에 관한 설명은 온당치 못하다. 내 생각에는 陳이란 '道'의 뜻이다. 文登의 畢恬谿(畢亨)가 ≪尙書≫의 〈陳자에 관해〉 설명하기를 "≪漢書≫ 〈哀帝紀〉의 李斐 주에 '陳은 道의 뜻이다.'라 하였으니, 이로 볼 때 옛날에는 道를 '陳'이라 하였다. ≪尙書≫ 〈商書 微子〉에 말한 '我祖底遂陳于上'은 〈湯王이〉 윗대에서 道를 이루었다는 것을 이르고, ≪尙書≫ 〈周書 君奭〉에 말한 '率惟玆有陳(이처럼 道가 있는 〈신하에〉 의해)'의 〈有陳은〉 道가 있다는 것을 이른다. 나는 살펴보건대, ≪大戴禮記≫ 〈衛將軍文子篇〉에 말한 '君陳則進 不陳則行而退(군주가 道가 있으면 나아가고 道가 없으면 관직에서 물러난다.)'의 〈陳과 不陳도〉 道와 不道를 이른다. 〈刑稱陳 守其銀은〉 형벌이 가볍거나 무거운 것이 모두 道에 들어맞아 저마다 그 한계를 지킨다는 말이다.

## 25-112 下不得用輕私門[170)]하리라

신하들이 〈형법을〉 남용 못하고
私門이 〈지닌 세력〉 약해지리라

下不得專用刑法하면 則私門自輕이라

楊倞注：신하가 형법을 멋대로 행사하지 못한다면 私門의 〈세력이〉 절로 약해질 것이다.

## 25-113 罪[171)]禍有律하여 莫得輕重하면 威不分하리라

죄인을 처벌할 때 법률이 있어
함부로 조정하지 못하게 되면
군주 위엄 나뉘지 아니하리라

禍는 亦罪也라

---

170) 私門：公家의 대칭으로, 권세 있는 집안을 말한다.
171) 罪：동사로, 처벌한다는 뜻이다.

楊倞注：禍는 또한 罪의 뜻이다.

25-114 請牧(祺)〔基〕하라 明有(基)〔祺〕[172]로다

〈治國의〉 기본 도리 들어나 보소
〈군주가〉 총명해야 복이 있다네

祺는 祥也라 請牧治吉祥之事니 在明其所有之基業也라 ○ 兪樾曰 上文云 請牧基賢者思라하니 此文亦當作請牧基明有祺라 傳寫者誤倒基祺兩字耳라 據楊注하면 所見本已倒라

楊倞注：祺는 상서롭다는 뜻이다. 상서로운 일을 다스릴 것을 청하니, 그것은 그(군주)가 소유한 基業을 밝히는 데에 있다는 것이다.

○ 兪樾：윗글(25-27)에 '請牧基 賢者思(〈治國의〉 기본 도리 들어나 보소. 賢者를 흠모하고 〈써야 한다네.〉)'를 말했으니, 이 글 또한 마땅히 '請牧基 明有祺'로 되어야 한다. 옮겨 쓰는 사람이 '基'와 '祺' 두 자를 잘못 뒤바꾼 것이다. 楊氏의 주에 의하면 그가 보았던 판본에도 이미 뒤바뀌어 있었을 것이다.

25-115 主好論議必善謀하리라 五聽修領하면 莫不理續하여 主(執)〔埶〕[173]持하리라

군주가 國事 논의 좋아한다면
세운 계획 반드시 치밀하리라
다섯 원칙 듣고서 요령 닦으면
그 통치 어김없이 이어져나가
군주의 지닌 권세 유지되리라

五聽은 折獄之五聽[174]也라 修領은 謂修之使得綱領이라 莫不有文理相續하여 主

172) 請牧(祺)〔基〕 明有(基)〔祺〕：저본에는 '請牧祺 明有基'로 되어 있으나, 兪樾의 주에 의거하여 '請牧基 明有祺'로 바로잡았다. 이 章의 押韻은 基·祺·謀·持로, 之部이다.

173) (執)〔埶〕：저본에는 '執'으로 되어 있으나, 陶鴻慶의 설에 의거하여 '埶'로 바로잡았다. 王天海도 陶鴻慶의 설에 동의하였다.

174) 折獄之五聽：折獄은 옥사를 판결한다는 뜻이고, 五聽은 사건의 眞僞를 살펴보는 다섯

自執持此道하여 不使權歸於下라 ○ 盧文弨曰 修領은 宋本에 作循領이라 今從元刻하니 注同이라 王念孫曰 領은 猶治也理也니 言五聽皆修理也①라 續은 當爲績이라 主執持는 當爲孰主持라 莫不理績孰主持者②는 言百官莫不各理其事하니 夫孰得而主持之也라 上文曰 莫得輕重威不分은 正所謂孰主持也요 又曰 莫得擅與孰私得과 又曰 莫得貴賤孰私王은 竝與此文同一例라 今本績誤作續하고 孰誤作執하며 執字又誤在主字下하니 則義不可通이라 楊說皆失之라 顧千里曰 五聽은 疑卽上文君論有五約以明也라 弟[175]一章臣下職云云하고 弟二章守其職云云하고 弟三章君法明云云하고 弟四章君法儀云云하고 弟五章刑稱陳云云하며 下文接以五聽修領하니 謂五章爲五聽明甚하고 下文又接以聽之經하니 謂聽爲五聽亦明甚이라 本屬一氣相承이어늘 而楊注別以折獄之五聽解之하니 非也라 又於後注耳目旣顯하면 吏敬法令하여 莫敢恣에 始云 此已上論君有五之事也라하니 亦非也라

① 樂記에 領父子君臣之節의 鄭注에 領은 猶理治也라하고 仲尼燕居에 領惡而全好의 注에 領은 猶治也라하고 淮南本經篇에 神明弗能領也의 高注에 領은 理也[176]라하니라
≪禮記≫ 〈樂記〉에 "領父子君臣之節(부자간과 군신간의 관계를 다스린다.)"이라 한 곳의 鄭玄의 주에 "領은 다스린다[理治]는 말과 같다."라 하고, ≪禮記≫ 〈仲尼燕居〉에 "領惡而全好(〈감히 여쭙니다. 禮의 작용은〉 추악한 것을 다스리고 아름다운 것을 보전하는 데에 있는 것입니까?)"라 한 곳의 鄭玄의 주에 "領은 '治'와 같다."라 하고, ≪淮南子≫ 〈本經訓〉편에 "神明弗能領也(神明이라도 다스리지 못한다.)"라 한 곳의 高誘 주에 "領은 '理(다스리다)'의 뜻이다."라고 하였다.

② 爾雅曰 績은 事也[177]라하니라

---

가지 방법으로 辭聽·色聽·氣聽·耳聽·目聽을 말하는데, ≪周禮≫ 〈秋官 小司寇〉에 보인다. 辭聽은 진술하는 말로 살펴보는 것이고, 色聽은 얼굴표정으로 살펴보는 것이고, 氣聽은 호흡의 緩急으로 살펴보는 것이고, 耳聽은 말을 알아듣는 상태로 살펴보는 것이고, 目聽은 그의 눈동자로 살펴보는 것이다.

175) 弟 : '第'와 통용한다.

176) 樂記……理也 : 저본에는 이 부분이 '言五聽皆修理也' 앞에 놓여 있고 앞뒤에 주석임을 표시하는 괄호가 없다. 王念孫의 ≪讀書雜志≫ 〈荀子第八〉의 '脩領 理續 主執持'에 의거하여 위치를 옮기고 주석으로 처리하였다.

177) 爾雅曰 績事也 : 저본에는 위아래 문구와 곧장 연결되어 있고 ≪讀書雜志≫에도 동일하게 되어 있으나, 文勢로 볼 때 주석으로 간주하는 것이 타당하므로 주석으로 처리

≪爾雅≫에 "績은 일이라는 뜻이다."라 하였다.

楊倞注 : 五聽은 옥사를 판결할 때 이용하는 다섯 가지 살펴보는 방법이다. 修領은 그 방법을 익혀 강령을 터득하게 하는 것을 이른다. 〈옥사를 처결할 때〉 판결문의 조리가 순조롭게 이어지지 않는 일이 없어야 하는데, 군주가 스스로 이 방법을 견지하여 권력이 아랫사람에게 돌아가게 하지 않는다는 것이다.

○ 盧文弨 : '修領'은 宋本에 '循領'으로 되어 있다. 여기서는 元刻本을 따랐으니, 〈楊氏의〉 주도 같다.

王念孫 : 領은 '治'·'理'와 같으니, 옥사의 眞僞를 살펴보는 다섯 가지 방법을 모두 익히고 다스린다는 말이다. '續'은 마땅히 '績'이 되어야 한다. '主執持'는 마땅히 '孰主持'로 되어야 한다. '莫不理績孰主持'란 모든 관리가 저마다 자기 직무를 다스리지 않는 일이 없으니, 대체로 어느 누가 따로 그 일을 관장할 수 있겠느냐는 말이다. 윗글(25-113)에 말한 '莫得輕重 威不分(함부로 조정하지 못하게 되면 군주 위엄 나뉘지 아니하리라.)'은 곧 이른바 '孰主持'이고, 또(25-105) 말한 '莫得擅與 孰私得(제멋대로 주는 일 없게 한다면 뉘 감히 은덕으로 환심을 사랴.)'과, 또(25-107) 말한 '莫得貴賤 孰私王(貴賤을 마음대로 조정 못하면 뉘 감히 군왕에게 아첨을 하랴.)'은 모두 이 글과 동일한 형식이다. 지금 판본에는 '績'이 '續'으로 잘못되고, '孰'이 '執'으로 잘못되었으며, '執'자가 또 '主'자 밑에 잘못 들어가 있으니, 뜻이 통하지 않는다. 楊氏의 설은 모두 잘못되었다.

顧千里 : 五聽은 아마도 곧 윗글(25-100)에 나온 '君論有五約以明(군주가 행할 도리가 다섯 있는데 간결하고 아울러 분명하다네.)'일 것이다. 제1章은 '臣下職' 운운하고, 제2章은 '守其職' 운운하고, 제3章은 '君法明' 운운하고, 제4章은 '君法儀' 운운하고, 제5章은 '刑稱陳' 운운하였으며, 아랫글을 '五聽修領'으로 이어 붙였으니 이 다섯 章을 五聽이라 말한 것이 매우 분명하고, 아랫글에 또 '聽之經'을 이어 붙였으니 聽을 五聽의 뜻으로 말한 것이 또 매우 분명하다. 본디 한 기운으로 서로 이어받는 형식에 속하는데도 楊氏의 주는 이와 달리 '옥사를 판결할 때 이용하는 다섯 가지 살펴보는 방법'으로 풀이하였으니, 틀렸다. 또 뒤쪽(25-123) '耳目旣顯 吏敬法令 莫敢恣(〈군주의〉 귀와 눈이 밝아진다면 관리들은 법령을 삼가 준수해 뉘 감히 제멋대로 행동 못하리)'에 주를 붙인 곳에서 비로소 "이 이상은 군주가 행할 다섯 가지 도리가 있다는 것을 논한 것이다."라

---

하였다.

고 하였으니, 이 또한 틀렸다.

25-116 **聽之經**[178]은 **明其請**이니

정무를 처리하는 올바른 길은
일의 실정 반드시 알아내는 것

**請**은 **當爲情**이라 **聽獄之經**은 **在明其情**이라 ○ **盧文弨曰 案請**은 **古與情通用**이라 **列子說符篇**에 **楊朱曰 發于此而應于彼者唯請**이라하고 **釋文引徐廣曰 古情字或假借作請**이라하며 **又墨子書**에 **多以請爲情**이라 **先謙案 經**은 **道也**니 **說詳勸學篇**이라 **下文兼賞刑言**하니 **則聽非聽獄之謂**요 **謂聽政也**라 **王制篇**에 **聽政之大分**은 **以善至者待之以禮**하고 **以不善至者待之以刑**은 **卽參伍明謹施賞刑也**라 **賢不肖不雜**하고 **是非不亂**은 **信誕分也**라 **無遺善**하고 **無隱謀**는 **隱遠至也**라 **明其請者**는 **彼云 凡聽**에 **威嚴猛厲**하면 **則下不親**하고 **和解調通**하면 **則嘗試鋒起**라 **故非明其情不可**라

楊倞注 : '請'은 마땅히 '情'이 되어야 한다. 訟事를 심리하는 원칙은 그 진실을 밝히는 데에 있다는 것이다.

○ 盧文弨 : 살펴보건대, '請'은 옛날에 '情'과 통용하였다. ≪列子≫ 〈說符篇〉에, 楊朱가 "發于此而應于彼者唯請(이쪽에서 나갔는데 저쪽에서 즉시 반응하는 것은 오직 진심일 뿐이다.)"이라 하고 ≪經典釋文≫에 徐廣의 말을 인용하기를 "옛날에는 '情'자를 간혹 假借하여 '請'으로 쓰기도 하였다."라 하였으며, 또 ≪墨子≫에 '請'이 '情'의 뜻으로 된 경우가 많이 있다.

先謙案 : '經'은 '道'의 뜻이니, 이에 관한 설명은 〈勸學篇〉(1-67)에 자세히 보인다. 아랫글에 포상과 형벌을 겸하여 말했으니, '聽'은 '聽獄(옥사를 심리하는 것)'의 〈'聽'을〉 이르는 것이 아니고 '聽政(정무를 처리하는 것)'의 〈'聽'을〉 이른다. 〈王制篇〉(9-14)에 "聽政之大分 以善至者待之以禮 以不善至者待之以刑(정무를 처리하는 큰 요령은 훌륭한 건의사항을 가지고 오는 사람에 대해서는 예절로 대우하고 악의를 품고 다가오는 사람에 대해서는 형벌로 대응한다.)"이라 한 것은 곧 〈아래(25-117)의〉 '參伍明謹施賞刑(많은 정황 고찰해 분명히 알아 상과 벌을 신중히 행해야 하네.)'의 뜻이다. 〈또 〈王制篇〉(9-14)에〉 "賢不肖不

---

178) 聽之經 : 이 章의 押韻은 經·請·刑·誠으로, 耕部이다.

雜 是非不亂(현자와 불초한 자가 뒤섞이지 않고 옳고 그릇된 일도 혼란해지지 않는다.)"이라 한 것은 〈아래(25-120)의〉 '信誕分(진실과 거짓 이미 분명해지면)'의 뜻이다. 〈또 〈王制篇〉(9-26)에〉 "無遺善 無隱謀(누락된 선행이 없고 숨겨진 계책이 없다.)"라 한 것은 〈아래(25-121)의〉 '隱遠至(은밀한 일 먼 정황 눈에 들어와)'의 뜻이다. 〈이곳의〉 '明其請(〈정무를 처리하는 올바른 길은〉 일의 실정 반드시 알아내는 것)'은 〈이것과 연관된 말을 예로 들면〉 저곳(9-17, 18, 19)에 "凡聽 威嚴猛厲 則下不親(대체로 정무를 처리할 적에 태도가 위압적이고 엄격하면 아랫사람이 두려워서 가까이하지 않는다.)"이라 하고, 또(9-21, 22) "和解調通 則嘗試鋒起(너무 유순하고 격의가 없으면 시험 삼아 탐지해보는 논의가 벌떼같이 일어날 것이다.)"라 한 것이 그것이다. 그러므로 일의 실정을 아는 사람이 아니면 〈정무를 처리할〉 수 없는 것이다.

## 25-117 參伍[179]明謹施賞刑이로다

많은 정황 고찰해 분명히 알아
상과 벌을 신중히 행해야 하네

參伍는 猶錯襍也라 謂或往參之하고 或往伍之하되 皆使明謹施其賞刑이라 言精研不使僭濫也라

楊倞注 : 參伍는 '錯襍(뒤섞여 혼잡하다)'과 같다. 혹은 많은 정황을 종합적으로 비교하여 〈공로를 찾아내고〉 혹은 많은 정황을 종합적으로 헤아려 〈과실을 따지되,〉 모두 분명히 하여 그에 따른 상과 벌을 신중히 주게 하는 것을 이른다. 〈공로와 과실을〉 자세히 연구하여 〈상과 벌이〉 지나치지 않게 한다는 말이다.

## 25-118 顯者必得하고 隱者復(부)顯하면 民反誠[180]하리라

---

179) 參伍 : 곧 '三'과 '五'이다. 일반적으로 많은 것들이 뒤섞여 있는 것을 뜻하는데, 여기서는 많은 정황을 비교, 점검하여 과실이나 공로를 엄밀하게 고찰한다는 뜻으로 확대되었다. ≪韓非子≫ 〈八經〉에 "參伍之道 行參以謀多 揆伍以責失(參伍의 방법이란 많은 정황을 종합적으로 비교하여 공로를 찾아내고 많은 정황을 종합적으로 헤아려 과실을 따지는 것이다.)"라고 하였다. 楊倞 주의 '或往參之'는 '行參以謀多'와 대비되고 '或往伍之'는 '揆伍以責失'과 대비된다.

180) 民反誠 : 백성들의 마음이 진실한 상태로 돌아온다는 뜻이다. 反은 '返'과 같다.

드러난 건 반드시 조사해내고
숨겨진 건 다시금 드러낸다면
백성 마음 진실한 상태가 되리

**幽隱皆通**이면 **則民不詐僞也**라

楊倞注 : 깊이 감추어진 일들이 모두 환히 드러난다면 백성들이 거짓된 마음을 품지 않을 것이다.

25-119 **言有節**[181)]이면 **稽其實**하여

백성 말이 법도가 있게 하려면
그 실정 정밀하게 살펴보아서

**節**은 **謂法度**라 **欲使民言有法及不欺誑**이면 **在稽考行實也**라

楊倞注 : 節은 법도를 이른다. 백성들이 하는 말이 법도가 있고 〈또 윗사람을〉 속이지 않게 하려면 〈그 방법은 말하는 사람의〉 행실을 살펴보는 데에 있다는 것이다.

25-120 **信誕以分賞罰必**이라 **下不欺上**하여 **皆以情言**하면 **明若日**하리라

진실과 거짓 이미 분명해지면
賞罰을 어김없이 행해야 하네
백성 감히 군주를 속이지 못해
말이 모두 진실을 토하게 되면
〈그들 마음〉 해처럼 밝기만 하리

25-121 **上通利**[182)]하면 **隱遠至**하여

---

181) 言有節 : 이 章의 押韻은 節・實・必・日로, 質部이다.
182) 上通利 : 이 章의 押韻은 利・至・視・恣로, 脂部와 質部가 섞여 있다. '利'와 '至'는 質部에 속하고 나머지는 脂部에 속한다.

군주가 사리 밝아 〈막힘없다면〉
은밀한 일 먼 정황 눈에 들어와

上通利하여 不壅蔽면 則幽隱遐遠者皆至也라

楊倞注 : 군주가 사리에 밝아 막히거나 가려지는 일이 없다면 은밀한 일과 먼 곳의 정황이 모두 시야에 들어온다는 것이다.

25-122 觀法不法見不視하리라

법률 범위 밖까지 깊이 살피고
남 보지 못한 것도 볼 수 있다네

所觀之法非法이면 則雖見不視也라 ○ 郝懿行曰 此言觀法於法不及之地하고 見視於視不到之鄕이니 所以謂之隱遠至耳目顯也라 注似未了라

楊倞注 : 살펴보는 법이 바른 법이 아니면 비록 보더라도 눈에 보이지 않는다는 것이다.

○ 郝懿行 : 이것은 법이 미치지 않는 곳에서 법을 관찰하고 〈남이〉 보지 못하는 부분까지 깊이 본다는 말이니, 이런 까닭으로 이것을 '隱遠至(은밀한 일 먼 정황 눈에 들어와)', '耳目顯(〈군주의〉 귀와 눈이 밝아진다면)'이라 이른 것이다. 〈楊氏의〉 주는 분명치 못한 것 같다.

25-123 耳目旣顯하면 吏敬法令하여 莫敢恣하리라

〈군주의〉 귀와 눈이 밝아진다면
관리들은 법령을 삼가 준수해
뉘 감히 제멋대로 행동 못하리

此已上은 論君有五之事也라

楊倞注 : 이 이상은 군주가 행할 다섯 가지 도리가 있다는 것을 논한 것이다.

25-124 君敎出[183)]하면 行有律하고

군주의 敎令 이미 반포가 되면
백성들의 행위가 규범이 있고

五論之敎旣出이면 則民所行有法하니 言知方也라

楊倞注 : 다섯 가지 도리에 관한 敎令이 이미 반포되면 백성들이 행하는 일이 법도가 있을 것이라는 것이니, 〈그들이 나아갈〉 방향을 알 것이라는 말이다.

25-125 吏謹將之無鈹滑하리라

관리들은 신중히 법을 집행해
왜곡하고 어기는 일이 없으리

將은 持也니 詩曰 無將大車라하니라 鈹는 與披同하고 滑은 與汨同하니 言不使紛披汨亂也라 ○ 郝懿行曰 正名篇에 有滑鈹하고 此言鈹滑하여늘 其義同이라 皆謂骫(위)骳滑亂之意라 漢書淮南厲王傳에 骫天下正法의 顔注에 骫는 古委字니 謂曲也라하고 枚乘傳에 其文骫骳라하여늘 骳는 與鈹同하니 謂曲戾也라 滑은 蓋與猾同하니 謂攪亂也라

楊倞注 : 將은 가진다는 뜻이니, ≪詩經≫ 〈小雅 無將〉에 "無將大車(큰 수레를 가지지 말아야 하네.)"라 하였다. 鈹는 '披'와 같고 滑은 '汨'과 같으니, 법령을 어수선하고 어지럽게 하지 않는다는 말이다.

○ 郝懿行 : 〈正名篇〉(22-39)에 "滑鈹(매끄럽고 껄끄럽다)"가 있고 여기서는 '鈹滑'을 말했는데, 그 뜻은 같다. 모두 비뚤어지고 어지러운 뜻을 이른다. ≪漢書≫ 〈淮南厲王傳〉에 "骫天下正法(천하의 엄정한 법령을 왜곡하였다.)"이라 한 곳의 顔師古 주에 "骫는 옛 '委'자이니, 왜곡하는 것을 이른다."라 하고, ≪漢書≫ 〈枚乘傳〉에 "其文骫骳(그 문장은 굴곡이 있다.)"라 하였는데 骳는 '鈹'와 같으니, 굽고 어긋나는 것을 이른다. 滑은 대체로 '猾'과 같으니, 흔들어 어지럽히는 것을 이른다.

183) 君敎出 : 敎는 敎令으로, 백성을 교화하는 군주의 명령을 뜻한다. 이 章의 押韻은 出・律・滑・拙로, 物部이다.

25-126 下不私請하고 各以〔所〕[184)]宜하여 舍巧拙[185)]하리라

신하들은 사적인 청탁 안하고
저마다 합당하게 일을 처리해
교묘한 술책일랑 그만두리라

請은 謁이라 舍는 止也라 羣下不私謁하고 各以所宜하여 不苟求也라 如此則以道事君하여 巧拙之事亦皆止라 ○ 盧文弨曰 各以宜舍巧拙은 句中脫一字라 或當作各以所宜舍巧拙이라

楊倞注 : 請은 '謁(찾아뵙다)'의 뜻이다. 舍는 '止(멈추다)'의 뜻이다. 뭇 신하들이 군주를 사적으로 찾아뵙지 않고 저마다 모든 일을 사리에 합당하게 처리하여 구차하게 뭔가 얻을 것을 구하지 않는다는 것이다. 이와 같이 한다면 바른 도리로 군주를 섬겨 도리에 어긋나는 각종 일 또한 모두 멈춰질 것이다.

○ 盧文弨 : '各以宜舍巧拙'은 문구 속에 한 글자가 빠졌다. 어쩌면 마땅히 '各以所宜舍巧拙'로 되어야 할 것 같다.

25-127 臣謹(脩)〔循〕[186)]이요 君制變하니

신하는 삼가 법을 따를 뿐이고
군주는 법 바꾸는 〈권한 있으니〉

臣職在謹脩하고 君職在制變이라 ○ 王念孫曰 脩는 當爲循이니 字之誤也①라 此言臣當謹循舊法하고 而不變其制니 變則在君也라 循與變亂貫爲韻②이라 此篇之例는 首句無不入韻者라 今本循作脩하니 則既失其義하고 而又失其韻矣라

① 隸書循脩相亂하니 說見管子形勢篇[187)]이라

---

184) 〔所〕: 저본에는 '所'가 없으나, 盧文弨의 주에 의거하여 보충하였다.

185) 巧拙 : 술책이 교묘하고 졸렬하다는 뜻인데, 여기서는 '巧'에만 뜻이 집중되어 교묘한 술책을 가리킨다.

186) (脩)〔循〕: 저본에는 '脩'로 되어 있으나, 王念孫의 주에 의거하여 '循'으로 바로잡았다.

187) 說見管子形勢篇 : '管子形勢篇'은 여기서는 王念孫의 《讀書雜志》〈管子 第一〉의 〈形勢〉를 가리킨다. 그곳에서 '循誤爲脩'를 주제로 설명하기를 "脩는 마땅히 '循'으로 되어야

隸書는 '循'과 '脩'가 서로 뒤섞여 〈분명치 않으니〉 이에 관한 설명은 ≪管子≫ 〈形勢篇〉에 보인다.

② 此以諄元二部通用이라 凡諄元二部之字는 古聲皆不分平上去라

이로 볼 때 諄·元 두 部는 통용한다. 대체로 諄·元 두 部 글자는 옛 聲韻에 모두 平聲·上聲·去聲을 구분하지 않았다.

楊倞注 : 신하의 직분은 법을 삼가 닦는 데에 있고, 군주의 직분은 변화에 대응하는 데에 있다는 것이다.

○ 王念孫 : 脩는 마땅히 '循'이 되어야 하니, 글자가 잘못된 것이다. 여기서는 신하는 마땅히 삼가 옛 법을 준수할 뿐이고 그 제도를 변경하지 못하니, 제도를 변경하는 권한은 군주에게 있다. '循'은 '變'·'亂'·'貫'과 韻이 된다. 이 편의 형식은 첫구에 韻이 들어가지 않는 경우가 없다. 지금 판본에는 '循'이 '脩'로 되어 있으니, 이미 그 뜻이 잘못되고 또 그 韻도 잘못되었다.

## 25-128 公察善思論不亂이라

공정하게 살피고 생각 잘하여
윤리가 문란하지 않아야 하네

○ 先謙案 倫論古字通이라 謂君臣之倫不亂也라 說見儒效篇이라

○ 先謙案 : '倫'과 '論'은 옛 글자에 통한다. 〈論不亂은〉 君臣 사이의 윤리가 문란하지 않는 것을 이른다. 이에 관한 설명은 〈儒效篇〉(8-205)에 보인다.

## 25-129 以治天下하면 後世法之하여 成律貫하리라

이것으로 천하를 다스린다면
후대의 〈제왕들이〉 이를 본받아

---

하니, 이 또한 글자가 잘못된 것이다.〔脩當爲循 亦字之誤也〕"라 하고, 작은 글자 두 줄로 "隸書의 '循'과 '脩' 두 자는 옮겨 쓰는 과정에 가끔 잘못되기도 한다. ≪周易≫ 〈繫辭傳〉의 '損德之修也'의 '修'가 ≪經典釋文≫에는 '循'으로 되어 있고, ≪莊子≫ 〈大宗師〉의 '以德爲循'의 '循'이 ≪經典釋文≫에는 '修'로 되어 있다."라고 한 뒤에, 기타 ≪國語≫·≪史記≫·≪呂氏春秋≫·≪韓非子≫·≪戰國策≫·漢나라 〈北海相景君碑〉 등의 사례를 예시하였다.

법의 계통 〈대대로〉 이뤄지리라

律貫은 法之爲條貫也라 ○ 盧文弨曰 案全篇與詩三百篇中韻同이라

楊倞注 : 律貫은 법이 〈일정한〉 계통이 된 것이다.

○ 盧文弨 : 살펴보건대, 全篇이 ≪詩經≫ 삼백 편 속의 韻과 같다.

## 賦篇 第二十六 제26편 賦

앞서의 〈成相篇〉과 마찬가지로 押韻한 韻文의 형식으로 荀子 자신이 추구하는 이상적인 정치에 관한 의견을 천명하였다. 통속적인 용어로 노래한 〈成相篇〉과 달리 고상하고 격조 높은 용어를 사용하였다.

모두 여덟 章으로 구성되었다. 앞 다섯 章은 '禮'·'知'·'雲'·'蠶'·'箴' 등의 사물을 주제로 한 완전한 賦體이다. 그 형식은 먼저 수수께끼의 답을 이면에 숨겨놓은 상태에서 隱語로 수수께끼의 문제를 설명하고 나중에 그 답을 제시하였다. 그 다음 둘은 네 자씩으로 된 '佹詩'·'小歌'이고, 맨 끝은 '春申君에게 보내는 賦〔遺春申君賦〕'이다.

賦는 어떤 사물을 서술한다는 뜻으로 문체의 한 명칭인데, 음악과 唱을 결합하지 않고 낭송하는 것이 일반적이다. 賦가 문체의 명칭으로 쓰인 것은 ≪荀子≫의 이것이 최초이다.

所賦之事는 皆生人所切이로되 而時多不知라 故特明之라 或曰 荀卿所賦甚多나 今存者唯此言也라하니라 舊第二十二어늘 今亦降在下[1)]라

楊倞注 : 賦로 서술하는 일은 모두 살아 있는 사람에게 절실한 것인데도 그 당시 사람들이 대부분 알지 못했기 때문에 그에 관해 특별히 밝힌 것이다. 혹자는 "荀卿이 지은 賦 작품이 매우 많았으나 〈거의 없어지고〉 지금 남아 있는 것은 이 내용뿐이다."라고 하였다. 옛 편차는 제22였으나 여기서도 순서를 아래로 내려 배치하였다.

---

1) 舊第二十二 今亦降在下 : 漢나라 때 劉向이 정리한 옛 목차는 〈賦篇〉이 맨 끝인 제32에 놓여 있다. '二十二'는 '三十二'의 잘못이 아닌가 의심된다. 만약 '三十二'가 옳다면 지금 이 편의 차례가 제26이므로 '降在下(순서를 아래로 내려 배치하였다.)'가 아니라 '升在上(순서를 위로 올려 배치하였다.)'이라 하는 것이 옳다. '여기서도〔今亦〕'라고 한 것은 앞서 〈君子篇〉과 〈成相篇〉의 차례를 조정한 것처럼 이곳도 그렇게 하였다는 말이다.

## 26-1 爰有大物[2)]하니

여기에 대단히 큰 물건 있으니

爰은 於也라 言於此有大物이라 夫人之大者는 莫過於禮라 故謂之大物也라

楊倞注 : 爰은 '於'의 뜻이다. 여기에 대단히 큰 물건이 있다는 말이다. 대체로 사람에게 큰 것은 禮보다 더한 것이 없기 때문에 그것을 대단히 큰 물건이라 이른 것이다.

## 26-2 非絲非帛이나 文理成章하고

명주실도 비단도 아니건만은
결 무늬 아름다운 문채 이루고

絲帛能成黼黻文章[3)]하니 禮亦然也라

楊倞注 : 명주실과 비단은 〈예복에 수놓아〉 각종 아름다운 채색을 이뤄낼 수 있으니, 禮 또한 그러하다.

## 26-3 非日非月이나 爲天下明이라 生者以壽하고 死者以葬[4)]하며 城郭以固하고 三軍以强[5)]이라 粹而王하고 駁而伯(패)하며 無一焉而亡이나 臣愚不識하여 敢請之王하오이다

---

2) 爰有大物 : 이 章의 押韻에서 章·明·葬·强·亡·王은 陽部이고, 采·理·不·似·海는 之部이고, 體·禮는 脂部이다.

3) 黼黻文章 : 모두 색깔이 아름다운 것들이다. 흰색과 검은색을 黼라 하고, 검은색과 푸른색을 黻이라 하고, 푸른색과 붉은색을 文이라 하고, 붉은색과 흰색을 章이라 한다.

4) 生者以壽 死者以葬 : 禮가 있음으로 인해 산 사람은 덕을 수양하고 건강을 유지하여 장수할 수 있고, 죽은 자는 斂襲으로 단장되고 棺槨에 담겨져 吉地에 고이 묻히는 등 극진한 대우를 받는다는 것이다.

5) 城郭以固 三軍以强 : 禮가 있음으로 인해 백성과 군사들이 외부의 적을 결사적으로 방어하기 때문에 성곽이 견고하게 지켜지고, 군대가 晉 文公 때처럼 長幼의 도리를 지켜 앞으로 진격할 때 젊은 사람이 앞쪽에 있기 때문에 군사력이 강성해진다는 것이다.

태양이며 달 또한 아니건만은
천하에 밝은 빛이 되어준다네
산 사람은 이걸로 장수 누리고
죽은 자는 이걸로 고이 묻히며
내외 성곽 이걸로 견고해지고
三軍 힘이 이걸로 강성해지네
이것이 완전하면 王者가 되고
이것이 반반이면 霸者가 되며
이게 아예 없다면 멸망하는데
신은 둔해 〈그 실체〉 모르겠기에
감히 군왕께 가르침 청하옵니다

言禮之功用甚大어늘 時人莫知라 故荀卿假爲隱語하여 問於先王云 臣但見其功이요 亦不識其名이나 唯先王能知하리니 敢請解之라 先王因重演其義而告之라

楊倞注 : 禮의 효용성이 매우 큰데도 당시 사람들이 알지 못하기 때문에 荀卿이 隱語를 빌려 先王에게 묻기를 "신은 그 효용만 보았을 뿐이고 그 이름을 모르지만 先王께서는 능히 알 것이니, 감히 알려주실 것을 청합니다."라고 했다는 말이다. 이로 인해 先王이 그 뜻을 반복하여 일러주었다.

## 26-4 王曰 此夫文而不采者與[6]아

군왕이 말하였다.
이것은 아름다운 무늬만 있고
채색은 아예 없는 그것 아닌가?

先王爲解說曰 此乃有文飾而不至華采者與아하니라

楊倞注 : 先王이 해명하기를 "이것은 곧 무늬만 있고 화려한 채색까지는 없는 것이 아닌가?"라고 했다는 것이다.

---

6) 與 : '歟'와 같다.

26-5 簡然易(이)知而致有理者與아 君子所敬而小人所不者與아 性不得則若禽獸하고 性得之則甚雅似[7]者與아

이것은 간단하여 알기가 쉽고
또 매우 조리 있는 그것 아닌가?
이것은 君子는 다 존중하지만
小人은 부정하는 그것 아닌가?
본성이 이걸 얻지 못한다면 짐승이나 다름없고
본성이 이걸 얻으면 제대로 바로잡혀 다스려지는 그것 아닌가?

雅는 正也라 似는 謂似續古人이라 詩曰 維其有之리 是以似之[8]라하니라

楊倞注：雅는 올바르다는 뜻이다. 似는 옛사람을 계승하는 것을 이른다. ≪詩經≫에 "維其有之 是以似之(君子가 才德 모두 지니었기에 이로 인해 자손이 녹을 이었네.)"라 하였다.

26-6 匹夫隆之則爲聖人하고 諸侯隆之則一四海者與아 致明而約하고 甚順而體하니 請歸之禮로다

일반인도 이걸 존중하면 聖人이 될 수 있고

---

7) 雅似：于省吾는 "似는 마땅히 治로 간주해 읽어야 한다. 雅治는 위에 말한 禽獸와 서로 虛와 實이 되어 적절하게 상반된 뜻이 된다."라 하고, 熊公哲은 "性은 반드시 禮를 얻은 뒤에 다스려진다."라 하고, 王天海는 "似와 治는 韻部가 같은 것으로 하나의 聲韻이 변한 것이다. 그러므로 통용할 수 있다. 雅似는 곧 雅治이다. 본성이 禮을 얻으면 바로잡혀 잘 다스려진다는 말이다. 이 또한 荀子 性惡說의 뜻이다."라고 하면서 于省吾의 설에 동의하였다.

8) 維其有之 是以似之：≪詩經≫ 〈小雅 裳裳者華〉를 인용한 것이나. 朱熹는 '似'를 같다는 뜻으로 보고 풀이하기를 "그 내면에 재주와 덕을 간직하고 있기 때문에 밖으로 드러나는 것이 그 간직하고 있는 것과 같지 않음이 없다."라고 하였다. 이를 따른다면 '是以似之'를 "겉으로 드러난 게 속과 같다네."로 번역할 수 있다. 그러나 〈毛傳〉에 "似는 '嗣'의 뜻이다."라 하고, 鄭玄의 箋에 "나의 先人이 이 두 가지 덕을 지녔기 때문에 先王이 대대로 녹을 받도록 하여 자손이 그 뒤를 이었다."라고 하였다. 楊倞은 〈毛傳〉대로 이해하였으므로 그에 따라 번역하였다.

제후가 이걸 존중하면 천하를 통일하는 그것 아닌가?
극히 분명하고 간단한 데다
매우 조리 있고 체계적이니
나는 이걸 禮로 귀결 짓노라

**極明而簡約**은 **言易知也**라 **甚順而有體**는 **言易行也**라 **先王言唯歸於禮**는 **乃合此義也**라

楊倞注 : 극히 분명하고 간단하다는 것은 알기 쉽다는 말이다. 매우 조리 있고 체계가 있다는 것은 행하기 쉽다는 말이다. 先王이 오직 禮로 귀결 짓는다고 말한 것은 곧 이와 같은 뜻에 부합하기 때문이다.

## 26-7 禮라

위는 禮에 〈관한 노래이다.〉

○ **盧文弨曰 此目上事也**라 **如禮記**(文王世子)〔**樂記**〕에 **子貢問樂**(악)**之比**[9]니 **下放此**라

○ 盧文弨 : 이것은 이 章의 제목이다. ≪禮記≫ 〈樂記〉에 "子貢問樂(子貢이 음악에 관해 물은 것이다.)"이라고 한 경우와 같으니, 아래도 이와 비슷하다.

## 26-8 皇天隆物[10]하여 以示下民이로되

저 하늘이 하나의 물건을 내려
천하 사람들에게 나눠줬는데

---

9) 如禮記(文王世子)〔樂記〕 子貢問樂(악)之比 : 저본에는 '文王世子'로 되어 있으나, '子貢問樂'은 ≪禮記≫ 〈樂記〉의 내용이므로 '樂記'로 바로잡았다. '子貢問樂'은 〈樂記〉에 子貢이 師乙을 보고 음악에 관해 질문하고 師乙의 대답이 끝난 다음에 붙어 있어 이곳의 경우와 형식이 같다.

10) 皇天隆物 : 物은 지혜를 말한다. 이 章의 押韻에서 民·均·賢은 眞部이고, 淑·穆은 覺部이고, 日·室은 質部이고, 形·成·寧·名은 耕部이고, 隘·狄·敵·迹·適은 錫部이고, 精·榮·寧·平은 耕部이고, 疵·知는 支部이다.

隆은 猶備也라 物은 萬物也라 ○ 王念孫曰 隆은 與降同①이라 示는 本作施니 俗音之誤也라 廣雅曰 施는 予也라하니라

① 古字或以隆爲降이라 說見墨子尙賢中篇[11)]이라
옛 글자는 간혹 '隆'을 '降'의 뜻으로 쓰기도 하였다. 이에 관한 설명은 ≪墨子≫ 〈尙賢 中〉에 보인다.

楊倞注 : 隆은 '備'와 같다. 物은 만물이다.

○ 王念孫 : 隆은 '降'과 같다. 示는 본디 '施'로 되어 있었을 것이니, 俗音으로 인해 잘못된 것이다. ≪廣雅≫에 "施는 '予(주다)'의 뜻이다."라 하였다.

26-9 或厚或薄하여 (帝)〔常〕[12)]不齊均이로다

혹자는 넉넉하고 혹자는 적어
언제나 균등하지 아니하다네

言人雖同見(方)〔示〕[13)]라도 所知或多厚하며 或寡薄하니 天帝或不能齊均也라 ○ 王念孫曰 帝는 本作常하니 字之誤也라 物字는 卽指智而言이라 言皇天降智하여 以予下民이나 厚薄常不齊均이라 故有桀紂湯武之異也라 今本엔 施作示하고 常作帝하니 則義不可通이라 藝文類聚人部五에 引此正作皇天隆物하여 以施下民이로되 或厚或薄하여 常不齊均이라 楊說皆失之라

楊倞注 : 사람이 비록 하늘이 보여준 만물을 모두 동일하게 보았더라도 그것을 이해하는 것은 어떤 사람은 많고 넉넉하며 어떤 사람은 적고 모자라니, 天帝가 어쩌면 그것을 균등하게 주지 못해서일 것이다.

---

11) 說見墨子尙賢中篇 : 王念孫의 ≪讀書雜志≫ 七之一 〈墨子第一〉 '尙賢中'에 '隆'을 주제로 설명한 내용에 "옛날에 '降'과 '隆'은 통용하였으므로 번거롭게 글자를 고칠 것이 없다."라 하면서 ≪荀子≫의 이곳과 ≪戰國策≫·≪說文解字≫·≪尙書大傳≫·≪史記≫ 등의 사례를 인용하여 증명하였다.

12) (帝)〔常〕 : 저본에는 '帝'로 되어 있으나, 王念孫의 주에 의거하여 '常'으로 바로잡았다.

13) (方)〔示〕 : 저본에는 '方'으로 되어 있으나, 駱瑞鶴의 설에 의거하여 '示'로 바로잡았다. 王天海도 그의 설에 동의하였다.

○ 王念孫 : 帝는 본디 '常'으로 되어 있었을 것이니, 글자가 잘못된 것이다. 物자는 곧 '智'를 가리켜 말한 것이다. 하늘이 지혜를 내려 천하의 백성들에게 줬는데, 〈그 지혜가〉 넉넉하거나 모자라 언제나 균등하지 않았기 때문에 桀王·紂王과 湯王·武王이 서로 다른 점이 있었다는 말이다. 지금 판본에는 '施'가 '示'로 되어 있고, '常'이 '帝'로 되어 있으니, 뜻이 통하지 않는다. ≪藝文類聚≫ 〈人部 五〉에 이곳을 인용하여 '皇天隆物 以施下民 或厚或薄 常不齊均'으로 바르게 되어 있다. 楊氏의 설은 모두 잘못되었다.

**26-10 桀紂以亂**하고 **湯武以賢**하니 湣湣**淑淑**이어나 **皇皇穆穆**[14]이어늘

桀王 紂王 이걸로 혼란하였고
湯王 武王 이걸로 현명했으니
思慮가 혼란하고 촉급하거나
言行이 아름답고 거룩했는데

湣湣은 **思慮昏亂也**라 **淑淑**은 **未詳**이나 **或曰 美也**라하니라 **皇皇穆穆**은 **言緖之美也**라 **言或愚或智也**라 ○ **兪樾曰 淑淑訓美**면 **則與**湣湣**不倫矣**라 **淑**은 **當讀爲**踧이라 **文選長笛賦**에 蹜踧攢仄의 **注曰** 蹜踧은 **迫蹙**皃라하고 **海賦**에 葩華踧沑의 **注曰** 踧沑는 **蹙聚也**라하니 踧踧之**誼**도 **亦猶是耳**라

楊倞注 : 湣湣은 思慮가 혼란스럽다는 뜻이다. 淑淑은 알 수 없으나, 혹자는 "아름답다는 뜻이다."라 하였다. 皇皇穆穆은 말과 행동거지가 아름답다는 뜻이다. 어떤 사람은 어리석고 어떤 사람은 지혜롭다는 말이다.

○ 兪樾 : 淑淑이 아름답다는 뜻이 되면 '湣湣'과 걸맞지 않다. 淑은 마땅히 '踧'으로 읽어야 한다. ≪文選≫ 〈長笛賦〉에 "蹜踧攢仄(〈음률이〉 급박하고 하나로 뭉쳤다)"이라 한

---

14) 湣湣淑淑 皇皇穆穆 : 湣湣淑淑은 思慮가 혼란하고 촉급하다는 뜻으로 桀王과 紂王에 해당하고, 皇皇穆穆은 言行이 아름답고 거룩하다는 뜻으로 湯王과 武王에 해당한 것으로, 그 뜻이 상반된다. 湣湣과 淑淑은 楊倞과 兪樾의 주를 참작하여 번역하였고, 皇皇과 穆穆은 ≪爾雅≫ 〈釋詁〉에 "皇皇과 穆穆은 아름답다는 뜻이다."라 한 곳의 주에 "皇皇과 穆穆은 모두 언어와 容止(행동)가 아름답고 거룩하다는 뜻이다."라고 한 것을 근거로 번역하였다.

곳의 李善 주에 "踾踧은 절박한 모양이다."라 하고, ≪文選≫〈海賦〉에 "葩華踧沑(물보라가 몰아친다)"라 한 곳의 李善 주에 "踧沑는 한꺼번에 모인다는 뜻이다."라 하였으니, 踧踧의 뜻도 이와 같다.

### 26-11 周流四海하되 曾不崇日이로다

이것이 온 세상에 두루 미치되
〈그 시간은〉 하루도 아니 걸리네

崇은 充也라 言智慮周流四海하되 曾不充滿一日而徧也라

楊倞注 : 崇은 가득 채운다는 뜻이다. 슬기로운 생각이 온 세상에 두루 미치되 〈걸리는 시간이〉 하루를 다 채우지 않고도 널리 파급된다는 말이다.

### 26-12 君子以修하고 跖以(穿)〔空〕[15)]室이로다

君子는 이것으로 心身을 닦고
盜跖은 이것으로 도적질했네

跖은 柳下惠[16)]之弟니 太山之盜也라 君子用智以修身하고 跖用智以穿室하니 皆帝不齊均之意也라

楊倞注 : 跖은 柳下惠의 아우이니, 太山에서 활동한 도적이다. 君子는 지혜를 이용하여 몸을 닦고, 盜跖은 지혜를 이용하여 남의 집 담을 뚫었으니, 이는 모두 天帝가 그것을 균등하게 주지 않았다는 뜻이다.

### 26-13 大參乎天하고 精微而無形이로다

15) (穿)〔空〕: 저본에는 '穿'으로 되어 있으나, ≪廣文選≫에 의거하여 '空'으로 바로잡았다. 王天海도 "穿자는 巾箱三本에 '空'으로 되어 있다. 穿室은 담을 뚫고 방으로 들어가는 좀도둑이고 空室은 재물을 남김없이 약탈하는 큰 도둑이다. 跖은 큰 도둑이므로 마땅히 담을 뚫고 방으로 들어가는 좀도둑질을 하지 않을 것이다."라고 하였다.

16) 柳下惠 : 春秋時代 魯나라 大夫 展禽이다. 柳下는 그의 食邑이고, 惠는 그의 시호이다. 士師가 되어 刑獄을 관장하였는데, 절개가 곧은 것으로 유명하다.

큰 것은 저 하늘과 짝을 이루고
〈작은 건〉 미세하여 형체도 없네

言智慮大則參天하고 小則精微無形也라

楊倞注 : 슬기로운 생각이 큰 것은 하늘과 견줄 만하고, 작은 것은 미세하여 형체가 없다는 말이다.

26-14 行義[17]以正하고 事業以成하며

행동 태도 이걸로 단정해지고
일과 업적 이걸로 이루어지며

皆在智也라 行은 下孟反이라

楊倞注 : 모든 것이 지혜에 달려 있다는 것이다. 行은 下와 孟의 반절이다.

26-15 可以禁暴足窮[18]하여 百姓待之而後(寧泰)〔泰寧〕[19]하니라

이로 인해 폭정을 금할 수 있고
이로 인해 궁핍을 면할 수 있어
백성들 너나없이 이걸 의지해
비로소 태평 안녕 누릴 수 있네

足窮은 謂使窮者足也라 百姓待君上之智而後安이라 寧泰는 當爲泰寧也라

楊倞注 : 足窮은 궁핍한 사람을 풍족하게 하는 것을 이른다. 백성들은 군주의 지혜로 인해 안녕을 누리게 된다. 寧泰는 마땅히 '泰寧'이 되어야 한다.

---

17) 義 : '儀'와 같다.

18) 可以禁暴足窮 : 楊柳橋는 '足窮' 위에 '可以' 두 자가 빠졌다고 하였고, 王天海는 '可以' 밑이나 '禁暴' 밑에 두 자가 빠진 것 같지만 잘 모르겠다고 하였다. 이것을 참작하여 번역하였다.

19) (寧泰)〔泰寧〕 : 저본에는 '寧泰'로 되어 있으나, 楊倞의 주에 의거하여 '泰寧'으로 바로잡았다.

26-16 臣愚不識하여 願問[20]其名하오이다 曰 此夫安寬平而危險隘者邪(야)아

신은 둔해 〈그 실체〉 모르겠기에
그 이름 무엇인지 여쭙습니다
군왕이 말하였다
이것은 넓고 평탄함을 편안하다 여기고
험난한 건 위태롭다 여기는 그것 아닌가?

言智常欲(見)〔就〕[21]利遠害라

楊倞注 : 지혜는 항상 이익을 추구하고 해로운 것을 멀리하려 한다는 말이다.

26-17 脩[22]潔之爲親而雜汙之爲狄者邪(야)아

〈사람들이〉 아름답고 정갈한 건 가까이하고
난잡하고 더러운 건 멀리하는 그것 아닌가?

智脩潔則可相親이나 若雜亂穢汙면 則與夷狄無異니 言險詐難近也라 ○ 王念孫曰 親은 近也라 狄은 讀爲逖이니 逖은 遠也라 大雅瞻卬篇에 舍爾介狄의 毛傳曰 狄은 遠也라하니 是狄與逖同이라 此言智之爲德이 近於脩潔而遠於雜汙也라 楊說皆失之라

楊倞注 : 지혜가 아름답고 깨끗하다면 서로 가까이할 수 있지만, 만약 난잡하고 더럽다면 오랑캐나 다름없으니, 음흉하고 간사한 것은 가까이하기 어렵다는 말이다.
○ 王念孫 : 親은 가까이한다〔近〕는 뜻이다. 狄은 '逖'으로 읽어야 하니, 逖은 멀리한다는 뜻이다. ≪詩經≫ 〈大雅 瞻卬篇〉에 "舍爾介狄(큰 도리 깊은 생각 버려두고서)"이라 한 곳의 〈毛傳〉에 "狄은 멀다〔遠〕는 뜻이다."라 하였으니, 이로 볼 때 '狄'과 '逖'은 같다. 여기서는 지혜의 기능이 아름답고 깨끗한 것에 가깝고, 난잡하고 더러운 것과는 거리가 멀다는 말이다. 楊氏의 설은 모두 잘못되었다.

---

20) 問 : '聞'과 통용한다.
21) (見)〔就〕 : 저본에는 '見'으로 되어 있으나, 世德堂本에 의거하여 '就'로 바로잡았다.
22) 脩 : 여기서는 아름답다는 뜻이다.

26-18 **甚深藏而外勝敵者邪**(야)아 **法禹舜而能弇迹者邪**(야)아

마음속 깊은 곳에 도사리고 있으면서
밖으로 적과 싸워 이기는 그것 아닌가?
사람들에게 禹와 舜 정신을 본받아서
그 행적을 계승하게 하는 그것 아닌가?

弇은 **襲**이라

楊倞注 : 弇은 계승한다는 뜻이다.

26-19 **行爲動靜**이 **待之而後適者邪**(야)아 **血氣之精也**요 **志意之榮也**니

갖가지 행동거지가 이걸 의지해
비로소 적합해지는 그것 아닌가?
〈생동하는〉 血氣의 정수이고
〈생각하는〉 의지의 꽃이거니

**精**은 **靈**이라 **榮**은 **華**라

楊倞注 : 精은 신령하다는 뜻이다. 榮은 꽃〔華〕이라는 뜻이다.

26-20 **百姓待之而後寧也**하고 **天下待之而後平也**로다 **明達純粹而無疵也**하니 **夫是之謂君子之知**로다

백성은 이걸 의지한 뒤에야 편안해지고
천하는 이걸 의지한 뒤에야 태평해지네
이것은 명철하고 순수해 결함 없으니
이것을 君子의 지혜라 이른다네

**此論君子之智**하여 **明小人之智不然也**라 ○ **王引之曰 疵知爲韻**이라 **疵下也字**는 **涉上文而衍**이라 **藝文類聚無**라

楊倞注 : 여기서는 君子의 지혜를 논하여 小人의 지혜는 그렇지 않다는 것을 밝힌

것이다.

○ 王引之 : '疵'와 '知'는 韻이다. 疵 아래 '也'자는 윗글과 연관되어 잘못 덧붙여진 것이다. ≪藝文類聚≫에는 〈'也'가〉 없다.

規

## 26-21 知라

위는 지혜에 〈관한 노래이다.〉

## 26-22 有物於此[23]하니 居則周靜致下하고 動則綦[24]高以鉅로다

지금 여기 그 어떤 물건 있는데
가만히 있을 때는 조용히 낮게 드리우고
움직일 때는 매우 높게 날아 거대하다네

居는 謂雲物發在地時라 周는 密也라 鉅는 大也라

楊倞注 : 居는 구름이 피어나 지상에 있는 때를 이른다. 周는 빽빽하다는 뜻이다. 鉅는 크다는 뜻이다.

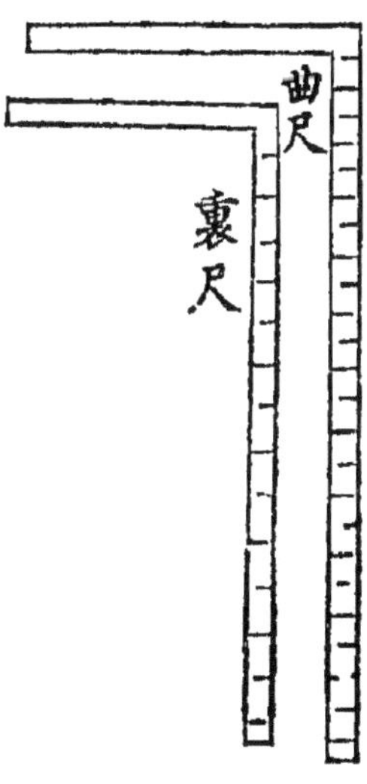


矩

## 26-23 圓者中規하고 方者中矩로다

둥근 모양일 때는 걸음쇠 틀에 들어맞고
모난 모양일 때는 곱자 틀에 들어맞네

---

23) 有物於此 : 이 章의 押韻에서 下·鉅·矩·禹·寓는 魚部이고, 遠·反·蹇은 元部이다. 文·神·門·存·陳은 文部와 眞部가 섞여 있다. 神과 陳은 眞部에 속하고, 나머지는 文部에 속한다. 辭·之·塞·逼·訪·塞·忌·置는 之部와 職部가 섞여 있다. 辭·之·忌는 之部에 속하고, 나머지는 職部에 속한다. 宇·雨·暑는 魚部이다. 神·雲은 眞部와 文部가 섞여 있다. 神은 眞部에 속하고 雲은 文部에 속한다.

24) 綦 : '極'과 같다.

言滿天地之圓方也라

楊倞注 : 둥근 하늘과 모난 地上에 가득하다는 말이다.

26-24 大參天地하고 德厚堯禹로다

큰 것은 하늘 땅과 견줄 만하고
은덕은 堯·禹보다 더 두텁다네

參은 謂天地相似라 雲所致雨 生成萬物하니 其德厚於堯禹者矣라 ○ 盧文弨曰 藝文類聚엔 大參作大齊라 注天地相似上에 似脫一與字라

楊倞注 : 參은 천지와 서로 같다는 것을 이른다. 구름이 만들어낸 비가 만물을 낳아 기르니, 그 은덕은 堯·禹보다 두터운 것이다.

○ 盧文弨 : ≪藝文類聚≫에는 '大參'이 '大齊'로 되어 있다. 〈楊氏의〉 주 '天地相似' 위에 '與' 한 자가 빠진 것 같다.

26-25 精[25)]微乎毫毛나 而充盈乎大寓로다

작기는 터럭 끝보다 미세하지만
광활한 우주 안에 가득 차 있네

寓는 與宇同이라 言細微之時則如毫毛나 其廣大時則盈於大宇之內라 宇는 覆(부)也니 謂天所覆라 三蒼云 四方上下爲宇라하니라 上大參天地라하고 此又云 大盈大宇는 言說雲之變化或大或小라 故重言之也라 ○ 王念孫曰 宋錢佃校本云 諸本에 作充盈乎大寓는 非라하되 案作充盈者是也라 下文充盈大宇而不窕 卽其證이라 充盈與精微對라 監本에 作大盈하니 則旣與下大字複하고 又與精微不對矣라 楊云 其廣大時則盈於大宇之內라하니 則所見本已作大盈이라 藝文類聚天部上에 引作充盈乎天宇라 又曰 呂錢本에 作盈大乎寓宙는 蓋本作充盈乎大寓어늘 後脫充字하고 乎大又譌作大乎하며 後人又因注內兩言宇宙而增宙字라 案盈大는 文不

25) 精 : 여기서는 작다는 뜻이다.

成義라 寓는 與上文下鉅矩禹爲韻하니 寓下不得有宙字라 楊注釋宇字而不釋宙字하니 則本無宙字明甚이라

楊倞注 : 寓는 '宇'와 같다. 〈구름이〉 미세할 때는 터럭 끝 같지만 그것이 넓고 클 때는 거대한 우주 안에 가득 찬다는 말이다. 宇는 덮는다는 뜻이니, 하늘이 덮고 있는 것을 이른다. ≪三蒼≫에 "四方 上下를 '宇'라 한다."라 하였다. 위에서 "大參天地(큰 것은 하늘 땅과 견줄 만하다.)"라 하고, 여기서 또 "大盈大宇(광활한 우주 안에 가득 차 있다.)"라고 말한 것은, 구름의 변화가 혹은 커지기도 혹은 작아지기도 하는 것을 말하는 것이기 때문에 거듭 말한 것이다.

○ 王念孫 : 宋 錢佃校本에 "여러 판본에 '充盈乎大寓'로 되어 있는 것은 틀린 것이다."라 하였으나, 살펴보건대, '充盈'으로 된 것이 옳다. 아랫글에 "充盈大宇而不窕(광대한 우주를 채워 빈틈이 없다.)"라고 한 것이 곧 그 증거이다. '充盈'은 '精微'와 대구이다. 監本에는 '大盈'으로 되어 있으니, 이미 아래의 '大'자와 겹치고 또 '精微'와 대가 되지 않는다. 楊氏는 "其廣大時則盈於大宇之內(그것이 넓고 클 때는 거대한 우주 안에 가득 찬다.)"라 하였으니, 그가 접해본 판본에 이미 '大盈'으로 되어 있었을 것이다. ≪藝文類聚≫ 〈天部 上〉에 이 글을 인용하여 '充盈乎天宇'로 되어 있다.

王念孫 : 呂錢本에 '盈大乎寓宙'로 되어 있는 이유는 아마도 본디 '充盈乎大寓'로 되어 있었을 것인데 뒤에 '充'자가 누락되었고 '乎大'가 또 '大乎'로 잘못되었으며, 후세 사람이 또 〈楊氏의〉 주 안에 '宇宙'를 두 번 언급한 것으로 인해 '宙'자를 보탰을 것이다. 살펴보건대, '盈大'는 글이 뜻을 이루지 못한다. '寓'는 윗글 '下'・'鉅'・'矩'・'禹'와 韻이 되니, '寓' 밑에 '宙'자가 있을 수 없다. 楊氏의 주에 '宇'자는 풀이하고 '宙'자는 풀이하지 않았으니, 본디 '宙'자가 없었다는 것이 매우 분명하다.

26-26 忽兮其極之遠也하고 攭兮其相逐而反也하여

아스라이 끝까지 멀리 가기도 하고
돌면서 서로 좇아 다시 돌아오기도 하면서

攭는 與劙同이라 攭兮는 分判貌라 言雲或慌忽之極而遠擧하고 或分散相逐而還於山也라 攭音戾라 ○ 王念孫曰 忽은 遠貌라 楚辭九歌曰 平原忽兮路超遠이라하고 九章曰 道遠忽兮라하니 是忽爲遠貌라 極은 至也라 言忽兮其所至之遠也라 攭者는 雲氣旋轉之貌①며 反도 亦旋也라 故曰 攭兮其相逐而反也라하니라 楊說皆失之라

① 考工記鳧氏에 鍾縣謂之旋이라하니라 程氏易疇[26]通藝錄曰 旋은 所以縣鍾者니 設於甬[27]上이라 孟子謂之追蠡(퇴려)하니 言追出於甬上者乃蠡也라 蠡는 與螺通하니 文子所謂聖人法蠡蚌而閉戶是也라 螺小者謂之蜁蝸하니 郭璞江賦所謂鸚螺蜁蝸是也라 曰旋曰蠡나 其義不殊라 蓋爲金柄於甬上하여 以貫於縣之者之鑿中하니 形如螺然이라 如此則宛轉流動하여 不爲聲病矣라 水經(睢)〔睢〕[28]水注云 睢陽城內有高臺하니 謂之蠡臺라하고 續述征記曰 回道如蠡라 故謂之蠡臺라하니 是凡言蠡者는 皆取旋轉之義라

≪周禮≫ 〈考工記 鳧氏〉에 "編鍾을 매단 고리를 '旋'이라 이른다."라 하였다. 程易疇(程瑤田) 씨의 ≪通藝錄≫에 "旋은 編鍾을 매다는 것이니, 甬 위에 설치한다. ≪孟子≫ 〈盡心 下〉에 그것을 '追蠡'라 하였으니, 甬 위에 튀어나온 것이 곧 '蠡'라는 말이다. 蠡는 '螺(소라)'와 통하니, ≪文子≫의 이른바 '聖人法蠡蚌而閉戶(聖人이 소라를 본떠 문을 닫을 것이다.)'라고 한 것이 이것이다. 소라가 작은 것을 蜁蝸라 이르니, 郭璞 〈江賦〉의 이른바 '鸚螺蜁蝸(鸚鵡螺는 〈앵무새 모양과 같고〉 蜁蝸는 〈소라 모양과 같다.〉)'라고 한 것이 이것이다. 旋이라 하기도 하고 蠡라 하기도 하지만 그 뜻은 다르지 않다. 대체로 甬 위에 쇠자루를 만들어서 編鍾을 매다는 부분의 구멍에 꿰는 것이니, 그 모양이 소라와 비슷하다. 이렇게 하면 〈울리는 종소리가〉 순탄하고 원활하며 여운이 길어 소리에 결함이 생기지 않는다."라고 하였다. ≪水經注≫ 〈睢水〉에 "睢陽縣의 성안에 높은 臺가 있으니, 그것을 蠡臺라 이른다."라 하고, ≪續述征記≫에 "도는 길이 소라껍데기와 같기 때문에 蠡臺라 이른다."라 하였으니, 이로 볼 때 일반적으로 蠡라고 말하는 것은 모두 회전한다는 뜻을 취한 것이다.

楊倞注 : 攙는 '劃(가르다)'와 같다. 攙兮는 갈라지는 모양이다. 구름이 어떤 때는 극도로 황홀하게 먼 곳에서 일어나고 어떤 때는 흩어져서 서로 뒤쫓아 산속으로 들어가기도 한다는 말이다. 攙는 음이 '戾'이다.

○ 王念孫 : 忽은 거리가 먼 모양이다. ≪楚辭≫ 〈九歌〉에 "平原忽兮路超遠(아스라한 평원에 고향 길 까마득해)"이라 하고, ≪楚辭≫ 〈九章〉에 "道遠忽兮(길이 멀어 아스랗다)"라 하였으니, 이로 볼 때 忽은 거리가 먼 모양으로 쓴 것이다. 極은 이르러 간다는 뜻이

26) 程氏易疇 : 程瑤田(1725~1814)을 가리킨다. 淸나라 安徽 歙縣 사람으로, 易疇은 그의 자이다. 江蘇 嘉定縣敎諭를 지냈다. 江永의 문인으로, 고증학에 조예가 깊어 錢大昕과 王鳴盛의 존경을 받았다. 고대의 器物에 대해 그림을 그리고 설명을 곁들인 ≪通藝錄≫ 42권과 動植物學 연구에 가까운 ≪釋蟲小記≫ · ≪釋草小記≫를 저술하였다.

27) 甬 : 鍾 꼭대기에 붙은 손잡이를 말한다.

28) (睢)〔睢〕 : 저본에는 '睢'로 되어 있으나, ≪水經注≫ 卷24에 의거하여 '睢'로 바로잡았다.

다. 아스라이 그것이 이르러가는 데가 멀다는 말이다. 攙란 구름기운이 회전하는 모양이고, 反도 돌아온다는 뜻이므로, "회전하며 그것이 서로 뒤좇아 돌아온다."라 하였다. 楊氏의 설은 모두 잘못되었다.

### 26-27 卬卬兮天下之咸蹇也로다

허공 높은 곳에서 〈단비를 뿌려〉
온 천하가 〈그 은택을〉 입는다네

卬卬은 高貌라 雲高而不雨면 則天下皆蹇難也라 ○ 兪樾曰 楊注非是라 蹇은 當讀爲攓이라 方言에 攓은 取也라하니라 雲行雨施하여 澤被天下하면 天下皆有取也라 故曰 卬卬兮天下之咸攓也라하니라 下文德厚而不捐은 卽承此而言이라 若如楊注면 則與下意不貫矣라

楊倞注 : 卬卬은 높은 모양이다. 구름이 높이 떠 있으나 비가 내리지 않으면 천하가 모두 힘겹고 곤란을 겪는다는 것이다.

○ 兪樾 : 楊氏의 주는 옳지 않다. 蹇은 마땅히 '攓'으로 읽어야 한다. ≪方言≫에 "攓은 취한다는 뜻이다."라 하였다. 구름이 떠다니며 비를 뿌려 천하에 은택을 입히면 천하가 모두 〈그 은택을〉 취하는 일이 있기 때문에 "卬卬兮天下之咸攓也(허공 높은 곳에서 〈단비를 뿌려〉 온 천하가 그 은택을 입는다네.)"라고 말한 것이다. 아랫글 "德厚而不捐(은덕이 두터워서 버리는 것 하나 없다.)"은 곧 이 글을 이어받아 말한 것이다. 만약 楊氏의 注대로라면 아랫글의 뜻과 연결되지 않는다.

### 26-28 德厚而不捐하고 五采備而成文이로다

은덕이 두터워서 버리는 것 하나 없고
五色을 구비하여 고운 무늬 이룬다네

捐은 弃也라 萬物或美或惡을 覆被之하여 皆無捐弃也라

楊倞注 : 捐은 버린다는 뜻이다. 혹은 아름답고 혹은 추악하기도 한 만물을 감싸 은택을 입혀 〈무엇이든〉 모두 버리는 것이 없다는 것이다.

26-29 往來惛憊하여 通于大神하고

오가는 게 어둡고 비밀스러워
〈변화무쌍〉 天神과 서로 통하고

惛憊는 猶晦瞑也라 通于大神은 言變化不測也라 憊는 困也라 人困하면 目亦昏暗이라 故惛憊爲晦瞑也라

楊倞注 : 惛憊는 컴컴하다는 뜻이다. 通于大神은 끊임없이 달라져서 측량할 수 없다는 말이다. 憊는 피곤하다는 뜻이다. 사람이 피곤하면 눈도 어둡기 때문에 惛憊가 컴컴하다는 뜻이 되는 것이다.

26-30 出入甚極하여 莫知其門이로다

나드는 게 너무도 순식간이라
그 문이 어디일까 아는 이 없네

極은 讀爲亟이니 急也라 門은 謂所出者也라

楊倞注 : 極은 '亟'으로 읽어야 하니, 급하다는 뜻이다. 門은 나가는 것을 이른다.

26-31 天下失之則滅하고 得之則存이로다

천하가 그것을 잃는다면 멸망하고
그것을 얻는다면 생존할 수 있다네

雲所以成雨也라

楊倞注 : 구름은 비를 만들기 때문이다.

26-32 弟子不敏이나 此之願陳하니 君子設辭하여 請測意之하니이다

제자가 총명하지 못하긴 해도
이 말씀 올리려고 시도했으니
君子께서 말을 잘 구사하시어

알아맞혀 보기를 청하옵니다

弟子는 荀卿自謂라 言弟子不敏하여 願陳此事나 不知何名하니 欲君子設辭하여 請測其意라 亦言雲之功德은 唯君子乃明知之也라 ○ 王引之曰 楊以意爲志意之意하니 非也라 意者는 度(탁)也라 言請測度之也라 禮運曰 聖人耐以天下爲一家하고 以中國爲一人者는 非意之也라하고 管子小問篇에 東郭郵曰 君子善謀而小人善意하니 臣意之也라하니 是意爲度也①라

① 意之言은 億也니 韓子解老篇에 先物行先理動之謂前識이라 前識者는 無緣而忘意度也라하니 忘은 與妄同이라 莊子胠篋篇云 妄意室中之藏이 是也라 王袞29) 四子講德論에 今子執分寸而罔億度이라하니 罔億度은 卽妄意度이라 鄭注少儀曰 測은 意度也라하여늘 意는 本又作億이라 論語先進篇에 億則屢中이라하여늘 漢書貨殖傳엔 億作意라

意라는 말은 '億(추측하다)'의 뜻이니, ≪韓非子≫ 〈解老篇〉에 "先物行先理動之謂前識 前識者 無緣而忘意度也(사물이 드러나기 이전과 사리가 드러나기 이전에 행동하는 것을 앞서 아는 것이라고 이른다. 앞서 안다는 것은 아무런 근거 없이 멋대로 추측하는 것이다.)"라 하였으니, 忘은 '妄'과 같다. ≪莊子≫ 〈胠篋篇〉에 "妄意室中之藏(방안에 숨겨둔 재물을 멋대로 추측한다.)"이라 한 것이 이 경우이다. 王袞의 〈四子講德論〉에 "今子執分寸而罔億度(지금 그대는 한 푼, 한 치만 알고서 멋대로 추측한다.)"이라 하였는데, 罔億度은 곧 '妄意度'이다. ≪禮記≫ 〈少儀〉 鄭玄의 주에 "測 意度也(測은 추측한다는 뜻이다.)"라 하였는데, '意'는 본디 또 '億'으로 되어 있다. ≪論語≫ 〈先進篇〉에 "億則屢中(추측하면 자주 맞힌다.)"이라 하였는데, ≪漢書≫ 〈貨殖傳〉에는 '億'이 '意'로 되어 있다.

楊倞注 : 弟子는 荀卿이 자기를 가리키는 말이다. 제자가 총명하지 못하여 이와 같은 일을 진술하지만 그 명칭이 무엇인지는 모르니 君子께서 말을 잘 구사하여 그 뜻을 헤아려보길 원한다는 말이다. 또 구름의 功德은 오직 君子만 그것을 분명히 안다는 말이다.

○ 王引之 : 楊氏는 '意'를 '志意(의지)'의 '意'로 풀이하였으니, 틀렸다. 意란 헤아린다는 뜻이니, 〈당신이 그 명칭을〉 헤아려보길 청한다는 말이다. ≪禮記≫ 〈禮運〉에 "聖人耐以天下爲一家 以中國爲一人者 非意之也(聖人이 능히 천하를 한 가정으로 여기고 중국의

29) 王袞 : B.C. 90~B.C. 51. 西漢의 蜀 資中 사람으로, 자는 子淵이다. 辭賦를 잘 지은 것으로 유명하다. 袞는 '褒'와 같다.

민중을 한 사람으로 여기는 것은 〈자기 주관에 의해〉 추측한 것이 아니다.)"라 하고, ≪管子≫ 〈小問篇〉에 東郭郵가 "君子善謀而小人善意 臣意之也(君子는 계책을 잘 세우고 小人은 추측을 잘하는데, 이것은 臣이 추측한 것입니다.)"라 하였으니, 이로 볼 때 意는 헤아린다는 뜻이다.

## 26-33 曰 此夫大而不塞者與아

君子가 말하였다.
이것은 거대하여 가로막을 수 없는 그것 아닌가?

雲氣無實이라 故曰不塞이라하니라

楊倞注 : 구름은 실질이 없기 때문에 가로막을 수 없다고 말한 것이다.

## 26-34 充盈大宇而不窕하고 入郄穴而不偪者與아

이것은 광대한 우주를 채워 빈틈이 없고
틈새나 구멍에 들어가더라도 좁지 않은 그것 아닌가?

窕는 讀爲篠니 深貌也라 言充盈則滿大宇하고 幽深則入郄穴이라도 而曾無偪側不容也라 篠는 它弔反이라 ○ 王念孫曰 楊訓窕爲深貌하고 又以窕字連下句解之하니 皆非也라 充盈大宇而不窕爲句라 窕者는 間隙之稱이니 言充盈大宇而無間隙也라 偪은 不容也라 偪與窕는 義正相反이라 廣雅曰 窕는 寬也라하고 昭二十一年左傳에 鐘小者不窕하고 大者不摦(화)라 窕則不咸하고 摦則不容의 杜注曰 窕는 細不滿也라 摦는 橫大不入也라 不咸은 不充滿人心也라 不容은 心不堪容也라하니라 大戴禮王言篇曰 布諸天下而不窕하고 內(납)[30]諸尋常之室而不塞이라하고 管子宙合篇曰 其處大也不窕하고 其入小也不塞이라하고 墨子尙賢篇曰 大用之天下則不窕하고 小用之則不困이라하고 呂氏春秋適音篇曰 音大鉅則志蕩하니 以蕩聽鉅則耳不容하고 不容則橫塞하고 橫塞則振大라 小則志嫌하니 以嫌聽小則耳不充하고 不充則不詹하고 不詹則窕의 高注曰 窕는 不滿密也라하니 義竝與此同이라

30) 內(납) : '納'과 통용한다.

楊倞注 : 窕는 '篠'로 읽어야 하니, 깊은 모양이다. 가득 차면 광대한 우주에 가득하고 그윽하고 깊으면 틈이나 구멍에 들어가더라도 당초에 좁아서 수용하지 못하는 일이 없다는 말이다. 篠는 〈음이〉 它와 弔의 반절이다.

○ 王念孫 : 楊氏는 窕의 뜻을 깊은 모양이라 하고, 또 '窕'자를 아래 구에 붙여 풀이하였으니, 모두 틀렸다. '充盈大宇而不窕'가 구가 된다. 窕는 틈새를 가리키는 말이니, 〈充盈大宇而不窕는〉 광대한 우주에 충만하여 틈새가 없다는 말이다. 偪은 〈좁아서〉 수용하지 못한다는 뜻이다. 偪과 窕는 뜻이 정확히 서로 반대이다. ≪廣雅≫에 "窕는 여유롭다〔寬〕는 뜻이다."라 하고, ≪春秋左氏傳≫ 昭公 21년에 "鐘小者不窕 大者不摦 窕則不咸 摦則不容(鐘이 작은 것은 〈소리가〉 가늘지 않아야 하고 큰 것은 〈소리가〉 우렁차지 않아야 한다. 〈종소리가〉 가늘면 모든 사람의 마음에 차지 않고 〈종소리가〉 우렁차면 듣는 사람의 마음이 그것을 수용하지 못한다.)"이라 한 곳의 杜預 주에 "窕는 〈소리가〉 가늘어 〈마음에〉 차지 않는다는 뜻이다. 摦는 지나치게 커서 〈귀에〉 들어가지 않는다는 뜻이다. 不咸은 사람들의 마음에 차지 않는다는 뜻이다. 不容은 마음에 그것을 수용하지 못한다는 뜻이다."라고 하였다. ≪大戴禮記≫ 〈王言篇〉에 "布諸天下而不窕 內諸尋常之室而不塞(천하에 널리 전개하더라도 빈틈이 없고, 좁은 방안에 거둬들이더라도 꽉 막히지 않는다.)"이라 하고, ≪管子≫ 〈宙合篇〉에 "其處大也不窕 其入小也不塞(광대한 곳에 처하더라도 빈틈이 없고, 협소한 곳에 들어가더라도 꽉 막히지 않는다.)"이라 하고, ≪墨子≫ 〈尙賢篇〉에 "大用之天下則不窕 小用之則不困(천하를 〈다스리는〉 큰 곳에 쓰더라도 빈틈이 없고, 작은 곳에 쓰더라도 궁색하지 않다.)"이라 하고, ≪呂氏春秋≫ 〈適音篇〉에 "音大鉅則志蕩 以蕩聽鉅則耳不容 不容則橫塞 橫塞則振大 小則志嫌 以嫌聽小則耳不充 不充則不詹 不詹則窕(음악소리가 지나치게 크면 사람의 마음이 흔들리니, 흔들리는 마음으로 큰소리를 들으면 귀가 그것을 수용하지 못하고, 수용하지 못하면 〈마음이〉 꽉 막히고 〈마음이〉 꽉 막히면 〈마음이〉 흔들릴 수 있다. 〈음악소리가〉 지나치게 작으면 사람의 마음이 만족하지 못하니, 만족하지 못하는 마음으로 작은 소리를 들으면 귀가 충만하지 못하고, 충만하지 못하면 〈마음에〉 차지 않고, 〈마음에〉 차지 않으면 만족하지 못할 수 있다.)"라 한 곳의 高誘 주에 "窕는 충만하고 엄밀하지 않다는 뜻이다."라 하였으니, 그 뜻이 모두 이곳의 〈窕자와〉 같다.

## 26-35 行遠疾速而不可託訊[31](者與)[32]하고

31) 訊 : '迅'과 통용한다. ≪爾雅≫ 〈釋言〉에 "振은 '訊'의 뜻이다."라 하였는데, 郝懿行의 ≪爾雅義疏≫에 "訊은 '迅'의 假借字이다."라 하고, ≪漢書≫ 〈揚雄傳〉에 "猋駭雲訊 奮以方攘

이것은 멀리 빠르게 가지만 그 빠른 것에 의탁할 수 없고

訊은 書問也라 行遠疾速하면 宜於託訊이어늘 今雲者虛無라 故不可라 本或作託訓이라 或曰 與似續[33)]同也라하니 言雲行遠疾速하여 不可依託繼續也라 ○ 盧文弨曰 訊不與前後韻協하니 疑是訊託誤倒耳라 注或作託訓도 亦似誤라 王念孫曰 訊下者與二字는 蓋因上下文而衍이라 訊字不入韻하고 上文充盈大宇而不窕의 窕字亦不入韻也라 盧云 訊不與前後韻協하니 疑是訊託誤倒는 非是①라

① 託字於古音屬鐸部하고 塞偪等字於古音屬職部하니 改託訊爲訊託도 仍不合韻이라
'託'자는 옛 음에 鐸部에 속하고, '塞'·'偪' 등의 글자는 옛 음에 職部에 속하니, '託訊'을 '訊託'으로 고치더라도 이곳의 押韻과 맞지 않다.

楊倞注 : 訊은 편지로 안부를 묻는다는 뜻이다. 멀리 빠르게 간다면 그 편에 안부편지를 맡기는 것이 당연하지만 지금 구름이란 허무하기 때문에 그럴 수 없다는 것이다. 다른 판본에는 간혹 '託訓'으로 되어 있기도 하다. 혹자는 "〈託訊은〉 '似續'과 같다."라 하였으니, 구름이 멀리 빠르게 가지만 계속해서 의탁할 수는 없다는 말이다.
○ 盧文弨 : '訊'은 앞뒤의 押韻과 맞지 않으니, 아마도 '訊託'이 〈'託訊'으로〉 잘못 뒤바뀌었을 것이다. 〈楊氏의〉 주에 "간혹 '託訓'으로 되어 있기도 하다."라고 한 것도 잘못된 것 같다.

王念孫 : '訊' 아래 '者與' 두 자는 대체로 위아래 글로 인해 잘못 덧붙여졌을 것이다. '訊'자는 이곳의 押韻 속에 들어가지 않고, 윗글 '充盈大宇而不窕'의 '窕'자 또한 押韻 속에 들어가지 않는다. 盧氏가 "'訊'은 앞뒤의 押韻과 맞지 않으니, 아마도 '訊託'이 〈'託訊'으로〉 잘못 뒤바뀌었을 것이다."라고 한 것은 옳지 않다.

## 26-36 往來惛憊而不可爲固塞者與아

---

(세찬 바람과 빠른 구름처럼 방금 모였다가 곧 흩어진다.)"이라 한 곳의 顏師古 주에 "訊 또한 빠르다는 뜻이다."라고 하였다.

32) (者與) : 저본에는 '者與'가 있으나, 王念孫의 주에 의거하여 잘못 덧붙여진 것으로 처리하였다.

33) 似續 : ≪詩經≫ 〈小雅 斯干〉에 "似續妣祖 築室百堵(돌아가신 조부모 뒤를 계승해 宮室의 많은 담을 쌓아올렸네.)"라 한 데서 나온 것으로, 似는 '嗣'와 같다. 여기서는 단순히 중단하지 않고 계속된다는 뜻인 듯하다.

오가는 게 어둡고 비밀스러워 가로막을 수 없는 그것 아닌가?

雖往來晦暝하고 掩蔽萬物이라도 若使牢固蔽塞하면 則不可라

楊倞注 : 비록 오가는 것이 컴컴하고 만물을 덮어 가리더라도, 만약 단단히 가로막으려고 시도한다면 그렇게 될 수 없다는 것이다.

## 26-37 暴至殺傷而不億忌者與아

이것은 갑자기 이르러 〈만물을〉 죽이고 상처를 입히되 망설이거나 꺼리지 않는 그것 아닌가?

億은 謂以意度(탁)之라 論語曰 億則屢中이라하니라 或曰 與抑同이라하니라 謂雷霆震怒하여 殺傷萬物하되 曾不億度疑忌니 言果決不測也라 ○ 王念孫曰 億은 讀爲意①라 意는 疑也라 言暴至殺傷하되 而曾無所疑忌也라 廣雅曰 意는 疑也라하여늘 漢書文三王傳에 於是天子意梁의 顔師古注與廣雅同이라 韓子說疑篇에 上無意하고 下無怪의 無意는 無疑也요 史記陳丞相世家의 項王爲人은 意忌信讒과 平津侯傳의 弘爲人意忌하여 外寬內深과 酷吏傳의 湯雖文深意忌는 皆謂疑忌也라 楊以億爲億度하니 則分億與忌爲二義라 失之矣라

① 意億古字通이라 說見前測意之下라
'意'와 '億'은 옛 글자에 통용하였다. 이에 관한 설명은 앞(26-32)에 있는 '測意' 밑에 보인다.

楊倞注 : 億은 마음속으로 헤아리는 것을 이른다. ≪論語≫ 〈先進〉에 "億則屢中(추측하면 자주 맞힌다.)"이라 하였다. 혹자는 "〈億은〉 '抑'과 같다."라 하였다. 천둥 벼락이 크게 노하여 만물을 살상하되 당초에 헤아리거나 의심하지 않는 것을 이르니, 헤아려보지 않고 결행한다는 말이다.

○ 王念孫 : 億은 '意'로 읽어야 한다. 意는 '疑(의심하다)'의 뜻이다. 갑자기 이르러 〈만물을〉 죽이고 상처를 입히되 당초에 의심하거나 꺼리는〔疑忌〕 일이 없다는 말이다. ≪廣雅≫에 "意는 의심한다〔疑〕는 뜻이다."라 하였는데, ≪漢書≫ 〈文三王傳〉에 "於是天子意梁(그리하여 천자가 梁나라의 소행임을 의심하였다.)"이라고 한 곳의 顔師古의 주도 ≪廣雅≫와 같다. ≪韓非子≫ 〈說疑篇〉에 "上無意 下無怪(군주는 의심하는 일이

없고 신하는 이상한 행동이 없게 된다.)"라 한 곳의 '無意'는 '無疑(의심이 없다)'의 뜻이고, ≪史記≫ 〈陳丞相世家〉의 "項王爲人 意忌信讒(項王은 사람됨이 사람들을 의심하고 시기하여 참소하는 말을 믿는다.)"이라 한 것과, ≪史記≫ 〈平津侯傳〉의 "弘爲人意忌 外寬內深(公孫弘은 사람됨이 사람들을 의심하고 시기하여 겉으로는 관대하지만 속마음은 깊어 〈측량할 수 없었다.〉)"이라 한 것과, ≪史記≫ 〈酷吏傳〉의 "湯雖文深意忌(張湯이 비록 법을 엄격하게 집행하고 사람들을 의심하고 꺼렸으나 〈이와 같은 좋은 평판을 얻었다.〉)"라고 한 것의 〈意忌는〉 모두 '疑忌(의심하고 꺼림)'를 이른다. 楊氏는 億을 헤아리는 뜻이라고 하였으니, 이는 '億'과 '忌'를 〈서로 다른〉 두 가지 뜻으로 이해한 것이다. 이는 잘못된 것이다.

## 26-38 功被天下而不私置者與아

이것은 공덕이 천하에 두루 미치되 자기 은덕으로 여기지 않는 그것 아닌가?

天下同被其功하여 曾無所私置하고 又言無偏頗라 ○ 王念孫曰 置는 讀爲德이라 言功被天下而無私德也라 繫辭傳에 有功而不德의 德이 鄭陸蜀才[34] 竝作置라 鄭云 置는 當爲德이라하니라 逸周書官人篇의 有施而弗德이 大戴禮文王官人篇엔 作有施而不置하고 荀子哀公篇의 言忠信而心不德이 大戴禮哀公問五義篇엔 作躬行忠信而心不置하니 是置爲德之借字也라 此段以塞偪塞忌置爲韻이라 忌는 讀如極①이라 置는 與德同이라

① 左傳費無極이 史記엔 作費無忌라
≪春秋左氏傳≫의 '費無極'이 ≪史記≫에는 '費無忌'로 되어 있다.

楊倞注 : 천하가 그 공덕을 입어 당초에 私情을 두는 일이 없고 또 편파적인 일이 없다는 말이다.

○ 王念孫 : 置는 마땅히 '德'으로 읽어야 한다. 공덕이 천하에 미치되 자기 은덕으로 여기는 일이 없다는 말이다. ≪周易≫ 〈繫辭傳〉에 "有功而不德(공덕이 있더라도 자기 은덕으로 여기지 않는다.)"의 '德'이 鄭本·陸本·蜀才本에는 모두 '置'로 되어 있다. 鄭玄이 "置는 마땅히 '德'으로 되어야 한다."라 하였다. ≪逸周書≫ 〈官人篇〉의 "有施而弗德

---

34) 鄭陸蜀才 : 鄭은 鄭本으로 後漢 鄭玄(127~200)이 편찬한 ≪周易鄭康成注≫이고, 陸은 陸本으로 後漢 陸績(188~219)이 편찬한 ≪陸氏易解≫이고, 蜀才는 蜀才本으로 東晉 때 成漢의 范賢이 편찬한 ≪蜀才易注≫이다.

(베푸는 일이 있더라도 자기 은덕으로 여기지 않는다.)"이 ≪大戴禮記≫ 〈文王官人篇〉에는 '有施而不置'로 되어 있고, ≪荀子≫ 〈哀公篇〉의 "言忠信而心不德(하늘 말이 충성스럽고 성실하더라도 마음은 스스로 덕을 지녔다고 여기지 않는다.)"이 ≪大戴禮記≫ 〈哀公問五義篇〉에는 "躬行忠信而心不置(몸은 충성스러움과 성실함을 실천하더라도 마음에는 덕을 지녔다고 여기지 않는다.)"로 되어 있으니, 이로 볼 때 '置'는 '德'의 假借字이다. 이 단락은 '塞'·'偪'·'塞'·'忌'·'置'를 韻字로 삼았다. 忌는 '極'자처럼 읽는다. 置는 '德'과 같다.

26-39 託地而游宇하고 友風而子雨하여

대지에 의탁하고 허공에 노닐며
바람을 벗 삼고 비를 자식 삼아

風與雲竝行이라 故曰友라하고 雨因雲而生이라 故曰子라하니라

楊倞注：바람은 구름과 함께 가므로 벗이라 말하고, 비는 구름으로 인해 생기므로 자식이라 말한 것이다.

26-40 冬日作寒하고 夏日作暑하니

겨울에는 추위를 만들어내고
여름에는 더위를 만들어내니

在冬而凝寒하고 在夏而蒸暑也라

楊倞注：겨울에는 매서운 추위를 일으키고, 여름에는 찌는 듯한 더위를 일으킨다.

26-41 廣大精神하니 請歸之雲이로다

광대하고 미묘함 신령도 갖춰
나는 이걸 구름으로 귀결짓노라

至精至神하여 通於變化하니 唯雲乃可當此說也라

楊倞注：지극히 미묘하고 신령하여 변화하는 이치에 정통하다는 〈말이 있으니〉 오직 구름이라야 이 말에 합당할 수 있다.

26-42 雲이라

위는 구름에 〈관한 노래이다.〉

雲所以潤萬物하되 人莫之知라 (故)〔放〕[35]於此(具)〔則〕[36]明也라

楊倞注 : 구름은 만물에 은덕을 입히는 것인데도 사람들이 그것을 알지 못한다. 여기서 말한 것을 근거로 삼는다면 환히 알 수 있다.

26-43 有物於此[37]하니 儳儳兮其狀이 屢化如神이로다

지금 여기 그 어떤 물건 있는데
발가벗어 매끈한 몸의 형상이
여러 번 변하는 게 신령 같다네

儳는 讀如其蟲倮(라)[38]之倮라 儳儳는 無毛羽之貌라 變化는 卽謂三俯三起하여 成蛾蛹之類也라

楊倞注 : 儳는 "其蟲倮(〈土와 배합하는〉 동물은 倮蟲이다.)"의 '倮'자처럼 읽는다. 儳儳는 깃이나 털이 없는 모양이다. 變化는 곧 세 번 엎드려 있고 세 번 일어나 나방과 번데기가 되는 일을 이른다.

26-44 功被天下하여 爲萬世文하니

그 공덕이 천하에 두루 미쳐
천추만대 〈의관의〉 文飾이 되니

---

35) (故)〔放〕: 저본에는 '故'로 되어 있으나, 世德堂本에 의거하여 '放'으로 바로잡았다. 放은 '倣'과 통용한다.

36) (具)〔則〕: 저본에는 '具'로 되어 있으나, 世德堂本에 의거하여 '則'으로 바로잡았다.

37) 有物於此 : 이 章의 押韻에서 神·文·分·存·隣은 眞部와 文部가 섞여 있다. '神'·'隣'은 眞部에 속하고, 나머지는 文部에 속한다. 廢·敗·世·害·泰는 月部이다. 首·壽·老·牡·游는 幽部이다. 治는 之部이다. 暑·雨·父는 魚部이다. 起·已·理는 之部이다.

38) 其蟲倮(라) : ≪禮記≫ 〈月令〉에 보인다.

文은 飾이라

楊倞注 : 文은 文飾이란 뜻이다.

26-45 **禮樂以成**하고 **貴賤以分**하며 **養老長幼**[39] **待之而後存**하니라 **名號不美**하여 **與䰟爲隣**[40]하니라

禮樂이 이로 인해 이루어지고
貴賤이 이로 인해 나누어지며
노인을 봉양하고 아이를 기름
이걸 의지해야만 이뤄진다네
이것은 그 이름이 곱지 않아서
사납다는 글자와 이웃한다네

侵䰟者는 亦取名於蠶食이라 故曰 與䰟爲隣也라 ○ 王引之曰 如楊說이면 則蠶下必加食字라야 而其義始明이라 竊謂方言에 慘은 殺也라하고 說文에 慘은 毒也라하니라 字或作憯하니 莊子庚桑楚篇曰 兵莫憯于志하고 鏌鋣爲下라하니라 慘蠶憯은 聲相近이라 故曰 與䰟爲隣이라하니라

楊倞注 : 침략하고 포악하다는 말은 또한 누에가 뽕잎을 먹듯이 조금씩 먹어 들어가는 데서 이름을 취한 것이므로, 〈蠶은〉 포악함과 이웃한다〔與䰟爲隣〕고 말한 것이다.

○ 王引之 : 楊氏의 설대로라면 蠶 밑에 반드시 '食'자를 붙여야 그 뜻이 비로소 드러난다. 나의 생각은 이렇다. ≪方言≫에 "慘은 죽인다는 뜻이다."라 하고, ≪說文解字≫에 "慘은 독하다는 뜻이다."라 하였다. 이 글자는 간혹 '憯'으로 되어 있기도 하

39) 禮樂以成……養老長幼 : 누에고치에서 뽑은 실이 여러 분야에 중요하게 쓰인다는 말이다. 각종 儀式을 거행할 때 명주천이 사용되고 음악을 연주할 때 명주실을 꼬아 만든 현악기가 사용되며, 색상을 달리한 명주베옷으로 신분의 貴賤을 표시하고, 명주베옷이 따뜻하므로 이것으로 노인을 봉양하고 어린이를 보살펴 기르는 데에 효과적이다.

40) 名號不美 與䰟爲隣 : 이것은 그 이름이 곱지 않아 사납다는 뜻의 글자와 가까우니, 그것이 무엇인지 알아맞혀보리는 수수께끼이다.

니, ≪莊子≫ 〈庚桑楚篇〉에 "兵莫憯于志 鏌鎁爲下(병기는 사람의 마음보다 더 참혹한 것은 없으니, 〈명검인〉 鏌鎁도 〈마음의〉 하수이다.)"라 하였다. 慘·蠶·憯은 소리가 서로 가깝기 때문에 〈蠶은〉 사납다는 글자와 이웃한다〔與暴爲隣〕고 말한 것이다.

## 26-46 功立而身廢하고 事成而家敗로다

功業을 세운 뒤에 제 몸이 폐기되고
사업을 이룬 뒤에 제 집이 무너지네

**繭成而見殺하니 是身廢요 絲窮而繭盡하니 是家敗라**

楊倞注 : 누에고치가 이뤄지면 〈삶아서〉 죽임을 당하니 이는 제 몸이 폐기된 것이고, 실이 모두 풀리면 누에고치가 없어지니 이는 제 집이 무너진 것이다.

## 26-47 弃其耆老하고 收其後世로다

그 늙은 것은 던져버리고
그 후대들은 거둬들이네

**耆老는 蛾也라 後世는 種也라**

楊倞注 : 耆老는 나방이다. 後世는 누에알이다.

## 26-48 人屬所利요 飛鳥所害하니

사람들은 〈보호해〉 이용을 하고
나는 새는 해쳐서 〈잡아먹으니〉

**人屬則保而用之하고 飛鳥則害而食之라**

楊倞注 : 사람들은 그것을 보호하여 이용하고, 나는 새는 그것을 해쳐 잡아먹는다는 것이다.

## 26-49 臣愚而不識하여 請占之五泰[41)]하오이다

신은 둔해 그 실체 모르겠기에
五泰께 점쳐보길 청하옵니다

**占은 驗也라 五泰는 五帝也라 五帝는 少昊顓頊高辛唐虞라 理皆務本하니 深知蠶之功大라 故請驗之也라 ○ 盧文弨曰 此與下文五泰는 宋本엔 皆作五帝하고 無五泰五帝也五字注라 今從元刻하니 與困學紀聞所引合[42]이라 古音帝字는 不與敗世害韻[43]하고 五支는 六脂之別也[44]라 王念孫曰 敗世害泰는 古音竝屬祭部하니 非惟不與五支之去聲通이요 竝不與六脂之去聲通이라 此盧用段說而誤也라 說見戴先生聲韻攷[45]라**

楊倞注 : 占은 〈점쳐〉 알아본다는 뜻이다. 五泰는 五帝이다. 五帝는 少昊・顓頊・高辛・唐堯・虞舜이다. 이치란 모두 근본에 힘쓰는 법이니, 누에의 공덕이 크다는 것을 잘 알기 때문에 그에 관해 알아봐주길 청한다는 것이다.

○ 盧文弨 : 이것(五泰)과 아랫글 '五泰'는 宋本에는 모두 '五帝'로 되어 있고, '五泰五帝也' 다섯 자의 〈楊氏〉 주가 없다. 여기서는 元刻本을 따랐으니, ≪困學紀聞≫에 인용된 것과 부합된다. 옛 음에 '帝'자는 '敗'・'世'・'害'와 通韻하지 않고, 五支는 六脂와 구분된다.

---

41) 五泰 : 王天海는 이것은 말이 되지 않는다고 하면서 마땅히 '上帝'로 되어야 한다고 하였다. 이 설이 일리가 있으나 우선 저본대로 번역하였다.

42) 與困學紀聞所引合 : ≪困學紀聞≫은 南宋 王應麟(1223~1296)의 저술로, 모두 20권이다. ≪困學紀聞≫ 권10에 "〈賦篇〉의 '請占之五泰'의 五泰가 '五帝'로 되어 있으니, 監本이 반드시 옳은 것도 아니고 建本이 반드시 틀린 것도 아니다."라고 하여 '五泰'로 된 것이 옳다고 하였다.

43) 古音帝字 不與敗世害韻 : 帝자는 敗・世・害와 함께 모두 去聲이지만 古韻에는 서로 通韻하지 않는다는 뜻으로, 元刻本에 의해 '泰'로 하였다는 것이다. 古韻에 帝는 霽韻, 敗는 夬韻, 世와 害는 祭韻에 속한다.(≪古韻標準≫)

44) 五支 六脂之別也 : 五支와 六脂는 古韻에서 平聲 29개의 韻目 가운데 다섯 번째 支韻과 여섯 번째 脂韻을 말하는데, 五支와 通韻하는 去聲은 六脂와 通韻하는 去聲과 구분된다는 뜻인 듯하다.

45) 戴先生聲韻攷 : 戴先生은 淸나라 학자 戴震(1724~1777)을 가리키고, ≪聲韻攷≫는 聲韻의 原流를 고찰하고 천명한 것으로 모두 4권이다. 그 형식은 顧炎武의 ≪音論≫을 모방하였다.

王念孫：'敗'·'世'·'害'·'泰'는 옛 음에 모두 祭部에 속하니, 五支의 去聲과 通韻하지 않을 뿐 아니라, 六脂의 去聲과도 通韻하지 않는다. 이는 盧氏가 段氏(段玉裁)의 설을 인용하여 잘못 말한 것이다. 이에 관한 설명은 戴先生(戴震)의 ≪聲韻攷≫에 보인다.

## 26-50 五泰占之曰 此夫身女[46)]好而頭馬首者與아

五泰가 이에 대해 점을 치기를
이것은 몸은 보들보들 머리는 말대가리 그것 아닌가?

**女好**는 **柔婉也**요 **其頭又類馬首**라 **周禮馬質**에 **禁原蠶者**의 **鄭玄云 天文辰[47)]爲馬**라 **故蠶書曰 蠶爲龍精**이니 **月値大火**하면 **則浴其種**이라하니 **是蠶與馬同氣也**라하니라

楊倞注：女好는 부드럽고 아름답다는 뜻이고, 그 머리가 또 말대가리와 같다는 것이다. ≪周禮≫ 〈馬質〉에 "禁原蠶者(〈한 해에〉 누에를 두 번 기르는 것을 금지한다.)"라 한 곳의 鄭玄 주에 "天文에 辰은 말〔馬〕에 속한다. 그러므로 ≪蠶書≫에 '누에는 龍의 精氣이니 달이 大火(2월)를 만나면 누에알을 씻는다.'라 하였으니, 이로 볼 때 누에와 말은 그 기운이 같다."라고 하였다.

## 26-51 屢化而不壽者與아 善壯而拙老[48)]者與아

이것은 여러 차례 변하긴 해도 장수하지 못하는 그것 아닌가?
이것은 젊어서는 잘 지나가도 노년 계책 졸렬한 그것 아닌가?

**壯得其養**이나 **老而見殺**이라

楊倞注：젊어서는 제대로 보살핌을 받지만 늙어서는 죽임을 당한다는 것이다.

---

46) 女：'柔'자를 생략한 것으로, 부드럽다는 뜻이다.
47) 辰：二十八宿의 하나인 心宿를 가리키며, 별칭은 大火이다.
48) 拙老：노년에 대한 계책이 졸렬하다는 뜻으로, 누에가 늙으면 실을 뽑아 자기 몸을 옭아 묶는다는 말이다.

## 26-52 有父母[49]而無牝牡者與아

이것은 아비 어미 있기는 해도 암수 구분이 없는 그것 아닌가?

爲蠶之時엔 未有牝牡也라

楊倞注 : 〈나방이 되면 암수 구분이 있으나〉 누에일 적에는 암수 구분이 없다는 것이다.

## 26-53 冬伏而夏游[50]아 食桑而吐絲하되

이것은 겨울에는 엎드려 있고 여름에 움직이는 그것 아닌가?
뽕잎을 갉아먹고 실을 토해내는데

游는 謂化而出也라 ○ 兪樾曰 食桑而吐絲하되 前亂而後治라한대 此文游字獨不入韻하니 疑滋字之誤라 呂氏春秋明理篇曰 草木庳小不滋의 注曰 滋는 亦長也라하니라 冬伏而夏滋는 言冬伏而夏長也라 楊以化而出釋游字하여 誼亦迂曲하니 非獨於韻不協也라

楊倞注 : 游는 변화하여 나오는 것을 이른다.

○ 兪樾 : '食桑而吐絲 前亂而後治'라 하여 〈絲와 治가 韻인데〉 이 문구(冬伏而夏游)의 '游'자만 유독 韻에 들어가지 않으니, 아마도 〈游자는〉 '滋'자의 잘못일 것이다. ≪呂氏春秋≫ 〈明理篇〉에 "草木庳小不滋(초목은 짧고 작아 자라지 못한다.)"라 한 곳의 〈高誘〉 주에 "滋는 이 또한 자란다는 뜻이다."라고 하였다. '冬伏而夏滋'는 겨울에는 엎드려 있고 여름에 자란다는 말이다. 楊氏는 변화하여 나온다는 뜻으로 '游'자를 풀이하여 그 뜻도 왜곡되었으니, 韻이 서로 맞지 않은 것만이 아니다.

## 26-54 前亂而後治하고

---

49) 父母 : 여기서는 누에나방을 가리킨다.

50) 冬伏而夏游 : 이 구 밑에 다섯 자로 된 한 구가 빠진 것 같다. 이 '游'자와 빠진 구의 어떤 글자가 아래의 絲·治와 호응하는 구조일 것이다. 游는 平聲 尤韻이고, 絲·治는 平聲 支韻에 속한다.

처음엔 어지럽게 얽혀 있어도 나중엔 정연하여 조리가 있고

**繭亂而絲治也**라

楊倞注：누에고치가 어지럽게 얽혀 있더라도 실마리는 잘 풀린다는 것이다.

**26-55 夏生而惡**(오)**暑**하고

여름에 살면서도 더위를 싫어하고

**生長於夏**하되 **先暑而化**라

楊倞注：여름에 생장하지만 덥기 전에 변화한다.

**26-56 喜溼而惡**(오)**雨**하며

습기를 좋아하되 빗물을 싫어하며

溼은 **謂浴其種**이라 **既生之後**엔 **則惡雨也**라 ○ **王念孫曰 蠶性惡溼**하니 **不得言喜溼**이라 **太平御覽資産部五**에 **引作疾溼而惡雨**하니 **是也**라 **惡雨與疾溼同意**라 **楊云溼**은 **謂浴其種**은 **乃曲爲之說耳**라 **俞樾曰 楊說甚得**이라 **荀子之意**는 **蓋此句與上文夏生而惡暑相對**라 **生於夏**하니 **宜不惡暑矣**어늘 **而蠶則惡暑**하고 **其種必浴**하여 **有似喜溼者**하니 **宜不惡雨矣**어늘 **而蠶則惡雨**라 **此兩而字**는 **正明其性之異也**라 **太平御覽資産部**에 **引作疾溼而惡雨**는 **蓋人疑蠶性惡溼**하여 **不得言喜溼**이라 **故妄改之**라 **言疾溼**하고 **又言惡雨**하면 **辭複而意淺**하니 **非荀子原文也**라 **王氏反據御覽以訂正荀子**하니 **誤矣**라

楊倞注：溼은 그 알을 씻는 것을 이른다. 이미 생장한 뒤에는 빗물을 싫어한다.

○ 王念孫：누에의 본성은 습기를 싫어하니, '喜溼'이라 말할 수 없다. ≪太平御覽≫ 〈資産部 五〉에 이 문구를 인용하여 '疾溼而惡雨'로 되어 있으니, 이것이 옳다. 빗물을 싫어한다는 것과 습기를 싫어한다는 것은 같은 뜻이다. 楊氏가 "溼은 그 알을 씻는 것을 이른다."라고 한 것은 곧 왜곡하여 그렇게 말한 것일 뿐이다.

俞樾：楊氏의 설이 매우 옳다. ≪荀子≫의 뜻을 〈추리해보면〉 대체로 이 문구와 윗글 '夏生而惡暑'는 서로 짝을 이룬다. 여름철에 생장하니 당연히 더위를 싫어하지 않

을 것인데도 누에는 더위를 싫어하고, 그 알을 반드시 씻어 습기를 좋아하는 것과 같은 점이 있으니 당연히 빗물을 싫어하지 않을 것인데도 누에는 빗물을 싫어한다. 이 두 '而(역접)'자는 그 본성이 다르다는 것을 정확히 밝힌 것이다. ≪太平御覽≫ 〈資産部〉에 이 문구를 인용하여 '疾溼而惡雨'로 되어 있는 것은 대체로 후세 사람이 누에의 본성이 습기를 싫어하여 '惡溼'이라 말할 수 없을 것이라고 생각하였기 때문에 함부로 고쳤을 것이다. '疾溼'을 말하고 또 '惡雨'를 말한다면 말이 중복되고 뜻이 얕으니, ≪荀子≫의 원문이 아니다. 그런데도 王氏는 도리어 ≪太平御覽≫에 의거하여 ≪荀子≫를 수정하였으니, 잘못되었다.

## 26-57 蛹以爲母하고 蛾以爲父하여

번데기를 어미로 삼고
나방을 아비로 삼고서

互言[51)]之也라

楊倞注 : 뜻이 같은 말을 다르게 사용하여 글자의 중복을 피한 것이다.

## 26-58 三俯三起하면 事乃大已하니

세 번 누워 잠자고 세 번 깨 일어나면
하는 일이 마침내 완전하게 끝나니

俯는 謂臥而不食이라 事乃大已는 言三起之後에 事乃畢也니 謂化而成繭也라

楊倞注 : 俯는 누워 있고 먹지 않는 것을 이른다. 事乃大已는 세 번 일어난 뒤에 〈누에가 하는〉 일이 마침내 끝난다는 말이니, 변화하여 고치를 완성하는 것을 이른다.

---

51) 互言 : 修辭 기법의 하나이다. 여기서는 누에알을 낳는 것은 모두 누에나방인 '蛾'인데, 이것을 이미 아비라 했으므로 이와 짝을 맞추기 위해 어미를 '蛹'자로 바꿔 말했다는 것이다. 蛹은 본디 번데기로서 알을 낳지 못한다.

26-59 夫是之謂蠶理로다

이것을 누에의 조리라 이른다네

五帝言此乃蠶之義理也라 ○ 郝懿行曰 理者는 條理也라 夫含生賦形은 各有條理하니 條者似智하고 理者似禮라 蠶鍼爲物이 條理尤深하니 莫精於蠶하고 莫密於鍼이라 所以二賦語已에 皆言其理者也라

楊倞注 : 五帝가 이것이 곧 누에의 의리라고 말한 것이다.

○ 郝懿行 : 理란 條理이다. 대체로 생명을 지니고 형체를 부여받은 것들은 저마다 條理가 있으니, 條란 지혜(智)와 같고 理란 禮와 같다. 누에와 바늘은 그 자체가 〈지니고 있는〉 條理가 무엇보다도 깊으니, 누에보다 정교한 것은 없고 바늘보다 면밀한 것은 없다. 이 때문에 이들 두 賦의 말이 끝날 때 모두 그 條理를 말한 것이다.

26-60 蠶이라

위는 누에에 〈관한 노래이다.〉

蠶之功至大어늘 時人鮮知其本이라 詩曰 婦無公事어늘 休其蠶織이로다하니라 戰國時此俗尤甚이라 故荀卿感而賦之라

楊倞注 : 누에의 공이 매우 큰데도 당시 사람이 그 근본을 아는 이가 적었다. ≪詩經≫ 〈大雅 瞻卬〉에 "부인은 조정에서 할 일 없건만, 누에 치고 길쌈하길 그만두었네."라 하였다. 戰國 때는 이와 같은 습속이 더욱 심했으므로 荀卿이 감회가 일어나 이 일을 노래한 것이다.

누에(蠶)

26-61 有物於此[52)]하니 生於山皐하여 處於室堂이로다

지금 여기 그 어떤 물건 있는데
산언덕에서 태어나
집안에 머무른다네

山皐는 鐵所生也라

楊倞注 : 산언덕은 쇠가 나오는 곳이다.

26-62 無知無巧하되 善治衣裳이로다

지혜 없고 오묘한 기교 없어도
의복을 짓는 것은 아주 잘하네

知는 讀爲智라

楊倞注 : 知는 '智'로 읽어야 한다.

26-63 不盜不竊하되 穿窬而行하여 日夜合離하여 以成文章하니

무슨 물건 훔치지 않으면서도
구멍을 뚫으면서 돌아다니어
분리된 걸 晝夜로 하나로 합쳐
아름다운 문양을 만들어내니

合離는 謂使離相合이라 文章亦待其連綴而成也라

楊倞注 : 合離는 분리된 것을 서로 합쳐지게 하는 것을 이른다. 문양 또한 그것이 접합된 뒤에 이루어진다.

---

52) 有物於此 : 이 章의 押韻에서 堂・裳・行・章・衡・王・良・亡・王은 陽部이고, 小・剽・繚는 宵部이고, 來・事・翼・極・起・已・母・里・理는 之部와 職部가 섞여 있다. 翼과 極은 職部에 속하고, 나머지는 之部에 속한다.

26-64 以能合從하고 又善連衡(횡)[53)]하니라

세로로도 충분히 잘도 합치고
가로로도 거뜬히 연결한다네

從은 竪也니 子容反이라 衡은 橫也라 言箴亦能如戰國合從連橫之人이라 南北爲從이요 東西爲衡也라

楊倞注 : 從은 세로라는 듯이니, 〈음이〉 子와 容의 반절이다. 衡은 가로라는 뜻이다. 바늘이 충분히 戰國時代 合從連橫을 주창한 사람들과도 같다는 말이다. 남북의 방향이 세로[從]가 되고, 동서의 방향이 가로[衡]가 된다.

26-65 下覆(부)百姓하고 上飾帝王하여 功業甚博하되 不見(현)賢良하니라

아래로는 백성들 덮어 감싸고
위로는 제왕의 몸 장식해주어
그 공로와 업적이 매우 큰데도
〈자기의〉 덕과 재능 아니 뽐내네

見은 猶顯也라 不自顯其功伐이라 見은 賢遍反이라

楊倞注 : 見은 '顯'과 같다. 〈不見賢良은〉 스스로 그 공덕을 드러내지 않는다는 것이다. 見은 〈음이〉 賢과 遍의 반절이다.

26-66 時用則存하고 不用則亡[54)]하되

---

53) 以能合從 又善連衡(횡) : 從은 '縱'과 통한다. 合縱은 戰國時代 蘇秦이 주창한 외교정책으로 韓·魏·趙·燕·楚·齊의 여섯 나라를 연합하여 秦에 맞서게 한 攻守同盟의 정책이고, 連衡(連橫)은 張儀가 주창한 외교정책으로 秦의 동쪽에 위치한 여섯 나라를 가로로 연결하여 秦을 섬기게 한 정책이다. 바늘이 천 조각을 가로나 세로로 합치고 연결하여 의복 따위를 만들어내는 것을 그에 견주어 하는 말이다.

54) 時用則存 不用則亡 : 본디 賢者가 세상에 쓰일 때는 나아가서 자기의 도를 행하고 쓰이지 않을 때는 물러나 은거한다는 뜻인 '用則行 舍則藏'을 변형하여 쓴 문구인데, 바늘이 옷을 지을 때는 제 기능을 수행하여 존재가 부각되고 그렇지 않을 때는 바늘통에 들어가

세상에 쓰일 때는 보존이 되고
쓰이지 않을 때는 사라지는데

順時行藏이라

楊倞注 : 時宜에 순응하여 〈나아가면 제 기능을〉 행하고 〈물러나면 몸을〉 숨긴다는 것이다.

26-67 臣愚不識하여 敢請之王하오이다 王曰 此夫始生鉅하고 其成功小者邪(야)아

신은 둔해 그 실체 모르겠기에
감히 군왕께 가르침 청하옵니다
군왕이 말하였다.
이것은 처음에 생길 때는 몸집이 크고
만들어진 뒤에는 매우 작은 그것 아닌가?

爲鐵則巨하고 爲箴則小라

楊倞注 : 쇳덩이로 있을 때는 크고, 바늘로 만들어지면 작다는 것이다.

26-68 長其尾而銳其剽者邪(야)아

이것은 그 꼬리가 길고 그 끝은 날카로운 그것 아닌가?

長其尾는 謂線也라 剽는 末也니 謂箴之鋒也라 莊子曰 有實而無乎處者는 宇[55]也요 有長而無本剽者는 宙[56]也라하니라 剽는 杪末之意니 匹小反이라

楊倞注 : 그 꼬리가 길다는 것은 실을 이른다. 剽는 끝이란 뜻이니, 바늘의 날카로운 끝을 이른다. ≪莊子≫ 〈庚桑楚〉에 "有實而無乎處者 宇也 有長而無本剽者 宙也(실체가 있으나 그 처소가 없는 것은 宇이고, 성장하는 일이 있으나 시작과 끝이 없는 것은 宙이다.)"

밖으로 나오지 않는다는 것을 암시한 것이다.

55) 宇 : 상하 사방이란 뜻으로, 무한한 공간을 말한다.

56) 宙 : 옛날부터 지금까지라는 뜻으로, 무한한 시간을 말한다.

라 하였다. 剽는 끝이라는 뜻이니, 〈음이〉 匹과 小의 반절이다.

26-69 頭銛(섬)達而尾趙(도)繚者邪(야)아

이것은 머리가 날카로워 걸린 게 없고 꼬리는 하늘대는 그것 아닌가?

重說長其尾而銳其剽라 趙는 讀爲掉라 掉繚는 長貌니 言箴尾掉而繚也라 掉는 徒弔反라 ○ 郝懿行曰 趙之爲言은 超也라 穆天子傳에 天子北征趙行의 郭注에 趙는 猶超騰이라하니 是也라 趙繚搖掉는 疊韻[57]之字니 今時俗語에 猶以搖掉爲趙繚也라

楊倞注 : 그 꼬리가 길고 그 끝은 날카롭다는 것을 거듭 말한 것이다. 趙는 '掉'로 읽어야 한다. 掉繚는 기다란 모양이니, 바늘 끝에 〈붙은 실오리가〉 하늘대며 〈솔기를〉 감치는 것을 말한다. 掉는 〈음이〉 徒와 弔의 반절이다.

○ 郝懿行 : 趙라는 말은 뛴다는 뜻이다. ≪穆天子傳≫에 "天子北征趙行(천자가 북방으로 가면서 달려갔다.)"이라 한 곳의 郭璞의 주에 "趙는 달려간다는 뜻이다."라고 하였으니, 그것이 옳다. 趙繚와 搖掉(하늘거리다)는 疊韻으로 된 글자이니, 지금 세속의 말에서 '搖掉'를 '趙繚'라 하는 것과 같다.

26-70 一往一來하되 結尾以爲事로다

한 번 가면 또 한 번 오곤 하는데
꼬리를 홀친 뒤에 일을 한다네

結其尾線이라 然後行箴이라

楊倞注 : 그 꼬리의 실오리를 홀친 다음에 바느질을 한다는 것이다.

26-71 無羽無翼하되 反覆甚極하니

깃도 없고 날개도 있지 않건만
반복해 〈오고감이〉 매우 빠르니

---

57) 疊韻 : 複音詞가 공통의 韻母을 갖고 있는 것으로, '闌干'・'千年'・'匍匐'・'螳螂' 따위를 가리킨다. '趙繚'와 '搖掉'도 같은 형식이다.

極은 讀爲亟이니 急也라

楊倞注：極은 '亟'으로 읽어야 하니, 급하다는 뜻이다.

26-72 尾生而事起하고 尾遭而事已로다

꼬리가 생겨나면 그 일이 시작되고
꼬리가 머뭇대면 그 일이 끝난다네

尾遭迴盤結하면 則箴功畢也라

楊倞注：꼬리가 머뭇거리며 매듭을 지으면 바늘이 하는 일이 끝난다는 것이다.

26-73 簪以爲父하고 管以爲母로다

이것은 비녀를 아비로 삼고
대통을 어미로 삼는다네

簪은 形似箴而大라 故曰 爲父라 言此者는 欲狀其形也라 管은 所以盛箴이라 故曰 爲母라 禮記曰 箴管線纊也라하니라 ○ 盧文弨曰 簪은 當爲鐕이라 子貫反이라 謂所以琢箴之線孔者也라 箴賴以成形이라 故曰 爲父라 郝懿行曰 古之簪은 形若大箴耳라 箴肖簪이라 故父之하고 管韜箴이라 故母之라 兪樾曰 簪은 當爲鐕이라 禮記喪大記에 用襍金鐕의 正義曰 鐕은 釘也라하니라 釘與箴은 形質皆同하니 磨之琢之而後成箴이라 方其未成箴之時엔 則箴亦一鐕而已矣라 故曰 鐕以爲父라하니라 作簪者는 假字耳라 若是首笄之簪이면 則與箴全不相涉이라 楊注에 謂言此者는 欲狀其形은 失之迂矣요 盧氏謂簪은 當爲鑽이니 所以琢箴之線孔者也라 箴賴以成形이라 故曰 爲父는 此尤曲說이라 箴所賴以成形者 豈特一鑽之功乎아 王氏載之讀書襍志하니 誤矣라

楊倞注：비녀는 모양이 바늘 같으면서 크기 때문에 아비로 삼는다고 말한 것이다. 이것을 말한 것은 그 모양을 나타내기 위해서이다. 대통은 바늘을 담는 것이므로 어미로 삼는다고 말한 것이다. ≪禮記≫ 〈內則〉에 "箴管線纊(〈오른쪽에〉 바늘·대통·실·솜을 〈찬다.〉)"이라 하였다.

○ 盧文弨 : 簪은 마땅히 '鑽(끌)'이 되어야 한다. 〈鑽은 음이〉 子와 貫의 반절이다. 바늘의 실구멍을 다듬기 위한 것을 이른다. 바늘이 그것에 의해 모양이 이뤄지므로 아비로 삼는다고 말한 것이다.

郝懿行 : 옛날의 비녀는 그 모양이 큰 바늘과 같았다. 바늘이 비녀와 닮았으므로 그것을 아비로 삼고, 대통은 바늘을 넣어두는 것이므로 그것을 어미로 삼은 것이다.

兪樾 : 簪은 마땅히 '鐕(못)'이 되어야 한다. ≪禮記≫ 〈喪大記〉에 "用襍金鐕(황금 못을 섞어 사용하여 〈널을 고정한다.〉)"이라 한 곳의 〈孔穎達〉 正義에 "鐕은 못이다."라고 하였다. 못과 바늘은 모양과 재질이 모두 같으니, 못을 갈고 다듬은 뒤에 바늘이 이루어진다. 아직 바늘이 이루어지기 전에는 바늘 또한 하나의 못일 뿐이므로 못을 아비로 삼는다고 말한 것이다. '簪'으로 되어 있는 것은 假借字일 뿐이다. 만약 이것이 머리에 꽂는 비녀인 '簪'이라고 한다면 바늘과 전혀 연관되지 않는다. 楊氏의 주에 "이것을 말한 것은 그 모양을 나타내기 위해서이다."라 한 것은 터무니없이 잘못된 것이고, 盧氏가 "簪은 마땅히 '鑽'이 되어야 하니, 바늘의 실구멍을 다듬기 위한 것이다. 바늘이 그것에 의해 모양이 이뤄지므로 아비로 삼는다고 말한 것이다."라 한 것은 더더욱 왜곡된 설이다. 바늘이 그 모양이 이루어진 데에는 어찌 끌 하나의 공에만 의존하겠는가. 그런데 王氏(王念孫)가 이 내용을 ≪讀書襍志≫에 실었으니, 잘못되었다.

## 26-74 既以縫表하고 又以連裏하니 夫是之謂箴理로다

이미 그것으로 겉을 꿰매고
또 그것으로 속을 연결하니
이것을 바늘의 조리라 이른다네

**理는 義理也라**

楊倞注 : 理는 義理이다.

## 26-75 箴이라

위는 바늘에 〈대한 노래이다.〉

古者貴賤皆有事라 故王后親織玄紞[58)]하고 公侯夫人加之以紘綖하고 大夫妻成祭服하고 士妻衣其夫[59)]어늘 末世皆不脩婦功이라 故託辭於箴하여 明其爲物微而用至重하여 以譏當世也라

楊倞注 : 옛날에는 존귀한 사람이나 미천한 사람이 모두 맡은 일이 있었다. 그러므로 왕후는 몸소 玄紞을 짜고, 公侯의 夫人은 〈玄紞을 짜는 것 외에〉 면류관 끈과 면류관 덮개를 더 짜고, 大夫의 아내는 祭服을 짓고, 士의 아내는 지아비의 옷을 지어 입혔는데, 후세에는 모두 부인이 하는 일을 수행하지 않았다. 그러므로 바늘에 관한 말에 의탁하여 그것이 물건은 하찮으나 쓰임새는 지극히 중대하는 것을 밝혀 당대를 비판한 것이다.

26-76 天下不治하여 請陳佹詩[60)]하리라

천하가 다스려지지 아니하므로
경계하는 시 한 편 서술하려네

荀卿請陳佹異激切之詩하여 言天下不治之意也라

楊倞注 : 荀卿이 괴이쩍으면서도 격렬하고 절실한 시를 서술하여 천하가 다스려지지 않는 뜻을 말해보겠다는 것이다.

26-77 天地易位하고 四時易鄕하며

---

58) 玄紞 : 제왕이 쓰는 면류관 양쪽의 귓가에 드리운 옥에 잡아매는 검정색의 띠이다.

59) 王后親織玄紞……士妻衣其夫 : 유사한 내용이 ≪國語≫ 〈魯語 下〉에 보인다.

60) 天下不治 請陳佹詩 : 이 佹詩와 다음의 小歌는 위의 賦들과 형식이 다르지만, 천하의 부조리한 현상을 경계하고 일깨우는 내용은 유사하므로 編者가 이 편의 끝에 첨부한 것으로 보인다. '佹'자에 대해 楊倞과 朱熹·章詩同·張覺은 '詭'와 통용한다고 하여 기이하다는 뜻으로 이해하였고, 楊樹達은 변한다는 뜻인 '恑'의 假借字라 하면서 佹詩는 變風·變雅와 같은 變詩라 하였다. 王天海는 '規'와 소리가 가까워 통용할 수 있다고 하면서 경계하고 풍자하는 뜻이라고 하였다. 王天海의 설에 따라 번역하였다. 이 章의 押韻에서 治·詩는 之部이고, 鄕·盲·藏·横·堂·兵·將·强·英·皇·匡·明·祥·行·盲·疆·常·忘·將은 陽部이다.

하늘과 땅 위치가 서로 바뀌고
사계절도 방향이 바뀌었으며

**皆言賢愚易位也**라 **鄕**은 **猶方也**라 **春夏秋冬皆不當其方**하니 **言錯亂也**라 **鄕**은 **如字**[61)]라

楊倞注 : 모두 현인과 우매한 사람이 위치가 바뀌었다는 말이다. 鄕은 방위이다. 春夏秋冬이 모두 그 방향이 맞지 않다는 것이니, 어지럽고 어수선하다는 말이다. 鄕은 본음대로 읽는다.

26-78 **列星殞墜**하여 **旦暮晦盲**[62)]이로다

허공에 깔린 恒星 모두 떨어져
밤낮으로 어두워 밝지 않다네

**列星**은 **二十八宿**(수)**有行列者**라 **殞墜**는 **以喩百官弛廢**라 **旦暮晦盲**은 **言無蹔明時也**라 **或曰 當時星辰殞墜**하여 **旦暮昏霧也**라하니라

楊倞注 : 列星은 종횡으로 깔려 있는 二十八宿이다. 殞墜는 조정 百官이 기강이 해이해진 것을 비유한 것이다. 旦暮晦盲은 잠시도 밝은 때가 없다는 말이다. 혹자는 "그 당시 별들이 떨어져 밤낮이 어두웠다는 것이다."라고 하였다.

26-79 **幽晦登昭**하고 **日月下藏**하여

어두운 사람 높은 자리 오르고
日月처럼 밝은 자 밀려나 묻혀

---

61) 鄕 如字 : 鄕은 본음대로 읽는다는 뜻이다. 여기서의 鄕은 '嚮'과 통한다. 嚮의 음은 去聲 漾韻인 'xiàng'과 上聲 養韻인 'xiǎng' 두 가지인데, 去聲 漾韻이 본음으로 방향이란 뜻이다.

62) 列星殞墜 旦暮晦盲 : 列星은 楊倞의 주에 二十八宿라고 하였으나 이것은 恒星을 말한 것으로, 태양도 이에 속한다. 旦暮는 본디 '朝暮'로 아침과 저녁이라는 뜻이나, 여기서는 '晝夜'와 같다. 하늘에 태양 등 항성이 떨어지고 없어 밤낮이 다 어둡다는 뜻이다. 조정에 君子들이 사라져 세상이 혼란해진 것을 비유한 것이다.

言幽闇之人은 登昭明之位하고 君子明如日月하되 反下藏也라 昭는 或爲照라 ○ 王念孫曰 幽晦는 元刻作幽闇①하니 是也라 楊注幽闇之人이 是其證이라 宋本에 闇作晦者는 涉上文旦暮晦盲而誤라 藝文類聚人部八에 引作幽暗登照하니 暗與闇同이라

① 宋龔本同이라
宋 龔本도 이와 같다.

楊倞注 : 어두운 사람은 밝은 자리에 오르고, 君子는 밝기가 일월 같은데도 도리어 아래로 밀려나 묻혀버린다는 말이다. 昭는 간혹 '照'로 되어 있기도 하다.

○ 王念孫 : 幽晦는 元刻本에 '幽闇'으로 되어 있으니, 이것이 옳다. 楊氏의 주에 '幽闇之人(어두운 사람)'이라 한 것이 그 증거이다. 宋本에 '闇'이 '晦'로 되어 있는 것은 윗글 '旦暮晦盲'과 연관되어 잘못된 것이다. ≪藝文類聚≫ 〈人部 八〉에 이것을 인용하여 '幽暗登照'로 되어 있으니, 暗과 闇은 같다.

26-80 公正無私어늘 (反)見〔謂〕[63]從横하고

공정해 私心 없는 사람이건만
수완을 부린다는 〈비난을〉 받고

言公正無私之人이 反見謂從横反覆之志也라 ○ 郝懿行曰 藏은 古作臧하니 荀書皆然이라 横은 古作衡하니 上言連衡亦然이라 此皆俗人所改라 王念孫曰 反見從横四字는 文不成義라 此本作見謂從横이니 言公正無私之人이 反以從横見謂於世也라 楊注內見謂二字 卽其證이라 凡見譽於人을 曰見謂하니 若王霸篇曰 齊桓公閨門之內에 縣樂奢泰하여 游抏之循[64]이나 於天下不見謂修와 賈子修政語篇曰 故言之者見謂智하고 學之者見謂賢하고 守之者見謂信하고 樂之者見謂仁하고 行之者見謂聖이 皆是也라 見毁於人도 亦曰見謂하니 若莊子達生篇曰 居鄕不見謂

63) (反)見〔謂〕: 저본에는 反見으로 되어 있으나, 王念孫의 주에 의거하여 '見謂'로 바로잡았다.
64) 循 : 〈王霸篇〉에는 '修'로 되어 있다. 修는 무엇을 실시하고 갖춘다는 뜻이다.

不修하고 臨難不見謂不勇과 漢書兒寬傳曰 張湯爲廷尉에 盡用文史法律之吏어늘 而寬以儒生在其閒하여 見謂不習事와 邶風谷風箋曰 涇水以有渭라 故見謂濁[①]과 及此言見謂縱橫이 皆是也라 後人不曉見謂二字之義하고 又以楊注云 反見謂從橫으로 遂改正文見謂爲反見하니 不知楊注特加反字以申明其義요 非正文所有也라 藝文類聚人部八엔 引此正作見謂從橫이라

① 今本謂譌作渭하니 據正義改라

지금 판본에는 '謂'가 '渭'로 잘못되어 있으니, ≪毛詩正義≫에 의거하여 고쳤다.

楊倞注 : 공정하고 사심이 없는 사람이 도리어 수완을 부리고 변덕스런 뜻을 〈지녔다는 비난을〉 받는다는 말이다.

○ 郝懿行 : 藏은 옛날에 '臧'으로 되어 있었으니, ≪荀子≫에 모두 그렇게 되어 있다. 橫은 옛날에 '衡'으로 되어 있었으니, 위(26-64)에 말한 '連衡' 또한 그렇다. 이것은 모두 세속 사람이 고친 것이다.

王念孫 : '反見從橫' 네 자는 글이 뜻이 이뤄지지 않는다. 이것은 본디 '見謂從橫'으로 되어 있었을 것이니, 공정하고 사심이 없는 사람이 도리어 수완을 부린다는 것으로 세상에서 비난을 받는다는 말이다. 楊氏 주 안의 '見謂' 두 자가 곧 그 증거이다. 일반적으로 다른 사람에게 칭찬을 받는 것을 '見謂'라고 말하니, 〈王霸篇〉에 "齊桓公閨門之內 縣樂奢泰 游抏之循 於天下不見謂修(齊 桓公은 궁궐 안에서 향락과 사치가 극에 달하여 즐길 거리를 모두 갖췄으나 천하 사람들이 그것을 수치거리로 여기지 않았다.)"라 한 것과, ≪賈子(≪賈誼新書≫)≫ 〈修政語篇〉에 "故言之者見謂智 學之者見謂賢 守之者見謂信 樂之者見謂仁 行之者見謂聖(그러므로 〈도를〉 말하는 사람은 지혜로운 자라 여겨지고, 〈도를〉 배우는 사람은 賢人으로 여겨지고, 〈도를〉 지키는 사람은 진실한 자라 여겨지고, 〈도를〉 즐기는 사람은 어진 자라 여겨지고, 〈도를〉 행하는 사람은 聖人이라 여겨진다.)"이라 한 것이 모두 이 경우이다. 다른 사람에게 비난을 받는 것도 '見謂'라고 말하니, ≪莊子≫ 〈達生篇〉에 "居鄕不見謂不修 臨難不見謂不勇(지방에 살 때는 〈내가〉 수양이 없다고 여겨지지 않았고, 재난에 임했을 때는 〈내가〉 용감하지 않다고 여겨지지 않았다.)"이라 한 것과, ≪漢書≫ 〈兒寬傳〉에 "張湯爲廷尉 盡用文史法律之吏 而寬以儒生在其閒 見謂不習事(張湯이 廷尉를 맡았을 때 〈그의 관청에〉 문서를 다루고 일을 기록하며 법률을 아는 관리들로 충원하였는데, 兒寬은 儒生의 신분으로 그 사이에 끼어 사리를 숙달하지 못한다고 여겨졌다.)"라 한 것과, ≪詩經≫ 〈邶風 谷風〉의 鄭玄 箋에 "涇水以有渭 故見謂濁(涇水는 渭水가 있기 때문에 물이 흐리다고 여겨졌다.)"이라 한 것과, 여기서 말한 '見謂

縱橫'이 모두 이 경우이다. 후세 사람이 '見謂' 두 자의 뜻을 이해하지 못하고, 또 楊氏의 주에 '反見謂從橫'이라 한 것으로 인해 마침내 본문의 '見謂'을 '反見'으로 고쳤으니, 이는 楊氏의 주는 '反'자를 붙여 그 뜻을 분명히 밝힌 것일 뿐이고, 본문에 그것이 있는 것은 아니라는 것을 몰라서이다. ≪藝文類聚≫ 〈人部 八〉에는 이 문구를 인용하여 '見謂從橫'으로 바르게 되어 있다.

## 26-81 志愛公利어늘 重樓疏堂하고

마음으로 공익을 아끼는데도
높고 큰 집 〈영화를 바란다 하고〉

欲在上位하여 行全公以利百姓이요 非謂重樓疏堂之榮貴也라

楊倞注 : 〈어진 사람은〉 높은 지위에 앉아 지극히 공정한 도리를 행하여 백성을 이롭게 하기를 원하지, 높은 누각이나 넓은 집에 거처하는 부귀영화를 생각하는 것은 아니라는 것이다.

## 26-82 無私罪人이어늘 憼革(貳)〔戒〕[65)]兵하고

사심 없이 죄인을 다스리건만
〈복수할까〉 무기로 대비를 하고

憼은 與儆同하니 備也라 貳는 副也라 (謂)[66)]無私罪人은 言果於去惡也라 言去邪嫉惡하되 乃以儆備增益兵革之道니 言彊盛也라 ○ 王念孫曰 貳兵二字는 文義不明이라 貳는 當爲戒니 字之誤也[①]라 戒兵與憼革同義라 楊云 貳는 副也는 未安이라

① 隸書에 戒字作戎하니 與貳相似라
隸書에 '戒'자는 '戎'로 되어 있으니, '貳'와 서로 비슷하다.

楊倞注 : 憼은 '儆'과 같으니, 대비한다는 뜻이다. 貳는 곁따른다는 뜻이다. 無私罪

65) (貳)〔戒〕 : 저본에는 '貳'로 되어 있으나, 王念孫의 주에 의거하여 '戒'로 바로잡았다. 貳는 '上'의 잘못이라는 설도 있다.
66) (謂) : 저본에는 '謂'가 있으나, 久保愛의 설에 의거하여 잘못 덧붙여진 것으로 처리하였다.

人은 악한 자를 제거하는 데에 과감하다는 말이다. 간사한 자를 제거하고 악한 자를 미워하되 무기를 준비하고 증강하는 방법으로 한다고 말한 것이니, 세력이 강성하다는 말이다.

○ 王念孫 : '貳兵' 두 자는 글 뜻이 분명치 않다. 貳는 마땅히 '戒'가 되어야 하니, 글자가 잘못된 것이다. 戒兵과 慗革은 같은 뜻이다. 楊氏가 "貳는 곁따른다는 뜻이다."라고 한 것은 온당치 못하다.

### 26-83 道德純備어늘 讒口將將하니

도덕이 순결하고 완전하건만
참소하는 입들이 떠들어대니

將은 去也라 言以讒言相退送이라 或曰 將將은 讀爲鏘鏘이라하니 進貌라 ○ 郝懿行曰 將者는 大也라 逸詩云 如霜雪之將將[67)]이라하니 此言道德純備之人이 讒口方張하여 不能用也라 王念孫曰 楊後說에 讀將將爲鏘鏘이 是也나 而云進貌라하니 則古無此訓이라 余謂將將은 集聚之貌也라 周頌執競篇에 磬筦將將의 毛傳曰 將將은 集也라하니 然則讒口將將은 亦謂讒言之交集也라 小雅十月篇에 讒口囂囂의 箋云 囂囂는 衆多貌라하니 義亦與將將同이라

楊倞注 : 將은 떠나간다는 뜻이다. 참소하는 말로 인해 서로 물러나 멀리 간다는 말이다. 혹자는 "將將은 '鏘鏘'으로 읽어야 한다."라 하였으니, 나아가는 모양이다.

○ 郝懿行 : 將이란 크다는 뜻이다. 逸詩에 "如霜雪之將將(서리와 눈 두루 내리는 것과 같네.)"이라 하였으니, 여기서는 도덕이 순결하고 완전한 사람이 참소하는 말들이 떠들어댐으로 인해 쓰이지 못한다는 말이다.

王念孫 : 楊氏의 나중 설에 將將을 '鏘鏘'으로 읽어야 한다고 한 것이 옳으나, 이것을 '나아가는 모양'이라고 하였으니 옛날에 〈鏘鏘에는〉 이 뜻은 없다. 나의 생각에는 將將은 모인다는 뜻이다. ≪詩經≫ 〈周頌 執競篇〉에 "磬筦將將(경쇠와 피리 소리 떠들썩하네.)"이라 한 곳의 〈毛傳〉에 "將將은 모인다는 뜻이다."라 하였으니, 그렇다면 讒口將將은 이 또한 참소하는 말들이 뒤섞여 모이는 것을 이른다. ≪詩經≫ 〈小雅 十月

67) 如霜雪之將將 : 이 시는 〈王霸篇〉(11-87)에 보이며, 그곳의 郝懿行 주에 "서리와 눈이 두루 내리지 않는 곳이 없는 것과 같다.〔如霜雪之無不周徧〕"라고 한 것에 따라 번역하였다.

篇〉에 "讒口囂囂(참소하는 입들이 시끄럽다네.)"라 한 곳의 鄭玄 箋에 "囂囂는 매우 많은 모양이다."라고 하였으니, 이 뜻 또한 '將將'과 같다.

26-84 **仁人**絀**約**하고 **敖暴擅彊**하여

어진 사람 쫓겨나 궁하게 살고
거만한 폭도들은 위세를 부려

絀**退窮約**이라

楊倞注 : 〈絀約은 어진 사람이〉 퇴출되어 곤궁하다는 것이다.

26-85 **天下幽險**하여 **恐失世英**이로다

천하가 암울하고 험난하기에
세상 영웅 잃을까 두려울 따름

**天下幽暗凶險如此**하니 **必恐時賢不見用也**라

楊倞注 : 천하가 암울하고 험난하기가 이와 같으니, 반드시 당대의 賢者가 쓰이지 못할까 두렵다는 것이다.

26-86 **螭龍爲**蝘蜓(전)하고 **鴟梟爲鳳皇**하여

이무기며 용을 도마뱀으로 여기고
솔개며 올빼미를 봉황새로 여기어

**說文云 螭**는 **如龍而黃**이라 **北方謂之地螻**라하니라 蝘蜓은 **守宮**[68]이라

螭

68) 守宮 : 도마뱀과 비슷한 동물이다. 壁虎·蝎虎라고도 한다.

言世俗不知善惡하여 螭龍之聖을 反謂之蝘蜓이라하고 鴟梟之惡을 反以爲鳳皇也라

楊倞注 : ≪說文解字≫에 "螭는 용과 같은데 황색이다. 북방에서는 이것을 地螻라 한다."라 하였다. 蝘蜓은 守宮이다. 세속 사람이 善惡을 알지 못해 이무기와 용 같은 聖人을 도리어 도마뱀이라 이르고, 솔개나 올빼미 같은 惡人을 도리어 봉황이라 여긴다는 말이다.

龍

蝘蜓

鴟梟

鳳

26-87 **比干見刳**[69]하고 **孔子拘匡**[70]이로다 **昭昭乎其知之明也**하고 (郁郁)〔**拂**〕[71] **乎其遇時之不祥也**로다 (拂)〔**郁郁**〕[72] **乎其欲禮義之大行也**어늘 **闇乎天下之晦盲也**로다

〈충신〉 比干 〈심장이〉 도려내지고
〈성인〉 孔子 匡에서 구금되었네
빛났다네 그 지혜 밝기도 하고
어긋났네 만난 때 좋지 않았네
성대하다 禮義를 크게 행하려 했건만
어두워라 천하에 아는 사람 없었다네

**郁郁**은 **有文章貌**라 **拂**은 **違也**라 **此蓋誤耳**니 **當爲拂乎其遇時之不祥也**요 **郁郁乎其欲禮義之大行**이라 **晦盲**은 **言人莫之識也**라

楊倞注 : 郁郁은 文章이 있는 모양이다. 拂은 어긋난다는 뜻이다. 이 문구는 대체로 잘못된 것이니, 〈'郁郁乎其遇時之不祥也 拂乎其欲禮義之大行'은〉 마땅히 '拂乎其遇時之不祥也 郁郁乎其欲禮義之大行'으로 되어야 한다. 晦盲은 사람들 중에 그것을 아는 이가 없다는 말이다.

26-88 **皓天**[73]**不復**(복)하여 **憂無疆也**나 **千歲必反**은 **古之常也**로다

밝은 하늘 〈다시는〉 아니 돌아와
〈사람들의〉 걱정이 끝이 없지만

---

69) 比干見刳 : 比干은 商나라 왕자로, 충신이다. 紂王이 그가 바른말로 간하는 것을 싫어하여 배를 가르고 심장을 도려냈다고 한다.

70) 孔子拘匡 : 匡은 春秋 때 衛나라 지명이다. 魯나라 陽虎가 匡 땅에서 포악한 짓을 자행한 적이 있었는데 陽虎와 모습이 비슷한 孔子가 그 지방을 지나갈 때 주민들이 孔子를 陽虎로 알고 포위하여 생명에 위협을 느낀 일이 있었다.(≪論語≫ 〈子罕〉)

71) (郁郁)〔拂〕 : 저본에는 '郁郁'으로 되어 있으나, 楊倞의 주에 의거하여 '拂'로 바로잡았다.

72) (拂)〔郁郁〕 : 저본에는 '拂'로 되어 있으나, 楊倞의 주에 의거하여 '郁郁'으로 바로잡았다.

73) 皓天 : 밝은 하늘이란 뜻으로, 태평한 세상을 비유하는 말이다.

천년이면 반드시 바뀌는 것은
〈이 또한〉 예로부터 당연한 도리

皓는 與昊同이라 昊天은 元氣昊大也라 呼昊天而訴之하여 云 世亂不復하여 憂不可竟也라하고 復(부)自解釋하여 云 亂久必反於治도 亦古之常道라하니라 千은 或爲卒이라

楊倞注 : 皓는 '昊'와 같다. 昊天은 〈대자연의〉 광대한 元氣이다. 昊天을 불러 호소하여 "세상이 혼란하여 태평한 날이 돌아오지 않아 걱정이 끝이 없다."라 하고, 다시 스스로 자신을 달래어 "혼란한 세월이 오래되면 반드시 태평한 세상으로 돌아오는 것도 예로부터 당연한 도리이다."라고 한 것이다. 千은 간혹 '卒'로 되어 있다.

26-89 弟子勉學하라 天不忘也하며

제자들아 학문에 부디 힘쓰라
하늘이 〈너희들을〉 잊지 않으며

言天道福善이라 故曰不忘이라하니라 恐弟子疑爲善無益而解惰이라 故以此勉之也라

楊倞注 : 자연의 도리는 사람이 善을 행하면 복을 내리므로 〈학문에 힘쓰는 자를〉 잊지 않을 것이라는 말이다. 제자들이 혹시 善을 행하는 것이 무익하다 하여 태만히 할까 염려되었기 때문에 이 말로 격려한 것이다.

26-90 聖人共手 時幾將矣[74]리라

聖人이 공손하게 천하 다스릴
그 시기 〈머지않아〉 얻을 것이네

---

74) 聖人共手 時幾將矣 : 王天海는 "拱手는 '垂拱而治(옷소매를 늘어뜨리고 팔짱을 끼고서 다스린다.)'와 같다. 聖人이 팔짱을 끼고 천하를 다스린다는 말이다. 時幾는 '時機'와 같고, 將은 '得'은 같다."라 하였다. 그리고 ≪論語≫ 〈衛靈公〉에 "행위가 없이 세상을 다스린 사람은 아마 舜일 것이다. 무슨 일을 하였겠는가. 몸을 공손히 하고 바르게 남쪽을 향하고 있었을 뿐이다."라고 하였다. 이것을 참작하여 번역하였다.

共은 讀爲拱이라 聖人拱手는 言不得用也라 幾는 辭也라 將은 送也며 去也라 言戰國之時에 世事已去하여 不可復(부)治也라 ○ 兪樾曰 如楊注면 與上意不貫이라 上文曰 千歲必反은 古之常也로다 弟子勉學하라 天不忘也로다하니 是荀子之意는 謂亂極必反이요 非謂世事已去하여 不可復治也라 此二句는 乃望之之辭라 言聖人於此에 亦拱手而待之耳라 所謂千歲必反者 此時殆將然矣라 楊注非라

楊倞注 : 共은 '拱'으로 읽어야 한다. 聖人拱手는 세상에 쓰이지 않는다는 말이다. 幾는 하직한다는 뜻이다. 將은 보낸다는 뜻이며 떠나간다는 뜻이다. 戰國時代에 세상사가 이미 떠나 더 이상 다스려질 수 없다는 말이다.

○ 兪樾 : 楊氏의 주대로라면 위의 뜻과 이어지지 않는다. 윗글에 "천년이면 반드시 바뀌는 것은 〈이 또한〉 예로부터 당연한 도리. 제자들아 학문에 부디 힘쓰라. 하늘이 〈너희들을〉 잊지 않으리."라 하였으니, 이로 볼 때 荀子의 뜻은 혼란이 극에 이르면 반드시 돌아온다는 말이지, 세상사가 이미 떠나 더 이상 다스려질 수 없다는 말이 아니다. 이 두 구는 곧 기대한다는 뜻이다. 聖人이 이에 대해 또 두 손 모아 기다린다는 말이다. 이른바 "천년이면 반드시 바뀐다."는 말이 이 시기에 거의 그렇게 이뤄질 것이라는 뜻이다. 楊氏의 주는 틀렸다.

26-91 與愚以疑하니 願聞反辭[75)]하니이다

저는 둔해 의혹이 아니 풀리니
그 요지 들어보길 원하옵니다

反辭는 反覆敍說之辭니 猶楚詞亂曰[76)]이라 弟子言當時政事를 旣與愚反疑惑之人이라 故更願以亂辭敍之也라

---

75) 與愚以疑 願聞反辭 : 이 두 구는 가정한 제자의 말이다. 與는 '予(주다)'와 통한다. 以는 '而'와 같다. 反辭는 '亂曰'과 같다고 한 楊倞의 주에 따라 편의상 '요지'로 번역하였다. 이 章의 押韻에서 疑·辭는 之部이다. 蹇·衍·般·佩·異·媒·喜는 元部와 之部가 섞였는데, 蹇·衍·般은 元部이고, 나머지는 之部이다. 聰·凶·同은 東部이다.

76) 楚詞亂曰 : ≪楚詞≫는 ≪楚辭≫와 같다. 漢나라 때 劉向이 屈原·宋玉·賈誼와 淮南王 劉安의 일부 문객이 지은 辭賦를 모아 엮은 것이다. 亂曰은 全文의 요지를 총괄하여 작품 끝에 붙인 것을 말한다.

楊倞注 : 反辭는 반복해 서술하는 말이니, ≪楚詞≫의 '亂曰'과 같다. 제자가, 당시의 정사를 〈스승께서〉 이미 어리석어 도리어 의혹이 생기는 사람에게 들려줬으므로 요지를 총괄하는 말로 서술해주길 다시 원한다는 말이다.

### 26-92 其小歌曰

그에 답한 짧은 노래는 다음과 같다.

此下一章은 卽其反辭라 故謂之小歌라하니 總論前意也라 ○ 盧文弨曰 各本多作也라 有一本作曰하니 今從之라

楊倞注 : 이 아래 1章은 곧 그 反辭이므로 小歌라 한 것이니, 앞서의 뜻을 총괄하여 논한 것이다.

○ 盧文弨 : 〈'曰'자가〉 각 판본에는 대부분 '也'로 되어 있다. '曰'로 되어 있는 한 판본이 있으니, 여기서는 그것을 따랐다.

### 26-93 念彼遠方하면 何其(塞)〔蹇〕[77]矣오

저기 저 먼 지방을 생각해보면
어이하여 그처럼 절룩거리나

遠方은 猶大道也라 ○ 兪樾曰 楊注以遠方爲大道하니 其義未安이라 此章蓋亦遺春申君者라 下文仁人絀約하되 暴人衍矣諸句는 其意實譏楚也라 不敢斥言楚國이라 故姑託遠方言之하니 若謂彼遠方之國有如此耳라 此荀卿之危行言孫[78]也라

---

77) (塞)〔蹇〕: 저본에는 '塞'으로 되어 있으나, 盧文弨의 주(26-94)와 王天海의 설에 의거하여 '蹇'으로 바로잡았다. 朱熹도 일찍이 "塞자는 음과 뜻을 모두 알 수 없다. 혹시 蹇자가 아닌가 싶다."라고 하였다. 蹇은 절룩거린다는 뜻으로, 여기서는 楚나라 정세가 험악하여 정상이 아닌 것을 비유한 것이다.

78) 危行言孫 : ≪論語≫ 〈憲問〉에 孔子가 "국가에 도가 있을 때는 말을 곧게 하고 행실을 곧게 해야 하며, 국가에 도가 없을 때는 행실을 곧게 하고 말을 공손히 해야 한다.〔邦有道 危言危行 邦無道 危行言孫〕"라고 한 데서 인용한 말이다. 당시에 楚나라에 도가 없으므로 荀子가 孔子의 가르침에 따라 그렇게 처세하였다는 것이다.

楊倞注 : 遠方은 '大道(위대한 도)'와 같다.

○ 兪樾 : 楊氏의 주는 遠方을 大道라 하였으니, 그 뜻이 온당치 못하다. 이 章은 어쩌면 또 春申君에게 보내는 것일 수 있다. 아랫글 "仁人絀約 暴人衍矣" 등 여러 구는 그 뜻이 사실은 楚나라를 비평한 것이다. 감히 楚나라를 지명하여 말할 수 없기 때문에 우선 遠方에 가탁하여 말했으니, '저 먼 지방의 국가에 이와 같은 일이 있다.'고 말하는 것과 같다. 이는 荀卿이 행실을 곧게 하고 말을 공손히 한 것이다.

## 26-94 仁人絀約하되 暴人衍矣요

어진 사람 쫓겨나 궁하게 사나
포악한 자 방자해 거리낌 없고

衍은 饒也라 ○ 盧文弨曰 衍은 不與塞服爲韻이라 服字本有作般者하니 則塞或蹇字之誤라

楊倞注 : 衍은 여유롭다는 뜻이다.

○ 盧文弨 : 衍은 '塞'·'服'과 韻이 되지 않는다. 服자가 어떤 판본에는 '般'으로 된 것이 있으니, 그렇다면 塞은 혹시 '蹇'자의 잘못일 수 있다.

## 26-95 忠臣危殆하되 讒人(服)〔般〕[79]矣로다

충성하는 신하는 위태로운데
참소하는 사람은 즐기며 사네

服은 用也라 本或作讒人般矣라 般은 樂也니 音盤이라

楊倞注 : 服은 쓰인다는 뜻이다. 어떤 판본에는 간혹 '讒人般矣'로 되어 있기도 하다. 般은 즐긴다는 뜻이니, 음이 '盤'이다.

## 26-96 琁(경)玉瑤珠[80]를 不知佩也하며

79) (服)〔般〕 : 저본에는 '服'으로 되어 있으나, 楊倞의 주에 의거하여 '般'으로 바로잡았다.

80) 琁(경)玉瑤珠 : 이 구부디 끝까지는 ≪戰國策≫ 〈楚策 四〉와 ≪韓詩外傳≫ 권4에 모두

아름다운 옥들과 귀한 진주를
〈자기 몸에〉 찰 줄을 알지 못하며

說文云 琁은 赤玉이라하고 瑤는 美玉也라하니라 孔安國曰 瑤는 美石이라하니라 言不知以此四寶爲佩라 說文云 琁은 音瓊이라하니라 ○ 盧文弨曰 瑤는 說文本訓美石하니 楊所據乃誤本也라 如孔安國曰美石이어늘 而今本禹貢注에 亦皆誤爲美玉이라 又曰 此章在遺春申君書後라 此書但載其賦하고 而不載其書라 今以楚策之文을 具錄於此하여 以備考焉이라 客說(세)春申君曰 湯以亳하고 武王以鄗①하니 皆不過百里로되 以有天下로이다 今孫子는 天下賢人也어늘 君藉之以百里之勢하시니 臣竊以爲不便於君하니이다 何如오하여늘 春申君曰 善하다하니라 於是使人謝孫子어늘 孫子去之趙②하니 趙以爲上卿③이라 客又說春申君曰 昔伊尹去夏入殷하니 殷王而夏亡하며 管仲去魯入齊하니 魯弱而齊强하니이다 夫賢者之所在엔 其君未嘗不尊하고 國未嘗不榮也하니이다 今孫子는 天下賢人也어늘 君何辭之오하니 春申君又曰 善하다하니라 於是使人請孫子於趙하니라 孫子爲書謝曰 癘人憐王④하니 此不恭之語也니이다 雖然⑤이나 不可不審察也니 此爲劫弑死亡之主言也니이다 夫人主年少而矜材하고 無法術以知姦이면 則大臣主斷圖[81]私하여 以禁誅於己也니이다 故弑賢長而立幼弱하며 廢正適而立不義하니이다 春秋戒之曰⑥ 楚王子圍聘於鄭이라가 未出竟에 聞王病하여 反問疾하고 遂以冠纓絞王殺之하여 因自立也라 齊崔杼之妻美어늘 莊公通之하니 崔杼帥(솔)其君黨而攻莊公이라 莊公請與分國이나 崔杼不許하고 欲自刃於廟나 崔杼不許라 莊公走出하여 踰於外牆에 射(석)中其股하여 遂殺之하고 而立其弟景公이라하니이다 近代所見은 李兌用趙에 餓主父於沙丘하여 百日而殺之하고 淖齒用齊에 擢閔王之筋하여 縣於其廟梁하니 宿夕而死하니이다 夫癘雖癰腫胞疾이나 上比前世에 未至絞纓射股하고 下比近代에 未至擢筋而餓死也하니이다 夫劫弑死亡之主也는 心之憂勞와 形之困苦 必甚於癘矣리이다 由此觀之하면 癘雖憐王可也니이다하니라 因爲賦曰 寶珍隋珠를 不知佩兮하고 禕衣與絲를

---

荀子가 春申君에게 보낸 賦로 기록되어 있다.

81) 圖 : 저본의 원주에 "圖는 원본에 '國'으로 되어 있으나, ≪韓詩外傳≫ 권4에 의거하여 고쳤다.〔圖 原本作國 據韓詩外傳四改〕"라고 하였다.

不知異兮로다 閭姝子奢를 莫知媒兮하고 嫫母求之하고 又甚喜之兮로다 以瞽爲明하고 以聾爲聰하며 以是爲非하고 以吉爲凶이로다 嗚呼上天이여 曷惟其同하리오 詩曰 上天甚神하시니 無自瘵也⑦라하니라 郝懿行曰 琁은 卽瓊字라 韓詩外傳四作璇하니 非라

① 吳師道曰 鎬通이라

吳師道가 "〈鄗는〉 '鎬'와 통한다."라 하였다.

② 鮑彪曰 史言孫子 春申君死而貧困하여 家蘭陵이라하고 不言之趙라 然卿書有與趙孝成王論兵이어늘 而史不言하니 失之라

鮑彪가 "≪史記≫에는 孫子(荀子)가 春申君이 죽은 뒤에 빈곤하여 蘭陵에 정착하였다고만 말하고 趙나라로 간 것은 말하지 않았다. 그러나 ≪荀子≫에 趙 孝成王과 군대 · 병법에 관해 논한 내용이 있는데도 ≪史記≫에서는 말하지 않았으니, 이는 잘못되었다.

③ 後語에 作上客이라

≪春秋後語≫에는 〈上卿이〉 '上客'으로 되어 있다.

④ 韓詩外傳四에 作鄙語曰癘人憐王이라

≪韓詩外傳≫ 권4에는 〈癘人憐王이〉 '鄙語曰癘人憐王'으로 되어 있다.

⑤ 吳師道曰 一本此下有古無虛諺四字라

吳師道가 "어떤 판본에는 이 밑에 '古無虛諺(옛날에는 헛된 속담이 없다.)' 네 자가 있다."라고 하였다.

⑥ 外傳에 作春秋之志曰이라

≪韓詩外傳≫에는 '春秋之志曰'로 되어 있다.

⑦ 外傳所載賦는 與荀書略同이라 嘉字는 依兩書하면 皆作喜[82]라 外傳末引詩는 作上帝甚慆[83]하니 無自瘵焉이라

≪韓詩外傳≫에 실린 賦는 ≪荀子≫와 대략 같다. '嘉'자는 두 글에 의거하면 모두 '喜'로 되어 있다. ≪韓詩外傳≫ 끝에 인용한 ≪詩經≫의 시는 "上帝甚慆 無自瘵焉(上帝께서 너무도 신령하시니, 스스로 병들게는 말아야 하네.)"으로 되어 있다.

---

82) 嘉字……皆作喜 : '嫫母力父 是之喜'의 '喜'가 ≪韓詩外傳≫에는 본디 '嘉'로 되어 있었으나, ≪荀子≫와 ≪戰國策≫에 의거하여 거기에도 다 같이 '喜'로 고쳐졌다는 말이다.

83) 慆 : 지금의 ≪詩經≫에는 '蹈'로 되어 있고, 朱熹의 集注에 "蹈는 마땅히 '神'으로 되어야 하니, 위엄 있고 신령하여 두려워할 만하다는 말이다."라 하였다.

楊倞注 : ≪說文解字≫에 "琁은 붉은 옥이다."라 하고, "瑤는 아름다운 옥이다."라 하였다. 孔安國은 "瑤는 아름다운 돌이다."라 하였다. 이 네 가지 보물(琁·玉·瑤·珠)을 몸에 찰 줄 모른다는 말이다. ≪說文解字≫에 "琁은 음이 '瓊'이다."라 하였다.

○ 盧文弨 : 瑤는 ≪說文解字≫에 본디 '美石(아름다운 돌)'으로 되어 있으니, 楊氏가 근거로 삼은 것은 잘못된 판본이다. 이것(瑤)을 孔安國은 '美石'이라 했지만 지금 판본의 ≪書經≫ 〈禹貢〉 鄭玄의 주에는 또 모두 잘못되어 '美玉'으로 된 경우와 같다.

盧文弨 : 이 章은 春申君에게 보낸 편지 뒤에 붙어 있다. 이 ≪荀子≫에는 그 賦만 실리고 그 편지는 실리지 않았다. 지금 ≪戰國策≫ 〈楚策〉에 있는 글을 이곳에 모두 기록하여 참고에 대비할 수 있게 한다.

어떤 빈객이 春申君에게 회유하기를 "湯王은 亳京을 〈근거지로 삼아 일어나고〉 武王은 鄗京을 〈근거지로 삼아 일어났으니, 이 두 지방은 크기가〉 모두 백 리를 넘지 않았는데도 〈두 왕은 다른 사람으로 인해 마침내〉 천하를 점유하였습니다. 지금 孫子(荀子)는 천하의 賢人인데 지금 당신이 땅 백 리 정도의 세력을 그에게 주려고 생각하시니, 저의 생각에는 당신에게 매우 이롭지 못합니다. 어떻게 생각하십니까?"라고 하니, 春申君이 "그 말이 맞다." 하였다. 그리하여 사람을 보내 孫子를 사절하였다. 孫子가 〈楚나라를〉 떠나 趙나라로 가니, 趙나라 왕이 그를 上卿으로 삼았다.

다른 빈객이 또 春申君에게 회유하기를 "옛날에 伊尹이 夏를 떠나 殷으로 들어가니 殷湯은 王者가 되고 夏桀은 멸망하였으며, 管仲이 魯를 떠나 齊로 들어가니 魯나라는 쇠약해지고 齊나라는 강성해졌습니다. 대체로 賢人이 있는 곳에는 그 군왕이 존귀해지지 않은 적이 없고 국가가 번영하지 않은 적이 없습니다. 지금 孫子는 천하의 賢人인데 당신은 어찌하여 그를 사절했습니까?"라고 하니, 春申君이 또 "그 말이 맞다." 하였다. 그리하여 趙나라로 사람을 보내 孫子를 초청하였다. 이때 孫子가 편지를 써 다음과 같이 사절하였다.

"나병환자가 국왕을 불쌍하게 여긴다는 〈말이 있는데,〉 이것은 공손하지 못한 말입니다. 비록 그렇지만 깊이 살펴보지 않을 수 없으니, 이것은 신하에게 압제당하고 살해당한 군주에 대해 하는 말입니다. 대체로 군주가 나이가 어리면서 자기의 재능을 과시하고, 간사한 사람을 식별할 방법과 수단이 없다면, 大臣이 정사를 독단하고 사적인 이익을 도모하여 자기에게 재앙이 될 만한 대상을 제거할 것입니다. 그러므로 그들은 재능 있고 나이 많은 군주를 살해하고 나이 어리고 허약한 군주를 옹립하며, 嫡子를 폐기하고 의롭지 못한 사람을 발탁하는 것입니다.

≪春秋≫에 사람들을 경계하기를 '楚나라의 왕자 圍가 鄭나라를 방문하기 위해 떠

났다가 국경을 벗어나기 전에 父王이 병이 났다는 소식을 듣고서 돌아와 병세를 묻고 마침내 갓끈으로 왕을 목 졸라 죽이고 스스로 왕이 되었다. 齊나라 崔杼의 아내가 아름다웠는데 齊 莊公이 그와 남몰래 정을 통하자, 崔杼가 그의 家臣을 거느리고 莊公을 공격하였다. 莊公이 그와 齊나라를 함께 나누어 갖자고 청했으나 崔杼는 들어주지 않았고 〈莊公이 또〉 조상의 사당에 가서 자살하겠다고 하였으나 崔杼는 그것도 들어주지 않았다. 莊公에게 도망할 것을 〈요구하여〉 그가 바깥 담을 넘어갈 때 활로 그의 넓적다리를 쏘아 맞혀 마침내 그를 죽이고, 莊公의 아우 景公을 세워 왕으로 삼았다.'라고 하였습니다.

근대에 본 것으로는 李兌가 趙나라에서 권력을 장악할 적에 沙丘에서 主父(趙 武靈王)를 굶겨 백 일 만에 그를 죽였고, 淖齒가 齊나라에서 권력을 장악할 적에 齊 閔王의 힘줄을 뽑고서 그를 사당의 들보에 매달아놓으니 하룻밤을 넘기고 죽었습니다. 대체로 나병은 비록 타고난 악질 종기이지만 위로 고대의 〈제왕과〉 견줘볼 때 갓끈으로 목이 졸려 죽거나 넓적다리에 화살이 꽂혀 죽는 일을 당하는 정도에 이르지 않고, 아래로 근대의 〈제왕과〉 견줘볼 때 힘줄이 뽑혀 죽거나 굶어죽는 정도에는 이르지 않습니다. 대체로 신하에게 압제당하고 살해당하는 군주는 심적인 근심걱정과 신체의 고통이 분명히 나병에 걸린 사람보다 심할 것입니다. 이로 본다면 나병환자가 비록 국왕을 불쌍하게 여기더라도 무방할 것입니다."

그러고는 다음과 같이 賦를 지었다.

진귀한 隋侯 구슬
몸에 찰 줄 모르고
곤룡포와 거친 실
구분할 줄 모른다네
아름다운 閭姝 子奢
중매 설 줄 모르고
추녀 嫫母 구하고
또 매우 좋아한다네
장님을 눈이 밝다고 여기고
귀머거리를 귀 밝다 여기며
옳은 것을 그르다고 여기고
길한 것을 흉하다 여긴다네

아, 하늘이여
내 어찌 그들과 함께하리오

≪詩經≫에 '上帝께서 너무도 신령하시니, 스스로 병들게는 말아야 하네.'라고 하였다.

郝懿行 : 琁은 곧 '瓊'자이다. ≪韓詩外傳≫ 권4에는 '璇'으로 되어 있으니, 이는 틀린 것이다.

26-97 **襍布與錦**이어늘 **不知異也**하고

무명베와 비단이 섞여 있는데
〈구분하여〉 다름을 알지 못하고

襍布는 麤布라 ○ 王念孫曰 此謂布與錦襍陳於前而不知別異①라 言美惡不分也라 楊以襍布二字連讀而訓爲麤布하니 失之라

① 說文에 布는 枲織也라하니라
≪說文解字≫에 "布는 모시로 짠 것이다."라 하였다.

楊倞注 : 襍布는 질이 거친 베이다.

○ 王念孫 : 이것은 무명베와 비단이 자기 앞에 섞여 진열되어 있는데 그것을 구분하여 다르다는 것을 모르는 것을 이른다. 아름답고 추한 것을 구분하지 못한다는 말이다. 楊氏는 '襍布' 두 자를 붙여 읽어 그 뜻을 거친 베라고 하였으니, 잘못되었다.

26-98 **閭娵子奢**는 **莫之媒也**하고

〈미녀이며 미남인〉 閭娵 子奢는
애써 중매 서주는 사람이 없고

閭娵는 古之美女니 後語엔 作明陬라 楚詞七諫에 謂閭娵爲醜惡이라하니 蓋一名明陬라 漢書音義[84]에 韋昭曰 閭娵는 梁王魏嬰之美女라하니라 子奢는 當爲子都니 鄭

---

84) 漢書音義 : 隋나라 蕭該가 편찬한 것으로, 3권이다.

之美人이라 詩曰 不見子都라하니 蓋都字誤爲奢耳라 後語[85)]엔 作子都라 莫之媒는 言無人爲之媒也라 娵는 子于反이라 ○ 盧文弨曰 明은 是閭字之誤어늘 楊未省照耳라 汪中曰 都奢는 古本一音이니 不必改字라

楊倞注 : 閭娵는 옛날의 미녀이니, ≪春秋後語≫에는 '明陬'로 되어 있다. ≪楚詞(辭)≫ 〈七諫〉에 "謂閭娵爲醜惡(閭娵를 추악하다 이른다네.)"이라 하였는데, 어쩌면 별칭이 '明陬'일 것이다. ≪漢書音義≫에 韋昭가 "閭娵는 梁王 魏嬰의 미녀이다."라 하였다. '子奢'는 마땅히 '子都'로 되어야 하니, 鄭나라의 미인이다. ≪詩經≫ 〈鄭風 山有扶蘇〉에 "不見子都(〈미남이라〉 子都를 보지 못하네.)"라 하였으니, 어쩌면 '都'자가 '奢'로 잘못되었을 것이다. ≪春秋後語≫에는 '子都'로 되어 있다. 莫之媒는 그들을 위해 중매하는 사람이 없다는 말이다. 娵는 〈음이〉 子와 于의 반절이다.

○ 盧文弨 : '明'은 '閭'자의 잘못인데, 楊氏는 이것을 살펴보지 못했다.

汪中 : 都와 奢는 옛날에 본디 같은 음이었으니, 굳이 글자를 고칠 것은 없다.

26-99 嫫母力父[86)]는 是之喜也로다

〈추녀이며 추남인〉 嫫母 力父는
〈너나없이〉 그들을 좋아했다네

嫫母는 醜女니 黃帝時人이라 力父는 未詳이라 喜는 悅也라 ○ 盧文弨曰 力父는 俗本엔 作刁父라 今從元刻하니 與韓詩外傳四同이라

楊倞注 : 嫫母는 추녀이니, 黃帝 때 사람이다. 力父는 알 수 없다. 喜는 좋아한다는 뜻이다.

○ 盧文弨 : '力父'는 俗本에는 '刁父'로 되어 있다. 여기서는 元刻本을 따랐으니, ≪韓詩外傳≫ 권4와 같다.

26 100 以盲爲明하고 以聾爲聰하며 以危爲安하고 以吉爲凶이로다

---

85) 後語 : 唐나라 盧藏用(?~약714)이 편찬한 ≪春秋後語≫이다.

86) 力父 : ≪淮南子≫ 〈覽冥訓〉과 ≪列子≫ 〈黃帝〉에 나오는 力牧이다. 黃帝의 大臣으로, 인물이 매우 못생겼다고 한다.

앞 못 보는 장님을 눈 밝다 하고
귀가 먼 귀머거리 귀 밝다 하며
위태로운 상황을 안전타 하고
길한 일을 가지고 흉하다 하네

○ 郝懿行曰 以危爲安은 韓詩外傳四엔 作以是爲非라

○ 郝懿行 : '以危爲安'은 ≪韓詩外傳≫ 권4에는 '以是爲非(옳은 것을 가지고 그르다 하고)'로 되어 있다.

26-101 嗚呼上天이여 曷維其同하리오

아, 하늘이여
이 몸 어찌 그들과 함께하리오

言(或)〔惑〕[87]亂如此라 故歎而告上天이라 曷維其同은 言何可與之同也라 後語엔 作曷其與同이라 此章卽遺春申君之賦也라

楊倞注 : 〈嗚呼上天은〉 미혹되고 혼란한 것이 이와 같기 때문에 한탄하여 하늘에 고한다는 말이다. 曷維其同은 어찌 이런 사람과 함께할 수 있겠느냐는 말이다. ≪春秋後語≫에는 '曷其與同'으로 되어 있다. 이 章은 곧 春申君에게 보내는 賦이다.

---

87) (或)〔惑〕: 저본에는 '或'으로 되어 있으나, 世德堂本에 의거하여 '惑'으로 바로잡았다.

# 大略篇 第二十七　제27편 대략 간추린 荀子의 語錄

이 편은 荀子의 제자들과 후대 사람이 荀子의 말 가운데 중요하고 중심이 되는 내용과 曾子의 말을 간추려 모은 것인데, 曾子의 말은 ≪大戴禮記≫에 산발적으로 보인다. 禮義·도덕·제도·정치·교육 등 여러 분야에 걸쳐 짤막한 단문 형식이며, 104개의 단락으로 이루어져 있다.

此篇蓋弟子襍錄荀卿之語라 皆略擧其要하여 不可以一事名篇이라 故總謂之大略也라 舊第二十(七)〔九〕[1]라 ○ 盧文弨曰 此卷舊不分段이나 今案其意義之不相聯屬者하여 間一格以識別之라

楊倞注 : 이 편은 대체로 제자들이 荀卿의 말을 잡다하게 모아 기록한 것이다. 모두 그 요점을 대략 간추린 것이어서 어떤 한 가지 일로 편명을 정할 수 없으므로 총괄하여 〈大略〉이라고 이른 것이다. 옛 판본에는 제29편이었다.

○ 盧文弨 : 이 권은 옛 판본에 단락이 나뉘져 있지 않았으나, 여기서는 그 뜻이 서로 연관되지 않는 것들을 살펴 한 단락씩 띄어 구별하였다.

## 27-1 大略이라

대략은 〈다음과 같다.〉

擧爲標首는 所以起下文也라

楊倞注 : 〈이것을〉 글의 서두로 쓴 것은 다음 문장을 시작하기 위해서이다.

## 27-2 君人者 隆禮尊賢而王하고 重法愛民而霸하고 好利多詐而危라

---

1) (七)〔九〕: 저본에는 '七'로 되어 있으나, ≪漢文大系≫本에 의거하여 '九'로 바로잡았다.

군주가 禮義를 숭상하고 현명한 이를 존중하면 王者가 될 수 있고, 법치를 중시하고 백성을 사랑하면 霸者가 될 수 있고, 財利를 좋아하고 거짓이 많으면 위험해질 수 있다.

**27-3 欲近四旁**이면 **莫如中央**이라 **故王者必居天下之中**하니 **禮也**라

사방 사람과 서로 친근하려면 중앙에 처함보다 좋은 게 없다. 그러므로 王者로 불리는 군주는 반드시 천하의 중앙에 자리를 잡으니, 이것이 禮法이다.

**此明都邑居土中之意**라 **不近偏旁**하고 **居中央**은 **取其朝貢道里均**라 **禮也**는 **言其禮制如此**라

楊倞注 : 여기서는 도읍을 국토의 중앙에 두는 의미를 밝힌 것이다. 〈도읍을〉 변방에 가까이 두지 않고 중앙에 두는 것은 〈제후들이〉 朝貢하러 오는 거리가 균등함을 취한 것이다. '禮也'는 그 예법이 이와 같다는 말이다.

**27-4 天子外屏**[2)]하고 **諸侯內屏**이 **禮也**라 **外屏**은 **不欲見外也**요 **內屏**은 **不欲見內也**라

천자는 屏牆을 문 밖에 세우고 제후는 屏牆을 문 안에 세우는 것이 禮法이다. 屏牆을 문 밖에 세우는 것은 〈문 안의 사람이〉 문 밖을 보는 것을 원하지 않아서이고, 屏牆을 문 안에 세우는 것은 〈문 밖의 사람이〉 문 안을 보는 것을 원하지 않아서이다.

**屏**은 **猶蔽也**라 **屏**은 **謂之樹**라 **鄭康成云 若今浮思**[3)]**也**라하니라 **何休注公羊云 禮**에 **天子諸侯臺門**[4)]이라 **天子外闕兩觀**[5)]이요 **諸侯內闕一觀**이라하고 **禮**에 **天子外屏**하고

---

2) 屏 : 일반적으로 바람을 막는 병풍의 뜻으로 쓰이나, 여기서는 시야를 가리기 위해 궁궐 대문의 안쪽이나 바깥에 세운 담을 말한다.

3) 浮思 : 문 주위를 망보거나 적을 방어하기 위해 궁문 밖이나 城의 모퉁이에 설치한 작은 누대이다.

4) 臺門 : 천자나 제후의 궁궐 밖에 주위의 동태를 살펴보기 위해 세운 높은 문이다. 흙을 쌓

諸侯內屛하고 大夫以簾하고 士以帷[6]라하니라 倞謂不欲見內外는 不察泉中魚[7]之義也라 ○ 郝懿行曰 釋宮但云 屛은 謂之樹요 不言內外라 郭璞注謂小牆當門中이라하니 此說是也라 蓋屛之制如今之照壁[8]이라 釋名[9]云 屛은 自障屛也라하고 蒼頡篇云 屛은 牆也라하고 爾雅舍人注[10]云 以垣當門蔽爲樹라하니라 然則屛取屛蔽之義하여 但令門必有屛하니 天子諸侯似不必瑣瑣分別外內也라 荀書每援禮文하여늘 此云外屛內屛하고 而云禮也라하니 必是禮家舊說이라 何休公羊注亦稱之라 淮南主術篇云 天子外屛은 所以自障의 高誘注謂屛은 樹垣也라하고 引爾雅曰 門內之垣謂之樹라하니 據高所引컨대 非卽爾雅本文이니 蓋已不主外屛之說矣라 近浙人(全)〔金〕鶚[11]氏箸論에 深是高說하여 以爲天子外屛 此言出於禮緯[12]하니 鄭注禮記引其說은 未可信也라 太微垣有屛四星하여 在端門內[13]하니 此

---

아 다진 기초 위에 누각을 세운 것이다. 일종의 초소나 망루와 같다.

5) 觀 : 臺門과 같다.

6) 禮天子外屛……士以帷 : ≪禮記≫ 〈郊特牲〉에 "臺門而旅樹(臺門 안에 또 屛을 설치한다.)"라 한 곳의 鄭玄의 주 내용이다.

7) 不察泉中魚 : ≪列子≫ 〈說符〉에 "깊은 못 속의 물고기를 살펴볼 수 있는 사람은 상서롭지 못하다.〔察見淵魚者不祥〕"라고 하였다. 이 말은 周나라 때 속담으로, 남의 은밀한 일을 엿보면 재앙을 만난다는 것을 비유한 것으로, 그렇게 하지 않는다는 뜻이다. 淵을 '泉'으로 바꾼 것은 唐 高祖의 이름자이기 때문이다.

8) 照壁 : 밖에서 대문 안이 들여다보이지 않도록 대문을 가린 벽을 말한다.

9) 釋名 : 漢나라 劉熙가 편찬한 것으로, 物名의 訓詁를 싣고 풀이하였다. ≪逸雅≫라고도 한다.

10) 舍人注 : 宋나라 때 中書舍人을 지낸 陸佃(1042~1102)이 편찬한 ≪爾雅新義≫를 말한다. 陸佃은 王安石의 문인으로 訓詁學에 밝았다.

11) (全)〔金〕鶚 : 저본에는 '全鶚'으로 되어 있으나, '金鶚'의 잘못이므로 바로잡았다. 金鶚(1771~1819)은 淸 浙江 臨海 사람으로, 자는 風薦이고 호는 誠齋이다. 일찍이 抗州 詁經精舍에 들어가 孫星衍에게 고증학을 배웠다. ≪求古錄禮說≫과 ≪四書正義≫를 저술하였다.

12) 禮緯 : 西漢 말에 經義에 길흉화복의 의론을 붙여 예언처럼 만든 讖書 가운데 하나이다. 이밖에 ≪易緯≫·≪書緯≫·≪詩緯≫·≪樂緯≫·≪春秋緯≫·≪孝經緯≫ 등이 있다.

13) 太微垣有屛四星 在端門內 : 太微垣은 사자자리를 중심으로 이루어진 별자리로, 紫薇垣·天市垣과 더불어 三垣이라 부른다. 이 별자리를 천자의 궁에 비유한다. 屛은 太微垣 端門 안에 있는 별이름으로 네 개의 별로 이루어졌다. 天帝의 조정을 가려 보호하며 內屛

天子內屛之象也라하고 又云 凡門皆有屛이나 惟皐門[14]無之라 應門內有屛이라 故寧(저)[15]在門屛之間하니 門卽應門也라하니라 其言甚辨이라 見所箸求古錄[16]하니 今採其說存之라

楊倞注 : 屛은 '蔽(가리다)'와 같다. 屛은 '樹(벽)'를 이른다. 鄭康成(鄭玄)이 "오늘날의 浮思와 같다."라고 하였다. ≪春秋公羊傳≫ 何休의 주에 "예법에 천자와 제후는 臺門을 세운다. 천자는 궁문 앞 좌우에 두 觀을 세우고 제후는 궁문 앞 한 곳에 하나의 觀을 세운다."라 하고, 또 "예법에 천자는 屛牆을 문 밖에 세우고, 제후는 屛牆을 문 안에 세우고, 大夫는 발을 치고, 士는 휘장을 친다."라고 하였다. 나(楊倞)는 안팎을 보여주려 하지 않는다는 것은 못 속의 물고기를 살펴보지 않는다는 뜻이라고 생각된다.

○ 郝懿行 : ≪爾雅≫ 〈釋宮〉에선 단지 "屛은 담〔樹〕을 말한다."고만 했지 안팎을 말

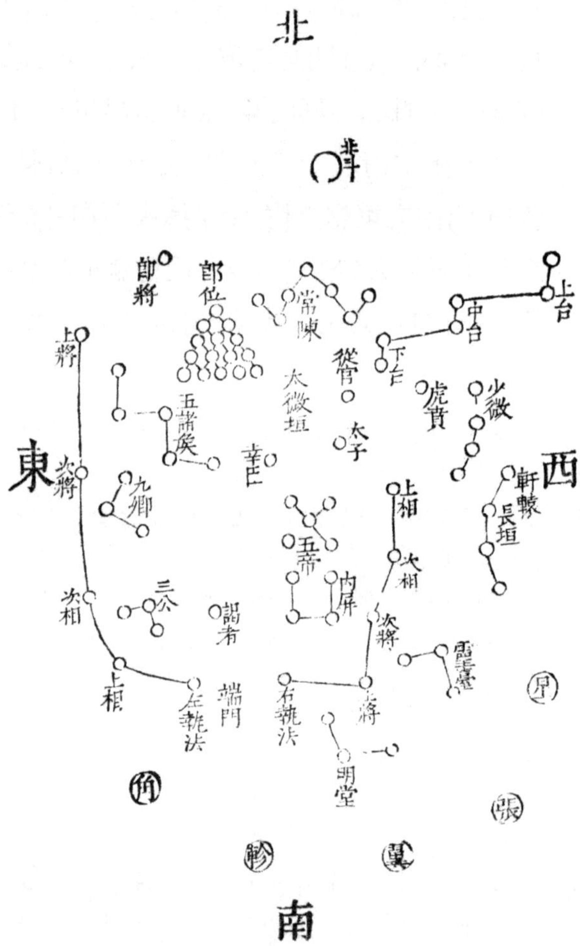


太微垣圖

이라고도 한다. 端門은 天帝의 조정의 정문에 해당하는 별이름이다.

14) 皐門 : 궁성의 다섯 문 가운데 가장 바깥에 있는 문이다. 가장 안쪽에 있는 문은 路門, 두 번째는 정문으로 應門, 세 번째는 雉門, 네 번째는 庫門이다.

15) 寧(저) : '宁'와 통용한다. 천자가 서서 공경대신과 제후들을 접견하는 장소이다.

16) 求古錄 : 金鶚의 저술인 ≪求古錄禮說≫을 말한다. 모두 15권이다.

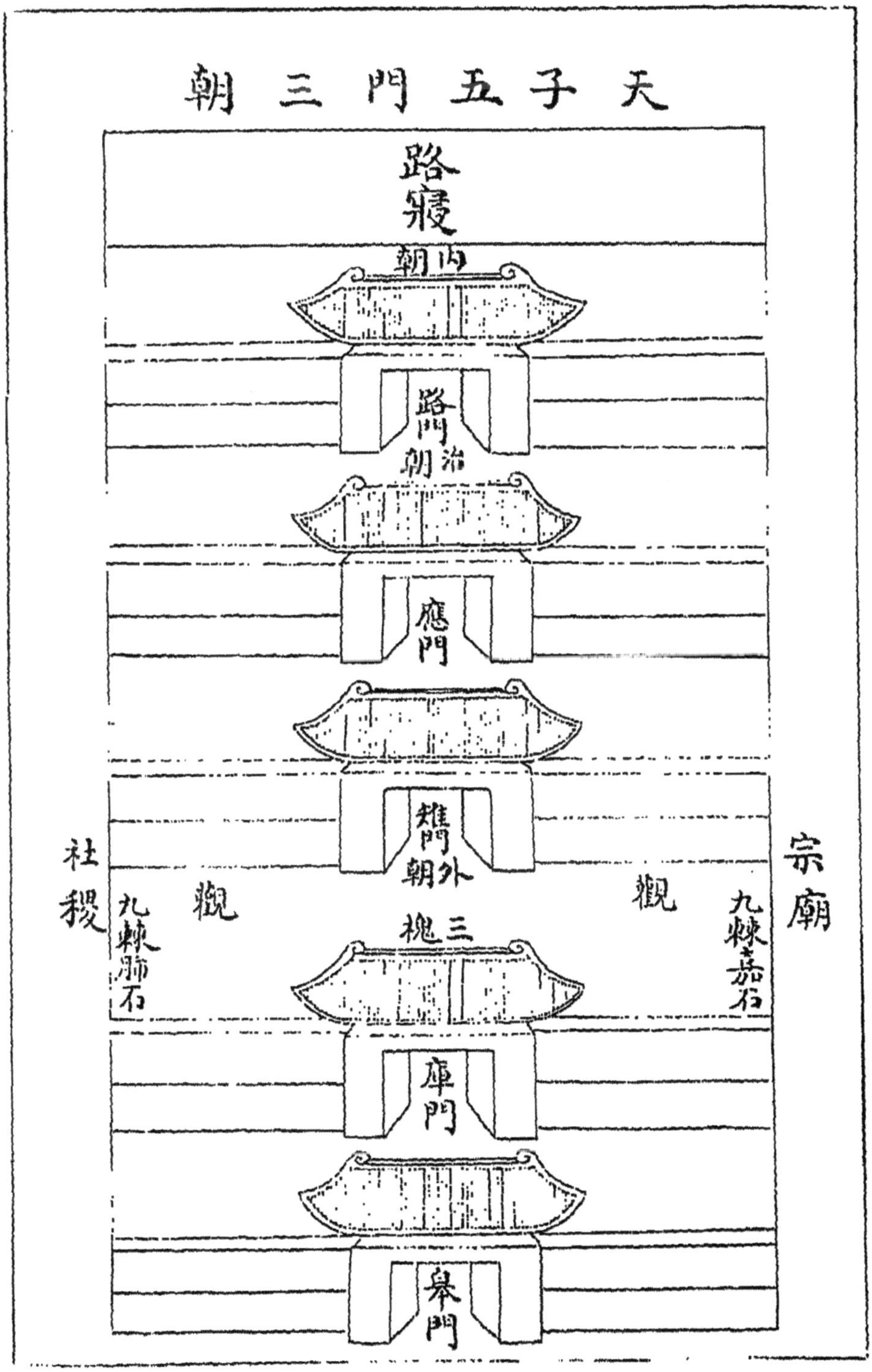


天子五門三朝圖

하지 않았다. 郭璞의 주에는 작은 담을 〈세워〉 문의 중앙을 막는 것이라고 했는데 이 말이 옳다. 대체로 屛의 體制는 오늘날의 照壁과 같다. ≪釋名≫에 "屛은 자신을 보호하는 가로막이이다."라 하고, ≪蒼頡篇≫에 "屛은 담이다."라고 했다. ≪爾雅≫의 舍人(陸佃) 注에 "담으로 문을 막아 가린 것이 樹이다."라고 했으니, 屛은 가린다는 뜻을 취한 것으로서 그저 궁문에 반드시 屛을 두도록 한 것일 뿐이니, 천자와 제후의 屛을 구태여 안팎으로 세세히 구별할 것은 없을 듯하다. ≪荀子≫에는 매번 禮經을 인용하였는데 여기서도 '外屛'과 '內屛'을 말하고 이것을 예법이라고 하였으니, 이는 아마도 틀림없이 禮家의 이전에 있던 설일 것이다. ≪春秋公羊傳≫ 何休의 주에서도 그렇게 말하고 있다. ≪淮南子≫ 〈主術篇〉에 "天子外屛 所以自障(천자가 屛을 대문 밖에 두는 것은 자기를 보호하기 위한 것이다.)"이라 한 곳의 高誘 주에 "屛은 樹垣이다."라 하고 ≪爾雅≫를 인용하여 "문 안의 담은 樹라 이른다."라고 하였으니, 高誘가 인용한 것에 의하면 〈外屛은〉 ≪爾雅≫의 본문이 아니니, 대체로 이미 外屛의 설을 인정하지 않은 것이다. 近世의 浙江 사람인 金鶚 씨가 저술한 논변에 高誘의 설을 매우 옳게 여겨 "천자가 담을 문 밖에 친다는 이 말은 ≪禮緯≫에서 나왔으니, ≪禮記≫ 鄭玄의 주에 그 말을 인용한 것은 믿을 수 없다. 太微垣에는 네 개의 〈별로 구성된 별자리인〉 屛星이 端門의 안에 있으니, 이것이 천자의 內屛의 象이다."라 하고, 또 "모든 문에는 屛이 있는데 오직 皐門에만 없다. 應門 안에 屛이 있으므로 寧(宁)가 문과 屛 사이에 있는 것이니, 이 문은 곧 應門이다."라고 하였다. 그 말이 매우 타당성이 있다. 이 내용은 그의 저서인 ≪求古錄≫에 보이니, 이제 그 설을 채택하여 여기에 보존한다.

**27-5 諸侯召其臣**이어든 **臣不俟駕**하고 **顚倒衣裳**[17]**而走 禮也**라 **詩**[18]**曰 顚之倒之**는 **自公召之**라하니라 **天子召諸侯**어든 **諸侯輦輿就馬 禮也**라

제후가 그의 신하를 부르면 신하는 수레에 말을 매는 것을 기다리지 않고 윗옷과 아래옷을 바꿔 입을 정도로 서둘러 달려오는 것이 예법이다. ≪詩經≫에 "허둥지둥 옷 입고 달려가는 건 군왕이 부르셨기 때문이라네."라고 하였다. 천자가 제후를 부르면 제후는 사람들에게 수레를 끌고 오도록 한 뒤 말 있는 곳까지 달려가

17) 衣裳 : 윗옷을 衣라 하고, 아래옷을 裳이라 한다.
18) 詩 : ≪詩經≫ 〈齊風 東方未明〉을 말한다.

는 것이 예법이다.

輦은 謂人輓車라 言不暇待馬至라 故輦輿就馬也라

楊倞注 : 輦은 사람이 수레를 끄는 것을 이른다. 말이 오는 것을 기다릴 틈이 없으므로 수레를 끌고 말이 있는 곳으로 간다는 말이다.

27-6 詩曰 我出我輿하여 于彼牧矣러니 自天子所하여 謂我來矣로다하니라

≪詩經≫에 "나는야 우리 집의 수레를 내와 교외의 방목지에 이르렀더니, 천자 계신 곳에서 〈사람 보내와〉 나더러 〈어서 빨리〉 오라고 했지."라고 하였다.

詩는 小雅出車之篇이라 毛云 出車就馬於牧地라하고 鄭云 有人自天子所하여 謂我來矣는 謂以王命召己也라 此明諸侯奉上之禮也라

楊倞注 : ≪詩經≫은 〈小雅 出車〉편이다. 〈毛傳〉에 "수레를 끌어내어 말이 있는 牧地로 간 것이다."라 하고, 鄭玄의 箋에 "천자 계신 곳으로부터 사람이 와서 나를 오라고 했다는 것은 왕명으로 자기를 부른 것을 이른다."라고 하였다. 여기서는 제후가 천자를 받드는 예를 밝힌 것이다.

27-7 天子山冕하며 諸侯玄冠하며 大夫裨冕[19]하며 士韋弁이 禮也라

천자는 산 문양이 그려진 곤룡포에 면류관을 쓰며, 제후는 검은색의 예복에 禮冠을 쓰며, 大夫는 裨衣를 입고 면류관을 쓰며, 士는 韋弁을 쓰는 것이 예법이다.

山冕은 謂畫山於衣而服冕이니 卽袞也라 蓋取其龍則謂之袞冕이요 取其山則謂之山冕이라 鄭注周禮司服云 古冕服十二章[20]이라 衣五章으로 初一曰龍이요 次二曰山이요 次三曰華蟲[21]이요 次四曰火요 次五曰宗彝[22]니 皆畫라 裳四章으로 次六曰

19) 裨冕 : 裨衣를 입고 면류관을 쓴다는 말이다. 裨衣는 천자가 착용하는 大裘 이외의 鷩衣·毳衣·絺衣·玄衣 등 예복으로, 제후와 卿·大夫가 朝覲을 하거나 제사 지낼 때 착용하는 冕服의 통칭이다.

20) 章 : 문양이라는 뜻이다.

藻요 次七曰粉米요 次八曰黼[23]요 次九曰黻[24]이니 皆繡라하니라 鄭注覲禮云 裨之言卑也라 天子六服[25]에 大裘爲上하고 其餘爲裨라 以事尊卑服之라 諸侯亦服焉이라하고 上公袞無升龍하고 侯伯鷩이요 子男毳요 孤[26]絺요 卿大夫玄이라하니라 鄭云大夫裨冕[27]은 蓋亦言裨冕止於大夫하여 士已下不得服也라 韋弁은 謂以爵韋爲韠而載弁也라하니라 玉藻曰 韠은 君朱요 大夫素요 士爵[28]韋也라하니라

楊倞注 : 山冕은 옷에 산 문양을 그려 넣고 면류관을 착용한 것을 이르니, 곧 袞冕이다. 대체로 용 문양을 취한 것은 袞冕이라 하고, 산 문양을 취한 것은 山冕이라 한다. ≪周禮≫ 〈司服〉의 鄭玄 주에 "옛날 〈천자의〉 冕服은 열두 문양이 있다."라 하고,

大裘　　袞冕　　鷩冕　　毳冕　　絺冕　　玄冕　　韋弁

18) 華蟲 : 꿩의 다른 이름이다.
19) 宗彝 : 宗廟의 술잔을 말한다.
20) 黼 : 흑백색으로 도끼의 문양을 수놓은 것이다.
21) 黻 : 검정과 파랑으로 '亞'자 문양을 수놓은 것이다.
25) 六服 : 周나라 천자가 제사를 지낼 때나 饗射 때 입던 여섯 가지 예복으로, 大裘·袞衣·鷩衣·毳衣·絺衣·玄衣를 말한다. 大裘는 검은 양의 털가죽으로 만든 것이고, 袞衣는 용·산·꿩·불·술그릇·마름·쌀·도끼·실 등 아홉 가지 문양을 수놓은 것이고, 鷩衣는 꿩을 비롯해 일곱 가지 문양을 수놓은 것이고, 毳衣는 모포에 마름·쌀·도끼·실 등의 문양을 오색실로 수놓은 것이고, 絺衣는 쌀·도끼·실 등 세 가지를 수놓은 것이고, 玄衣는 아래옷에 실 문양 한 가지만 수놓은 검은 옷이다.
22) 孤 : 孤卿을 말하는 것으로 三公 밑의 少師·少傅·少保를 이른다.
27) 鄭云大夫裨冕 : 이 문구는 오류가 있는 것으로 보인다. 우선 본문에 따라 번역하였다.
28) 爵 : '雀'과 통용한다. 참새머리의 색깔이 검붉으므로 검붉은색이라는 뜻으로 쓰인다.

또 "웃옷은 다섯 문양으로, 첫 번째는 용 문양, 두 번째는 산 문양, 세 번째는 꿩 문양, 네 번째는 불 문양, 다섯 번째는 宗彝 문양인데 모두 그린 것이다. 아래옷은 네 문양으로, 여섯 번째는 마름 문양, 일곱 번째는 흰 쌀 문양, 여덟 번째는 黼 문양, 아홉 번째는 黻 문양인데 모두 수를 놓은 것이다."라고 하였다. 《儀禮》〈覲禮〉의 鄭玄 주에 "裨는 낮다는 말이다. 천자는 여섯 가지 복장 중에 大裘가 가장 높고 그 나머지는 裨衣이다. 섬기는 신의 높고 낮은 등급에 따라 제사 지낼 때 구분하여 착용하는데 제후도 〈裨衣를〉 입는다."라 하고, 또 "上公은 袞衣에 올라가는 용 문양이 없고, 侯와 伯은 鷩衣를 입고, 子와 男은 毳衣를 입고, 孤卿은 絺衣를 입고, 卿・大夫는 玄衣를 입는다."라고 하였다. 鄭氏가 '大夫裨冕'에 관해 한 말은 대체로 裨冕은 大夫에 한정되어 있어 士 이하는 입을 수 없다는 말이다. 韋弁은 검붉은 가죽으로 만든 슬갑을 착용하고 가죽 모자를 쓰는 것을 이른다. 《禮記》〈玉藻〉에 "슬갑은, 군주는 붉은색이고, 大夫는 흰색이고, 士는 검붉은색 가죽이다."라고 하였다.

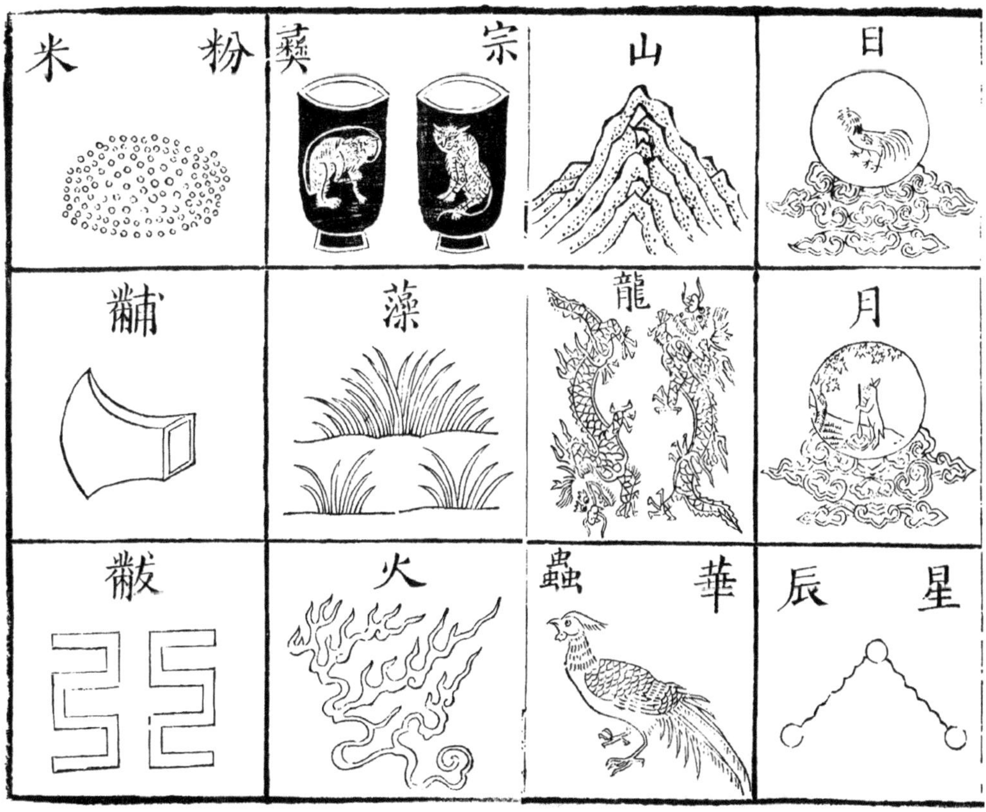


十二章服圖

## 27-8 天子御珽하고 諸侯御荼(서)하고 大夫服笏[29])이 禮也라

천자는 珽笏을 사용하고, 제후는 荼笏을 사용하고, 大夫는 竹笏을 사용하는 것이 예법이다.

御服은 皆器用[30])之名이라 尊者謂之御하고 卑者謂之服이라 御者는 言臣下所進御也라 珽은 大珪라 長三尺이며 杼上終葵首[31])하니 謂剡上至其首而方也라 荼는 古舒字니 玉之上圓下方者也라 鄭康成云 珽은 挺然無所屈也라 荼는 讀如舒遲之舒라 舒(儒)〔懦〕[32]) 者는 所畏在前也라하니라

楊倞注：御와 服은 모두 기물을 사용한다는 뜻의 글자이다. 존귀한 자에게는 御라 하고, 지위가 낮은 자에게는 服이라고 한다. 御는 신하가 올리는 것을 말한다. 珽은 大珪이다. 길이가 석 자이며 위쪽의 두 끝에서 안쪽으로 깎아 들어가 머리 부분을 몽치처럼 만든 것이니, 위쪽을 깎아 들어가 머리 부분에 이르러 각이 지게 만든 것을 이른다. 荼는 고대의 '舒'자이니 옥의 윗부분은 둥글고 아래는 각이 진 것이다. 鄭康成(鄭玄)이 "'珽'은 특출하여 굽히는 일이 없는 것이다. 荼는 '舒遲(느긋하다)'의 '舒'와 같은 음이다. 느긋하고 유약한 것은 두려운 대상이 앞에 있기 때문이다."라고 하였다.

大圭

## 27-9 天子彫弓하고 諸侯彤(동)弓하고 大夫黑弓이 禮也라

천자는 조각한 활을 사용하고, 제후는 주황색 활을 사용하고, 大夫는 검은색 활

29) 笏：여기서는 大夫가 사용하는 것으로, 상어수염의 문양을 장식한 竹笏을 말한다. 위쪽과 아래쪽이 모두 둥글다.

30) 器用：久保愛는 '器'자가 의심스럽다 하고, 王天海는 마땅히 '用器'로 되어야 한다 하면서 위아래가 바뀌었다고 하였다.

31) 大珪……杼上終葵首：≪周禮≫ 〈考工記 玉人〉의 문구이다. 大珪는 천자가 내외의 크고 작은 제사 때 腰帶 사이에 꽂는 玉笏이다. 杼上終葵首는 위를 깎아 머리 부분을 몽치처럼 方正하게 만든다는 뜻이다. 杼는 비스듬하게 깎는다는 뜻이고, 終葵는 몽치를 말한다.

32) (儒)〔懦〕：저본에는 '儒'로 되어 있으나, ≪禮記注疏≫에 의거하여 '懦'로 바로잡았다.

을 사용하는 것이 예법이다.

彫는 謂彫畫爲文飾이라 彤弓은 朱弓이라 此明貴賤服御之禮也라

楊倞注 : 彫는 문양을 조각하는 것을 이른다. 彤弓은 주황색의 활이다. 여기서는 존귀하고 미천한 자가 사용하는 것이 〈다른 것에 관한〉 예법을 밝힌 것이다.

## 27-10 諸侯相見에 卿爲介[33]라

제후가 서로 만날 때 卿을 도와주는 사람으로 삼는다.

相見은 謂於郄地爲會라 介는 副也라 聘義에 卿爲上擯[34]하고 大夫爲承擯[35]하고 君親禮賓이라하니 言主君見聘使하면 則以卿爲上擯하고 出會하면 則以卿爲上介[36]也라

楊倞注 : 相見은 외딴 곳에서 서로 만나는 것을 이른다. 介는 보좌하는 사람이다. ≪禮記≫ 〈聘義〉에 "卿을 上擯으로 삼고, 大夫를 承擯으로 삼으며, 군주가 친히 賓을 접대한다."라고 하였으니, 군주가 聘使를 만날 때는 卿을 上擯으로 삼고 밖으로 나가 〈제후끼리 서로〉 만날 때는 卿을 上介로 삼는다는 말이다.

## 27-11 以其教(出)〔士〕[37]畢行하며

〈평소에〉 전투교육을 받은 衛士를 모두 데리고 가며

教는 謂戒令이라 畢行은 謂羣臣盡行從君也라 ○ 王念孫曰 教出은 當爲教士니 謂常所教習之士也라 大戴禮虞戴德篇云 諸侯相見에 卿爲介라 以其教士畢行이라하여

---

33) 諸侯相見 卿爲介 : 제후가 천자를 알현하기 전에 서로 회합하는데 이때 군주가 卿을 자기를 도와 제후 상호간의 말을 전달하는 사람으로 삼는다는 뜻이다.

34) 擯 : '儐'과 통한다.

35) 承擯 : 佐儐으로, 上儐을 돕는 사람이다.

36) 上介 : 제후끼리 회합할 때 빈객을 도와 예를 행하는 사람이다. 군주를 上使라 할 때 이 사람은 副使라 할 수 있다.

37) (出)〔士〕: 저본에는 '出'로 되어 있으나, 王念孫의 주에 의거하여 '士'로 바로잡았다. 士는 '衛士'로, 호위병이다.

文與此同也라 下文君子聽律習容而後士의 士는 當爲出이니 言必聽律習容而後出也①라 玉藻云 習容하고 觀玉聲乃出②이라하니 是其證也라 隷書엔 士出二字相似하여 傳寫往往譌溷③이라 楊說皆失之라

① 楊云 聽律은 謂聽佩聲하여 使中音律也[38]라하니라
楊氏가 "聽律은 패옥소리를 듣고 그것이 음률에 맞게 하는 것을 이른다."라고 하였다.

② 鄭注曰 玉은 佩也라하니라
鄭玄의 주에 "玉은 몸에 차는 것이다."라고 하였다.

③ 隷書엔 出字或省作士하니 若敳省作敖어나 賣省作賣어나 款省作款이 皆是也라 故諸書中에 士出二字 傳寫多誤라 僖二十五年左傳에 諜出曰 原將降(항)矣라하여늘 呂氏春秋爲欲篇에 諜出譌作諜士하고 管子大匡篇에 士欲通하되 吏不通이 今本士譌作出하고 史記呂后本紀의 齊內史士에 徐廣曰 一作出이라하고 夏本紀에 稱以出이 大戴禮五帝德篇에 作稱以上士하니 皆其證也라
隷書에는 '出'자가 간혹 생략되어 '士'으로 되어 있기도 하니, 이를테면 '敳'가 생략되어 '敖'로 되거나, '賣'가 생략되어 '賣'로 되거나, '款'이 생략되어 '款'으로 된 것과 같은 것이 모두 이 경우이다. 그러므로 여러 문헌 속에 '士'와 '出' 두 자가 옮겨 쓰는 과정에 잘못되는 일이 많다. ≪春秋左氏傳≫ 僖公 25년에 "諜出曰 原將降矣(간첩이 〈原나라 성에서〉 나와 '原나라가 곧 항복할 것입니다.'라 했다.)"라 하였는데 ≪呂氏春秋≫ 〈爲欲篇〉에 '諜出'이 잘못되어 '諜士'로 되어 있고, ≪管子≫ 〈大匡篇〉에 "士欲通 吏不通(士는 〈관리와〉 소통하려 하는데도 관리가 소통하지 않을 때는)"이라 한 곳의 '士'가 지금 판본에는 잘못되어 '出'로 되어 있고, ≪史記≫ 〈呂后本紀〉의 "齊內史士(齊나라 內史인 士가)"라 한 곳에 徐廣이 "〈士가〉 어떤 판본에는 '出'로 되어 있다."라 하고, ≪史記≫ 〈夏本紀〉에 "稱以出(모든 것이 법도에 들어맞은 뒤에 행동하였다.)"이라 한 것이 ≪大戴禮記≫ 〈五帝德篇〉에 '稱以上士'로 되어 있으니, 이것이 모두 그 증거이다.

楊倞注 : 教는 경계하는 명령을 이른다. 畢行은 뭇 신하들이 모두 군주를 따라가는 것을 이른다.

○ 王念孫 : '敎出'은 마땅히 '敎士'로 되어야 하니, 평소에 전투기술을 가르쳐 익힌 衛士를 이른다. ≪大戴禮記≫ 〈虞戴德篇〉에 '諸候相見 卿爲介 以其敎士畢行'이라 하여

---

38) 聽律……使中音律也 : 아래(27-82) '君子聽律習容而後出'의 주에 보인다.

글이 여기와 같다. 아랫글(27-82) '君子聽律習容而後士'의 '士'는 마땅히 '出'이 되어야 하니, 이 뜻은 반드시 〈걸을 때 패옥소리가〉 음률에 들어맞는가를 들어보며 태도를 〈법도에 맞게〉 연습한 다음에 문을 나선다는 말이다. 《禮記》 〈玉藻〉에 "習容 觀玉聲乃出(태도를 〈법도에 맞게〉 연습하고 패옥소리가 〈걸음걸이의 박자와 서로 맞는지를〉 살펴본 다음에야 문을 나선다.)"이라 하였으니, 이것이 그 증거이다. 隸書에는 '士'와 '出' 두 자가 서로 비슷하여 옮겨 쓸 때 늘 잘못 뒤섞인다. 楊氏의 설은 모두 잘못되었다.

## 27-12 使仁居守라

어질고 후덕한 사람에게 머물러 〈나라를〉 지키도록 한다.

使仁厚者主後事나 春秋傳에 一子守하고 二子從이라하니라 此明諸侯出疆之禮라 又穀梁傳曰 智者慮하고 義者行하고 仁者守니 然後可以會矣라하니라

楊倞注 : 어질고 후덕한 사람에게 뒷일을 주관하게 하는 것이다. 《春秋左氏傳》 哀公 11년에 "한 사람은 나라를 지키고 두 사람은 따라간다."라고 하였다. 여기서는 제후가 국경을 나서는 예법을 밝힌 것이다. 또 《春秋穀梁傳》 隱公 2년과 桓公 18년에 "지혜로운 자가 계획하고 의로운 자가 수행하고 어진 자가 지켜야 하니, 그런 뒤에야 〈나라 밖에서〉 모임을 가질 수 있다."라고 하였다.

## 27-13 聘人以珪[39)]하고 問士以璧[40)]하고 召人以瑗하고 絶人以玦하고 反絶以環이라

사신을 〈다른 나라에〉 보내 안부를 물을 때는 珪를 사용하고, 나랏일을 물어볼 때는 璧을 사용하고, 신하를 부를 때는 瑗을 사용하고, 신하와의 관계를 끊을 때는 玦을 사용하고, 관계가 끊길 사람을 돌아오게 할 때는 環을 사용한다.

---

39) 聘人以珪 : 聘은 제후 사이, 혹은 제후와 천자 사이에 사절을 파견하여 안부를 묻는 예를 말한다. 珪는 '圭'와 같은 것으로, 신분을 증명하는 신표로 쓰는 옥이다.

40) 問士以璧 : 問은 규모가 작거나 부정기적인 聘禮를 말한다. 士는 '事'와 통한다. 璧은 모양은 납작한 원형이며 지름은 아홉 치이다. 중앙에 구멍이 있는데 이것을 好라 하고 지름은 세 치이다. 好 바깥의 테두리를 肉이라 한다. 제후가 천자에게 연향을 베풀 때나 빙례를 행할 때 이것을 사용한다.

聘人以珪는 謂使人聘他國以珪璋也라 問은 謂訪其國事에 因遺之也라 衛侯使工尹襄問子貢以弓[41)]이 是其類也라 說文云 瑗者는 大孔璧也라하니라 爾雅에 好倍肉을 謂之瑗하고 肉倍好를 謂之璧이라하니라 禮記曰 君召臣以三節이라하니라 周禮의 珍圭以徵守에 鄭云 以徵召守國之諸侯니 若今徵郡守以竹使符[42)]也라하니라 然則天子以珍圭召諸侯하고 諸侯召臣以瑗歟아 玦은 如環而缺이라 肉好若一을 謂之環이라 古者臣有罪면 待放於境하여 三年不敢去라가 與之環則還하고 與之玦則絶하니 皆所以見意也라 反絶은 謂反其將絶者라 此明諸侯以玉接人臣之禮也라 ○ 郝懿行曰 士는 即事也니 古字通用이라 楊注不誤나 而語未明晰이라 問士者는 謂問人以事엔 則以璧爲摯니 如魯哀公執摯於周豐[43)]也라

楊倞注：聘人以珪는 사신을 다른 나라에 보내 안부를 물을 때 珪璋을 사용하는 것을 이른다. 問은 나랏일을 물어보기 위해 〈사람을 보내 璧을 예물로〉 주는 것을 이른다. 衛侯가 工尹 襄을 보내 활을 가지고 가서 子貢에게 물었는데, 이것이 그런 사례이다. ≪說文解字≫에 “瑗은 구멍이 큰 옥이다.”라고 하였다. ≪爾雅≫ 〈釋器〉에 “구멍이 바깥 테두리의 배가 되는 것을 ‘瑗’이라 하고 바깥 테두리가 구멍의 배가 되는 것을 ‘璧’이라 한다.”라고 하였다. ≪禮記≫ 〈玉藻〉에 “군주가 신하를 부를 때 세 개의 符節을 사용한다.”라고 하였고, ≪周禮≫ 〈宗伯 典瑞〉의 “珍圭以徵守(珍圭로써 지키고 있는 사람을 부른다.)”라고 한 곳에 鄭玄이 “자기 나라를 지키고 있는 제후를 그것으로 부른다는 것이니, 지금 郡守를 부를 때 竹使符로써 하는 것과 같다.”라고 하였다. 그렇다면 천자는 珍圭로써 제후를 부르고 제후는 신하를 부를 때 瑗으로 하지 않을까 싶다. 玦은 環과 같지만 〈한쪽이〉 이지러진 것이다. 겉 테두리와 중앙의 구멍의 지름

---

41) 衛侯使工尹襄問子貢以弓：≪春秋左氏傳≫ 哀公 26년(B.C. 467)에 “衛出公自城鉏使以弓問子贛(衛 出公이 城鉏로부터 사람을 보내 활을 가지고 가서 子贛에게 물었다.)”이라고 한 것을 인용한 것으로 보인다. 衛侯는 衛나라 군주인 出公 輒을 말한다. 그러나 工尹은 春秋 때 楚나라 관직명이고 襄은 楚나라 大夫의 이름으로, 楚나라에서 B.C. 570년경에 활동했던 인물이다. 이로 볼 때 ‘工尹襄’은 잘못된 것으로 보인다. 우선 원문대로 번역하였다.

42) 竹使符：漢나라 때 군사를 징발할 때 사용한 兵符이다.

43) 魯哀公執摯於周豐：魯 哀公이 당시에 실권을 쥐고 있는 三桓과 관계가 좋지 않아 불안을 느낀 나머지 예물을 갖춰 周豐에게 사람을 보내 그 대책을 물어본 일을 말한다. ≪禮記≫ 〈檀弓〉에 보인다. 周豐은 魯나라의 현인이다.

이 같은 고리를 '環'이라 한다. 옛날에 신하가 죄가 있으면 변경에서 추방되기를 기다리면서 3년간 감히 떠나지 않다가 〈군주가〉 그에게 環을 주면 돌아오고 玦을 주면 관계를 끊었으니, 이는 모두 뜻을 보이는 방법이다. 反絶이란 장차 관계가 끊어질 사람을 돌아오게 하는 것을 이른다. 여기서는 제후가 옥으로써 신하를 접촉하는 예법을 밝힌 것이다.

○ 郝懿行 : 士는 곧 '事(일)'이니, 옛 글자에 통용하였다. 楊氏의 주는 잘못되지 않았으나 말이 분명치가 않다. 問士라는 것은 사람을 보내 무슨 일을 물어볼 때는 璧을 예물로 삼는다는 것을 이르니, 魯 哀公이 周豐에게 예물을 갖춘 일과 같은 것이다.

## 27-14 人主仁心設焉이라 知其役也요 禮其盡也라 故王者先仁而後禮하니 天施然也라

군주는 먼저 어진 마음을 갖춰야 한다. 지혜는 그것을 구사하는 도구이고 예법은 그것을 완전히 실현하는 도구이다. 그러므로 王者로 불리는 사람은 먼저 어진 마음을 〈강구한〉 뒤에 예절을 〈강구하는 것이니,〉 天道가 시행되는 것이 이와 같다.

人主根本所施設在仁하며 其役用則在智하고 盡善則在禮라 天施는 天道之所施設也라 此明爲國以仁爲先也라

楊倞注 : 군주가 근본적으로 갖춰야 할 것은 어진 마음에 있으며 그것을 사용하는 것은 지혜에 있고 善을 극진하게 하는 것은 예법에 있다는 것이다. 天施는 天道가 시행된다는 뜻이다. 여기서는 나라를 다스릴 때 어진 마음을 우선으로 해야 함을 밝힌 것이다.

## 27-15 聘禮志曰 幣厚則傷德하고 財侈則殄禮라하니 禮云禮云이나 玉帛云乎哉[44]아

---

44) 禮云禮云 玉帛云乎哉 : 예법은 공경하는 마음가짐이 근본이고 예물 따위는 그 말단이라는 뜻이다. 《論語》〈陽貨〉에 보이는 孔子의 말을 荀子가 되뇐 것이다..

≪聘禮志≫에 기록되기를 "폐백이 후하면 덕을 손상하고 재물이 화려하면 예법이 무너진다."라고 하였으니, 예법이다, 예법이다 하지만 어찌 玉帛을 말하는 것이겠는가.

志는 記也라 言玉帛은 禮之末也라 禮記曰 不以美沒禮也라하니라 ○ 盧文弨曰 案聘禮記曰 多貨則傷于德하고 幣美則沒禮라하니라

楊倞注 : 志는 기록한다는 뜻이다. 玉帛은 예법의 말단이라는 말이다. ≪禮記≫ 〈坊記〉에 "화려하게 함으로 인해 예법을 무너뜨리지 않는다."라고 하였다.

○ 盧文弨 : 살펴보건대, ≪聘禮志≫에 기록되기를 "多貨則傷于德 幣美則沒禮(재물이 많으면 덕을 손상하고 폐백이 화려하면 예법이 무너진다.)"라고 하였다.

27-16 詩曰 物其指矣니 唯其偕矣로다하니 不時宜하며 不敬(交)〔文〕[45)]하며 不驩欣하면 雖指라도 非禮也라

≪詩經≫에 "예물음식 그 맛이 좋기도 하니, 여러 가지 골고루 구비되었네."라고 하였으니, 〈예물을 보내는 것이〉 그 당시의 사정에 맞지 않으며 공경하지 않고 예절을 강구하지 않으며 〈상대방을〉 기쁘고 즐겁게 하지 않는다면 비록 예물이 아름답더라도 예법이 아니다.

詩는 小雅魚麗之篇이라 指는 與旨同하니 美也라 偕는 齊等也라 時는 謂得時라 宜는 謂合宜라 此明聘好輕財重禮之義也라 ○ 兪樾曰 案上句不時宜의 注時宜二字平列하고 下句不驩欣도 亦二字平列하니 則此文不敬交는 疑不敬文之誤라 勸學篇曰 禮之敬文也의 注曰 禮有周旋揖讓之敬과 車服等級之文也라하고 禮論篇曰 事生不忠厚하고 不敬文을 謂之野라하고 送死不忠厚하고 不敬文을 謂之瘠의 注曰 敬文은 恭敬有文飾이라하니 是荀子書屢言敬文이라 性惡篇曰 不如齊魯之孝具敬父者는 何也의 注曰 敬父는 當爲敬文이라하니라 此敬文誤爲敬交는 猶彼敬文誤爲敬父라 楊氏於此無注는 其所據本必未誤하고 敬文二字本書屢見이라 故不說也라

---

45) (交)〔文〕: 저본에는 '交'으로 되어 있으나, 兪樾의 주에 의거하여 '文'으로 바로잡았다.

楊倞注：≪詩經≫은 〈小雅 魚麗〉편이다. 指는 '旨'와 같으니, 아름답다는 뜻이다. 偕는 고루 갖추었다는 뜻이다. 時는 시기에 맞는 것을 이르고, 宜는 적합한 것을 이른다. 여기서는 〈국가간에〉 교제할 때 재물을 가볍게 여기고 예법을 중하게 여긴다는 뜻을 밝힌 것이다.

○ 兪樾：살펴보건대, 윗구 '不時宜'의 〈楊氏〉 주는 '時'・'宜' 두 자를 평등하게 나열된 것으로 보았고, 아랫구 '不驩欣'의 〈'驩'・'欣'도〉 두 자가 평등하게 나열된 것이니, 이 글 '不敬交'는 아마도 '不敬文'의 잘못일 것이다. 〈勸學篇〉에 "禮之敬文也(≪禮經≫의 공경이며 예절이다.)"라 한 곳의 〈楊氏〉 주에 "禮有周旋揖讓之敬 車服等級之文也(禮에는 나아가고 물러나며 읍하고 사양하는 예절과 수레와 예복을 신분등급에 따라 달리하는 의식이 있다.)"라 하고, 〈禮論篇〉에 "事生不忠厚 不敬文 謂之野 送死不忠厚 不敬文 謂之瘠(산 사람을 섬길 때 忠厚하지 않고 공경과 禮義를 갖추지 않는 것을 미개하다 이르고, 죽은 이를 장례치를 때 忠厚하지 않고 공경과 禮義를 갖추지 않는 것을 각박하다 이른다.)"이라 한 곳의 〈楊氏〉 주에 "敬文 恭敬有文飾(敬文은 공경하는 마음과 예절 형식이 있다는 뜻이다.)"이라 하였으니, 이처럼 ≪荀子≫에 '敬文'을 여러 번 언급하였다. 〈性惡篇〉에 "不如齊魯之孝具敬父者 何也(齊나라와 魯나라 백성들처럼 〈부모에게〉 효성스럽고 공순하며 공경하고 예절이 없는 것은 무엇 때문인가?)"라 한 곳의 〈楊氏〉 주에 "敬父는 마땅히 '敬文'으로 되어야 한다."라고 하였다. 여기서 '敬文'이 잘못되어 '敬交'로 된 것은 저기서 '敬文'이 잘못되어 '敬父'로 된 경우와 같다. 楊氏가 이에 대해 주를 달지 않은 것은 그가 저본으로 삼은 판본에는 반드시 잘못되지 않았고 '敬文' 두 자가 ≪荀子≫에 여러 번 나오기 때문에 말하지 않은 것이다.

**27-17 水行者表深**하여 **使人無陷**하고 **治民者表亂**하여 **使人無失**이라 **禮者**는 **其表也**라 **先王以禮義表天下之亂**이라 **今廢禮者**는 **是去表也**라 **故民迷惑而陷禍患**하니 **此刑罰之所以繁也**라

물을 건너는 사람은 푯대로 물의 깊이를 표시하여 다른 사람으로 하여금 물에 빠져 죽지 않도록 해야 하고, 백성을 다스리는 사람은 무엇이 혼란인가를 표명하여 다른 사람으로 하여금 혼란에 빠지는 일이 없도록 해야 한다. 禮義는 그 표준이다. 고대의 聖王은 禮義로써 천하의 혼란이 무엇인가를 표명하였다. 지금 禮義를 폐기한 것은 곧 그 표명한 것을 버린 것이다. 이 때문에 백성들이 미혹되어 재

난에 빠지게 되니, 이것이 형벌이 많아진 원인이다.

表는 標志也라 此明爲國當以禮示人也라 ○ 郝懿行曰 天論篇云 水行者表深하니 表不明則陷하고 治民者表道하니 表不明則亂이라하니라 此云表亂은 謂表明其爲亂而後人不犯也라

楊倞注 : 表는 표식이다. 여기서는 나라를 다스릴 때는 마땅히 禮義를 사람들에게 드러내 보여야 한다는 것을 밝힌 것이다.

○ 郝懿行 : 〈天論篇〉(17-93)에 "물을 건너는 사람은 푯대로 깊이를 표시하는데 이 푯대가 분명치 않으면 물에 빠져 죽을 수 있고, 백성을 다스리는 군주는 표준으로 정치원칙을 표명하는데 표준이 분명치 않으면 혼란해진다."라고 하였다. 여기에서 '表亂'이라 한 것은 무엇이 혼란인가를 명확하게 밝힌 뒤에야 사람들이 잘못을 범하지 않는다는 것을 이른다.

27-18 舜曰 維予從欲而治라

舜이 "〈너는〉 나로 하여금 마음이 원하는 대로 따라 〈행하더라도 천하가〉 다스려지게 하였다."라고 하였다.

虞書舜美皐陶之辭[46]라 言皐陶明五刑[47]이라 故舜得從欲而治라 引之以喩禮能成聖이 亦猶舜賴皐陶也라 ○ 郝懿行曰 此語今書以入大禹謨하고 維字作俾하니 荀所偁則未知出何書也라 又解蔽篇偁道經[48]曰 人心之危하고 道心之微어늘 今亦在大禹謨하고 二之字作惟矣라 此引舜曰하고 彼援道經하여 皆不偁書라 兪樾曰 此即所謂不思而得하고 不勉而中하여 從容中道하니 聖人也[49]며 孔子七十而從心所欲不踰矩[50]로 可釋此文從欲之義라 故下文曰 禮之生은 爲賢人以下至庶民

46) 虞書舜美皐陶之辭 : 지금의 《書經》〈虞書 大禹謨〉에는 '維予從欲而治'가 '俾予從欲以治'로 되어 있다.

47) 五刑 : 죄인을 벌하는 다섯 종류의 형벌이다. 곧 얼굴에 먹물을 넣는 墨刑, 코를 베는 劓刑, 발꿈치를 잘라내는 刖刑, 생식기를 거세하는 宮刑, 사형을 시키는 大辟을 말한다.

48) 道經 : 일반적으로 道敎의 경전을 말하는데, 여기서는 《書經》의 별칭으로 보인다.

49) 不思而得……聖人也 : 《中庸》 제20장에 보인다.

也요 非爲成聖也라하니라 楊氏誤據古文尙書爲說하고 乃曰 引之以喩禮能成聖이 亦猶舜賴皐陶也라하니 失之矣라

楊倞注 : 이것은 ≪書經≫ 〈虞書 大禹謨〉에서 舜이 皐陶를 칭찬한 말이다. 皐陶가 五刑을 밝혔기 때문에 舜이 마음이 내키는 대로 해도 천하가 잘 다스려졌다는 말이다. 이 말을 인용하여 禮義가 聖人을 만들어낼 수 있는 것이 또한 舜이 皐陶의 힘을 입어 〈천하를 잘 다스린〉 것과 같다는 것을 비유하였다.

○ 郝懿行 : 이 말은 지금 ≪書經≫의 〈大禹謨〉에 들어 있고 '維'자는 '俾'로 되어 있으니, 荀子가 거론한 것이 어떤 책에서 나왔는지 알 수 없다. 또 〈解蔽篇〉(21-102)에 "道經曰 人心之危 道心之微(≪道經≫에 '人心은 위태롭고 道心은 은미하다'고 했다.)"를 거론했는데, 그것이 지금 또 ≪書經≫ 〈大禹謨〉에 있고 두 '之'자는 '惟'로 되어 있다. 여기서는 '舜曰'을 인용하고 저쪽에서는 ≪道經≫을 근거로 삼아 모두 ≪書經≫을 거론하지 않았다.

兪樾 : 이는 곧 이른바 "〈본디 誠한 사람은〉 생각지 않더라도 얻고 힘쓰지 않더라도 맞추어 자연스레 中庸의 도에 부합하는 것이니, 〈이런 사람은〉 聖人이다."라는 경우이며, 나이 70세가 되어 마음이 내키는 대로 행하더라도 법도를 넘지 않았다는 孔子의 말로 여기 글 '從欲'의 뜻을 풀이할 수 있다. 그러므로 아랫글에 "禮之生 爲賢人以下至庶民也 非爲成聖也(禮義가 생겨난 것은 賢人에서부터 아래로 일반 백성을 위한 것이고 〈사람들을 모두〉 聖人이 되게 하려는 것은 아니다.)"라고 하였다. 楊氏는 잘못 ≪古文尙書≫를 근거로 설명하고 뒤이어 "이 말을 인용하여 禮義가 聖人을 만들어 낼 수 있는 것이 또한 舜이 皐陶의 힘을 입어 〈천하를 잘 다스린〉 것과 같다는 것을 비유하였다."라고 하였으니, 잘못되었다.

27-19 故禮之生은 爲賢人以下至庶民也요 非爲成聖也라 然而亦所以成聖也라 不學不成이라

그러므로 禮義가 생겨난 것은 賢人에서부터 아래로 일반 백성을 위한 것이고 〈사람들을 모두〉 聖人이 되게 하려는 것은 아니다. 그러나 이것은 또 聖人이 되게 하는 〈일종의 도구이다. 禮義를〉 배우지 않으면 聖人이 될 수 없다.

---

50) 七十而從心所欲不踰矩 : ≪論語≫ 〈爲政〉에 보인다.

禮本爲中人設이나 然聖人不學亦不成也라

楊倞注：禮義는 본디 일반 사람을 위해 만들어진 것이지만 聖人도 그것을 배우지 않으면 〈진정한 聖人이〉 될 수 없다.

## 27-20 堯學於君疇하고 舜學於務成昭하고 禹學於西王國이라

堯는 君疇에게서 배웠고 舜은 務成昭에게서 배웠고 禹는 西王國에게서 배웠다.

君疇는 漢書古今人表[51)]에 作尹壽라 又漢藝文志小說家[52)]에 有務成子十一篇이라 昭는 其名也라 尸子曰 務成昭之教舜曰 避天下之逆하고 從天下之順이면 天下不足[53)]取也요 避天下之順하고 從天下之逆이면 天下不足失也라하니라 西王國은 未詳所說이라 或曰 大禹生於西羌하고 西王國은 西羌之賢人也라하니라 新序子夏對哀公曰 黃帝學于太塡하고 顓頊學于錄圖하고 帝嚳學于赤松子하고 堯學于尹壽하고 舜學于務成跗하고 禹學于西王國하고 湯學于成子伯하고 文王學于時子思하고 武王學於郭叔이라하니라 此明聖人亦資於教也라 ○ 盧文弨曰 案新序五에 太塡作大眞하고 古今人表엔 作大塡이라 錄圖作綠圖하고 表同이라 尹壽는 元刻作君壽하고 宋本新序同이라 吳祕注法言엔 引新序作君疇라 成子伯은 新序作威子伯하고 時子思는 作鉸時子思라

楊倞注：君疇는 ≪漢書≫ 〈古今人表〉에 '尹壽'로 되어 있다. 또 ≪漢書≫ 〈藝文志〉의 小說家에 '≪務成子≫ 11篇'이 있다. 昭는 그의 이름이다. ≪尸子≫에 "務成昭가 舜을 가르치기를 '천하의 반역을 피하고 천하의 정도를 따른다면 천하를 얻기가 매우 쉽고, 천하의 정도를 피하고 천하의 반역을 따른다면 천하를 잃기가 매우 쉽다.'고 했다."라고 하였다. 西王國은 무슨 말인지 확실치 않다. 혹자는 "大禹는 西羌에서 태

---

51) 古今人表：≪漢書≫에 나오는 여러 表 가운데 하나로, 권20에 나온다. 上・中・下를 다시 각각 上・中・下로 나누어 아홉 등급으로 분류한 다음, 上上을 聖人, 上中을 仁人, 上下를 智人이라 하고, 下下는 愚人이라고 하였다.

52) 小說家：≪漢書≫ 〈藝文志〉의 諸子略에 의하면 춘추전국시대의 각 학파는 중요한 것이 10가로서 儒家・道家・陰陽家・法家・名家・墨家・縱橫家・雜家・農家・小說家가 있었다.

53) 不足：不難, 곧 '쉽다'는 뜻이다.

어났고 西王國은 西羌의 賢人이다."라고 하였다. ≪新序≫ 〈雜事〉에 子夏가 哀公에게 대답하기를 "黃帝는 太塡에게 배웠고 顓頊은 錄圖에게 배웠고 帝嚳은 赤松子에게 배웠고 堯는 尹壽에게 배웠고 舜은 務成跗에게 배웠고 禹는 西王國에게 배웠고 湯은 成子伯에게 배웠고 文王은 時子思에게 배웠고 武王은 郭叔에게 배웠습니다."라고 하였다. 여기서는 聖人도 가르침에 힘입었음을 밝힌 것이다.

○ 盧文弨 : 살펴보건대, ≪新序≫ 권5에 '太塡'은 '大眞'으로 되어 있고, ≪漢書≫ 〈古今人表〉에는 '大塡'으로 되어 있다. 또 '錄圖'는 ≪新序≫에 '綠圖'로 되어 있고, ≪漢書≫ 〈古今人表〉도 같다. 尹壽는 元刻本에 '君壽'로 되어 있고 宋本 ≪新序≫도 같다. ≪法言≫ 吳祕의 주에는 ≪新序≫를 인용하여 '君疇'로 되어 있다. 成子伯은 ≪新序≫에 '威子伯'으로 되어 있고, 時子思는 ≪新序≫에 '鉸時子思'로 되어 있다.

## 27-21 五十不成喪하고 七十唯衰(최)存[54)]이라

50세가 된 사람은 喪禮를 다 갖추지 않아도 되고, 70세가 된 사람은 縗麻服을 입기만 해도 된다.

不成喪은 不備哭踊之節이라 衰存은 但服縗麻而已요 其禮皆可略也라 禮記曰 七十唯衰麻在身也라하니라 ○ 郭嵩燾曰 五十不成喪은 卽(檀弓)〔曲禮〕[55)]五十不致毁也라

楊倞注 : 不成喪은 哭을 하며 발을 동동 구르는 예절을 갖추지 않는 것이다. 衰存은 縗麻服만 입을 뿐이고 나머지 예법은 모두 생략해도 된다는 뜻이다. ≪禮記≫ 〈曲禮〉에 "70세가 된 사람은 縗麻服을 몸에 걸치기만 하면 된다."라고 하였다.

○ 郭嵩燾 : 五十不成喪은 곧 ≪禮記≫ 〈曲禮〉에 "五十不致毁(50세가 된 사람은 너무 슬퍼하여 건강을 훼손해서는 안 된다.)"라고 한 것과 〈같은 말이다.〉

## 27-22 親迎[56)]之禮라 父南鄕而立하고 子北面而跪라 醮而命之하되 往迎爾相하여

---

54) 五十不成喪 七十唯衰(최)存 : 이 두 구는 ≪禮記≫ 〈喪大記〉에 보이는데, '七十唯衰存'은 '七十唯衰麻在身'으로 약간 다르게 되어 있다.

55) (檀弓)〔曲禮〕 : 저본에는 '檀弓'으로 되어 있으나, 인용한 것은 〈曲禮〉의 내용이므로 '曲禮'로 바로잡았다.

**成我宗事**[57)]하고

親迎의 예법은 〈다음과 같다.〉 아버지는 남쪽을 향해 서고 아들은 북쪽을 향해 무릎을 꿇는다. 〈아버지가〉 술을 따라주고 명하되 "가서 네 아내를 맞이해 와서 우리 집 宗廟 일을 이루게 하고

**鄭云 相**은 **助也**라 **宗事**는 **宗廟之事也**[58)]라하니라

楊倞注 : 鄭玄은 "相은 돕는다는 뜻이다. 宗事는 宗廟의 일이다."라고 하였다.

27-23 **隆率**(솔)**以敬**하여 **先妣**[59)]**之嗣**하라 **若**[60)]**則有常**하라하면

공경하는 덕으로 힘써 인도해 그가 先妣의 덕을 잇도록 하라. 너는 〈행동에〉 법도가 있어야 한다."라고 하면

**儀禮作勖率**이라 **鄭云 勖**은 **勉也**라 **若**은 **汝也 勉率婦道以敬**하여 **其爲先妣之嗣也**하고 **汝之行則當有常**이라하여 **深戒之**라 **詩云 大姒嗣徽音**[61)]이라하니라

楊倞注 : ≪儀禮≫ 〈士昏禮〉에는 〈隆率이〉 '勖率'로 되어 있다. 鄭玄은 "勖은 힘쓴다는 뜻이고, 若은 너라는 뜻이다. 힘써 부인의 도리를 공경하는 덕으로 이끌어 先妣의 후계자가 되게 하고 너의 행동은 마땅히 법도가 있어야 한다고 〈말하여〉 깊이 경계

---

56) 親迎 : 혼례에서 행하는 六禮의 하나로, 신랑이 신부의 집에 가서 신부를 직접 맞이하는 의식이다. 六禮의 순서는 納采・問名・納吉・納徵・請期・親迎이다.

57) 宗事 : 宗은 宗廟로, 사당을 말하고, 事는 제사 지내는 일이다. '事'와 아래의 '嗣'는 押韻으로, 去聲 寘韻이다.

58) 鄭云……宗廟之事也 : ≪儀禮≫ 〈士昏禮〉의 "往迎爾相 承我宗事"에 대한 鄭玄의 주에 보인다.

59) 先妣 : 본디 죽은 어머니라는 뜻인데, 여기서는 단순히 어머니를 가리키는 말로 쓰인 듯하다.

60) 若 : 王天海는 如此와 같은 뜻이라고 하면서 鄭玄의 주를 인정하지 않았다. 일리가 있는 것으로 보이나 우선 鄭玄의 주에 따라 번역하였다.

61) 大姒嗣徽音 : ≪詩經≫ 〈大雅 思齊〉에 보인다. 大姒는 文王의 妃이다. 大姒가 文王의 어머니 太任의 아름다운 덕을 계승하였다는 뜻으로, 숭고한 婦德을 지닌 大姒를 찬양하는 노래이다.

한 것이다. ≪詩經≫에 "大姒께서 아름다운 德音 이었네."라고 하였다.

27-24 **子曰 諾**하이다 **唯恐不能**이니 **敢忘命矣**[62)]리오하니라

아들이 말하기를 "예, 오직 그렇게 하지 못할까 두려울 뿐이니, 어찌 감히 명을 잊겠습니까."라고 한다.

子言唯恐不能勉率以嗣先妣니 不敢忘父命也라

楊倞注 : 아들의 말은, 오직 힘써 아내를 인도하여 先妣의 덕을 잇지 못할까 두려울 뿐이니, 감히 아버지의 명을 잊지 않겠다는 것이다.

27-25 **夫行也者**는 **行禮之謂也**라

대체로 행한다고 하는 것은 禮義를 행하는 것을 이른다.

所以稱行者는 在禮也라

楊倞注 : 행한다고 칭하는 것은 禮義을 〈행하는 데에〉 있다.

27-26 **禮也者**는 **貴者敬焉**하고 **老者孝焉**하고 **長者弟**[63)]**焉**하고 **幼者慈焉**하고 **賤者惠焉**이라

禮義란 존귀한 사람을 공경하고, 노인을 효심으로 받들고, 어른에게 공손하고, 어린 사람을 사랑하고, 미천한 사람에게 은혜를 베푸는 것이다.

惠는 亦賜也라 言行禮如此五者면 則可爲人之行也라

楊倞注 : 惠는 또한 은혜를 베풀어준다는 뜻이다. 禮義를 행하기를 이 다섯 가지처럼 한다면 사람으로서의 행위가 될 수 있다는 말이다.

---

62) 唯恐不能 敢忘命矣 : ≪儀禮≫ 〈士昏禮〉에는 "唯恐弗堪 不敢忘命(오직 감당하지 못할까 두려울 뿐이니, 감히 명을 잊지 않겠습니다.)"으로 되어 있다. 위(27-22)의 '醮而命之'부터 여기까지는 ≪儀禮≫ 〈士昏禮〉에 보이며, 일부 글자에 차이가 있다.

63) 弟 : '悌'와 통용한다.

27-27 賜予其宮室엔 猶用慶賞於國家也하고 忿怒其臣妾[64)]엔 猶用刑罰於萬民也라

〈천자나 제후가〉 자기 가정의 구성원에게 상을 줄 때는 마치 국가에서 〈다른 사람에게〉 포상하듯이 해야 하고, 자기 臣妾에게 성내어 꾸짖을 때는 마치 萬民에게 형벌을 가하듯이 해야 한다.

宮室은 妻子也라 此明能治家則以治國也라 ○ 郭嵩燾曰 宮室與國家對文이요 臣妾與萬民對文이라 宮室者는 門梱之內와 庭戶之閒(간)이니 盡一家之人言之라 楊注誤라

楊倞注 : 宮室은 妻子라는 뜻이다. 여기서는 자기 가정을 잘 다스릴 수 있으면 국가도 잘 통치할 수 있다는 것을 밝힌 것이다.

○ 郭嵩燾 : '宮室'과 '國家'가 대구이고, '臣妾'과 '萬民'이 대구이다. 宮室이란 문지방 안과 정원의 문 사이로, 한 집안 사람을 통틀어 말한 것이다. 楊氏의 주는 잘못되었다.

27-28 君子之於子에 愛之而勿面[65)]하고 使之而勿貌(막)[66)]하며 導之以道而勿彊이라

君子는 자기 자식에 대해 사랑하더라도 깊이 빠지지 말고 일을 시키더라도 경시하지 말며 올바른 도리로 인도하더라도 강제하지 말아야 한다.

面과 貌(모)는 謂以顏色慰悅之하니 不欲施小惠也라 故易家人曰 有嚴君焉이라하니라

---

64) 臣妾 : 노비와 같은 뜻이다. 고대에 남자 종은 臣이라 부르고, 여자 종은 妾이라 불렀다.

65) 愛之而勿面 : 高亨은 '面'은 '湎(빠지다)'의 假借字인 것 같다고 하면서 "사랑하는 감정에 빠져 그 나쁜 점을 알지 못하는 것을 이른다."라 하고, 王天海도 이에 동의하였다. 이에 따라 번역하였다.

66) 使之而勿貌(막) : 高亨은 '貌'은 마땅히 '藐(경시하다)'으로 읽어야 한다고 하면서 "군자는 자기 자식에 대해 이미 무엇을 처리하도록 시켰다면 자식을 경시하지 말아야 한다는 것을 이른다."라 하고, 王天海도 이에 동의하여 '貌'과 '藐'은 모두 藥部로서 서로 통한다고 하였다. 이에 따라 번역하였다.

勿彊은 不欲使其愧也라 此語出曾子라 ○ 郝懿行曰 此出曾子立事篇[67)]하니 荀稱之也라 勿面은 謂不形見於面이라 勿貌는 謂不優以辭色이라 勿彊은 謂匪怒伊教하여 使自得之라 注謂不欲使其愧하니 非라

楊倞注 : 面과 貌는 안색으로 위로하고 기뻐하는 것을 이르니, 작은 은혜를 베풀고 싶지 않아서이다. 그러므로 ≪周易≫ 家人卦에 "엄한 군주가 있다."라고 하였다. 勿彊은 자식으로 하여금 수치심을 느끼게 하고 싶지 않아서이다. 이 말은 ≪大戴禮記≫ 〈曾子立事篇〉에 나온 것이다.

○ 郝懿行 : 이것은 ≪大戴禮記≫ 〈曾子立事篇〉나오는 말이니, 荀子가 거론한 것이다. 勿面은 〈사랑하는 마음을〉 얼굴에 드러내지 않는 것을 이른다. 勿貌는 말씨와 얼굴빛을 너그럽게 하지 않는 것을 이른다. 勿彊은 노여워하지 않고 가르쳐 스스로 깨닫게 하는 것을 이른다. 〈楊氏의〉 주에 "자식으로 하여금 수치심을 느끼게 하고 싶지 않아서이다."라고 하였으니, 이는 틀렸다.

## 27-29 禮以順人心爲本이라 故亡於禮經而順人心者는 皆禮也라

禮는 人心에 순응하는 것을 근본을 삼는다. 그러므로 ≪禮經≫에 실리지 않았더라도 인심에 순응하는 것은 모두 禮에 〈부합된다.〉

禮記曰 禮也者는 義之實也라 協諸義而協하면 則禮雖先王未之有라도 可以義起也라 ○ 盧文弨曰 皆禮也는 各本作背禮者也하니 誤라

楊倞注 : ≪禮記≫ 〈禮運〉에 "禮라는 것은 義의 실질이다. 義에 맞추어보아 서로 맞으면 그 禮가 비록 고대의 聖王 때 없었던 것이라 하더라도 義의 법칙에 의거하여 새로 만들 수 있다."라고 하였다.

○ 盧文弨 : '皆禮也'는 각 판본에 '背禮者也'로 되어 있으니, 이는 잘못된 것이다.

## 27-30 禮之大凡이라 事生엔 飾驩也하고 送死엔 飾哀也하며 軍旅엔 飾威也라

禮의 대체적인 정황은 이렇다. 산 자를 섬길 때는 즐거운 감정을 장식하고, 죽

---

67) 此出曾子立事篇 : ≪大戴禮記≫ 〈曾子立事篇〉에는 "君子之於子也 愛而勿面也 使而勿貌也 導之以道而勿强也"로 되어 있다.

은 이를 보낼 때는 애도하는 감정을 장식하며, 군대를 지휘할 때는 위엄을 장식하기 위한 것이다.

不可太質이라 故爲之飾이라

楊倞注 : 너무 수수하면 안 되므로 장식을 하는 것이다.

27-31 親親故故庸庸勞勞는 仁之殺(쇄)也요

어버이를 친애하고 벗을 정겨워하고 공이 있는 사람을 우대하고 수고하는 사람을 위로하는 것은 仁 측면의 차등이다.

庸은 功也라 庸庸勞勞는 謂稱其功勞하여 以報有功勞者라 殺는 差等也라 皆仁恩[68]之差也라 殺는 所介反이라

楊倞注 : 庸은 功의 뜻이다. 庸庸과 勞勞는 그 공과 노고를 칭송하여 공과 노고가 있는 사람에게 보답하는 것을 이른다. 殺는 차등이란 뜻이다. 모두 恩德에 차등이 있는 것이다. 殺는 〈음이〉 所와 介의 반절이다.

27-32 貴貴尊尊賢賢老老長長은 義之倫也요

귀한 이를 귀하게 여기고 높은 이를 존경하고 어진 이를 어질게 여기고 노인을 노인으로 대우하고 어른을 어른으로 대하는 것은 義 측면의 도리이고

倫은 理也라 此五者는 非仁恩이라 皆出於義之理也라

楊倞注 : 倫은 도리라는 뜻이다. 이 다섯 가지는 은덕이 아니라 모두 義의 도리에서 나온 것이다.

27-33 行之得其節은 禮之序也라

〈이와 같은 仁義를〉 행하되 적절히 절제가 되는 것은 禮의 차례이다.

68) 仁恩 : 恩德과 같다.

行仁義得其節은 則是禮有次序라

楊倞注：仁義를 행하되 적절히 절제가 되는 것은 禮에 차례가 있어서이다.

27-34 仁은 愛也라 故親하고 義는 理也라 故行하고 禮는 節也라 故成이라

仁은 남을 사랑하는 것이므로 사람들과 친근할 수 있고, 義는 도리에 맞는 것이므로 실행할 수 있고, 禮는 적절히 절제하는 것이므로 〈일들이〉 이뤄지게 할 수 있다.

非仁不親하고 非義不行하며 雖有仁義라도 無禮以節之하면 亦不成이라

楊倞注：仁이 아니면 친근해질 질 수 없고, 義가 아니면 실행할 수 없으며, 비록 仁義가 있더라도 禮로써 그것을 절제하지 않으면 또한 〈일들이〉 이뤄질 수 없다.

27-35 仁有里하고 義有門이라

仁은 〈거주하는〉 마을이 있고, 義는 〈출입하는〉 문이 있다.

里與門은 皆謂禮也라 里所以安居요 門所以出入也라

楊倞注：里와 門은 모두 禮를 이른다. 마을은 〈仁이〉 편안히 거주하는 곳이고, 문은 〈義가〉 출입하는 곳이다.

27-36 仁非其里而(虛)〔處〕[69]之면 非(禮)〔仁〕[70]也요 義非其門而由之면 非義也라

仁이 그 마을이 아닌데도 머무른다면 이는 仁이 아니고, 義가 그 문이 아닌데도 출입하다면 이는 義가 아니다.

虛는 讀爲居니 聲之誤也라 仁非其里와 義非其門은 皆謂有仁義而無禮也라 ○ 盧

69) (虛)〔處〕：저본에는 '虛'로 되어 있으나, 王念孫의 주에 의거하여 '處'로 바로잡았다.
70) (禮)〔仁〕：저본에는 '禮'로 되어 있으나, 王念孫의 주에 의거하여 '仁'으로 바로잡았다.

文弨曰 非義也는 亦當爲非禮也라 郝懿行曰 虛는 讀爲墟라 墟里는 人所居라 因借爲居字니 非居聲之誤也라 王念孫曰 虛는 當爲處니 字之誤也라 下文云 君子處仁以義라하니 是其證①이라 又案 楊云 仁非其里와 義非其門은 皆謂有仁義而無禮也라하고 盧云 非義也는 亦當爲非禮也라하니 楊盧之說皆非也라 非禮也는 當作非仁也②하고 非義也의 義字不誤라 此文云 仁非其里而處之면 非仁也요 義非其門而由之면 非義也라하고 下文云 君子處仁以義니 然後仁也요 行義以禮니 然後義也라하여 前後正相呼應하니 以是明之라

① 陳說同이라 又引論語里仁爲美니 擇不處仁이라
陳氏(陳奐)의 설도 같다. 〈陳氏는〉 또 ≪論語≫ 〈里人〉편에 "里仁爲美 擇不處仁(마을이 仁厚한 풍속이 있는 것이 아름다우니 마을을 가려 仁厚한 곳에 머무르지 않는다면 〈어찌 지혜롭다 하겠는가.〉)"이라고 한 것을 인용하였다.

② 劉說同이라
劉氏(劉台拱)의 설도 같다.

楊倞注 : 虛는 '居'로 읽어야 하니, 소리로 인해 잘못된 것이다. 仁非其里와 義非其門은 모두 仁義는 있으나 禮가 없다는 것을 이른다.

○ 盧文弨 : '非義也'는 이 또한 마땅히 '非禮也'로 되어야 한다.

郝懿行 : 虛는 '墟'로 읽어야 한다. 墟里는 사람이 거주하는 곳이다. 그래서 假借하여 '居'자가 된 것이니, '居'의 소리로 인해 잘못된 것은 아니다.

王念孫 : '虛'는 마땅히 '處'로 되어야 하니, 글자가 잘못된 것이다. 아랫글(27-42)에 "君子處仁以義(君子는 義에 의거하여 仁에 머물러야 한다.)"라 하였으니, 이것이 그 증거이다. 또 살펴보건대, 楊氏는 "仁非其里와 義非其門은 모두 仁義는 있으나 禮가 없다는 것을 이른다."라 하고, 盧氏는 "'非義也'는 이 또한 마땅히 '非禮也'로 되어야 한다."라고 하였으니, 楊氏와 盧氏의 설은 모두 틀렸다. '非禮也'는 마땅히 '非仁也'로 되어야 하고, '非義也'의 '義'자는 잘못되지 않았다. 이 글에 "仁이 그 마을이 아닌데도 머무른다면 이는 仁이 아니고, 義가 그 문이 아닌데도 출입한다면 義가 아니다."라 하고, 아랫글(27-42, 43)에 "君子는 義에 의거하여 仁에 머물러야 하니 그런 뒤에야 〈진정한〉 仁이 되며, 禮에 의거하여 義를 행해야 하니 그런 뒤에야 〈진정한〉 義가 된다."라고 하여 앞뒤가 정확히 서로 호응하니, 이것으로 〈'非仁也'와 '非義也'가 옳다는 것을〉 밝힐 수 있다.

27-37 **推恩而不理**면 **不成仁**하고

은혜를 베풀더라도 도리에 맞지 않으면 仁을 이룰 수 없고,

仁雖在推恩이라도 而不得其理면 則不成仁하니 謂若有父子之恩이라도 而無嚴敬之義라

楊倞注 : 仁의 〈가치가〉 비록 은혜를 베푸는 데 있더라도 도리에 맞지 않으면 인을 이룰 수 없으니, 부자간에 은혜가 있어도 근엄하고 공경하는 도리가 없는 것과 같은 것을 이른다.

27-38 **遂理而不敢**이면 **不成義**하고

도리를 따르더라도 과감하지 않으면 義를 이루지 못하고,

雖得其理라도 而不敢行이면 則不成義라 義在果斷이라 故曰 非知之艱이라 行之惟艱[71]이라하니라

楊倞注 : 〈義가〉 비록 도리에 맞더라도 과감하게 행하지 못하면 義를 이룰 수 없다는 것이다. 義의 〈가치는〉 과감하게 결단하는 데에 있기 때문에 "아는 것이 어려운 것이 아니라 오직 행하는 것이 어렵다."라고 하였다.

27-39 **審節而不(知)〔和〕**[72]면 **不成禮**하고

禮義 제도를 분명히 알더라도 조화롭지 않으면 禮를 이루지 못하고,

雖能明審節制라도 而不知其意也라 知는 或爲和라 ○ 王念孫曰 作和者是也라 禮以和爲貴라 故審節而不和면 則不成禮라 下文和而不發이 正承此和字言之라 今本和作知하니 字之誤耳①라 旣能審於禮節이면 則不得謂之不知라 楊於不知下加其意二字하니 失之라

---

71) 非知之艱 行之惟艱 : ≪書經≫ 〈商書 說命 中〉에 보인다.

72) (知)〔和〕 : 저본에는 '知'로 되어 있으나, 楊倞과 王念孫의 주에 의거하여 '和'로 바로잡았다.

① 隸書和字或作知하여 與知相似하니 見漢白石神君碑[73]라

隸書에는 '和'자가 간혹 '知'로 되어 있어 '知'와 서로 비슷하니, 〈이와 같은 사례가〉 〈漢白石神君碑〉에 보인다.

楊倞注 : 비록 禮義 제도를 분명히 알 수 있더라도 그 뜻〔其意〕을 모른다는 것이다. '知'는 간혹 '和'로 되어 있기도 하다.

○ 王念孫 : '和'로 된 것이 옳다. 禮는 조화를 귀하게 여기므로 禮義 제도를 분명히 알더라도 조화롭지 않으면 禮를 이루지 못한다는 것이다. 아랫글(27-40) "和而不發(조화롭더라도 밖으로 드러나지 않는다.)"의 〈和가〉 정확히 이 '和'를 이어받아 말한 것이다. 지금 판본에는 '和'가 '知'로 되어 있으니, 글자가 잘못된 것이다. 이미 禮義 제도를 분명히 알 수 있다면 '不知'라고 말할 수 없다. 그런데 楊氏는 '不知' 밑에 '其意' 두 자를 추가했으니, 잘못되었다.

〈漢白石神君碑〉의 '和'자

27-40 和而不發이면 不成樂(악)이라

조화롭더라도 밖으로 드러나지 않으면 樂을 이루지 못한다.

雖和順積中이라도 而英華不發於外하여 無以播於八音[74]이면 則不成樂이라

---

73) 漢白石神君碑 : 漢 靈帝 光和 6년(183)에 지금의 河北省 元氏縣 白石山에 세운 비석으로, 날이 가물 때 白石山에 기도하면 비가 내렸다 하여 그 신령의 공덕을 기리는 내용으로 隸書로 되어 있다. 앞쪽은 16행에 행마다 35자이고, 뒤쪽은 上·中·下 셋으로 구분하여 上은 4행, 中은 12행, 下는 11행이다.(≪寰宇訪碑錄≫·≪漢碑大觀≫·≪善本碑帖錄≫·≪增補校碑隨筆≫ 참조)

74) 八音 : 고대 악기의 총칭으로, 金·石·絲·竹·匏·土·革·木 등 여덟 가지 다른 재

楊倞注 : 비록 조화롭고 양순함이 내면에 쌓여 있더라도 아름다운 빛이 밖으로 드러나지 않아 八音으로 연주되지 못하면 樂이 이뤄지지 못한다는 것이다.

27-41 故曰 仁義禮樂은 其致一也라하니라

그러므로 "仁·義·禮·樂은 그 본질이 동일하다."고 말하는 것이다.

言四者雖殊나 同歸於得中이라 故曰 其致一也라하니라

楊倞注 : 〈仁·義·禮·樂〉 이 네 가지는 비록 다르지만 모두 中道를 얻는 것으로 귀결되므로 "그 본질이 동일하다."고 말한다는 말이다.

27-42 君子處仁以義니 然後仁也며

君子는 義에 의거하여 仁에 머물러야 하니 그런 뒤에야 〈진정한〉 仁이 되며,

仁而能斷이라

楊倞注 : 仁하면서도 결단할 수 있어야 한다는 것이다.

27-43 行義以禮니 然後義也며

禮에 의거하여 義를 행해야 하니 그런 뒤에야 〈진정한〉 義가 되며,

雖能斷而不違禮니 然後爲義也라

楊倞注 : 비록 결단할 수 있더라도 禮에 어긋나지 않아야 하니 그런 뒤에야 〈진정한〉 義가 된다는 것이다.

27-44 制禮反本成末이니 然後禮也라

禮를 제정할 때 그 근본 원칙을 돌아보고 다시 그 지엽적인 부분을 완성하여야 하니 그런 뒤에야 〈진정한〉 禮가 된다.

---

질로 만든 것이다. 金은 鍾, 石은 磬, 絲는 현악기, 竹은 관악기, 匏는 생황, 土는 塤, 革은 북, 木은 柷·敔이다.

**反**은 **復也**라 **本**은 **謂仁義**요 **末**은 **謂禮節**이라 **謂以仁義爲本**하고 **終成於禮節也**라

楊倞注 : 反은 돌아간다는 뜻이다. 本은 仁義를 이르고, 末은 예절을 이른다. 仁義를 근본으로 삼고 종국에는 禮義 제도를 완성하는 것을 이른다.

27-45 **三者皆通**이니 **然後道也**라

이 세 가지에 대해 모두 매우 밝아야 하니 그런 뒤에야 道와 〈부합된다.〉

**通明三者**니 **然後爲道**라

楊倞注 : 이 세 가지에 대해 매우 밝아야 하니 그런 뒤에야 道가 이루어진다는 것이다.

27-46 **貨財曰賻**하고 **輿馬曰賵**하고 **衣服曰襚**하고 **玩好曰贈**하고 **玉貝曰唅**이라

돈과 재물을 賻라 하고, 수레와 말을 賵이라 하고, 의복을 襚라 하고, 노리개를 贈이라 하고, 옥과 조개껍질을 唅이라 한다.

**此與公羊穀梁之說同**[75]이라 **玩好**는 **謂明器**[76]**琴瑟笙竽之屬**이라 **何休曰 此皆春秋之制也**라 **賻**는 **猶覆也**요 **賵**은 **猶助也**니 **皆助生送死之禮**라 **襚**는 **猶遺也**니 **遺是助死者之禮也**라 **知生則賵賻**요 **知死則襚唅**이라하니라 ○ **盧文弨曰 今公羊注作知死者贈襚**[77]라

楊倞注 : 이것은 ≪春秋公羊傳≫·≪春秋穀梁傳≫의 설과 같다. 玩好는 明器·琴·

---

75) 此與公羊穀梁之說同 : ≪春秋公羊傳≫ 隱公 元年에는 "車馬曰賵 貨財曰賻 衣被曰襚"라고 하였고, ≪春秋穀梁傳≫ 은공 원년에는 "乘馬曰賵 衣衾曰襚 貝玉曰含 錢財曰賻"라고 하였다.

76) 明器 : 장사 지낼 때 죽은 사람과 함께 묻는 그릇이다.

77) 今公羊注作知死者贈襚 : 楊倞 주의 "知生則賵賻 知死則襚唅"이 ≪春秋公羊傳≫ 何休의 주에는 "知生者賵賻 知死者贈襚"로 되어 있다. 그런데 阮元의 校勘에 의하면, ≪春秋穀梁傳≫의 疏에 이 구절이 '知死者賵襚'로 인용되어 있고, ≪春秋公羊傳≫의 疏에도 "何氏의 주에서 知生과 知死에 모두 '賵'을 언급했다."는 것에 의거하여, '贈'은 '賵'의 오자라고 하였다.

瑟·笙·竽 등을 이른다. ≪춘추공양전≫ 何休의 주에 "이것은 모두 춘추시대의 제도이다. 賻는 '覆'와 같고, 賵은 '助'와 같으니, 모두 살아 있는 친족을 돕고 죽은 이를 송별하는 禮이다. 襚는 '遺'와 같으니, 遺는 죽은 이를 돕는 禮이다. 살아 있는 사람을 알면 賵과 賻를 보내고, 죽은 이를 알면 襚와 哈을 보낸다."라고 하였다.

○ 盧文弨 : 지금의 ≪春秋公羊傳≫ 〈何休의〉 주에는 〈知死則襚哈이〉 "知死者贈襚(죽은 이를 알면 贈과 襚를 보낸다.)"로 되어 있다.

## 27-47 賻賵所以佐生也요 贈襚所以送死也라 送死不及柩尸[78]하고 弔生不及悲哀[79]면 非禮也라

賻와 賵은 살아 있는 친족을 돕기 위한 것이고, 贈과 襚는 죽은 이를 송별하기 위한 것이다. 죽은 이를 송별할 때 장례 치르기 전에 이르지 못하고, 살아 있는 친족을 조문할 때 卒哭 전에 이르지 못하면 禮가 아니다.

**皆謂葬時**라

楊倞注 : 모두 장사 지낼 때의 일을 이른다.

## 27-48 故吉行五十하고 犇(분)喪[80]百里하며 賵贈及事 禮之大也라

그러므로 吉事에는 하루 오십 리를 가고, 奔喪할 때는 하루 백 리를 달려가며, 〈살아 있는 친족을 돕고 죽은 이를 송별하기 위해〉 보내는 물품은 喪事 때에 맞춰서 전해지는 것이 예절 중에 중요한 부분이다.

**既說弔贈及事**하여 **因明奔喪亦宜行(遠)〔速〕[81]也**라 **禮記奔喪曰 日行百里**하고

---

78) 柩尸 : ≪禮記≫ 〈問喪〉에 "在床曰尸 在棺曰柩(시신이 평상에 놓여 있는 것을 尸라 하고, 관 속에 들어간 것을 柩라 한다.)"라고 한 것으로 볼 때 장례 치르기 이전이라는 뜻으로 보인다.

79) 悲哀 : 駱瑞鶴이 사람이 죽은 때부터 卒哭까지의 기간을 말한 것이라고 하였다. 이에 따라 번역하였다. 卒哭은 三虞祭를 지낸 뒤에 곡을 끝낸다는 뜻으로 지내는 제사이다. 사람이 죽은 지 석 달 만에 오는 첫 丁日이나 亥日을 택하여 지낸다.

80) 犇(분)喪 : '奔喪'과 같다. 먼 곳에서 부모가 돌아가셨다는 소식을 듣고 급히 집으로 돌아가는 것을 말한다.

不以夜行이라하니라

楊倞注 : 〈죽은 이와 살아 있는 사람을 위한〉 조문과 물품이 喪事에 맞춰서 전해져야 함을 말하면서, 奔喪 또한 빠른 속도로 가는 것이 마땅함을 밝히고 있다. ≪禮記≫ 〈奔喪〉에 "하루에 백 리를 가고 밤길은 가지 않는다."라고 하였다.

27-49 禮者는 政之輓也라

禮라는 것은 政事를 이끌어가는 것이다.

如輓車然이라

楊倞注 : 수레를 끄는 것과 같다는 것이다.

27-50 爲政不以禮면 政不行矣라

정사를 다스리되 禮로써 하지 않는다면 정사가 행해지지 않는다.

27-51 天子卽位에 上卿進曰 如之何憂之長也잇가 能除患則爲福이요 不能除患則爲賊이라하고 授天子一策이라

천자가 즉위할 때 上卿이 나아가 아뢰기를 "무엇 때문에 걱정이 이처럼 깊으십니까? 患難을 제거하면 복이 되고 患難을 제거하지 못하면 피해를 당할 수 있습니다."라 하고, 〈그 내용을 적은〉 첫 번째 簡策을 천자에게 바친다.

上卿은 於周若冢宰[82)]也라 皆謂書於策하여 讀之而授天子하여 深戒之也라 言天下安危所繫라 其憂甚遠長하여 問何以治之오하니 能爲天下除患이면 則百福歸之하고 不能則反爲賊害라 策은 編竹爲之니 後易之以玉焉이라

---

81) (遠)〔速〕: 저본에는 '遠'으로 되어 있으나, 王天海의 설에 의거하여 '速'으로 바로잡았다.

82) 冢宰 : 周代 六官의 우두머리로 국정을 총괄하는 天官을 말한다. 六官은 天官·地官·春官·夏官·秋官·冬官이다. 地官은 司徒로 교화와 農商을 관장하고, 春官은 宗伯으로 제사와 典禮를 관장하고, 夏官은 司馬로 軍政과 軍賦를 관장하고, 秋官은 司寇로 獄訟과 형벌을 관장하고, 冬官은 司空으로 水土를 관장하였다.(≪周禮≫)

楊倞注 : 上卿은 周나라 때 冢宰와 같은 관직이다. 모두 簡策에 써서 그것을 읽은 후에 천자에게 바쳐 깊이 경계한 것을 이른다. 〈국가를 어떻게 다스리는가에 따라〉 천하의 安危가 달려 있으므로 그 걱정이 매우 깊어 국가를 어떻게 다스리는 것이 좋겠느냐고 물으니, 능히 천하를 위해 患難을 제거하면 온갖 복이 돌아오고 그렇게 하지 못하면 도리어 피해를 당할 것이라는 말이다. 策은 댓조각을 엮어 만든 것이니, 후대에는 그것을 옥으로 바꾸었다.

27-52 **中卿進曰 配天而有下土者**는 **先事慮事**하고 **先患慮患**하니이다 **先事慮事**를 **謂之接**(첩)하니

中卿이 나아가 아뢰기를 "하늘과 짝이 되어 천하를 보유한 사람은 일이 생기기 전에 그 일에 대해 고려해야 하고, 患難이 생기기 전에 그 患難에 대해 고려해야 합니다. 일이 생기기 전에 그 일에 대해 고려하는 것을 민첩하다고 이르니

**接**은 **讀爲捷**이니 **速也**라 **中卿**은 **若宗伯也**라

楊倞注 : 接은 '捷'으로 읽어야 하니, 빠르다는 뜻이다. 中卿은 〈周나라 때〉 宗伯과 같은 관직이다.

27-53 **接則事優成**하고 **先患慮患**을 **謂之豫**하니 **豫則禍不生**하니이다 **事至而後慮者**를 **謂之後**하니 **後則事不擧**하고 **患至而後慮者**를 **謂之困**하니 **困則禍不可禦**하리이다하고 **授天子二策**이라

민첩하면 일이 많이 이뤄지고, 患難이 생기기 전에 그 患難에 대해 고려하는 것을 미리 준비한다고 이르니 미리 준비하면 재앙이 생기지 않습니다. 일이 닥친 뒤에 고려하는 것을 때가 늦었다고 이르니 때가 늦으면 일이 거행되지 않고, 患難이 닥친 뒤에 고려하는 것을 곤경에 빠졌다고 이르니 곤경에 빠지면 재앙을 막을 수 없습니다."라 하고, 〈그 내용을 적은〉 두 번째 簡策을 천자에게 바친다.

**禦**는 **禁**이라 **二策**은 **弟**[83]**二策也**라

楊倞注 : 禦는 금지한다는 뜻이다. 二策은 두 번째 簡策이다

27-54 **下卿進曰 敬戒無怠**하소서 **慶者在堂**이어늘 **弔者在(閭)〔閭〕**[84]하니이다

下卿이 나아가 아뢰기를 "〈국사에 대해〉 신중히 경계하여 게을리하지 말아야 합니다. 慶賀하는 자가 아직 대청마루에 있는데 弔問 온 자가 이미 대문 밖에 있습니다.

**下卿**은 **若司寇也**라 **慶者雖在堂**이라도 **弔者已在門**하니 **言相襲之速**이라 (閭)〔閭〕은 **門也**라

楊倞注 : 下卿은 〈周나라 때〉 司寇와 같은 관직이다. 慶賀하는 자가 비록 대청마루에 있더라도 弔問 온 자가 이미 대문 밖에 와 있다는 것이니, 서로 들이닥치는 것이 빠르다는 말이다. 閭은 門이다.

27-55 **禍與福隣**하여 **莫知其門**하니이다

재앙과 복은 바짝 붙어 있어 그것이 〈들어오는〉 문을 알 수가 없습니다.

**言同一門出入也**라 **賈誼曰 憂喜聚門**[85]이라하니라

楊倞注 : 동일한 문으로 출입한다는 말이다. 賈誼가 "근심과 기쁨이 같은 문으로 모여든다."라고 하였다.

27-56 **豫哉豫哉**니 **萬民望之**하니이다하고 **授天子三策**이라

미리 준비하고 미리 준비해야 하니, 만백성이 바라보고 있습니다."라 하고, 〈그 내용을 적은〉 세 번째 簡策을 천자에게 바친다.

---

83) 弟 : '第'와 통한다. 아래도 같다.

84) (閭)〔閭〕 : 저본에는 '閭'로 되어 있으나, 于鬯의 설에 의거하여 '閭(창)'으로 바로잡았다. 楊倞의 주도 같다. 于鬯은 본디 '閭'으로 되어 있던 것이 옮겨 쓰는 과정에 楊倞의 주와 함께 잘못 바뀌었을 것이라고 하면서 "위아래 글에 모두 韻이 붙어 있으니, 이곳에 韻이 없으면 안 된다. 閭과 堂은 정확히 서로 조화를 이룬다."라고 하였다. 閭과 堂은 모두 平聲 陽韻이다. 王天海도 이에 동의하였다.

85) 賈誼曰 憂喜聚門 : 賈誼의 〈鵩鳥賦〉에 보인다.

**豫哉**는 **言可戒備也**라 **三策**은 **弟三策**이라 ○ **先謙案 羣書治要**엔 **作務哉務哉**라

楊倞注 : 豫哉는 경계하고 대비해야 한다는 말이다. 三策은 세 번째 簡策이다. ○ 先謙案 : ≪羣書治要≫에는 〈豫哉豫哉가〉 '務哉務哉(힘쓰고 힘써야 한다.)'로 되어 있다.

## 27-57 禹見(耕者耦)〔耦耕者〕[86]면 立而式[87]하고 過十室之邑必下라

禹는 두 사람이 나란히 밭을 가는 것을 보면 멈춰 서서 수레 앞의 가로목에 의지하여 〈경의를 표하고,〉 열 가구 정도의 작은 마을을 지날 때도 반드시 〈수레에서〉 내려 〈경의를 표하였다.〉

**兩人共耕曰耦**라 **論語曰 長沮桀溺耦而耕**이라하니라 **十室之邑**에 **必有忠信**[88]이라 **故下之也**라

楊倞注 : 두 사람이 나란히 밭을 가는 것을 '耦'라 한다. ≪論語≫ 〈微子〉에 "長沮와 桀溺이 나란히 밭을 갈았다."라고 하였다. 열 집 정도의 작은 마을에도 반드시 충성스럽고 신의가 있는 사람이 있으므로 〈수레에서〉 내리는 것이다.

## 27-58 (殺)〔祭〕[89]大(태)蚤하고 朝大晚은 非禮也라

제사 지내는 시간이 너무 이르고 조회에 들어가는 시간이 너무 늦는 것은 禮가

86) (耕者耦)〔耦耕者〕: 저본에는 '耕者耦'로 되어 있으나, 王天海의 설에 의거하여 '耦耕者'로 바로잡았다.

87) 式 : '軾'과 통한다. 軾은 수레 앞에 가로댄 가로목이다. 옛날 수레는 반드시 서서 타게 되어 있는데, 수레가 움직일 때 이것을 붙잡아 몸이 한쪽으로 쏠리거나 넘어지지 않도록 하기 위해 만든 것이다. 여기서는 그것에 의지하여 고개를 숙여 경의를 표한다는 동사로 쓰였다.

88) 十室之邑 必有忠信 : ≪論語≫ 〈公冶長〉에 보인다.

89) (殺)〔祭〕: 저본에는 '殺'로 되어 있으나, 久保愛의 설에 의거하여 '祭'로 바로잡았다. 久保愛는 ≪禮記≫ 〈禮器〉에 "祭祀不祈 不麾蚤(제사의 본의는 복을 비는 데에 있지 않으며 〈일정한 시간을 임의대로 앞당겨〉 일찍 지내서도 안 된다.)"라고 한 것을 그 근거로 삼았다. 楊柳橋와 王天海도 그에 동의하였다.

아니다.

殺은 謂田獵禽獸也라 禮記曰 天子殺則下大綏[90)]하고 諸侯殺則下小綏하고 大夫殺則止佐車[91)]라하니 蚤는 謂下先上也라 又曰 朝에 辨色始入이라하니 殺太蚤는 爲陵犯也요 朝太晩는 爲懈弛也라 或曰 禮記曰 獺祭魚[92)]然後虞人入澤梁[93)]하고 豺祭獸[94)]然後田獵이라하니 先於此면 爲蚤也라 又曰 田不以禮는 是[95)]暴天物也라하니라 ○ 王念孫曰 或說是也니 前說非라

楊倞注 : 殺은 짐승을 사냥하는 것을 이른다. ≪禮記≫ 〈王制〉에 "天子殺則下大綏 諸侯殺則下小綏 大夫殺則止佐車(천자가 사냥을 마치면 큰 깃발을 내려놓고, 제후가 사냥을 마치면 작은 깃발을 내려놓고, 大夫가 사냥을 마치면 佐車를 멈춘다.)"라고 하였으니, 蚤는 아랫사람이 윗사람보다 앞서는 것을 이른다. 또 ≪禮記≫ 〈玉藻〉에 "朝 辨色始入(〈신하가〉 조회에 나갈 때 어스름 새벽에 맞춰 들어간다.)"이라고 하였으니, 사냥할 때 〈깃발을〉 너무 앞서 내려놓는 것은 윗사람의 권위를 침범하는 것이고, 조회에 나갈 때 너무 늦는 것은 태만한 것이다. 혹자는 "≪禮記≫ 〈王制〉에 '獺祭魚然後虞人入澤梁 豺祭獸然後田獵(수달이 물고기를 잡아 제사를 지낸 뒤에야 虞人이 魚梁에 들어갈 수 있고, 승냥이가 짐승을 잡아 제사를 지낸 뒤에야 사냥할 수 있다.)'이라 하였으니, 이보다 앞서면 이른 것이다.

---

90) 天子殺則下大綏 : 사냥철에 천자가 지휘용 큰 깃발을 세우고 사냥에 나섰다가 사냥을 마치면 그 깃발을 내려놓는다는 뜻이다. 그 이유는 제후가 뒤를 이어 사냥할 기회를 주기 위해서이다. 大綏는 천자가 사냥할 때 세우는 지휘용의 큰 깃발이다. 鄭玄의 주에 "綏는 마땅히 緌로 되어야 한다. 緌는 有虞氏의 깃발이다."라고 하였다.

91) 大夫殺則止佐車 : 大夫가 제후의 뒤를 이어 사냥을 마치면 佐車를 멈춘다는 뜻이다. 뒤를 이어 백성들이 사냥을 할 수 있다. 佐車는 사냥할 때 짐승을 한 곳으로 몰아가는 일을 돕는 수레이다.

92) 獺祭魚 : 1월에 얼음이 녹으면 수달이 물고기를 잡아 제사 지내는 것처럼 그것을 사방에 늘어놓는다는 뜻으로, 1월을 말한다.

93) 虞人入澤梁 : 虞人은 山林과 川澤을 관장하는 관리이고 澤梁은 川澤의 魚梁을 말한다. 魚梁은 물고기를 잡는 장치로, 물살을 가로막고 물길을 한 군데로만 터놓은 뒤에 거기에다 통발이나 살을 설치한다.

94) 豺祭獸 : 9월에 날씨가 쌀쌀해지면 승냥이가 짐승을 잡아 제사 지내는 것처럼 그것을 사방에 늘어놓는다는 뜻으로, 9월을 말한다.

95) 是 : ≪禮記≫ 〈王制〉에는 '曰'로 되어 있다.

≪禮記≫ 〈王制〉에 또 '田不以禮 是暴天物(사냥을 예법대로 하지 않는 것은 하늘이 낸 동물을 해치는 것이다.)'이라 했다."라고 하였다.

○ 王念孫 : 〈楊氏 주의〉 혹자의 설이 옳으니, 앞의 설은 틀렸다.

## 27-59 治民不以禮면 動斯陷矣리라

백성을 다스리되 예로써 하지 않으면 하는 일마다 곤경에 빠질 것이다.

## 27-60 平衡曰拜요 下衡曰稽首요 至地曰稽顙이라

〈허리를 구부려 머리와 허리가〉 평형을 이루는 것을 拜라 말하고, 머리가 허리보다 낮은 것을 稽首라 말하고, 머리가 땅에 닿는 것을 稽顙이라 말한다.

平衡은 謂磬折이니 頭與腰如衡之平이라 禮記平衡[96]與此義殊라 ○ 郝懿行曰 拜者必跪라 拜手는 頭至手也요 不至地라 故曰平衡이라 稽首도 亦頭至手나 而手至地라 故曰下衡이라 稽顙則頭觸地라 故直曰至地矣라

楊倞注 : 平衡은 경쇠 모양으로 〈허리를〉 굽히는 것을 이르니, 머리와 허리가 저울대처럼 평형을 이루는 것이다. ≪禮記≫에서의 '平衡'은 여기에서의 뜻과 다르다.

○ 郝懿行 : 절을 하는 사람은 반드시 무릎을 꿇는다. 拜手는 머리가 손에 닿는 것이고 땅에 닿는 것이 아니므로 '平衡'이라고 한다. 稽首도 머리가 손에 닿는 것이지만 손이 땅에 닿으므로 '下衡'이라고 한다. 稽顙은 머리가 땅에 닿기 때문에 곧바로 '至地'라고 말한 것이다.

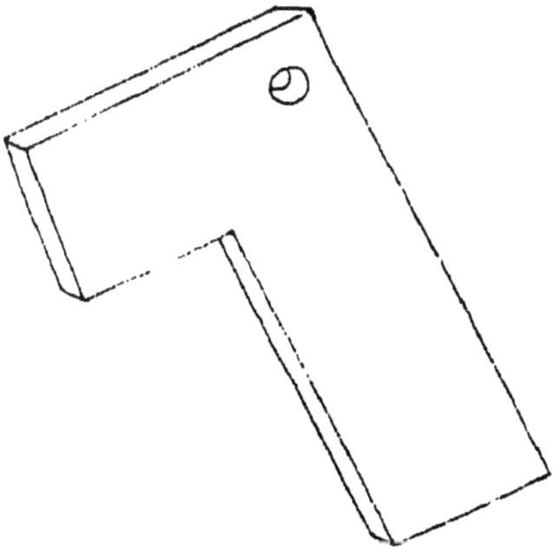

磬

96) 禮記平衡 : ≪禮記≫ 〈曲禮〉에 "國君則平衡(제후의 〈물건을 받들고 있을 때는〉 두 손이 가슴과 평형이 되게 해야 한다.)"이라고 하였다.

27-61 大夫之臣이 拜不稽首는 非尊家臣也라 所以辟(피)君也라

大夫의 家臣이 〈주인인 大夫에게〉 拜禮만 하고 稽首禮를 행하지 않는 것은 家臣의 지위를 높여주자는 것이 아니라 〈大夫와〉 군주의 〈지위가 동등해지는 것을〉 피하기 위한 것이다.

辟는 讀爲避라

楊倞注：辟는 '避'로 읽어야 한다.

27-62 一命은 齒於鄕하고 再命은 齒於族하고 三命은 族人雖七十이라도 不敢先[97]이라

士는 향리 사람들과 나이순대로 앉고, 大夫는 그의 친족들과 나이순대로 앉으며, 卿은 〈곧장 앞자리에 앉는 것이니〉 친족의 나이가 비록 일흔 살이라 하더라도 감히 〈卿의〉 앞자리에 〈앉지〉 못한다.

一命은 公侯之士요 再命은 大夫요 三命은 卿也라 鄭注禮記曰 此皆鄕飮酒時라 齒는 謂以年次坐若[98]立也라하니라 禮記曰 三命不齒하고 族人雖七十者라도 不敢先[99]이라하니 言不唯不與少者齒라 老者亦不敢先也라

楊倞注：一命은 公・侯의 士이고, 再命은 大夫이고, 三命은 卿이다. 《禮記》〈祭義〉의 鄭玄 주에 "이것은 모두 鄕飮酒禮 때의 〈예법이다.〉 齒는 나이순대로 앉거나

---

97) 一命……不敢先：鄕射禮 때 술을 마시는 자리에서 그곳에 모인 사람들의 자리 순서를 구분하는 예법이다. 命은 관작의 등급이다. 一命은 周나라 때 아홉 등급의 관작인 九命 가운데 등급이 가장 낮은 관작으로, 公・侯・伯 밑에 딸린 士와 子・男 밑에 딸린 大夫가 그에 포함된다. 再命은 公・侯・伯 밑에 딸린 大夫와 子・男 밑에 딸린 卿이 포함되고, 三命은 公・侯・伯 밑에 딸린 卿이 포함된다. 번역에서는 이해의 편의를 도모하여 一命은 士, 再命은 大夫, 三命은 卿으로 노출하였다.

98) 若：'或'의 뜻이다.

99) 族人雖七十者 不敢先：지금의 《禮記》〈祭義〉에는 "族有七十者 弗敢先(친족 중에 나이가 일흔 살이 된 사람이 있거든 감히 그의 앞자리에 〈앉지〉 못한다.)"으로 되어 있다. 이는 관작이 높은 사람보다 나이 많은 사람을 존중한다는 뜻이다.

서 있는 것을 이른다."라고 하였다. ≪禮記≫ 〈祭義〉에 "三命不齒 族人雖七十者 不敢先(卿은 나이순대로 앉지 않으니, 친족의 나이가 비록 일흔 살이라 하더라도 감히 〈卿의〉 앞자리에 〈앉지〉 못한다.)"이라 하였으니, 〈卿은〉 젊은 사람과 나이를 비교하지 않을 뿐 아니라 늙은 사람이라도 감히 그의 앞자리에 〈앉지〉 못한다는 말이다.

## 27-63 上大夫요 中大夫요 下大夫[100)]라

〈一命은〉 上大夫이고, 〈再命은〉 中大夫이고, 〈三命은〉 下大夫이다.

此覆一命再命三命也라 一命은 雖公侯之士나 子男之大夫也라 故曰下大夫也라

楊倞注 : 이것은 一命·再命·三命을 되풀이한 것이다. 一命은 비록 公·侯의 士이지만 子·男의 大夫이기도 하므로 '下大夫'라고 말한 것이다.

## 27-64 吉事尙[101)]尊하고 喪事尙親이라

吉事에는 지위가 높은 사람의 자리가 앞에 있고, 喪事에는 〈죽은 이와〉 친근한 사람의 자리가 앞에 있다.

吉事엔 朝廷列位也요 喪事엔 以親者爲主라 禮記曰 以服之精麤爲序[102)]也라하니라

楊倞注 : 吉事에는 조정의 반열로 〈자리를 정하고,〉 喪事에는 〈죽은 이와〉 친근한 사람을 위주로 한다. ≪禮記≫ 〈文王世子〉에 "喪服의 곱고 거친 것에 따라 자리의 차례를 정한다."라고 하였다.

## 27-65 君臣不得不尊하고 父子不得不親하고 兄弟不得不順하고 夫婦不得不

---

100) 上大夫……下大夫 : 于鬯은 이것은 唐나라 이전에 이미 있던 주석이 옮겨 쓰는 과정에 본문으로 잘못 편입되었을 것이라고 하면서 위의 一命·再命·三命을 순서를 바꿔 풀이한 것이라고 하였다. 王天海도 이에 대해 동의하였다. 저본대로 놓아두고 于鬯의 설을 참작하여 번역하였다.

101) 尙 : '上'과 통한다. 자리 배열에서 앞자리, 혹은 윗자리에 있다는 뜻이다. 다음 구의 '尙'도 같다.

102) 以服之精麤爲序 : ≪禮記≫ 〈文王世子〉에는 '以其喪服之精麤爲序'로 되어 있다.

**驩**이라 **少者以長**하고 **老者以養**이라

군신간에 덕이 없으면 서로 존중할 수 없고, 부자간에 덕이 없으면 친애할 수 없고, 형제간에 덕이 없으면 화목할 수 없고, 부부간에 덕이 없으면 즐거울 수 없다. 젊은이는 그것에 의해 성장할 수 있고, 나이 많은 사람은 그것에 의해 봉양을 받을 수 있다.

**不得**은 **謂不得聖人之禮法**이라 **驩**은 **與歡同**이라

楊倞注 : 不得은 聖人의 예법을 얻지 못한 것을 이른다. 驩은 '歡'과 같다.

27-66 **故天地生之**하고 **聖人成之**[103]라

그러므로 하늘과 땅은 만물을 낳고, 聖人은 그것들을 자라게 하는 것이다.

○ **汪中曰 君臣以下四十一字錯簡**이니 **當在後國家無禮不寧之下**라 **此因上尙尊尙親之文而誤**라

○ 汪中 : '君臣' 이하 41자는 순서가 잘못된 것이니, 마땅히 뒤(27-79)에 나오는 '國家無禮不寧'의 아래에 있어야 한다. 이것은 위에 나오는 '尙尊'·'尙親'의 문구로 인해 잘못된 것이다.

27-67 **聘**은 **問也**요 **享**은 **獻也**요 **私覿**(적)은 **私見也**라

聘은 〈사신을 보내〉 안부를 묻는 것이고, 享은 〈예물을 천자에게〉 바치는 것이고, 私覿은 사적인 會見이다.

**使大夫出**에 **以圭璋**이라 **聘**은 **所以相問也**라 **聘享**은 **奉束帛**[104]**加璧**이라 **享**은 **所以有獻也**라 **享畢**하면 **賓奉束錦以請覿**하니 **所以私見也**라 **聘享**은 **以賓禮見**이라 **私覿**은

---

103) 君臣不得不尊……聖人成之 : 이 章은 앞서 〈富國篇〉(10-83)에 나오는데, '君臣不得不尊' 한 구가 이곳에 더 있다. 得은 '德'과 통하는 것으로, 不得은 '無德'과 같다.

104) 束帛 : 다섯 匹을 하나로 묶은 비단으로, 예물로 사용하는 것이다. 匹은 布帛에 사용하는 길이의 단위로, 한 필은 4丈이다.

以臣禮見이라 故曰私見이라 鄭注儀禮云 享은 獻也라 旣聘又獻은 所以厚恩(意)〔惠〕[105)]也라

楊倞注 : 〈제후가〉 大夫를 나라 밖으로 내보낼 때 圭璋을 가지고 가게 한다. 聘은 서로 안부를 묻기 위한 것이다. 聘禮와 享禮는 束帛을 받들되 璧玉을 추가한다. 享은 〈예물을 천자에게〉 바치는 것이다. 享이 끝나면 賓이 묶은 비단을 받들어 覿을 청하니, 〈覿은〉 사적으로 만나는 것이다. 聘禮와 享禮는 賓禮로 만나는 것이다. 私覿은 臣禮로 만나는 것이므로 '私見'이라 한다. ≪儀禮≫ 〈聘禮〉의 鄭玄 주에 "享은 〈예물을〉 바친다는 뜻이다. 이미 聘禮를 행하고 또 예물을 바치는 것은 은혜를 두텁게 하기 위한 것이다."라고 하였다.

## 27-68 言語之美는 穆穆皇皇이요

언어가 아름다운 것은 '穆穆皇皇(삼가고 세련되다.)'이라 하고,

爾雅曰 穆穆은 敬也라하고 皇皇은 正也[106)]라하여늘 郭璞云 皇皇은 自脩正貌[107)]라하고 穆穆은 容儀謹敬也라하니라 皆由言語之美로 所以威儀脩飾이라 或曰 穆穆은 美也요 皇皇은 有光儀也니 詩曰 皇皇者華라하니라

楊倞注 : ≪爾雅≫ 〈釋訓〉에 "穆穆은 공경하는 모양이다."라 하고, 또 ≪爾雅≫ 〈釋詁〉에 "皇皇은 단정한 모양이다."라 하였는데, 郭璞이 "皇皇은 스스로 덕을 닦아 단정한 모양이다."라 하고, "穆穆은 태도가 삼가고 공경하는 모양이다."라고 하였다. 이는 모두 언어의 아름다움으로 인한 것으로 이 때문에 태도가 닦이고 단장이 된 것이다. 혹자는 "穆穆은 아름다운 모양이고 皇皇은 빛나는 자태가 있다는 뜻이니, ≪詩經≫ 〈小雅 皇皇者華〉에 '皇皇者華(찬란하게 빛나는 고운 꽃송이)'라 했다."라고 하였다.

## 27-69 朝廷之美는 濟濟鎗鎗이라

---

105) (意)〔惠〕 : 저본에는 '意'로 되어 있으나, ≪儀禮≫ 〈聘禮〉 鄭玄의 주에 의거하여 '惠'로 바로잡았다.

106) 皇皇 正也 : 지금의 ≪爾雅≫에는 正也가 '美也'로 되어 있다.

107) 皇皇 自脩正貌 : 지금의 ≪爾雅≫ 郭璞 주에는 이 내용이 보이지 않는다.

조정이 아름다운 것은 '濟濟鎗鎗(인재가 많아 북적대고 행동거지가 의젓하다.)'이라 한다.

鎗은 與蹌同이라 濟濟는 多士貌요 蹌蹌은 有行列貌라

楊倞注 : 鎗은 '蹌'과 같다. 濟濟는 많은 선비의 모양이고, 蹌蹌은 일정한 법도가 있는 모양이다.

27-70 爲人臣下者는 有諫而無訕하고 有亡而無疾하고 有怨而無怒라

신하 된 자는 〈군주에 대해〉 충고할 수는 있어도 비방할 수는 없고, 떠날 수는 있어도 미워할 수는 없고, 원망할 수는 있어도 성낼 수는 없다.

謗上曰訕이라 亡은 去也라 疾은 與嫉同하니 惡(오)也라 怨은 謂若公弟叔肸[108]과 衛侯之弟鱄[109]이요 怒는 謂若慶鄭[110]也라

---

108) 公弟叔肸 : 公은 魯 宣公을 말하고, 叔肸은 宣公의 同母弟이다. 叔肸은 宣公이 嫡母의 아들인 惡과 視를 죽이고 군주가 된 것을 두고 잘못된 행위라고 원망하여 형이 주는 재물을 일체 거절하고 평생 동안 신발을 짜 먹고 살았다. 후세 사람이 그를 평론하기를 "宣公이 弑逆했으므로 그의 녹을 받을 수 없었고 형제의 윤리를 끊는 법이 없으므로 비난하면서도 떠나지 않았다. 정으로 논하면 친족을 친애하는 도리를 밝힐 수 있고 의리로 말하면 충분히 반역을 멈추게 할 만하다."라고 하였다.(≪春秋穀梁傳≫ 宣公 17년)

109) 衛侯之弟鱄 : 衛侯는 衛 獻公이고, 鱄은 獻公의 同母弟 子鮮의 이름이다. 齊나라에 도망가 있던 獻公이 아우 子鮮을 본국의 寗喜에게 보내 자기를 복위시켜주면 실권을 맡기겠다고 약속하였다. 이에 寗喜가 殤公과 태자 角을 죽이고 그렇게 하였는데, 獻公이 약속을 어기고 寗喜를 죽여 버렸다. 그러자 子鮮이 죽은 寗喜에게 부끄럽다고 하여 獻公의 만류를 뿌리치고 晉나라로 도망가 살면서 자리에 앉을 때는 衛나라 쪽을 향하지 않았다. 그가 죽자, 獻公이 매우 슬퍼하여 죽을 때까지 그를 위해 상복을 입어줬다고 한다.(≪春秋左氏傳≫ 襄公 26년)

110) 慶鄭 : 晉 惠公 때의 大夫이다. 周 襄王 7년(B.C. 645) 가을에 晉 惠公이 秦나라 군대와 교전하여 세 번을 패배한 뒤에 후퇴하여 慶鄭에게 그 대책을 물었으나 별다른 묘책이 없다고 하였다. 惠公은 그가 무례하다 하여 자기 전차에 동승하는 것을 허용하지 않았고 또 惠公의 전차를 끄는 駟馬가 잘 훈련되지 않았으므로 慶鄭이 바꿀 것을 권고하였으나 그 말을 듣지 않았다. 9월 14일에 지금의 山西 河津縣 동남쪽인 韓原에서 두 나라가 교전할 때 惠公의 말이 진흙탕에 빠져 전차가 빙빙 돌며 벗어나지 못해 惠公이 慶鄭에게 구

楊倞注：윗사람을 비방하는 것을 '訕'이라고 말한다. 亡은 떠난다는 뜻이다. 疾은 '嫉'과 같으니, 미워한다는 뜻이다. 怨은 魯 宣公의 아우 叔肹과 衛侯의 아우 鱄과 같은 경우를 이르고, 怒는 慶鄭과 같은 경우를 이른다.

27-71 **君於大夫**에 **三問其疾**하고 **三臨其喪**하며 **於士**에 **一問一臨**이라 **諸侯非問疾弔喪**이면 **不之臣之家**라

군주는 大夫에 대해 그가 병이 났을 때 세 번 문병하고 그가 죽었을 때 세 번 문상하며, 士에 대해서는 한 번 문병하고 한 번 문상할 수 있다. 제후가 문병이나 문상이 아니면 신하의 집에 가지 않는다.

**之**는 **往也**라 **禮記曰 諸侯非問疾弔喪**이로되 **而入諸臣之家**하면 **是謂君臣**이 **爲謔也**라

楊倞注：〈不之의〉 之는 간다는 뜻이다. ≪禮記≫ 〈禮運〉에 "제후가 문병이나 문상하는 일이 아닌데도 신하들의 집에 들어간다면 이것을 君臣간에 실없는 짓을 한다고 이른다."라고 하였다.

27-72 **旣葬**에 **君若**[111]**父之友食**(사)**之**면 **則食矣**라 **不辟**(피)**粱肉**이나 **有酒醴則辭**[112]라

〈아버지〉 장례를 치른 뒤에 君主 혹은 아버지의 벗이 음식을 먹으라고 권한다면 먹을 수 있다. 쌀밥과 고기는 회피하지 않아도 되지만 술 종류는 사양해야 한다.

**鄭云 尊者之前**엔 **可以食美**나 **變於顔色**은 **亦不可也**라

楊倞注：鄭玄이 "존귀한 사람의 앞에서는 좋은 음식을 먹을 수 있지만 〈먹어서〉 안

---

해달라고 소리쳤다. 그러나 화가 나 있던 慶鄭은 "당신이 실패를 자초해놓고 어찌 도주하려고 합니까."하고, 혼자 가버렸다. 惠公은 결국 적군의 포로가 되었다.(≪春秋左氏傳≫ 僖公 15년)

111) 若：'或'의 뜻이다.

112) 旣葬……有酒醴則辭：≪禮記≫ 〈喪大記〉에 보인다.

색이 변하는 것은 〈존귀한 사람의 앞이라도〉 먹으면 안 된다."라고 하였다.

27-73 寢不踰廟하고 (設)〔讌〕[113)]衣不踰祭服이 禮也라

평소에 사는 집은 규모가 사당을 초과하지 않고, 평소에 입는 옷은 곱기가 제복을 초과하지 않는 것이 禮이다.

謂制度精麤라 (設)〔讌〕은 宴也라 ○ 王念孫曰 設은 當爲讌이니 字之誤也라 故楊注云 讌은 宴也[①]라하니라 寢은 對廟而言이요 讌衣는 對祭服而言이라 王制에 燕衣不踰祭服하고 寢不踰廟라하니 是其證이라

① 今注文讌字亦誤作設이라
지금 〈楊氏〉 주의 '讌'도 잘못되어 '設'로 되어 있다.

楊倞注 : 〈구조물의〉 제도와 〈옷의〉 정밀하고 거친 것을 이른다. 讌은 '宴'과 같다. ○ 王念孫 : 設은 마땅히 '讌'으로 되어야 하니, 글자가 잘못된 것이다. 그러므로 楊氏의 주에 "讌은 '宴'과 같다."라고 하였다. 寢은 廟와 대를 맞춰 말한 것이고, 讌衣는 祭服과 대를 맞춰 말한 것이다. ≪禮記≫ 〈王制〉에 "燕衣不踰祭服 寢不踰廟(평소에 입는 옷은 곱기가 제복을 초과하지 않고, 평소에 거처하는 집은 사당을 초과하지 않아야 한다.)"라고 하였으니, 이것이 그 증거이다.

27-74 易之咸은 見夫婦라

≪周易≫ 속의 咸卦는 부부간의 관계를 나타내는 것이다.

易咸卦는 艮下兌上이라 艮爲少男하고 兌爲少女라 故曰 見夫婦라

楊倞注 : ≪周易≫의 咸卦(䷞)는 艮(☶)이 아래에 있고 兌(☱)가 위에 있다. 艮은 少男이고, 兌는 少女이기 때문에 부부간의 관계를 나타내는 것이라고 말한 것이다.

27-75 夫婦之道는 不可不正也니 君臣父子之本也라

---

113) (設)〔讌〕 : 저본에는 '設'로 되어 있으나, 王念孫의 주에 의거하여 '讌'으로 바로잡았다. 楊倞의 주도 같다. 讌은 '燕'과 통한다.

夫婦의 도는 단정하지 않으면 안 되니, 이것은 君臣과 父子 관계의 근본이다.

**易序**[114]**卦**[115]**曰 有天地然後有男女**하고 **有男女然後有夫婦**하고 **有夫婦然後有父子**하고 **有父子然後有君臣**이라 **故以夫婦爲本**이라

楊倞注 : ≪周易≫ 〈序卦〉에 "天地가 있은 뒤에야 男女가 있고, 남녀가 있은 뒤에야 夫婦가 있고, 부부가 있은 뒤에야 父子가 있고, 부자가 있은 뒤에야 君臣이 있다. 그러므로 부부가 근본이 되는 것이다."라고 하였다.

## 27-76 **咸**은 **感也**라 **以高下下**하고 **以男下女**[116]하니 **柔上而剛下**라

咸은 감응한다는 뜻이다. 높은 것이 낮은 것의 아래에 있고 남자가 여자의 아래에 있으니, 이는 부드러운 것이 위에 있고 강한 것이 아래에 있는 것이다.

**陽唱陰和然後相成也**라

楊倞注 : 陽이 선창하고 陰이 화답한 뒤에야 서로 이루어주는 것이다.

## 27-77 **聘士之義**와 **親迎之道**는 **重始也**라

군주가 선비를 초빙하는 禮義와 신랑이 신부를 직접 영접하는 의식은 시작을 중시하는 것이다.

**聘士**는 **謂若安車束帛**[117]이니 **重其禮也**라 **迎**은 **魚敬反**이라

---

114) 序 : 저본의 원주에 "序는 원본에 '說'로 잘못되어 있으나, 여기서는 〈'序'로〉 고친다.[序原本誤爲說 今改]"라고 하였다.

115) 序卦 : 十翼의 하나로, 孔子가 지었다고 전해온다. 〈序卦傳〉이라 부르기도 한다. ≪周易≫에 64괘의 배열이 乾·坤 두 괘가 첫머리에 있고 咸·恒 두 괘가 下經 첫머리에 있으며, 旣濟·未濟 두 괘가 끝에 놓여 있는 의미를 설명한 것이다. 十翼은 〈彖辭〉 上·下, 〈象辭〉 上·下, 〈繫辭〉 上·下, 〈文言〉, 〈說卦〉, 〈序卦〉, 〈雜卦〉 등 10편으로, 經의 뜻을 풀이한 傳의 성격이다.

116) 以高下下 以男下女 : 咸卦의 아래쪽 艮(☶)은 陽으로 山과 少男을 상징하므로 '高'·'男'이라 하고, 위쪽 兌(☱)는 陰으로 澤과 少女를 상징하므로 '下'·'女'라고 한 것이다.

117) 安車束帛 : 安車는 앉아서 타고 가는 수레이고, 束帛은 묶은 비단으로, 賢人을 정중하

楊倞注：聘士는 安車와 束帛으로 〈초빙하는 것과〉 같은 것을 이르니, 禮를 중시하는 것이다. 迎은 〈음이〉 魚와 敬의 반절이다.

**27-78 禮者**는 **人之所履也**니 **失所履**면 **必顚蹷陷溺**이라 **所失微而其爲亂大者禮也**라

禮란 사람이 밟아가는 것이다. 밟아가는 데에 실수하면 반드시 넘어지거나 구멍에 빠질 것이다. 실수한 것은 작더라도 혼란을 조성하는 것은 큰 것이 禮이다.

**27-79 禮之於正國家也**는 **如權衡之於輕重也**하고 **如繩墨之於曲直也**라 **故人無禮不生**하고 **事無禮不成**하고 **國家無禮不寧**이라

禮義로 국가를 바로잡는 것은 저울로 輕重을 가늠하는 것과 같고 먹줄로 曲直을 조정하는 것과 같다. 그러므로 사람은 禮가 없으면 생활할 수 없고 일은 禮가 없으면 이루어질 수 없고 국가는 禮가 없으면 편안할 수 없다.

**27-80 和(樂)〔鸞〕**[118]**之聲**은

和鈴·鸞鈴이 울리는 소리는

**此言珩珮之聲**이 **和樂人心**이라

楊倞注：여기서는 패옥의 소리가 사람의 마음을 평화롭고 즐겁게 한다는 말이다.

**27-81 步中武象**[119]하고 **趨中韶護**[120]라

---

게 초빙할 때 사용한다.

118) 和(樂)〔鸞〕: 저본에는 '樂'으로 되어 있으나, 〈禮論篇〉(19-10)에 의거하여 '鸞'으로 바로잡았다. 和는 和鈴이고 鸞은 鸞鈴이다. 和鈴은 수레 위 가로대 앞에 걸고 鸞鈴은 말 재갈의 좌우에 거는 방울이다. 이것들이 울리는 소리를 가지고 수레가 굴러갈 때의 규칙으로 삼는다. 수레는 일반적으로 말 네 마리가 끌기 때문에 수레가 움직이면 鸞鈴 여덟 개가 동시에 울린다. 사람이 수레에 오르면 말이 움직이고 말이 움직이면 鸞鈴이 울리고 鸞鈴이 울리면 和鈴이 그에 호응한다고 한다.

〈수레가〉 천천히 갈 때는 武·象의 가락에 들어맞고, 빨리 갈 때는 韶·護의 가락에 들어맞아야 한다.

**佩玉[121]之聲**은 **緩則中武象**하고 **速則中韶護**라 **禮記曰 古之君子**는 **必珮玉**하니 **右徵**(치)**角**하고 **左宮羽**하여 **趨以采薺**하고 **行以肆夏**[122]라하니 **是其類也**라 **或曰 此和樂**은 **謂在車和鸞之聲**과 **步驟之節也**라하니라 ○ **顧千里曰 案疑或說是也**라 **正論篇禮論篇**에 **樂皆作鸞**하니 **可以爲證**이라

楊倞注 : 佩玉의 소리는 천천히 걸을 때는 武·象의 가락에 들어맞고, 빨리 걸을 때는 韶·護의 가락에 들어맞아야 한다. ≪禮記≫ 〈玉藻〉에 "고대의 君子는 몸에 반드시 옥을 찼으니, 오른쪽에 〈찬 것은 五聲 가운데〉 徵·角과 부합되고, 왼쪽에 〈찬 것은 五聲 가운데〉 宮·羽와 부합되어야 한다. 빨리 걸을 때의 박자는 采薺 가락에 들어맞고, 천천히 걸을 때의 박자는 肆夏 가락에 들어맞아야 한다."라고 하였으니, 이것이 그 경우이다. 혹자는 "이곳의 和樂은 〈和鸞으로〉 수레에 거는 和鈴·鸞鈴의 소리와 수레가 천천히 가고 빨리 갈 때의 박자를 이른다."라고 하였다.

○ 顧千里 : 살펴보건대, 혹자의 설이 옳은 듯하다. 〈正論篇〉(18-117)과 〈禮論篇〉(19-10)에 '樂'은 모두 '鸞'으로 되어 있으니, 그 증거로 삼을 만하다.

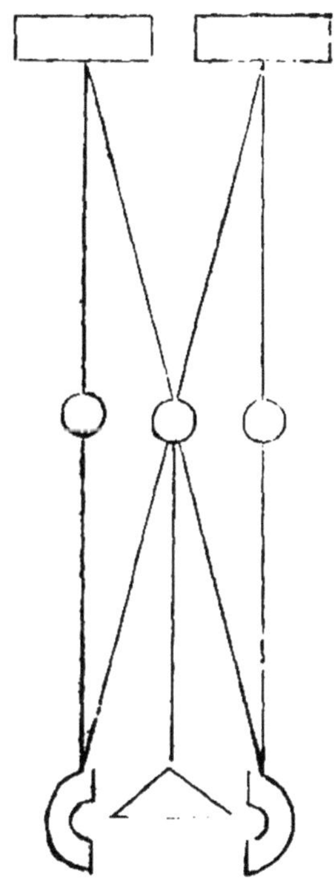

佩玉

119) 武象 : 武는 武王의 음악이고, 象은 周公의 음악이다.

120) 韶護 : 韶는 舜의 음악이고, 護는 湯王의 음악이다.

121) 佩玉 : 상·중·하 세 부분이 명주 끈으로 서로 연결되어 있는데, 상단에는 두 개의 珩, 중간에는 세 개의 琚瑀, 하단 중앙에는 衝牙가 있으며 衝牙의 양쪽에 璜이 있다. 衝牙는 양쪽 끝이 뾰족하고 璜은 반원형으로 된 것이 안쪽 衝牙를 향해 있어 사람이 걸어갈 때 衝牙가 璜을 쳐 소리를 낸다.

122) 趨以采薺 行以肆夏 : 采薺와 肆夏는 모두 옛 樂章의 이름으로, 행진곡처럼 걸음걸이를 조절하는 음악이라고 한다. 趨는 빨리 걷는다는 뜻이고, 行은 천천히 걷는다는 뜻이다.

## 27-82 君子聽律習容而後(士)〔出〕[123]이라

君子는 〈걸을 때 패옥소리가〉 음률에 들어맞는가를 들어보며 태도를 〈법도에 맞게〉 연습한 다음에 문을 나서는 것이다.

君子는 在位者之通稱이라 禮記曰 旣服에 習容하고 觀玉聲이라하니라 聽律은 謂聽珮聲하여 使中音律也라 言威儀如此라야 乃可爲士라 士者는 修立之名也라 ○ 先謙案 士는 當爲出이니 說見上이라

楊倞注 : 君子는 관직에 있는 사람의 통칭이다. ≪禮記≫ 〈玉藻〉에 "旣服 習容 觀玉聲(朝服을 입은 뒤에 태도를 〈법도에 맞게〉 연습하고 패옥소리가 〈걸음걸이의 박자와 서로 맞는지를〉 살펴본 〈다음에야 문을 나선다.〉)"이라고 하였다. 聽律은 패옥소리를 듣고 그것이 음률에 맞게 하는 것을 이른다. 威儀가 이와 같아야 비로소 士가 될 수 있다는 말이다. 士란 몸을 닦아 성취한 것이 있는 자의 명칭이다.

○ 先謙案 : '士'는 마땅히 '出'로 되어야 하니, 이에 관한 설명은 위(27-11)에 보인다.

## 27-83 霜降逆女하고 冰泮殺內(쇄납)[124]하며 十日一御[125]라

서리가 내리면 아내를 맞이하고 얼음이 풀리면 혼례를 줄이며 열흘에 한 번 아내와 동침하는 것이다.

此蓋誤耳니 當爲冰泮逆女하고 霜降殺內(내)라 故詩曰 士如歸妻[126]어든 迨冰未泮이라하니라 殺는 減也라 內는 謂妾御也라 十日一御는 卽殺內之義라 冰泮逆女는

---

123) (士)〔出〕 : 저본에는 '士'로 되어 있으나, 王念孫과 王先謙의 주에 의거하여 '出'로 바로잡았다.

124) 內(납) : 劉師培가 "內는 곧 '納'자이다. 고대에 딸을 남에게 주는 것을 納女라 하고 남의 딸을 데려오는 것을 納이라 하였다."라고 하였는데, 王天海도 이에 동의하였다. 이에 따라 번역하였다.

125) 御 : 본디 여자가 남편의 야간 휴식을 모시는 것을 가리키는데 편의상 동침으로 풀이하였다.

126) 歸妻 : 이것은 본디 신랑이 아내를 데려온다는 뜻으로, 親迎과 같다. 그러나 여기서는 ≪詩經≫ 〈邶風 匏有苦葉〉 鄭玄의 箋에 "歸妻 使之來歸於已 謂請期也(歸妻는 여자가 자기에게 돌아오게 한다는 뜻이니, 請期를 이른다.)"라고 한 것에 따라 번역하였다.

謂發生之時合男女也요 霜降殺內는 謂閉藏[127]之時禁嗜欲[128]也라 月令在十一月이어늘 此云霜降하니 荀卿與呂氏所傳聞異也[129]라 鄭云 歸妻는 謂請期[130]也라 冰未泮은 正月中以前이라 二月可以成婚矣라하니라 故云 冰泮逆女라 殺는 所介反이라 ○ 盧文弨曰 詩陳風東門之楊의 毛傳云 言男女失時하면 不(待)〔逮〕[131]秋冬이라하고 正義에 引荀卿語하고 竝云 毛公親事荀卿이라 故亦以秋冬爲婚期라하며 家語所說亦同이라 匏有苦葉所云迨冰未泮과 周官媒氏의 仲春會男女 皆是라 要其終컨대 言不過是耳라 楊注非라 十日一御는 君子之謹游於房也니 不必連冰泮言이라 郝懿行曰 東門之楊의 傳에 男女失時하면 不逮秋冬이라하고 正義에 引荀卿書云 霜降逆女하고 冰泮殺止라하니 霜降은 九月也요 冰泮은 二月也라 荀卿之意는 自九月至於正月히 於禮皆可爲昏이라 荀在焚書之前하니 必當有所憑據하고 毛公親事荀卿이라 故亦以爲秋冬이라 家語云 羣生閉藏(爲)〔乎〕[132]陰[133]하여 而爲化育之始라 故聖人以合男女하여 窮天數也라 霜降而婦功成하니 嫁娶者行焉하고 冰泮而農桑起하니 昏禮殺於此라하니라 又引董仲舒云 聖人以男女陰陽은 其道同類라 觀天道에 嚮秋冬而陰氣來하고 嚮春夏而陰氣去라 故古人霜降始逆女하고 冰

---

127) 閉藏 : 發生과 상반되는 것으로, 닫고 감춘다는 뜻이다.

128) 嗜欲 : 嗜慾과 같다. 기호와 욕망이라는 뜻인데, 일반적으로 신체의 감각기관을 통해 느끼고 누리기를 탐하는 욕망을 가리킨다.

129) 月令在十一月……荀卿與呂氏所傳聞異也 : 〈月令〉은 ≪禮記≫ 편명으로, ≪呂氏春秋≫의 12월에 관한 기록을 뽑아 모아놓은 것이다. 呂氏는 ≪呂氏春秋≫를 편집한 呂不韋를 말한다. 霜降은 서리가 내린다는 9월인데, 楊倞이 '霜降殺內'의 뜻을 "천지가 閉藏할 때 嗜欲을 금하는 것을 이른다."라고 풀이해놓고 이것은 ≪禮記≫ 〈月令〉의 내용과 다르다고 하는 말이다. ≪禮記≫ 〈月令〉에 "11월에……歌舞와 女色을 멀리하고 耆欲을 금하며……감옥을 수축한다. 이것은 천지의 閉藏을 돕는 것이다.〔仲冬之月……去聲色 禁耆欲……築囹圄 此以助天地之閉藏也〕"라고 하였다.

130) 請期 : 혼례에서 행하는 六禮의 하나로, 신랑 집에서 신부 집으로 예물을 보낸 뒤에 혼인날을 택하여 그 가부를 묻는 편지를 신부 집에 보내는 의식이다.

131) (待)〔逮〕 : 저본에는 '待'로 되어 있으나, ≪詩經≫ 〈陳風 東門之楊〉의 〈毛傳〉에 의거하여 '逮'로 바로잡았다.

132) (爲)〔乎〕 : 저본에는 '爲'로 되어 있으나, ≪孔子家語≫에 의거하여 '乎'로 바로잡았다.

133) 陰 : 겨울을 뜻한다.

泮而殺止하여 與陰俱近而陽遠也[134)]라하니라 孔疏는 發明毛義하되 與荀卿之說合이라 楊注偶未省照하여 乃云 此誤而改其文하니 謬矣라 十日一御는 節於內也라 今禮言五日御[135)]어늘 此言十者는 或古文五如側十之形하여 因轉寫致誤歟①아 王引之曰 此文本作霜降逆女하고 冰泮殺止하니 謂霜降始逆女하고 至冰泮而殺止也라 召南摽有梅及陳風東門之楊正義에 兩引此文하되 皆作冰泮殺止하고 周官媒氏疏에 載王肅論이어늘 引此文及韓詩傳하되 亦皆作冰泮殺止하고 又春秋繁露循天之道篇亦云 古之人은 霜降而逆女하고 冰泮而殺止②라하니라 自楊所見本殺下始脫止字하여 而楊遂以殺內二字連讀하니 誤矣라 冰泮殺止는 指嫁娶而言이니 內字下屬爲句라 內十日一御는 別是一事니 非承冰泮而言이라

① 五는 古文作㐅라
'五'는 고대 글자에 '㐅'로 되어 있다.

② 東門之楊正義所引如是어늘 今本作殺內하니 乃後人依誤本荀子改之라
≪詩經≫ 〈陳風 東門之楊〉의 ≪毛詩正義≫에 인용된 것도 이와 같은데 지금 판본에는 '殺內'로 되어 있으니, 이는 후세 사람이 잘못된 판본인 ≪荀子≫에 따라 고친 것이다.

楊倞注 : 이것은 아마도 잘못된 글일 것이니, 마땅히 '冰泮逆女 霜降殺內(얼음이 풀리면 아내를 맞이하고 서리가 내리면 아내와 잠자리를 줄인다.)'로 되어야 한다. 그러므로 ≪詩經≫ 〈邶風 匏有苦葉〉에 "士如歸妻 迨冰未泮(남자가 혼인날을 잡으려거든 얼음이 녹기 전에 해야 한다네.)"이라고 하였다. 殺는 줄인다는 뜻이다. 內는 妻妾이 잠자리를 모시는 것을 이른다. 十日一御는 곧 아내와의 잠자리를 줄인다는 뜻이다. 冰泮逆女는 만물이 생동할 때 남녀가 합하는 것을 이르고, 霜降殺內는 천지가 閉藏할 때 嗜欲을 금하는 것을 이른다. 〈천지가 閉藏할 때 嗜欲을 금하는 것은〉 ≪禮記≫ 〈月令〉에는 11월에 있는 일인데 여기서는 '霜降'을 말하고 있으니, 荀卿과 呂氏가 전해들은 바가 서로 다

---

134) 又引董仲舒云……與陰俱近而陽遠也 : ≪春秋繁露≫ 〈循天之道〉에 보이는 내용을 축약하여 인용한 것이다.

135) 今禮言五日御 : ≪禮記≫ 〈內則〉에 "夫婦의 禮는 70세에 이르러서야 혐의를 피하지 않고 동침할 수 있는 것이니, 〈70세 이전에는 妾과 순번대로 돌아가면서 밤을 모신다.〉 그러므로 첩은 비록 늙었더라도 아직 50세가 되지 않았다면 반드시 5일에 한 번씩 밤을 모신다.〔夫婦之禮 唯及七十 同藏無間 故妾雖老 年未滿五十 必與五日之御〕"라고 하였다.

르다. 鄭玄이 "歸妻는 請期를 이른다. 얼음이 풀리지 않은 때는 정월 중순 이전이다. 2월에는 혼인할 수 있다."라고 하였다. 그러므로 '冰泮逆女(얼음이 풀리면 아내를 맞이한다.)'라고 말한 것이다. 殺는 〈음이〉 所와 介의 反切이다.

○ 盧文弨 : ≪詩經≫ 〈陳風 東門之楊〉의 〈毛傳〉에 "남녀가 혼기를 놓치면 가을겨울이 되지 않아도 〈혼인할 수〉 있다는 말이다."라 하고 ≪毛詩正義≫에 荀卿의 말을 인용하고 아울러 "毛公은 荀卿을 직접 섬겼기 때문에 그 역시 가을과 겨울을 婚期로 여겼다."라고 하였으며, ≪孔子家語≫에 말한 것도 이와 같다. ≪詩經≫ 〈邶風 匏有苦葉〉에 말한 "迨冰未泮(얼음이 녹기 전에 해야 한다네.)"과 ≪周禮≫ 〈媒氏〉의 "仲春會男女(仲春에 남녀를 서로 만나게 한다.)"가 모두 이것(가을과 겨울이 혼기라는 것)에 관해 하는 말이다. 그 결론을 돌아보면 말이 이 뜻을 벗어나지 않는다. 楊氏의 주는 틀렸다. 十日一御는 君子가 閨房에서 즐기는 것을 삼간다는 뜻이니, '冰泮'과 연관 지어 말할 필요는 없다.

郝懿行 : ≪詩經≫ 〈陳風 東門之楊〉의 〈毛傳≫에 "남녀가 혼기를 놓치면 가을겨울이 되지 않아도 〈혼인할 수〉 있다."라 하였고, ≪毛詩正義≫에 ≪荀子≫를 인용하여 "≪荀子≫에 '霜降逆女 冰泮殺止(서리가 내리면 아내를 맞이하고 얼음이 풀리면 혼례를 줄이고 멈춘다.)'라고 하였다. 서리가 내리는 때는 9월이고, 얼음이 녹는 시기는 2월이다. 荀卿의 뜻은 9월부터 正月까지 예법에 모두 혼인할 수 있다는 것이다. 荀卿은 〈秦始皇 때〉 책을 불살라버리기 이전에 있었으니 반드시 근거로 삼은 것이 있었을 것이고, 毛公은 직접 荀卿을 섬겼으므로 그 또한 〈혼인 시기를〉 가을과 겨울로 여긴 것이다. ≪孔子家語≫ 〈本命解〉에 '뭇 생명은 陰에 閉藏함으로써 생성하고 발육하는 일이 시작된다. 그러므로 聖人이 이때에 남녀의 짝을 맺어주어 하늘의 運數를 다한 것이다. 서리가 내리면 여자가 하는 집안일이 마무리되니 시집가고 장가드는 일이 거행되고, 얼음이 풀리면 농사일과 길쌈이 시작되니 이때에 혼례를 줄이는 것이다.'라 했다."라고 하였다. 또 董仲舒의 말을 인용하여 "聖人이 男女와 陰陽은 그 이치가 같다고 생각하였다. 天道를 살펴볼 때 가을겨울이 가까워지면 陰氣가 닥쳐오고 봄여름이 가까워지면 음기가 물러간다. 그러므로 옛사람이 서리가 내리면 비로소 아내를 맞이하고 얼음이 풀리면 혼례를 줄이고 멈추어 陰과 함께 가까워지고 陽과는 멀어졌던 것이다."라고 하였다. 孔穎達의 疏는 毛氏의 뜻을 드러내 밝혔는데 荀卿의 설과 부합되었다. 楊氏의 주는 어쩌다가 〈이와 같은 내용을〉 살펴보지 못해 이것은 잘못된 글일 것이라고 하면서 그 글을 고쳤으니 오류를 범한 것이다. 十日一御는 아내와의 동침을 절제하는 것이다. 지금의 ≪禮記≫ 〈內則〉에는 '五日御'라고 되어 있는데 여기서 '十'

이라고 한 것은 어쩌면 古文의 '五'자가 기울어진 '十'자(乄)의 모양 같아서 옮겨 베낄 때 잘못된 것은 아닌지 모르겠다.

王引之 : 이 글은 본디 '霜降逆女 冰泮殺止'로 되어 있었을 것이니, 서리가 내리면 비로소 아내를 맞이하고 얼음이 풀릴 때에 이르러 줄이고 멈추는 것을 이른다. ≪毛詩正義≫에 〈召南 摽有梅〉와 〈陳風 東門之楊〉 두 곳에서 이 글을 인용하였는데 모두 '冰泮殺止'로 되어 있고, ≪周禮≫ 〈媒氏〉의 疏에 실린 王肅의 論에 이 글과 ≪韓詩傳≫을 인용하였는데 역시 모두 '冰泮殺止'로 되어 있다. 또 ≪春秋繁露≫ 〈循天之道〉 편에도 "古之人 霜降而逆女 冰泮而殺止(옛사람은 서리가 내리면 아내를 맞이하고 얼음이 풀리면 혼례를 줄이고 그친다.)"라고 하였다. 楊氏가 본 판본부터 이미 '殺'자 아래에 '止'자가 누락되어 있어서 楊氏가 마침내 '殺內' 두 글자를 붙여서 읽었으니, 잘못된 것이다. '冰泮殺止'는 시집가고 장가드는 것을 가리켜 말한 것이니, '內'자는 아래로 붙여 句가 되어야 한다. 內十日一御는 별도의 다른 일이니, '冰泮'을 이어받아 말하는 것은 아니다.

## 27-84 坐視膝하고 立視足하며 應對言語視面이라

〈자식이 아버지와〉 앉아 있을 때는 그 무릎을 주시하고 서 있을 때는 그 발을 주시하며 말을 주고받을 때는 그 얼굴을 주시하여야 한다.

**儀禮士相見云 子視父則游目하되 無上於面하고 無下於帶하며 若不言엔 立則視足하고 坐則視膝이라하며 鄭云 不言엔 則伺其行起而已라하니라**

楊倞注 : ≪儀禮≫ 〈士相見禮〉에 "자식이 아버지를 볼 때는 시야를 넓혀 〈주위를 살피되〉 시선이 위로는 얼굴까지 미치지 말고 아래로는 허리띠 밑으로 내려가지 말아야 한다. 만약 〈아버지가〉 말씀이 없을 때는 서서는 〈아버지의〉 발을 주시하고 앉아서는 〈아버지의〉 무릎을 주시하여야 한다."라고 하였으며, 鄭玄은 "〈아버지가〉 말씀이 없을 때는 〈서 계시면〉 걸어가는가, 〈앉아 계시면〉 일어나는가를 살펴볼 뿐이다."라고 하였다.

## 27-85 立視前六尺而大之라도 六六三十六 三丈六尺이라

〈신하가 군주와〉 서 있을 때 그의 면전 6尺 지점에서 그를 주시하고 그 거리

를 넓히더라도 6尺의 6배인 36尺, 곧 3丈 6尺의 〈범위 안에서 그를 주시하여야 한다.〉

蓋臣於君前視也라 近視六尺하고 自此而廣之하여 雖遠視라도 不過三丈六尺이라 曲禮曰 立視五巂(휴)[136]라하니 彼在車上이라 故與此不同也라 ○ 王引之曰 大之는 當爲六之라 言以六尺而六之하면 則爲三丈六尺也라 楊以廣釋大하니 則所見本已誤라

楊倞注 : 아마도 신하가 군주 앞에서 시선을 두는 것에 관한 것이다. 가까이는 전방 6尺 지점에서 그를 주시하고 거기서부터 거리를 넓혀 아무리 멀더라도 3丈 6尺을 넘어가지 않는다. ≪禮記≫ 〈曲禮〉에 "立視五巂(서서 있을 때는 5巂 앞을 주시한다.)"라고 하였는데 그것은 수레 위에 있는 경우이므로 여기와는 다르다.

○ 王引之 : '大之'는 마땅히 '六之'로 되어야 한다. 6尺을 여섯 번 곱하면 3丈 6尺이 된다는 말이다. 楊倞은 '大'를 '廣(넓히다)'으로 풀이하였으니, 그가 본 판본이 이미 잘못되었을 것이다.

27-86 文貌情用은 相爲內外表裏하니

예절 형식과 감정 작용은 서로 內外와 表裏의 관계가 되니,

文은 謂禮物이요 貌는 謂威儀라 情은 謂中誠이요 用은 謂語言이라 質文相成하고 不可偏用也라 ○ 王念孫曰 文貌在外하고 情用在內라 故曰 相爲內外表裏라 禮論篇曰 文理繁하고 情用省(생)은 是禮之隆也요 文理省하고 情用繁은 是禮之殺也요 文理情用이 相爲內外表裏하여 竝行而雜은 是禮之中流也라하니 彼言文理는 猶此言文貌라 楊彼注云 文理는 謂威儀요 情用은 謂忠誠이라하니 是也라 此注失之라 先謙案 王謂文貌猶文理라하니 是也라 禮論篇文理를 史記竝引作文貌하니 是其證이라

楊倞注 : 文은 禮物을 이르고, 貌는 威儀를 이른다. 情은 마음의 정성을 이르고, 用은 언어를 이른다. 실상의 바탕과 겉으로 드러난 모양이 서로 도와 일을 이루어야 하

136) 五巂(휴) : 수레바퀴가 한 바퀴를 구른 길이가 1巂인데, 1巂는 3.5步이므로 16.5步이다. 1步는 5尺이고 1尺은 周尺으로 6치 6푼, 곧 23.1cm이다.

고 어느 한쪽만 치중해서는 안 된다는 것이다.

○ 王念孫 : 예절 형식은 밖에 있고 감정 작용은 안에 있기 때문에 서로 內外와 表裏의 관계가 된다고 말한 것이다. 〈禮論篇〉(19-76, 78)에 "예절 형식〔文理〕이 번잡하고 감정 표현〔情用〕이 간략한 것은 禮가 성대한 상태이고, 예절 형식이 간략하고 감정 표현이 번잡한 것은 禮가 간소한 상태이고, 예절 형식과 감정 표현이 서로 內外와 表裏 관계가 되고 나란히 운행하여 뒤섞이는 것은 禮의 中道(올바른 도)이다."라고 하였으니, 저쪽(〈禮論篇〉)에서 말한 '文理'는 여기서 말한 '文貌'와 같다. 楊氏의 저쪽(〈禮論篇〉) 주에 "文理 謂威儀 情用 謂忠誠(文理는 威儀를 이르고, 情用은 忠誠을 이른다.)"이라고 한 것이 옳다. 이곳의 〈楊氏〉 주는 잘못되었다.

先謙案 : 王氏가 "文貌는 文理와 같다."라고 이른 것이 옳다. 〈禮論篇〉의 '文理'를 ≪史記≫ 〈禮書〉에서 모두 '文貌'로 인용하고 있으니, 이것이 그 증거이다.

## 27-87 禮之中焉이라 能思索을 謂之能慮라

이것이 禮의 中道(올바른 도)이다. 〈中道를〉 잘 사색하는 것을 잘 생각한다〔能慮〕고 이른다.

## 27-88 禮者는 本末相順하며 終始[137]相應이라

禮란 근본 원칙과 세부 내용이 서로 조화를 이루며, 끝내고 시작하는 것이 서로 호응하는 것이다.

## 27-89 禮者는 以財物爲用하고 以貴賤爲文하고 以多少爲異라

禮란 재물을 도구로 삼고, 貴賤을 예절 형식으로 삼고, 〈누리는 물질이〉 많거나 적은 것을 〈신분 등급의〉 차이로 삼는 것이다.

竝解於禮論篇이라

楊倞注 : 모두 〈禮論篇〉(19-72, 73. 74)에서 풀이하였다.

---

137) 終始 : 끝내고 시작한다는 뜻으로, 사람이 삶을 마무리 짓는 의식과 삶을 시작하는 의식을 말한다.

## 27-90 下臣事君以貨하고 中臣事君以身하고 上臣事君以人이라

하등의 신하는 재물로 군주를 섬기고, 중등의 신하는 몸(목숨)으로 군주를 섬기고, 상등의 신하는 인재를 〈천거하는〉 것으로 군주를 섬긴다.

貨는 謂聚斂及珍異獻君이라 身은 謂死衛社稷이라 人은 謂擧賢也라

楊倞注 : 貨는 재물을 긁어모으며 진귀하고 기이한 물건을 군주에게 바치는 것을 이른다. 身은 죽음으로써 社稷을 지키기 것을 이른다. 人은 현명한 사람을 천거하는 것을 이른다.

## 27-91 易曰 復自道니 何其咎리오하니라

≪周易≫에 "〈잘못이 있더라도〉 돌아와 正道를 따르는 것이니, 어찌 허물이 되겠는가."라고 하였다.

易은 小畜卦初九之辭라 復은 返也라 自는 從也라 本雖有失이라도 返而從道면 何其咎過也리오

楊倞注 : ≪周易≫은 小畜卦 初九의 爻辭이다. 復은 돌아온다는 뜻이다. 自는 따른다는 뜻이다. 본디 비록 잘못이 있더라도 돌아와 正道를 따른다면 어찌 그것이 허물이 되겠는가.

## 27-92 春秋賢穆公은 以爲能變也라

≪春秋≫에서 秦 穆公을 현명한 군주로 여긴 것은 그가 능히 변화했다고 여겼기 때문이다.

公羊傳曰 秦伯使遂來聘[138]하다 遂者何오 秦大夫也[139]라 秦無大夫어늘 此何以

138) 秦伯使遂來聘 : ≪春秋≫ 文公 12년(B.C. 615)의 經文이다. 秦伯이 遂를 파견하여 魯나라를 방문하였다는 뜻이다. 秦伯은 秦 穆公이고, 遂는 秦 穆公의 신하 西乞術로 上大夫 蹇叔의 아들이다. B.C. 627년에 秦 穆公이 蹇叔과 百里奚의 권고를 받아들이지 않고 孟明視·西乞術·白乙丙에게 군사를 거느리고 鄭나라를 공격하게 하였으며 다음해에는 晉나라의 습격을 받아 崤山과 函谷關에서 패배하였다. 그 뒤에 잘못을 뉘우치고 생각을 바

**書**오 **賢穆公也**라 **何賢乎穆公**고 **以爲能變也**라하니라 **謂前不用蹇叔百里之言**하여 **敗於殽函**이라가 **而自變悔**하여 **作秦誓**[140]하고 **詢玆黃髮是也**라

楊倞注：≪春秋公羊傳≫에 "秦伯이 遂를 파견하여 〈魯나라를〉 방문하였다. 遂는 누구인가? 秦나라 大夫이다. 秦나라에는 大夫가 없는데 여기에 무엇 때문에 〈大夫로〉 기록했는가? 秦 穆公을 현명한 군주로 여겼기 때문이다. 무엇 때문에 秦 穆公을 현명한 군주로 여겼는가? 능히 변화했다고 여겼기 때문이다."라고 하였다. 〈이것은 秦穆公이〉 전에 蹇叔과 百里奚의 말을 듣지 않아 崤山과 函谷關에서 패배하였다가 스스로 잘못을 뉘우치고 변화하여 〈秦誓〉를 짓고 〈무슨 일이 있으면〉 나이 많은 사람에게 의견을 물어본 것을 이른다.

27-93 **士有妒友**면 **則賢交不親**하고 **君有妒臣**이면 **則賢人不至**라 **蔽公者謂之昧**요 **隱良者謂之妒**요

선비에게 질투하는 벗이 있다면 현명한 벗과 친밀하지 않고, 군주에게 질투하는 신하가 있다면 賢人이 이르지 않는다. 공정한 도를 은폐하는 것을 우매하다 이르고, 賢良한 사람을 은폐하는 것을 질투한다 이르고,

**掩蔽公道**를 **謂之暗昧**라

楊倞注：공정한 도를 가려 숨기는 것을 우매하다 이른다.

---

꿔 국정을 원로대신들과 상의하여 처리하고 세력을 확장함으로써 서부의 제후국을 통솔하는 霸者가 되었다.(≪春秋左氏傳≫ 僖公 33년, 文公 12년)

139) 遂者何 秦大夫也：≪春秋≫의 經文에서 제후국끼리 사신을 보내 방문하는 사실을 기록할 때 그 사신의 신분이 大夫임을 인정하는 경우에만 '來聘'이라는 용어를 쓰는데, 이 經文이 '來聘'으로 되어 있는 것으로 보아 遂는 秦나라 大夫라는 것이다. 이전에는 秦나라가 사신을 보내 오더라도 '來聘'이라 쓰지 않았으므로 아랫구에 "秦無大夫(秦나라에는 大夫가 없다.)"라고 한 것으로 보인다.

140) 秦誓：≪尙書≫의 篇名으로, ≪今文尙書≫ 28편 가운데 하나이다. 秦나라 군대가 崤山과 函谷關에서 晉나라에 패배한 뒤에 秦 穆公이 자기 잘못을 뉘우치고 복수의 각오를 새롭게 다지는 뜻으로 지은 것이다.

27-94 奉妒昧者謂之交譎이라

질투하고 우매한 자를 받드는 것을 교활하다 이른다.

交通於譎詐之人하여 相成爲惡也라 ○ 兪樾曰 交는 讀爲狡라 禮記樂記篇에 血氣狡憤[141]이라하여늘 釋文曰 狡는 本作交라하니 是交狡古通用이라 狡與譎同義라 下文曰 交譎之人과 妒昧之臣이라하니 是交譎與妒昧皆兩字平列이라 楊注曰 交通於譎詐之人이라하니 失之矣라

楊倞注 : 〈交譎은〉 교활한 사람과 왕래하여 서로 도와 악한 짓을 행하는 것이다.

○ 兪樾 : 交는 '狡(교활하다)'로 읽어야 한다. ≪禮記≫ 〈樂記篇〉에 "血氣狡憤(血氣가 교활하고 분노하면)"이라 하였고 ≪經典釋文≫ 〈禮記〉에 "狡는 본디 '交'로 되어 있다."라고 하였으니, 이로 볼 때 '交'와 '狡'는 고대에 통용하였다. '狡'와 '譎'은 같은 뜻이다. 아랫글에 "交譎之人 妒昧之臣(교활하고 간사한 사람과 질투하고 우매한 신하)"이라 하였으니, 이는 '交譎'과 '妒昧'가 모두 두 글자가 대등하게 나열된 것이다. 楊氏의 주에 "交通於譎詐之人(교활한 사람과 왕래하여)"이라고 한 것은 잘못된 것이다.

27-95 交譎之人과 妒昧之臣은 國之薉孽也라

교활하고 간사한 사람과 질투하고 우매한 신하는 국가의 오물이며 요물이다.

薉는 與穢同하고 孽은 妖孽이라 言終爲國之災害也라

楊倞注 : 薉는 '穢'와 같고, 孽은 요물이라는 뜻이다. 〈國之薉孽也는〉 마침내 국가의 재해가 된다는 말이다.

27-96 口能言之[142]하고 身能行之는 國寶也요 口不能言이나 身能行之는 國器

141) 禮記樂記篇 血氣狡憤 : ≪禮記≫ 〈樂記〉에 "粗厲猛起 奮末廣賁之音作 而民剛毅(거칠고 호방하고 사납고 격앙되고 분노하는 음악이 출현할 때는 사람들의 강하고 굳센 〈감정이 드러난 것이다.〉)"라고 한 곳의 鄭玄의 주에 '賁'을 '憤'으로 읽어야 한다고 하면서 "≪春秋左氏傳≫에 '血氣狡憤'이라 하였다."라고 하였다. 이 문구가 인용된 ≪춘추좌씨전≫ 僖公 15년에는 '血'이 '亂'으로 되어 있다.

142) 之 : 張覺은 '禮'를 기리키는 말이라고 하였다.

也요

입으로 말을 잘하고 몸으로도 잘 행하는 사람은 국가의 보배이고, 입으로는 말을 잘하지 못하지만 몸으로 잘 행하는 사람은 국가의 그릇이고,

如器物[143)]雖不言而有行也라

楊倞注 :〈國器의 器는〉 器物이 비록 말은 없더라도 제 기능을 행하는 것과 같은 것이다.

27-97 口能言之나 身不能行은 國用也요

입으로 말을 잘하지만 몸으로는 잘 행하지 못하는 사람은 국가의 쓸모 있는 재목이고,

國賴其言而用也라

楊倞注 :〈國用은〉 국가가 그의 말로 인해 운용된다는 뜻이다.

27-98 口言善하고 身行惡은 國妖也라 治國者는 敬其寶하고 愛其器하며 任其用하고 除其妖라

입으로는 善을 말하고 몸으로는 惡을 행하는 사람은 국가의 요물이다. 국가를 다스리는 사람은 그 보배를 존경하고 그 그릇을 애호하며 그 쓸모 있는 재목을 사용하고 그 요물을 제거해야 한다.

27-99 不富無以養民情하고

〈백성을〉 부유하게 해주지 않으면 백성들의 감정을 기를 수 없고

衣食足이라야 知榮辱이라

楊倞注 : 먹고 입는 것이 풍족해야 영예와 치욕을 아는 법이다.

---

143) 器物 : 살림살이에 쓰이는 그릇이라는 뜻이다.

27-100 **不敎無以理民性**이라

〈백성을〉 가르치지 않으면 백성들의 본성을 다스릴 수 없다.

人性惡故須敎라

楊倞注 : 사람의 본성은 악하기 때문에 가르치는 일이 필요하다.

27-101 **故[144)]家五畝宅**과 **百畝田**하여 **務其業而勿奪其時**니 **所以富之也**요

가구마다 5畝의 택지와 100畝의 밭을 〈배정하여〉 그 농사일에 힘쓰게 하되 그들이 일하는 시기를 빼앗지 말아야 하니 이것이 그들을 부유하게 해주는 방법이고,

宅은 居處也라 百畝는 一夫田也라 務는 謂勸勉之라 孟子曰 五畝之宅에 樹之以桑이면 五十者可以衣帛矣요 百畝之田을 無失其時면 八口之家可以無飢矣라하니라

楊倞注 : 宅은 머물러 사는 곳이다. 百畝는 한 장정에게 〈배정된〉 밭이다. 務는 권하고 격려하여 힘쓰게 하는 것을 이른다. ≪孟子≫ 〈梁惠王 上〉에 "5畝의 집에 뽕나무를 심으면 나이 오십 세가 된 사람이 비단옷을 입을 수 있고 100畝의 밭을 농사짓는 시기를 잃지 않는다면 여덟 식구의 집이 굶주리는 일이 없을 것이다."라고 하였다.

27-102 **立大**(태)**學[145)]**하고 **設庠序[146)]**하여 **脩六禮**하고 **明(十)〔七〕[147)]敎**니 **所以道[148)]之也**라 **詩曰 飮之食之**하며 **敎之誨之**오하니라 **王事具矣**라

太學을 세우고 庠序를 개설하여 六禮를 닦게 하고 七敎를 밝혀야 하니 이것이

---

144) 故 : 發語詞로, '夫'와 같다.

145) 大(태)學 : 太學과 같다. 도성에 설립한 국가의 최고 교육기관이다. 國學이라고도 한다.

146) 庠序 : 지방의 학교이다. 商나라 때는 '序'라 하고, 周나라 때는 '庠'이라 하였다.

147) (十)〔七〕 : 저본에는 '十'으로 되어 있으나, 楊倞의 後注와 王念孫의 주에 의거하여 '七'로 바로잡았다.

148) 道 : 導와 같다.

그들을 인도하는 방법이다. ≪詩經≫ 〈小雅 緜蠻〉에 "누가 나를 마시고 먹게 해주며, 누가 또 가르치고 일깨워줄까."라고 하였다. 〈이렇게 되면〉 王者로서의 사업이 완전히 갖춰진 것이다.

禮記曰 六禮는 冠昏[149]喪祭鄕相見이라하니라 十教는 卽十義也라 禮記曰 父慈子孝하며 兄良弟悌하며 夫義婦聽하며 長惠幼順하며 君仁臣忠이니 十者를 謂之人義라하니라 道는 謂教道之也라 十或爲七也라 ○ 王念孫曰 王制曰 司徒脩六禮以節民性하고 明七教以興民德이라하니라 六禮는 冠昏喪祭鄕相見이라 七教는 父子兄弟夫婦君臣長幼朋友賓客이니 則作七教者是也라 凡經傳中七十二字는 互誤者多矣라 楊前注에 以禮運之十義爲十教하니 失之라

楊倞注 : ≪禮記≫ 〈王制〉에 "六禮는 冠禮・婚禮・喪禮・祭禮・鄕飮酒禮・相見禮이다."라고 하였다. 十教는 곧 十義(열 가지 도리)이다. ≪禮記≫ 〈禮運〉에 "아버지는 자애하고 자식은 효도하며, 형은 우애하고 아우는 공손하며, 남편은 의리를 지키고 아내는 뜻을 따르며, 나이 많은 자는 은혜를 베풀고 나이 어린 자는 순응하며, 군주는 인자하고 신하는 충성하는 것이니, 이 열 가지를 사람의 도리라 이른다."라고 하였다. 道는 가르치고 인도하는 것을 이른다. 〈옛 문헌에〉 '十'은 간혹 '七'로 되어 있기도 하다.

○ 王念孫 : ≪禮記≫ 〈王制〉에 "司徒는 六禮를 닦아 백성의 性情을 절제하고, 七教를 밝혀 백성의 도덕을 제고시키는 일을 관장한다."라고 하였다. 六禮는 冠禮・婚禮・喪禮・祭禮・鄕飮酒禮・相見禮이다. 七教는 父子와 兄弟와 夫婦와 君臣과 長幼와 朋友와 賓客에 〈관한 윤리교육이니,〉 '七教'로 되어 있는 것이 옳다. 일반적으로 經傳 속에 '七'과 '十' 두 자는 서로 잘못된 경우가 많다. 楊氏의 앞 주에 ≪禮記≫ 〈禮運〉의 十義를 十教라고 하였으니, 잘못되었다.

27-103 武王始入殷[150]하여 表商容之閭하고 釋箕子之囚하며 哭比干之墓하니 天下鄕[151]善矣라

149) 昏 : '婚'과 통용한다.

150) 殷 : 商나라의 도성으로, 지금의 河南 安陽縣 小屯村에 있었다.

151) 鄕 : 向과 같다.

周 武王이 처음 殷나라로 진입하여 商容이 거주했던 마을 입구에 〈旌門을 세워 그의 공덕을〉 표창하고 箕子의 구속을 풀어주며 比干의 무덤에서 통곡을 하니, 온 천하가 선한 방향으로 향하게 되었다.

表는 築旌之라 言武王好善하여 天下鄕之라 孔安國曰 商容은 殷之賢人이니 紂所貶退也[152]라하니라

楊倞注 : 表는 〈臺를〉 쌓아 표창하는 것이다. 武王이 선을 좋아하여 천하가 그 방향으로 향했다는 말이다. 孔安國이 "商容은 殷의 賢人이니, 紂王에게 퇴출당했다."라고 하였다.

## 27-104 天下國有俊士하고 世有賢人이라

천하의 국가마다 재주가 뛰어난 인물이 있고 시대마다 賢能한 사람이 있다.

天下之國皆有俊士하고 每世皆有賢人이라

楊倞注 : 천하의 국가에는 모두 재주가 뛰어난 인물이 있고 시대마다 모두 賢能한 사람이 있다는 것이다.

## 27-105 迷者不問路하고 溺者不問遂며 亡人好獨[153]이라

길을 헤매는 자는 길을 묻지 않았기 때문이고, 물에 빠진 자는 물을 건널 방법을 묻지 않았기 때문이며, 국가를 멸망시킨 군주는 獨善을 좋아했기 때문이다.

以喩雖有賢俊이라도 不能用也라 所以迷는 由於不問路하고 溺은 由於不問遂며 亡은 由於好獨이라 遂는 謂徑隧니 水中可涉之徑也라 獨은 謂自用其計라 ○ 洪頤煊曰 遂는 當作墜라 晏子春秋內篇雜上엔 作溺者不問墜라 郝懿行曰 墜는 當作隊라 隊墜는 古今字라 先謙案 詩載馳篇에 大夫跋涉이라하여늘 釋文에 引韓詩曰 不由蹊遂

152) 孔安國曰……紂所貶退也 : ≪尙書正義≫ 〈周書 武成〉의 "釋箕子囚 封比干墓 式商容閭(구금되어 있던 箕子를 석방하고, 比干의 무덤을 고쳐 쌓고, 商容이 살던 마을 문을 세웠다.)"에 대한 孔安國의 傳에 보인다.

153) 獨 : 獨善의 줄임말로, 자기 혼자만이 옳다고 믿고 행동한다는 뜻이다.

釋囚禮直圖

而涉曰跋涉이라하고 淮南脩務訓高注에 不從蹊遂曰跋涉이라하니 二遂字與此義同이라 晏子作隧는 乃誤文이라 洪據以爲說하니 非라

楊倞注 : 이것으로 비록 才德이 출중한 사람이 있더라도 등용하지 못하는 것을 비유하였다. 길을 헤매는 것은 길을 묻지 않았기 때문이고, 물에 빠진 것은 물을 건널 방법을 묻지 않았기 때문이며, 국가를 멸망시킨 것은 獨善을 좋아했기 때문이다. 遂는 길을 이르니, 물속의 건너갈 수 있는 길이다. 獨은 자기의 계책을 독자적으로 사용하는 것을 이른다.

○ 洪頤煊 : '遂'는 마땅히 '隧'로 되어야 한다. ≪晏子春秋≫ 〈內篇 雜上〉에는 '溺者不問隧(물에 빠진 사람은 〈물을 건너갈〉 길을 묻지 않았기 때문이다.)'로 되어 있다.

郝懿行 : '隧'는 마땅히 '隊'로 되어야 한다. '隊'와 '隧'는 古今의 시대에 따라 달리 쓰이는 글사이다.

先謙案 : ≪詩經≫ 〈鄘風 載馳篇〉에 "大夫跋涉(大夫들이 산 넘고 물을 건너와)"이라 하였는데, ≪經典釋文≫에 ≪韓詩外傳≫을 인용하여 "不由蹊遂而涉曰跋涉(물속의 길을 경유하지 않고 건너는 것을 跋涉이라 한다.)"이라 하고, ≪淮南子≫ 〈脩務訓〉의 高誘 주에 "不從蹊遂曰跋涉(물속의 길을 통하지 않는 것을 跋涉이라 한다.)"이라 하였으니, 그 두 '遂'와 이곳의 〈'遂'자는〉 뜻이 같다. ≪晏子春秋≫에 '隧'로 되어 있는 것은 곧 잘못된 글자이다. 洪氏는 이것을 근거로 말했으니, 틀렸다.

27-106 詩曰 我言維服이니 勿用爲笑하라 先民有言하되 詢於芻蕘라하니 言博問也라

≪詩經≫에 "나의 말은 지금의 급한 일이니, 우스갯소리로 여기지 말라. 옛사람이 일찍이 말씀하시되, 나무꾼에게도 물으라 했네."라고 하였으니, 이는 널리 물어보라는 말이다.

詩는 大雅板之篇이라 毛云 芻蕘는 薪者也라하고 鄭云 服은 事也라 我之所言은 乃今之急事니 汝無笑也라하니라

楊倞注 : ≪詩經≫은 〈大雅 板〉편이다. 〈毛傳〉에는 "芻蕘는 나무하는 사람이다."라 하고, 鄭玄의 箋에는 "服은 일이라는 뜻이다. 내가 하는 말은 곧 지금의 급한 일이니, 너는 웃어넘기지 말라는 말이다."라고 하였다.

## 27-107 有法者以法行하고 無法者以類擧라

〈근거할 만한〉 법률이 있는 경우에는 법률에 비추어 처리하고, 〈근거할 만한〉 법률이 없는 경우에는 유추할 만한 원칙에 비추어 처리하는 것이다.

皆類於法而擧之也라 ○ 郝懿行曰 類는 猶比也니 古謂之決事라 比는 今之所謂例也라 下云 慶賞刑罰通類[154]도 亦然이라 楊注未明晰하고 盧分段竝非라 二句又見王制篇이라 兪樾曰 古所謂類는 卽今所謂例라 史記屈原賈生傳에 吾將以爲類[155]의 正義曰 類는 例也라하니라

楊倞注 : 모두 법률로 유추하여 처리한다는 것이다.

○ 郝懿行 : 類는 '比'와 같으니, 옛날에는 이것을 決事(공무 처리)라 하였다. 比는 지금의 이른바 관례이다. 아랫글(27-109)에 말한 "慶賞刑罰通類(각종 포상과 형벌은 유추하는 원리에 매우 밝아야 한다.)" 또한 그렇다. 楊氏의 주는 분명치 못하고, 盧氏가 단락을 나눈 것도 모두 틀렸다. 이 두 구는 또 〈王制篇〉(9-27)에 보인다.

兪樾 : 옛날의 이른바 類는 곧 지금의 이른바 例이다. ≪史記≫ 〈屈原賈生列傳〉에 "吾將以爲類(나를 장차 법도로 삼아야 하리.)"라 한 곳의 ≪史記正義≫에 "類는 전례〔例〕라는 뜻이다."라고 하였다.

## 27-108 以其本知其末하고 以其左知其右라 凡百事異理而相守也라

〈법제의〉 근본 원칙을 근거로 그 세부 규칙을 알 수 있고, 왼쪽 분야를 근거로 그 오른쪽 분야를 알 수 있다. 대체로 각종 사물이 그 도리는 각기 다르더라도 서로 〈동일한 근본 도리를〉 지키고 있다.

其事雖異나 其守則一이라 謂若爲善不同이라도 同歸於理之類也라

楊倞注 : 그 사물은 비록 다르지만 지키는 것은 동일하다는 것이다. 선을 행하는 것

---

154) 慶賞刑罰通類 : 兪樾의 주에 따라 풀이하면 "포상과 형벌은 관례를 잘 알아야 한다."가 된다.

155) 吾將以爲類 : 屈原이 지은 〈懷沙〉의 끝구이다. 兪樾의 주에 따라 풀이하면 "나를 장차 전례로 삼아야 하리."가 된다. 여기서는 ≪楚辭補注≫의 이 구 주에 "類는 法이라는 뜻이다."라 한 것에 따라 풀이하였다.

은 같지 않더라도 동일하게 근본 도리로 돌아가는 사례와 같은 것을 이른다.

27-109 **慶賞刑罰**은 **通類而後應**하고

각종 포상과 형벌은 유추하는 원리에 매우 밝은 뒤에 상응한 처리를 할 수 있고

通明於類라야 然後百姓應之라 謂賞必賞功하고 罰必罰罪하여 不失其類라

楊倞注 : 유추하는 원리에 매우 밝은 뒤에야 백성이 그에 복종한다는 것이다. 포상은 반드시 공 있는 사람을 포상하고 처벌은 반드시 죄 있는 사람을 처벌하여 그 유추하는 원리를 잃지 않는 것을 이른다.

27-110 **政敎習俗**은 **相順而後行**이라

정치교화와 풍속습관은 서로 순응한 뒤에 비로소 실행할 수 있다.

順人心이라야 然後可行也라

楊倞注 : 민심에 순응한 뒤에야 실행할 수 있다는 것이다.

27-111 **八十者**는 **一子不事**하고 **九十者**는 **擧家不事**하고 **廢疾非人不養者**는 **一人不事**라 **父母之喪**은 **三年不事**하고 **齊衰**(자최)**大功**[156]은 **三月不事**라 **從諸侯**(不)〔**來**〕[157]어나

팔십 세가 된 자는 아들 하나의 노역이 면제되고, 구십 세가 된 자는 온 가족의 노역이 면제되고, 불구자로서 다른 사람이 아니면 몸을 보양하지 못하는 자는 한 사람의 노역이 면제된다. 부모의 상에는 삼 년 동안 노역이 면제되고, 齊衰와 大

156) 齊衰(자최)大功 : 齊衰는 五服의 하나이다. 조금 올이 굵은 생베로 짓되 아래 가를 좁게 접어서 꿰맨 상복이다. 부모상에는 3년, 조부모 상에는 1년, 증조부모 상에는 5개월, 고조부모 상에는 3개월을 입고, 妻喪에는 1년을 입는다. 여기서는 1년복을 가리킨다. 大功도 五服의 하나로, 9개월 복이다. 남자는 시집간 자매와 고모, 종형제와 시집가지 않은 종자매의 상에 입고, 여자는 남편의 조부모 및 伯叔父母와 자기 형제의 상에 입는다.

157) (不)〔來〕 : 저본에는 '不'로 되어 있으나, 楊倞의 주에 의거하여 '來'로 바로잡았다.

功의 상복을 입는 경우에는 석 달 동안 노역이 면제된다. 다른 제후국에서 옮겨왔거나

不은 當爲來니 謂從他國來어나 或君之人入采地라

楊倞注 : '不'은 마땅히 '來'로 되어야 하니, 다른 나라에서 왔거나 혹은 군주가 보낸 사람이 采邑에 들어온 것을 이른다.

## 27-112 與新有昏158)은 朞不事라

갓 혼인한 자는 일 년 동안 노역이 면제된다.

古者有喪昏皆不事하니 所以重其哀戚與嗣續也라 事는 謂力役이라

楊倞注 : 옛날에 喪事와 婚禮가 있으면 모두 노역이 면제되었으니, 그 애도하는 마음과 後嗣를 잇는 것을 중시했기 때문이다. 事는 노역을 이른다.

## 27-113 子謂子家駒續然大夫나 不如晏子159)하고

孔子가 말씀하기를 "子家駒는 강직한 大夫이나 晏子(晏嬰)보다 못하고,

子는 孔子라 謂는 言也라 子家駒는 魯公子慶之孫이니 公孫歸父之後라 名羈요 駒는 其字也라 續은 言補續君之過니 不能興功用이라 故不如晏子也라 ○ 盧文弨曰 續然大夫四字는 未詳이라

晏子

---

158) 昏 : 婚과 같다.

159) 晏子 : 春秋 때 齊나라 晏嬰으로, 자는 平仲이다. B.C. 556년에 그의 아버지를 이어받아 大夫가 되어 齊나라 靈公·莊公·景公을 잇달아 섬기면서 검소하게 생활하였고 전력을 다해 직무를 수행한 것으로 인해 백성들로부터 존경을 받았다.

郝懿行曰 續은 古作賡하니 賡之爲言은 庚也라 庚然은 剛强不屈之貌니 言不阿諛也라

楊倞注：子는 孔子이다. 謂는 말한다는 뜻이다. 子家駒는 魯나라 公子 慶의 손자이니. 公孫歸父의 후예이다. 이름은 羈이고 駒는 그의 자이다. 續은 군주의 과실을 보완한다는 말이니, 성과를 이뤄내지 못했으므로 晏子보다 못하다는 것이다.

○ 盧文弨：'續然大夫' 네 자는 알 수 없다.

郝懿行：續은 옛 눈헌에 '賡'으로 되어 있으니, 賡이란 말은 庚과 같다. 庚然은 강직하여 굽히지 않는 모양이니, 아부하지 않는다는 말이다.

子産

27-114 晏子는 功用之臣也나 不如子産[160]하고

晏子는 성과가 있는 신하이나 子産보다 못하고,

雖有功用이나 不如子産之恩惠也라

楊倞注：〈晏子가〉 비록 성과가 있기는 하나 〈백성에게〉 은혜를 베푼 子産보다 못하다는 것이다.

管仲

27-115 子産은 惠人也나 不如管仲이라

160) 子産：春秋 때 鄭나라 公孫僑(B.C. 580~B.C. 522)의 자이다. 鄭 簡公 때 正卿이 되어 정치와 경제를 계획하고 외교를 잘하여 鄭나라가 잘 다스려지는 데에 기여하였다.

子産은 은혜를 베푼 사람이나 管仲보다 못하다.

雖有恩惠나 不如管仲之才略也라

楊倞注 : 〈子産이〉 비록 은혜를 베푼 일이 있기는 하나 재능과 지략을 지닌 管仲보다 못하다는 것이다.

27-116 管仲之爲人은 力功不力義하며 力知[161]不力仁하여

管仲의 사람됨은 공훈에만 힘쓰고 道義에는 힘쓰지 않았으며 지모에만 힘쓰고 어진 덕에는 힘쓰지 않아

雖九合諸侯하여 一匡天下라도 而不全用仁義也라

楊倞注 : 〈管仲이〉 비록 제후를 규합하여 천하를 바로잡기는 하였으나 〈그 과정에〉 仁義의 방법을 온전히 사용하지는 않았다.

27-117 野人[162]也니 不可以爲天子大夫라하니라

禮義 수양이 부족한 사람이니, 천자의 大夫가 될 수는 없다."라고 하였다.

言四子皆類郊野之人하여 未浸漬於仁義라 故不可爲王者佐라 ○ 郝懿行曰 此謂管仲尙功力而不脩仁義하여 不可爲王者之佐라 注以四子言하니 恐非是라

楊倞注 : 네 사람이 모두 촌사람과 비슷하여 仁義에 젖어들지 못했으므로 王者를 보좌하는 사람이 될 수 없다는 말이다.

○ 郝懿行 : 이것은 管仲이 공훈과 힘만을 추구하고 仁義의 도리를 닦지 않아 王者를 보좌하는 사람이 될 수 없다는 말이다. 그런데 〈楊倞의〉 주는 네 사람을 대상으로 말했으니, 옳지 않은 것 같다.

---

161) 知 : '智'와 통한다.

162) 野人 : 野는 ≪論語≫ 〈雍也〉에 孔子가 말한 "質勝文則野(바탕이 꾸밈보다 우세하면 촌사람이다.)"를 가리킨 것으로, 교양 없는 촌사람이란 뜻이다.

27-118 **孟子三見宣王**하되 **不言事**어늘 **門人曰 曷爲三遇齊王而不言事**잇가하니 **孟子曰 我先攻其邪心**이라하니라

孟子가 齊 宣王을 세 번이나 만났지만 정사에 대해 말을 하지 않자, 문인이 "어찌하여 齊나라 왕을 세 번이나 만나고도 정사에 대해 말을 하지 않았습니까?"라고 하니, 孟子가 "나는 먼저 그의 바르지 못한 마음을 바로잡으려 한다."라고 하였다.

孟子

**以正色攻去邪心**이라야 **乃可與言也**라

楊倞注 : 엄정한 기색으로 그의 바르지 못한 마음을 공격해 제거하여야 비로소 〈정사에 관해〉 함께 말할 수 있다는 것이다.

27-119 **公行子之**[163] **之燕**이라가

公行子之가 燕나라로 가다가

**孟子曰 公行子有子之喪**이어늘 **右師**[164] **往弔**라하여늘 **趙岐云 齊大夫也**라하니라 **子之**는 **蓋其先也**라

楊倞注 : ≪孟子≫ 〈離婁 下〉에 "公行子에게 아들의 喪事가 있었는데 右師가 가서 조문하였다."라 하였는데, 趙岐가 "〈公行子는〉 齊나라 大夫이다."라고 하였다. 子之는 아마도 그의 조상일 것이다.

27-120 **遇曾元於塗**하여 **曰 燕君何如**오하니 **曾元曰 志卑**라

길에서 曾元을 만나 "燕나라 군주는 어떤 사람입니까?"라고 하니, 曾元이 "〈그

---

163) 公行子之 : 公行은 氏이고 子之는 이름이다. 燕나라 왕 噲의 재상으로 권력을 독점하여 나라를 혼란에 빠뜨렸다가 齊 閔王의 공격으로 인해 피살되었다.

164) 右師 : 戰國 때 齊 宣王의 총애를 받았던 王驩을 말한다. 처음에 蓋(합)邑大夫로 있다가 右師로 발탁되어 권력을 독단하였다.

의〉 志向이 원대하지 않습니다.

言不求遠大也라 曾元은 曾參之子라

楊倞注 : 〈지향이〉 원대한 것을 추구하지 않는다는 말이다. 曾元은 曾參의 아들이다.

27-121 **志卑者輕物**[165)]하고

지향이 원대하지 않은 사람은 남을 가볍게 보고

物은 事라

楊倞注 : 物은 일이라는 뜻이다.

27-122 **輕物者不求助**라

남을 가볍게 보는 사람은 〈남의〉 도움을 구하지 않습니다.

不求賢以自輔라

楊倞注 : 현능한 사람을 구해 자기를 돕게 하지 않는다는 것이다.

27-123 **苟不求助**면 **何能擧**[166)]리오

만약 〈남의〉 도움을 구하지 않는다면 어찌 〈賢人을〉 등용할 수 있겠습니까.

旣無輔助면 必不勝任矣라

楊倞注 : 이미 〈자기를〉 도와주는 사람이 없다면 반드시 그 임무를 감당하지 못할 것이다.

---

165) 輕物 : 物은 '人'과 같다. ≪孟子≫ 〈離婁 上〉에 "旣不能令 又不受命 是絶物也(내가 이미 남에게 명령하지도 못하고 또 남의 명령을 듣기를 원치 않는다면 이것은 남들과의 관계를 끊는 것이다.)"라고 하였는데, 이 '絶物'과 비슷하다.

166) 擧 : '擧賢'를 줄인 것으로, 賢人을 등용한다는 뜻이다.

27-124 氐羌[167]**之虜也**니

〈그는 저〉 氐族과 羌族의 포로와 같으니

**謂見俘掠**이라

楊倞注 : 〈虜는〉 포로가 된 것을 이른다.

27-125 **不憂其係壘也**하고 **而憂其不焚也**라

그들은 〈포로로 잡혀〉 밧줄에 묶여 있는 처지를 걱정하지 않고 〈자기가 죽은 뒤에 자기 민족의 풍속대로〉 화장되지 못할까 걱정합니다.

**壘**는 **讀爲纍**라 **氐羌之俗**은 **死則焚其屍**라 **今不憂虜獲而憂不焚**하니 **是愚也**라 **呂氏春秋曰 憂其死而不焚**이라하니라

楊倞注 : 壘는 '纍'로 읽어야 한다. 氐族과 羌族의 풍속은 사람이 죽으면 그 시체를 불에 태운다. 지금 포로로 잡힌 것을 거정하지는 않고 화장되지 못할까 걱정하고 있으니, 이는 어리석은 것이다. ≪呂氏春秋≫ 〈義賞〉에 "憂其死而不焚(그가 죽은 뒤에 화장되지 못할까 걱정한다.)"이라 하였다.

27-126 **利夫秋豪**[168]나 **害靡國家**라 **然且爲之**하니 **幾**[169]**爲知計哉**리오하니라

얻은 이익은 가을의 짐승 털처럼 미세하지만 피해는 국가를 멸망시키기까지 합니다. 그런데도 그는 이런 짓을 하려고 하니 어찌 국사를 계획할 줄 안다고 하겠습니까."라고 하였다.

**靡**는 **披靡也**라 **利夫秋豪之細**면 **其害遂披靡而來**하여 **及於國家**라 **言不衈其大**

---

167) 氐羌 : 氐族과 羌族의 합칭으로, 고대에 중국 서부의 민족이다. 氐族은 晉나라 때 前秦・後涼・成漢 등의 국가를 세웠고, 羌族은 東晉 때 後秦을 세웠다.

168) 秋豪 : 짐승이 추운 겨울을 넘기기 위해 가을에 새로 자란 털이란 뜻으로, 크기가 매우 미세한 것을 말한다. 豪는 '毫'와 통한다.

169) 幾 : '豈'와 통한다.

而憂其小 與氐羌之虜何異라 幾는 辭[170]也라 或曰 幾는 讀爲豈라하니라 ○ 陳奐曰 案靡는 累也라 言所利在秋豪나 而其害累及國家也라 詩周頌傳曰 靡는 累也[171]라하니 是其義라 王念孫曰 靡者는 滅也라 言利不過秋豪나 而害乃至於滅國家也라 方言에 靡[172]는 滅也라하고 郭璞曰 或作摩[173]滅字하니 音糜라하니라 漢書賈山傳에 萬鈞之所壓에 無不糜滅者라하고 司馬遷傳에 富貴而名摩滅이라하니 摩與糜靡는 古同聲而通用①이라

① 說見唐韻正[174]이라
이에 관한 설명은 ≪唐韻正≫에 보인다.

楊倞注 : 靡는 무너진다는 뜻이다. 가을의 짐승 털처럼 미세한 것을 이롭게 여기면 그 피해는 마침내 모든 것이 무너져 몰려와 국가에까지 영향이 미친다는 것이다. 그 큰 것을 돌아보지 않고 그 작은 것을 걱정하는 것이 氐族과 羌族의 포로와 어찌 다르겠느냐는 말이다. 幾는 '辭'의 뜻이다. 혹자는 "幾는 '豈'로 읽어야 한다."라고 하였다.

○ 陳奐 : 살펴보건대, 靡는 '累(죄악이다)'의 뜻이다. 이익이 되는 것은 가을의 짐승 털처럼 하찮지만 그 피해와 죄악은 국가에까지 미친다는 말이다. ≪詩經≫ 〈周頌 烈文〉의 〈毛傳〉에 "靡는 죄악이라는 뜻이다."라고 하였으니, 이것이 그 뜻이다.

王念孫 : 靡란 멸망이라는 뜻이다. 이익은 가을의 짐승 털 정도에 지나지 않지만 피해는 국가를 멸망시키는 데까지 미친다는 말이다. ≪方言≫에 "靡는 멸망이라는 뜻이다."라 하고 〈그 주에〉 郭璞이 "〈靡자는〉 간혹 '摩滅'의 〈摩자로〉 되어 있기도 하니, 음은 '糜'이다."라고 하였다. ≪漢書≫ 〈賈山傳〉에 "萬鈞之所壓 無不糜滅者(萬鈞의 무게가 누를 적에 부서지지 않는 것이 없다.)"라 하고, ≪漢書≫ 〈司馬遷傳〉에 "富貴而名摩滅(부귀를 누렸지만 이름은 묻혀버렸다.)"이라 하였으니, 摩와 糜·靡는 옛날에 소리가 같아 통용하였다.

---

170) 辭 : 幾의 뜻을 풀이한 글자이나 무슨 뜻인지 알 수 없다.

171) 靡 累也 : ≪詩經≫ 〈周頌 烈文〉의 한 구인 '無封靡于爾邦(네 나라 다스릴 때 큰 죄악이 없다면)'의 '靡'에 대한 주이다.

172) 靡 : 지금의 ≪方言≫에는 '摩'로 되어 있다.

173) 摩 : 지금의 ≪方言≫의 郭璞 주에는 '擵'로 되어 있다.

174) 唐韻正 : 淸나라 때 顧炎武가 편찬한 것으로, 音學五書 가운데 네 번째 책이다. 모두 20권이다.

27-127 今夫亡箴者 終日求之而不得이라가 其得之는 非目益明也라 眸而見之也라 心之於慮亦然이라

지금 바늘을 잃어버린 어떤 사람이 온종일 찾아도 얻지 못하다가 나중에 그것을 얻은 것은 눈이 더 밝아져서 그런 것이 아니라 눈을 내리깔고 신중히 살펴보았기 때문이다. 마음이 무엇을 생각하는 것 또한 그러하다.

眸는 謂以眸子審視之也라 言心於思慮에 亦當反覆盡其精妙를 如眸子之求箴也라 ○ 兪樾曰 楊說未安이라 以眸子審視를 豈可但謂之眸乎아 眸는 當讀爲瞐라 說文目部에 瞐는 低目視也라 從目冒聲이라하니 與牟聲相近이라 釋名釋首飾曰 牟는 冒也라하니 眸之與瞐는 猶牟之與冒矣라 說文에 又有瞀篆曰 低目謹視也라 從目敄聲이라하니 亦與牟聲相近이라 荀子成相篇에 身讓卞[175]隨擧牟光은 卽莊子大宗師篇之務光也니 是其例矣라

楊倞注 : 眸는 눈동자로 사물을 살펴보는 것을 이른다. 마음이 무엇을 생각할 때도 마땅히 반복하여 더할 수 없을 정도로 정밀하게 생각하기를 마치 눈동자로 바늘을 찾듯이 해야 한다는 말이다.

○ 兪樾 : 楊氏의 설은 온당치 못하다. 눈동자로 살펴보는 것을 어찌 '眸'라고만 이를 수 있겠는가. 眸는 마땅히 '瞐'로 읽어야 한다. ≪說文解字≫ 目部에 "瞐는 눈을 내리깔아 본다는 뜻이다. 目은 形符가 되고, 冒는 聲符가 된다."라고 하였으니, 牟의 소리와 서로 가깝다. ≪釋名≫ 〈釋首飾〉에 "牟는 '冒'이다."라고 하였으니, 眸가 瞐와 같은 것은 牟가 冒와 같은 경우와 같다. ≪說文解字≫에 또 '瞀'자가 篆書로 된 것이 있는데, 거기에 "눈을 내리깔아 신중히 본다는 뜻이다. 目은 形符이고, 敄는 聲符이다."라고 하였으니, 이 또한 牟의 소리와 서로 가깝다. ≪荀子≫ 〈成相篇〉(25-76)에 "身讓卞隨擧牟光(卞隨에게 왕위를 양보한 뒤에 또 이에 牟光에게 넘기려 했네.)"이라고 한 〈牟光은〉 곧 ≪莊子≫ 〈大宗師篇〉의 務光이니, 이것이 그 사례이다.

27-128 義與利者는 人之所兩有也라 雖堯舜不能去民之欲利나 然而能使其

---

175) 卞 : 저본의 원주에 "卞은 원본에 '十'으로 잘못되어 있으나, 〈成相篇〉에 의거하여 고쳤다.〔卞 原本誤作十 據成相篇改〕"라고 하였다.

**欲利不克其好義也**라

道義와 私利는 사람들이 둘 다 가지고 있는 것이다. 비록 堯·舜 같은 〈성군이라 하더라도〉 일반백성의 私利를 추구하는 욕망을 떨쳐버릴 수 없다. 그러나 그들은 私利를 추구하는 욕망이 道義를 좋아하는 이성을 이기지 못하게 하였다.

**克**도 **亦勝也**라

楊倞注 : 克 또한 이긴다는 뜻이다.

27-129 **雖桀紂亦不能去民之好義**나 **然而能使其好義不勝其欲利也**라 **故義勝利者爲治世**하고 **利克義者爲亂世**라 **上重義則義克利**하고 **上重利則利克義**라 **故天子**는 **不言多少**하고 **諸侯**는 **不言利害**하고 **大夫**는 **不言得喪**하고

비록 桀·紂 같은 〈폭군이라 하더라도〉 일반백성의 道義를 좋아하는 이성을 떨쳐버릴 수 없다. 그러나 그들은 道義를 좋아하는 이성이 私利를 추구하는 욕망을 이기지 못하게 하였다. 그러므로 道義가 私利를 이기는 시대가 잘 다스려진 시대가 되고, 私利가 道義를 이기는 시대가 혼란한 시대가 된다. 군주가 道義를 중시하면 道義가 私利를 이기고, 군주가 私利를 중시하면 私利가 道義를 이기는 것이다. 그러므로 천자는 〈재물의〉 多少를 말하지 않고, 제후는 〈재물의〉 利害를 말하지 않고, 大夫는 〈재물의〉 得失을 말하지 않고

**皆謂言貨財也**라

楊倞注 : 모두 재물에 관해 말하는 것을 이른다.

27-130 **士**는 **不通貨財**라

士는 재물을 유통시키지 않는다.

**士賤**하여 **雖得言之**나 **亦不得貿遷如商賈也**라

楊倞注 : 士는 지위가 낮으므로 비록 그에 관해 말을 할 수는 있으나, 그렇더라도 장사꾼처럼 물건을 사고팔거나 운반해서는 안 된다는 것이다.

## 27-131 有國之君은 不息牛羊하고

나라를 가진 군주는 소나 양을 기르지 않고,

息은 繁育也라

楊倞注 : 息은 번식시키고 기른다는 뜻이다.

## 27-132 錯質(조지)之臣은 不息雞豚하고

군주에게 헌신한 신하는 닭이나 돼지를 기르지 않고,

錯는 置也라 質는 讀爲贄라 孟子曰 出疆必載質라하니 蓋古字通耳라 置贄는 謂執贄而置於君이라 士相見禮曰 士大夫奠贄於君하고 再拜稽首[176]라하고 禮記曰 畜乘馬者[177]는 不察於雞豚이라하니라 或曰 置質는 猶言委質也라 言凡委質爲人臣하면 則不得與下爭利라하니라

楊倞注 : 錯는 '置(두다)'의 뜻이다. 質는 '贄'로 읽어야 한다. ≪孟子≫ 〈滕文公 下〉에 "出疆必載質(국경을 나갈 때는 반드시 폐백을 실었다.)"라고 하였으니, 대체로 옛 글자에는 통용했을 것이다. 置贄는 폐백을 가지고 가 군주 앞에 놓아둔 것을 이른다. ≪儀禮≫ 〈士相見禮〉에 "士大夫奠贄於君 再拜稽首(士·大夫는 군주에게 폐백을 바치고 두 번 절하며 머리를 조아린다.)"라 하고, ≪禮記≫ 〈大學〉에 "畜乘馬者 不察於雞豚(네 필의 말을 기르는 사람은 닭과 돼지를 살피지 않는다.)"이라 하였다. 혹자는 "置質는 '委質(예물을 땅에 내려놓다.)'라는 말과 같다. 일반적으로 폐백을 바쳐 신하가 되면 아래 백성들과 이익을 다툴 수 없다는 말이다."라고 하였다.

## 27-133 冢卿은 不脩幣〔帛〕[178]하고 大夫는 不爲場園이라

上卿은 폐백을 쌓아두지 않고, 大夫는 논밭을 가꾸지 않는다.

---

176) 士大夫奠贄於君 再拜稽首 : 지금의 ≪儀禮≫에는 '士大夫則奠贄 再拜稽首'로 되어 있다.

177) 畜乘馬者 : 지금의 ≪禮記≫에는 '畜馬乘者'로 되어 있다.

178) 〔帛〕 : 저본에는 '帛'이 없으나, 王天海의 설에 의거하여 보충하였다.

冢卿은 上卿이라 不脩幣는 謂不脩財幣販息之也라 治稼穡曰場이요 樹菜蔬曰園이니 謂若公儀子不奪園夫工女之利[179)]也라 ○ 王念孫曰 場園은 當爲場圃니 字之誤也라 韓詩外傳엔 作不爲場圃라 玩楊注에 亦是圃字라 論語子路篇馬注及射義鄭注[180)]에 竝云 樹菜蔬曰圃라하니 卽楊注所本이라 兪樾曰 上云 士不通財貨라하여늘 楊注에 不得貿遷如商賈也라하고 此云 冢卿不脩幣라하여늘 注에 謂不脩財幣販息之也라하니 然則與士之不通貨財何以異乎아 據韓詩外傳하면 作冢卿不脩幣施하니 疑此文奪施字라 幣는 乃敝字之誤요 施는 當爲杝니 古同聲叚借字也라 杝는 卽今籬字라 一切經音義十四云 籬杝同하니 力支反이라하고 引通俗文云 柴垣曰杝요 木垣曰柵이라하며 說文木部에 杝는 落也라하니라 冢卿不脩敝杝는 謂籬落敝壞하되 不脩葺之也니 與下文大夫不爲場園正同一意로 皆不與民爭利之義라

楊倞注 : 冢卿은 上卿이다. 不脩幣는 재물과 폐백을 쌓아두고서 그것을 팔고 늘리지 않는 것을 이른다. 농작물을 가꾸는 것을 '場'이라 말하고, 채소를 심는 것을 '園'이라 말하니, 公儀子가 농부와 길쌈하는 여인의 이익을 빼앗지 않은 것과 같은 것을 이른다.

○ 王念孫 : '場園'은 마땅히 '場圃'로 되어야 하니, 글자가 잘못된 것이다. ≪韓詩外傳≫에는 '不爲場圃'로 되어 있다. 楊氏의 주를 음미해볼 때 이 또한 '圃'이다. ≪論語≫ 〈子路篇〉의 馬融 주 및 ≪禮記≫ 〈射義〉의 鄭玄 주에 모두 "樹菜蔬曰圃(채소를 심는 것을 '圃'라 말한다.)"라고 하였으니, 이것이 곧 楊氏의 주가 근거로 삼은 것이다.

兪樾 : 위에서 "士不通財貨(士는 재물을 유통시키지 않는다.)"라 하였는데 楊氏의 주에 "不得貿遷如商賈也(장사꾼처럼 물건을 사고팔거나 운반해서는 안 된다는 것이다.)"라고 하고, 이곳에서 "冢卿不脩幣(上卿은 폐백을 쌓아두지 않는다.)"라 하였는데 〈楊氏의〉 주에 "謂不

---

179) 公儀子不奪園夫工女之利 : 公儀子는 戰國 때 魯나라의 博士이다. 魯 穆公의 재상으로 있을 때 베를 짜는 자기 아내를 내쫓고 자기 밭에 심은 아욱을 뽑아버리면서 말하기를 "내가 이미 녹을 먹고 있는데 또 농부와 길쌈하는 여인의 이익을 빼앗을 수 있겠는가."라고 하였다.(≪前漢書≫ 권56 〈董仲舒傳〉)

180) 論語子路篇馬注及射義鄭注 : 論語子路篇馬注는 ≪論語≫ 〈子路篇〉에 "請學爲圃 曰 吾不如老圃(〈樊遲가〉 밭을 가꾸는 방법을 배우고 싶다고 청하자 〈孔子가〉 '나는 늙은 농부만 못하다.'라고 하였다.)"라 한 곳의 馬融의 주이고, 射義鄭注는 ≪禮記≫ 〈射義〉에 "孔子射於矍相之圃(孔子가 矍相의 밭에서 활쏘는 〈禮를 익혔다.〉)"라고 한 곳의 鄭玄의 주이다.

脩財幣販息之也(재물과 폐백을 쌓아두고서 그것을 팔고 늘리지 않는 것을 이른다.)"라고 하였으니, 그렇다면 士가 재물을 유통하지 않는 것과 무엇이 다르겠는가. ≪韓詩外傳≫에 의하면 '冢卿不脩幣施'로 되어 있으니, 아마도 이 글은 '施'자를 빠뜨린 것 같다. 幣는 곧 '敝'자의 잘못이고, 施는 마땅히 '杝'로 되어야 하니, 옛날에 그 소리가 같은 叚借字이다. 杝는 곧 지금의 '籬'자이다. ≪一切經音義≫ 권14에 "籬와 杝는 같으니, 力과 支의 반절이다."라 하고 ≪通俗文≫을 인용하여 "섶나무로 만든 담을 '杝'라 말하고, 굵은 나무로 만든 담을 '柵'이라 한다."라고 하였으며, ≪說文解字≫ 木部에 "杝는 울타리이다."라고 하였다. 冢卿不脩敝杝는 울타리가 허물어졌는데도 보수하지 않는 것을 이르니, 아랫글 '大夫不爲場園(大夫는 논밭을 가꾸지 않는다.)'과 정확히 같은 의미로서 모두 백성들과 이익을 다투지 않는다는 뜻이다.

## 27-134 從士以上은 皆羞利하여 而不與民爭業하여 樂分施而恥積臧이라 然故民不困財하고

士 이상의 관리는 모두 이익을 추구하는 것을 부끄럽게 여겨 백성들과 생업을 다투지 않으면서 나눠주고 베풀기를 좋아하여 재물을 쌓아두는 것을 치욕으로 여겨야 한다. 그렇게 하면 백성들이 재물에 곤궁하지 않고

○ 王念孫曰 羣書治要엔 財作則하니 則以民不困爲句하고 則字下屬爲句라 然故는 猶是故也라 堯問篇然故士至同하니 說見釋詞然字下라 先謙案 羣書治要에 作然後民不困財하고 上方注云 後作故하고 則作財라하니 是校者以作則者爲非라 當從今本이라

○ 王念孫 : ≪羣書治要≫에는 '財'가 '則'으로 되어 있으니, 그렇다면 '民不困'이 句가 되고 '則'자는 아래로 붙어 句가 된다. '然故'는 '是故'와 같다. 〈堯問篇〉의 '然故士至(이러므로 선비들이 몰려온다.)'와 같으니, 이에 관한 설명은 ≪經傳釋詞≫ '然'자 밑에 보인다.

先謙案 : ≪羣書治要≫에 '然後民不困財'로 되어 있고, 윗부분 〈여백의〉 주에 "'後'는 '故'로 되고 '則'은 '財'로 되어야 한다."라고 하였으니, 이는 교정하는 사람이 '則'으로 되어 있는 것을 틀린 것으로 여긴 것이다. 마땅히 〈'財'로 되어 있는〉 지금의 판본을 따라야 한다.

## 27-135 貧窶者有所竄其手라

가난한 사람도 그 손을 움직일 데가 있다.

竄은 容也라 謂容集其手[181]而力作也라 ○ 先(謹)〔謙〕[182]案 有所竄其手는 猶言有所措手也라 楊注失之泥라 羣書治要엔 作有所竄其中矣하니 疑以意改之라

楊倞注 : 竄은 용납한다는 뜻이다. 그 손을 수용하고 결집하여 노동하는 것을 이른다.

○ 先謙案 : 有所竄其手는 '有所措手(손을 움직일 데가 있다.)'라는 말과 같다. 楊氏의 주는 융통성이 없는 것으로서 잘못되었다. ≪羣書治要≫에는 '有所竄其中矣(그 속에 용납하는 바가 있다.)'로 되어 있으니, 아마도 자의적으로 고친 것 같다.

## 27-136 文王誅四[183]하고 武王誅二[184]하며 周公卒業하여 至成康則案[185]無誅已라

文王은 네 국가를 정벌하였고, 武王은 두 국가를 정벌하였으며, 周公이 〈제왕의〉 위업을 종결하여, 成王・康王 때에 이르러서는 〈다른 국가를〉 정벌하는 일이 없었다.

竝解在仲尼篇이라 言周公終王業이나 猶不得無誅伐하고 至成康然後刑措也라 重引此者는 明不與民爭利則刑罰省(생)也라

楊倞注 : 모두 〈仲尼篇〉(7-29, 30, 31, 32)

周 文王

181) 容集其手 : 王先謙도 이것을 융통성이 없어 잘못되었다고 말했듯이 무슨 뜻인지 분명치 않다. 우선 임의대로 번역하였다.

182) (謹)〔謙〕: 저본에는 '謹'으로 되어 있으나, '謙'의 잘못이므로 바로잡았다.

183) 文王誅四 : 文王이 商代 말기에 虐政을 자행하는 密國・阮國・共國・崇國 등 네 제후국을 정벌하였다는 뜻이다.

184) 武王誅二 : 武王이 商나라와 奄國을 정벌한 것을 말한다.

185) 案 : 어조사이다. 〈仲尼篇〉(7-32)의 王念孫 주 참조.

周 武王

周公

周 成王

周 康王

에 풀이되어 있다. 周公이 제왕의 위업을 마무리하였으나 그래도 정벌이 없을 수 없었고, 成王·康王에 이른 뒤에야 형벌을 행하지 않았다는 말이다. 여기에서 이 일을 거듭 인용한 것은 백성과 이익을 다투지 않으면 형벌이 줄어든다는 것을 밝히기 위해서이다.

### 27-137 多積財而羞無有하며

재물을 축적하는 것을 중시하고 가난을 치욕으로 여기며

羞貧이라

楊倞注 : 〈羞無有는〉 가난을 치욕으로 여긴다는 뜻이다.

### 27-138 重民任而誅不能은

백성에게 짐을 무겁게 지우고 그것을 감당하지 못하는 사람을 징벌하는 것은

使民不能勝任而復(부)誅之라 ○ 先謙案 重民任은 謂虐使之라

楊倞注 : 백성으로 하여금 짐을 감당하지 못하게 하고 다시 또 징벌한다는 것이다. ○ 先謙案 : 重民任은 가혹하게 부리는 것을 이른다.

### 27-139 此邪行之所以起요 刑罰之所以多也라

사악한 행위가 일어나는 근원이고 형벌이 많아지는 원인이다.

## 27-140 上好(羞)〔義〕[186]則民闇飾[187]矣요

군주가 道義를 좋아하면 백성들이 남이 보지 않는 곳에서도 제 몸을 삼가 바르게 하고

好羞貧而事奢侈면 則民闇自脩飾也라 ○王念孫曰 楊說迂曲而不可通이라 羞는 當爲義라 羞字上半與義同하고 又涉上文兩羞字而誤也라 上好義則民闇飾者는 言上好義則民雖處隱闇之中이라도 亦自脩飾하여 不敢放於利而行也①라 上好義與上好富對文이라 故下文又云 欲富乎아하고 與義分背矣라하니라 上好義則民闇飾하고 上好富則民死利는 卽上文所云 上重義則義克利하고 上重利則利克義也②라

① 呂氏春秋具備篇에 載宓子賤治亶父(보)에 使民闇行에도 若有嚴刑於旁하니 卽所謂民闇飾也라 賈子大政篇曰 聖明則士闇飾矣라하니라

≪呂氏春秋≫ 〈具備篇〉에 "宓子賤이 亶父 고을을 다스릴 때 백성들로 하여금 어두운 밤에 혼자 일을 할 적에도 마치 무서운 形具가 그의 곁에 대기하고 있는 것처럼 생각되어 〈감히 나쁜 짓을 하지 못하게 하였다.〉"는 내용이 실려 있으니, 이것이 곧 이른바 '民闇飾'이다. ≪賈子(≪賈誼新書≫)≫ 〈大政篇〉에 "聖明則士闇飾矣(군주가 현명하면 선비들이 남이 보지 않는 곳에서도 제 몸을 삼가 바르게 한다.)"라고 하였다.

② 鹽鐵論錯幣篇에 上好禮則民闇飾하고 上好貨則下死利라하니 卽用荀子而小變其文이라

≪鹽鐵論≫ 〈錯幣篇〉에 "上好禮則民闇飾 上好貨則下死利(군주가 禮를 좋아하면 백성들이 남이 보지 않는 곳에서도 제 몸을 삼가 바르게 하고, 군주가 재물을 좋아하면 아랫사람들이 이익을 위해 죽는다.)"라 하였는데, 이는 곧 ≪荀子≫를 인용하되 그 글을 조금 바꾼 것이다.

楊倞注 : 〈군주가〉 가난을 치욕으로 여기길 좋아하여 사치를 일삼으면 백성들이 남이 보지 않는 곳에서 스스로 〈부유하게 되기를〉 추구할 것이라는 뜻이다.

○ 王念孫 : 楊氏의 설은 왜곡되어 뜻이 통하지 않는다. '羞'는 마땅히 '義'로 되어야 한다. '羞'자의 위 절반(⺷)이 '義'와 같고 또 윗글의 두 '羞'자와 연관되어 잘못된 것이다. 上好義則民闇飾은 군주가 道義를 좋아하면 백성들이 남이 보지 않는 속에 처해

---

186) (羞)〔義〕: 저본에는 '羞'로 되어 있으나, 王念孫의 주에 의거하여 '義'로 바로잡았다.
187) 飾 : '飭'과 같다.

있더라도 또한 스스로 제 몸을 삼가 바르게 하고 감히 이익에 따라 행하지 않을 것이라는 말이다. '上好義'와 '上好富'는 대구이다. 그러므로 아랫글(27-142)에 또 "欲富乎(부유해지고 싶은가)"라 하고, "與義分背矣(道義와 등져야 할 것이다)"라고 하였다. "군주가 道義를 좋아하면 백성들이 남이 보지 않는 곳에서도 제 몸을 삼가 바르게 하고, 군주가 부유한 것을 좋아하면 백성들이 이익을 위해 죽는다."는 것은, 곧 윗글(27-129)에 말한 "上重義則義克利 上重利則利克義(군주가 道義를 중시하면 道義가 私利를 이기고, 군주가 私利를 중시하면 私利가 道義를 이기는 것이다.)"라는 뜻이다.

## 27-141 上好富則民死利矣라 二者는 〔治〕[188]亂之衢也라

군주가 부유한 것을 좋아하면 백성들이 이익을 위해 죽는다. 이 두 가지가 세상이 다스려지거나 혼란해지는 갈림길이다.

衢는 道라 ○ 劉台拱曰 二者二字는 承上兩句而言이니 則亂上當有治字라

楊倞注 : 衢는 길이라는 뜻이다.

○ 劉台拱 : '二者' 두 글자는 위의 두 구를 이어받아 말한 것이니, '亂' 위에 마땅히 '治'자가 있어야 한다.

## 27-142 民語曰 欲富乎아 忍恥矣요 傾(絶)〔側〕[189]矣요 絶故舊矣요 與義分背矣라하니라

민간의 속담에 "부유해지고 싶은가? 그러면 염치를 돌아보지 않아야 하고, 바르지 않아야 하고, 벗들과 관계를 끊어야 하고, 道義와 등져야 할 것이다."라고 하였다.

忍恥는 不顧廉恥라 傾絶은 謂傾身絶命而求也라 分背는 如人分背而行이라

楊倞注 : 忍恥는 염치를 돌아보지 않는다는 뜻이다. 傾絶은 전력을 다하고 목숨을 바쳐 추구하는 것을 이른다. 分背는 사람이 등을 지고 가는 것과 같은 뜻이다.

---

188) 〔治〕: 저본에는 '治'가 없으나, 劉台拱의 주에 의거하여 보충하였다.

189) (絶)〔側〕: 저본에는 '絶'로 되어 있으나, 王天海의 설에 의거하여 '側'으로 바로잡았다.

## 27-143 上好富則人民之行如此리니 安得不亂가

군주가 부유한 것을 좋아하면 백성들의 행위도 이와 같을 것이니, 어찌 세상이 혼란해지지 않을 수 있겠는가.

## 27-144 湯旱而禱曰 政不節與잇가

商湯이 큰 가뭄으로 인해 〈신령에게〉 기도하기를 "나의 정사가 적절하지 않아서입니까?

○ 先謙案 節은 猶適也라 謂不調適이라 說見天論篇이라

○ 先謙案 : 節은 '適'과 같다. 〈不節은〉 적합하지 않은 것을 이른다. 이에 관한 설명은 〈天論篇〉(17-48)에 보인다.

## 27-145 使民疾與잇가 何以不雨至斯極也잇가

백성을 부리기를 너무 고통스럽게 해서입니까? 무엇 때문에 비가 내리지 않는 것이 이런 극한 상황에까지 이르렀단 말입니까.

疾은 苦라

楊倞注 : 疾은 고통스럽다는 뜻이다.

## 27-146 宮室榮與잇가 婦謁盛與잇가 何以不雨至斯極也잇가

나의 궁전이 너무 성대해서입니까? 궁중 부녀자의 청탁을 너무 많이 들어줘서입니까? 무엇 때문에 비가 내리지 않는 것이 이런 극한 상황에까지 이르렀단 말입니까.

楊倞注 : 榮은 盛이라 謁은 請也라 婦謁盛은 謂婦言是用也라

榮은 성대하다는 뜻이다. 謁은 청탁이라는 뜻이다. 婦謁盛은 부녀자의 말을 들어주는 것을 이른다.

27-147 苞苴[190]行與잇가 讒夫興與잇가 何以不雨至斯極也잇가하니라

뇌물이 성행해서입니까? 남을 모함하는 자들이 일어나서입니까? 무엇 때문에 비가 내리지 않는 것이 이런 극한 상황에까지 이르렀단 말입니까."라고 하였다.

貨賄必以物苞裹라 故總謂之苞苴라 興은 起也라 鄭注禮記云 苞苴는 裹魚肉者니 或以葦하고 或以茅也라하니라

楊倞注 : 예물은 반드시 무엇으로 덮어 싸기 때문에 그것을 통틀어 苞苴라 이른다. 興은 일어난다는 뜻이다. ≪禮記≫ 〈曲禮 上〉의 鄭玄 주에 "苞苴는 魚肉을 덮어 싼 것이니, 혹은 갈대로 하기도 하고 혹은 띠풀로 하기도 한다."라고 하였다.

27-148 天之生民은 非爲君也며 天之立君은 以爲民也라 故古者에 列[191]地建國은 非以貴諸侯而已며 列官職하고 差爵祿은 非以尊大夫而已라

하늘이 萬民을 내놓은 것은 군주를 위해서가 아니며, 하늘이 군주를 세운 것은 萬民을 위해서이나. 그러므로 옛날에 토지를 나누고 국가를 세운 것은 그것으로 제후들을 존귀하게 해주기 위해서만은 아니며, 관직을 나누고 爵祿에 차등을 둔 것은 그것으로 大夫들을 존귀하게 해주기 위해서만은 아니다.

差는 謂制等級也라

楊倞注 : 差는 등급을 제정한 것을 이른다.

27-149 主道知[192]人이요 臣道知事라

임금의 도리는 사람을 〈쓰는 일을〉 주관하는 것이고, 신하의 도리는 맡은 직무를 주관하는 것이다.

人은 謂賢良하고 事는 謂職守라

---

190) 苞苴 : 본디 예물꾸러미를 말하는데, 여기서는 뇌물을 가리킨다.

191) 列 : '裂'과 과 같다.

192) 知 : 여기서는 주관한다는 뜻이다.

楊倞注 : 人은 덕과 재능이 있는 사람을 이르고, 事는 맡은 직무를 이른다.

27-150 **故舜之治天下**에 **不以事詔而萬物成**이라

그러므로 舜이 천하를 다스릴 때 일을 〈처리하는 방법을〉 일러주지 않더라도 모든 일이 제대로 이루어졌다.

**不以事詔告**하고 **但委任而已**니 **謂若使禹治水**에 **不告治水之方略**이라

楊倞注 : 일을 〈처리하는 방법을〉 일러주지 않고 책임을 맡길 뿐이니, 禹에게 홍수를 다스리게 할 때 홍수를 다스리는 방법이나 계책을 일러주지 않은 것과 같은 경우를 이른다.

27-151 **農精於田**이라도 **而不可以爲田師**[193]니 **工賈亦然**이라

농부는 논밭의 일에 정통하더라도 田師가 될 수는 없으니, 匠人과 商人 또한 그렇다.

27-152 **以賢易不肖**면 **不待卜而後知吉**하고 **以治伐亂**이면 **不待戰而後知克**이라

賢能한 사람으로 무능한 사람을 바꾼다면 점을 쳐본 뒤에야 길하다는 것을 아는 것이 아니고, 잘 다스려진 국가로 혼란한 국가를 정벌한다면 교전한 뒤에야 이길 것이라는 것을 아는 것이 아니다.

**無人禦敵**이라 **故知必克**이라

楊倞注 : 적을 막는 사람이 없으므로 반드시 이길 것이라는 것을 〈미리〉 안다.

27-153 **齊人欲伐魯**나 **忌卞莊子**하여 **不敢過卞**하고

齊나라 사람이 魯나라를 정벌하려 하였으나 卞莊子를 꺼려하여 卞邑을 지나가지 못했고

---

193) 田師 : 농부들의 농사를 주관하는 관리이다.

**卞**은 **魯邑**이라 **莊子**는 **卞邑大夫**니 **有勇者**라

楊倞注 : 卞은 魯나라 邑이다. 莊子는 卞邑의 大夫이니, 勇力을 지닌 사람이다.

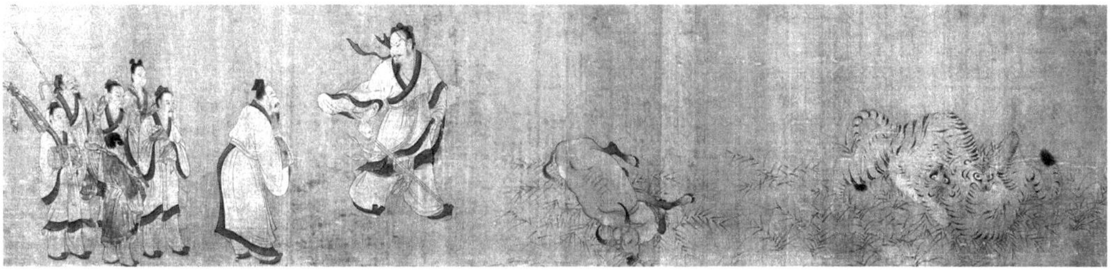

卞莊子刺虎圖

## 27-154 晉人欲伐衛나 畏子路하여 不敢過蒲라

晉나라 사람이 衛나라를 정벌하려 하였으나 子路가 두려워 감히 蒲邑을 지나가지 못하였다.

**蒲**는 **衛邑**이라 **子路**는 **蒲宰**라 **杜元凱云 蒲邑**은 **在長垣縣西南**이라하니라

楊倞注 : 蒲는 衛나라 邑이다 子路는 蒲邑의 수령이다. 杜元凱(杜預)가 "蒲邑은 長垣縣 서남쪽이다."라고 하였다.

子路

## 27-155 不知而[194]問堯舜하고

〈先王의 도를〉 모르면 堯·舜에게 물어야 하고

**好問則無不知**라 **故可比聖人也**라

楊倞注 : 묻기를 좋아하면 모르는 것이 없으므로 聖人에게 견줄 수 있다는 것이다.

194) 而 : '則'과 통한다. 아래 구의 경우도 같다.

## 27-156 無有而求天府[195)]니

〈六貳의 전적이〉 없으면 天府에서 찾아야 하니,

知無而求之 是有天府之富라 ○ 兪樾曰 案楊讀不知而問과 無有而求絶句[196)]라 故其解如此하니 實非荀子意也라 不知而問之堯舜하고 無有而求之天府라야 語意本連屬이라 下文先王之道는 則堯舜已요 六貳之博은 則天府已는 乃自解堯舜天府之義也라 使謂不知而問하면 卽是堯舜이요 無有而求하면 卽是天府라하면 下文贅矣라 故知楊注非也라 六貳는 當從盧說爲六蓺之誤라 何謂堯舜고 先王之道是也라 問者는 問此而已니 非必眞起堯舜而問之也라 何謂天府오 六蓺之博是也라 求者는 求此而已니 非必眞入天府而求之也라

楊倞注 : 없는 것을 알아 구하는 것이 곧 天府의 부유함을 지니는 것이다.

○ 兪樾 : 살펴보건대, 楊氏는 '不知而問'과 '無有而求'로 읽어 구를 끊었기 때문에 그 풀이가 이와 같았으니, 사실 ≪荀子≫의 뜻이 아니다. "不知而問之堯舜 無有而求之天府(〈先王의 도를〉 모르면 堯·舜에게 물어야 하고, 〈六貳의 전적이〉 없으면 天府에서 찾아야 한다.)"라 하여야 말뜻이 제대로 연결된다. 아랫글 '先王之道 則堯舜已 六貳之博 則天府已'는 곧 〈荀子가〉 스스로 '堯·舜'과 '天府'의 뜻을 풀이한 것이다. 가령 "모르는 것을 물으면 〈모르는 것이 없게 되니〉 곧 堯·舜이고, 없는 것을 알아 〈구하면 지니게 되니〉 곧 天府처럼 〈부유하게 된다.〉"라고 한다면 아랫글은 군더더기가 된다. 이 때문에 楊氏의 주가 틀린 것을 알 수 있다. 六貳는 마땅히 盧氏의 설에 따라 '六蓺'의 잘못으로 보아야 한다. 무엇을 堯·舜이라 하는가? 先王의 도가 이것이다. 묻는 것은 이것을 묻는 것일 뿐이니, 반드시 정말로 堯·舜을 다시 살려내 그것(先王의 도)을 물어본다는 것은 아니다. 무엇을 天府라 하는가? 六蓺의 전적이 이것이다. 구하는 것은 이것을 구하는 것일 뿐이니, 반드시 정말로 天府로 들어가 그것(六蓺의 전적)을 구하는 것은 아니다.

---

195) 天府 : 천자의 府庫로, 堯·舜의 정치제도가 수록된 문헌을 위시하여 역대 전적을 수장한 곳이다.

196) 讀不知而問 無有而求絶句 : 楊倞은 "不知而問 堯舜 無有而求 天府(모르는 것을 물으면 堯·舜이고 없는 것을 알아 구하면 天府이다.)"로 구두를 끊었다는 것이다.

## 27-157 曰 先王之道는 則堯舜已요

先王의 도는 곧 堯·舜이고,

問先王之道면 則可爲堯舜이라

楊倞注 : 先王의 도를 물어보면 堯·舜이 될 수 있다는 것이다.

## 27-158 六貳之博(부)는 則天府已[197]라

六貳의 전적은 곧 天府이다.

求財於六貳之博하면 得之不窮이라 故曰天府라 天府는 天之府藏이라 言六貳之博은 可以得貨財하고 先王之道는 可以爲堯舜이라 故以喩焉이라 六貳之博은 卽六博[198]也라 王逸注楚辭云 投六箸하고 行六棊라 故曰六博이라하니라 今之博局도 亦二六[199]相對也라 ○ 盧文弨曰 貳는 當作藝니 聲之誤也라 卽六經[200]也라

楊倞注 : 재물을 六貳의 도박에서 구하면 끝없이 얻기 때문에 '天府'라고 한다. 天府는 하늘의 府庫이다. 六貳의 도박은 돈과 재물을 얻을 수 있고 先王의 도는 堯·舜이 될 수 있다는 말이다. 그러므로 비유한 것이다. 六貳之博은 곧 六博이다. ≪楚辭≫ 〈招魂〉의 王逸 주에 "여섯 개의 주사위를 던지고 여섯 개의 장기 알을 움직이기 때문

197) 先王之道……則天府已 : 두 已자는 '也'와 같다. 劉師培는 六貳는 六典의 副本이고, 博은 '簿'자가 잘못된 것이라고 하였다. 王天海도 그에 동의하면서 博과 簿 두 자는 같은 소리가 변한 것이므로 반드시 틀렸다 할 수는 없다고 하였다. 그리고 "六典 副本의 전적은 본디 당연히 천자의 府庫에 수장되어 있다. 이 문장은 윗글 '問堯舜'과 '求天府'를 이어받아 말한 것으로, 先王의 도는 典冊에 실려 있고 六典 副本의 簿冊은 天府 안에 있는 것을 이른다."라고 하였다. 六典은 고대에 국가를 다스리는 법으로, 治典·教典·禮典·政典·刑典·事典 등 여섯 가지를 말한다. 이 설을 참작하여 번역하였다.

198) 六博 : 일종의 주사위를 던지고 장기를 두는 도박놀이로, 상고 때 烏曹가 발명하였다고 한다. 두 사람이 말판을 향해 마주앉아 승부를 겨뤄 이기는 쪽이 돈을 따먹는다. 말판에 12갈래의 길이 있으며, 말은 흑백 각각 6개이다. 博은 '簙'으로도 쓰인다.

199) 二六 : 二는 貳와 같으므로 六貳의 위치를 바꿔 쓴 것인지, 혹은 장기 알을 두 사람이 각각 여섯 개씩 가진다는 뜻은 아닌지 의심될 뿐, 무슨 뜻인지 정확히 알 수 없다.

200) 六經 : ≪詩經≫·≪書經≫·≪禮記≫·≪樂經≫·≪易經≫·≪春秋≫를 가리킨다.

에 六博이라 한다."라고 하였다. 지금의 도박판도 二六으로 상대한다.

○ 盧文弨 : 貳는 마땅히 '藝'로 되어야 하니, 소리로 인해 잘못되었다. 〈六藝는〉 곧 六經이다.

27-159 **君子之學如蛻**하니 **幡然遷之**라

君子가 배우는 것은 매미가 허물을 벗듯이 해야 하니 신속하게 바뀌어야 한다.

**如蟬蛻也**라 **幡**은 **與翻同**이라

楊倞注 : 〈如蛻은〉 매미가 허물을 벗는 것처럼 해야 한다는 것이다. 幡은 '翻'과 같다.

27-160 **故其行效**하고 **其立效**하고 **其坐效**하고 **其置顔色**과 **出辭氣效**라

그러므로 길을 갈 때도 배우고 서 있을 때도 배우고 앉아 있을 때도 배우고 얼굴표정을 짓거나 말버릇에 대해서도 배워야 한다.

**效**은 **放也**라 **置**는 **措也**라 **言造次皆學而不捨也**라

楊倞注 : 效은 본받는다는 뜻이다. 置는 둔다는 뜻이다. 황급하고 짧은 시간일지라도 언제나 배우고 중지하지 않는다는 말이다.

27-161 **無留善**하며

선한 것은 머물러두지 말고 〈바로 행하며〉

**有善卽行**하고 **無留滯**라

楊倞注 : 좋은 일이 있으면 즉시 행하고 머물러두지 말아야 한다는 것이다.

27-162 **無宿問**이라

물어볼 일은 〈질질 끌어〉 밤을 넘기지 말아야 한다.

**當時卽問**하고 **不俟經宿**이라

楊倞注：그 당시에 즉시 묻고 그날 밤이 지날 때까지 기다리지 말아야 한다는 것이다.

27-163 **善學者盡其理**하고 **善行者究其難**이라

잘 배우는 사람은 사물의 이치를 철저히 이해하고, 잘 실천하는 사람은 그 어려운 것을 철저히 극복한다.

**非知之艱**이요 **行之惟艱**이라 **故善行之者**는 **是究其難**이라

楊倞注：아는 것이 어려운 것이 아니고 그것을 행하는 것이 어렵기 때문에 잘 행하는 사람은 그 어려운 것을 철저히 극복한다는 것이다.

27-164 **君子立志如窮**이라

君子가 뜻을 세움에 있어서는 곤경에 처했을 때처럼 하여야 한다.

**似不能通變**이라

楊倞注：〈如窮은 곤경에 처했을 때〉 이리저리 변통하지 못하는 것처럼 해야 한다는 것이다.

27-165 **雖天子三公**[201]**問正**[202]이라도 **以是非對**라

비록 천자나 三公이 政事를 묻더라도 옳은 것은 옳다, 틀린 것은 틀리다고 대답해야 한다.

**至尊至貴**라도 **對之唯一**이라 **故曰如窮也**라 ○ **先謙案 君子不以窮達易心**이라 **故立志常如窮時**니 **雖君相問**이라도 **必以正對**라 **楊說非**라

---

201) 三公：조정에서 가장 높은 세 관직으로, 太師·太傅·太保를 말한다.

202) 問正：王先謙은 "雖天子三公問 正以是非對(비록 천자나 三公이 묻더라도 옳고 그른 것을 바르게 대답해야 한다.)"로 구두를 끊었으나, 鍾泰는 "正은 '政'으로 읽어야 한다. 問正이란 정사를 묻는다는 뜻이다. '以是非對'는 옳은 것은 옳다 하고 틀린 것은 틀리다고 말하는 것이다."라고 하였는데, 王天海도 이에 동의하였다. 이에 따라 번역하였다.

楊倞注 : 지극히 존귀한 사람이 묻더라도 그 대답은 한결같아야 하므로 '곤경에 처했을 때처럼 하여야 한다.'고 말한 것이다.

○ 先謙案 : 君子는 곤궁과 영달로 마음을 바꾸지 않으므로 뜻을 세우기를 항상 곤궁할 때처럼 하는 것이니, 비록 군주나 재상이 묻는다 하더라도 반드시 바른 도리로 대답한다는 것이다. 楊氏의 설은 틀렸다.

## 27-166 君子隘窮而不失하고

君子는 곤경에 처하더라도 〈그 뜻을〉 잃지 않고

不失道而隕穫이라 ○ 盧文弨曰 隘窮은 卽阨窮이라

楊倞注 : 길을 잃어도 뜻을 상실하지 않는다는 것이다.

○ 盧文弨 : 隘窮은 곧 阨窮이다.

## 27-167 勞倦而不苟하며

피곤하더라도 구차스럽지 않아야 하며

不苟免也라

楊倞注 : 구차하게 〈어려움을〉 모면하지 않는다는 것이다.

## 27-168 臨患難而不忘細席[203)]之言이라

患難에 직면하더라도 지난날 〈강론하는〉 자리에서 하던 말을 잊지 않아야 한다.

尸子에 子夏[204)]曰 君子漸於飢寒而志不僻하고 侉於五兵而辭不慴하고 臨大事不忘昔席之言이라하니 昔席은 蓋昔所踐履之言이라 此細는 亦當讀爲昔이라 或曰 細席은 講論之席이니 臨難不忘素所講習忠義之言이라 漢書王吉諫昌邑王曰 廣廈

---

203) 細席 : 郝懿行은 細자가 '茵'의 잘못이라고 하였으나, 王天海는 楊倞의 주에 따라 '昔席'으로 되어야 한다고 하면서 細자와 昔자는 음이 가까워 잘못된 것이라고 하였다.

204) 子夏 : 孔子의 제자 卜商의 자이다. 春秋 때 衛나라 사람이다. 문학에 조예가 깊은 것으로 유명하고 ≪詩經≫의 序를 짓고 ≪周易≫을 풀이하였으며 魏 文侯의 스승이 되었다.

之下와 細旃之上이라하니라 ○ 盧文弨曰 案廣韻에 㑁는 痛呼也니 安賀切이라하니라 宋本에 作錺어늘 字書無攷라 今從元刻이라 郝懿行曰 細席은 恐茵席之形譌라 蓋茵假借爲絪하고 絪又譌爲細耳라 王念孫曰 郝說是也라 漢書霍光傳의 加畫繡絪馮(빙)에 如淳曰 絪亦茵이라하니 是其證이라 茵席之言은 謂昔日之言이니 卽論語所謂平生之言也라 故尸子云 臨大事不忘昔席之言이라하니라 兪樾曰 郝王之說塙(각)矣라 楊注引尸子의 臨大事不忘昔席之言의 昔은 亦茵之譌라 荀子에 作細席者는 其原文是絪席也요 尸子에 作昔席者는 其原文是茵席也니 兩文雖異而實同이라

楊倞注 : ≪尸子≫에 "子夏가 '君子는 굶주림과 추위의 고통을 많이 겪더라도 心志가 비뚤어지지 않고, 흉기의 위협을 받더라도 발이 〈嚴正하여〉 두려워하지 않고, 큰 일에 직면하더라도 지난날 강론하는 자리에서 하던 말을 잊지 않는다.〔臨大事不忘昔席之言〕'라 했다."라고 하였으니, 昔席은 지난날 실천했던 말이다. 이곳의 細는 또한 마땅히 '昔'으로 읽어야 한다. 혹자는 "細席은 강론하는 자리이니, 患難에 직면하더라도 평소에 강론하고 익힌 충성과 道義에 관한 말을 잊지 않는다는 것이다. ≪漢書≫ 〈王吉傳〉에, 王吉이 昌邑王에게 간하기를 '廣廈之下 細旃之上(넓은 저택 안과 고운 털방석 위에서 〈현명한 스승이 앞에 앉아 있고 글 배우는 제자가 뒤에서 글을 읽는다.〉)'이라 했다."라고 하였다.

○ 盧文弨 : 살펴보건대, ≪廣韻≫에 "㑁는 고통스러워 소리친다는 뜻이니, 〈그 음이〉 安과 賀의 반절이다."라고 하였다. 〈楊氏 주에 인용된 ≪尸子≫의〉 㑁가 宋本에는 '錺'로 되어 있는데, 字書에는 알아볼 곳이 없다. 여기서는 元刻本을 따랐다.

郝懿行 : '細席'은 아마도 '茵席'의 모양이 잘못된 것 같다. 대개 '茵'의 假借字로 '絪'이 되었고, '絪'이 또 잘못되어 '細'로 되었을 것이다.

王念孫 : 郝氏의 설이 옳다. ≪漢書≫ 〈霍光傳〉의 "加畫繡絪馮(아름답게 수놓은 방석 등을 추가하였다.)"이라 한 곳의 주에 洪如淳이 "絪 또한 茵이다."라고 하였으니, 이것이 그 증거이다. 茵席之言은 지난날에 했던 말을 이르니, 곧 ≪論語≫ 〈憲問〉의 이른바 '平生之言(평소에 했던 말)'이다. 그러므로 ≪尸子≫에 '臨大事不忘昔席之言'이라 한 것이다.

兪樾 : 郝氏와 王氏의 설은 틀림없다. 楊氏의 주에 인용한 ≪尸子≫의 '臨大事不忘昔席之言'의 '昔'은 이 또한 '茵'의 잘못이다. ≪荀子≫에 '細席'으로 되어 있는 것은 그 원문이 '絪席'이고, ≪尸子≫에 '昔席'으로 되어 있는 것은 그 원문이 '茵席'이니, 두 글

이 다르지만 사실은 같다.

27-169 **歲不寒無以知松柏**하고 **事不難無以知君子**니 **無日不在是**라

날씨가 춥지 않으면 소나무와 잣나무를 알 수 없고, 일이 어렵지 않으면 君子를 알 수 없으니, 〈君子는〉 어느 하루도 이 〈正道에〉 있지 않는 때가 없다.

無有一日不懷道니 所謂造次必於是[205]也라

楊倞注 : 〈無日不在是는〉 어느 하루도 도리를 생각하지 않은 적이 없다는 것이니, 이른바 '造次必於是(황급하고 짧은 시간일지라도 반드시 여기에 있다.)'라는 것이다.

27-170 **雨小漢故潛**[206]이라

빗물은 양이 적기 때문에 〈땅속에〉 깊이 스며든다.

未詳이라 或曰 爾雅云 漢爲潛이라하고 李巡[207]曰 漢水溢流爲潛이라하고 今云 雨小漢故潛은 言漢者本因雨小한대 水濫觴而成하고 至其盛也에 乃溢爲潛矣라 言自小至大者也라 ○ 郝懿行曰 此語譌誤不可讀이라 楊氏曲爲之解하니 似違蓋闕[208]之義라 兪樾曰 漢字는 疑衍文이라 雨小故潛者는 爾雅釋言曰 潛은 深也라하니 言雨小라 故入地深也라 下文云 夫盡小者大하고 積微者(箸)〔著〕[209]라하니 是其義

205) 造次必於是 : ≪論語≫ 〈里仁〉에 보인다.

206) 雨小漢故潛 : 兪樾의 주에 따라 번역하되 '漢'은 본문대로 두었다. '漢'과 '潛'에 대해 학자들의 견해가 다양하다. 劉師培는 漢은 마땅히 '暵(마르다)'으로 되어야 하고 潛은 가라앉는다는 뜻이라고 하였으며, 王天海는 漢은 濆(홍수 나다)의 모양이 잘못된 것이고 潛은 깊다는 뜻이라고 하였다.

207) 李巡 : 東漢 汝南 汝陽 사람으로 환관이다. 靈帝 때 中常侍로 있으면서 청렴하고 충직하여 남들과 권위를 다투지 않았다. 五經의 문자에 오류가 많고 俗儒가 천착하여 後學을 그르친다 하여 靈帝에게 건의해 五經을 바위에 새겨넣되 蔡邕에게 그 문자를 교정하게 하였다.

208) 蓋闕 : ≪論語≫ 〈子路〉에 孔子가 "군자는 자기가 모르는 것에 대해서는 대개 빼놓는다.〔君子於其所不知 蓋闕如也〕"라고 말한 데서 나온 것이다.

209) (箸)〔著〕 : 저본에는 '箸'로 되어 있으나, 27-171의 원문에 의거하여 '著'로 바로잡았다.

矣라

楊倞注 : 알 수 없다. 혹자는 "≪爾雅≫에 '漢爲潛(漢水로부터 〈흘러나온 지류가〉 潛水가 된다.)'이라 하고, 李巡이 '漢水溢流爲潛(漢水가 넘치면 그것이 흘러 潛水가 된다.)'이라 하고, 여기서 '雨小漢故潛'이라 한 것은 漢水란 본디 매우 적은 빗물로 인해 〈형성되는데,〉 처음에 가늘게 흘러 〈시냇물이〉 되고 그 水量이 많아졌을 때 비로소 넘쳐 潛水가 된다는 말이다. 이것은 작은 것으로부터 시작하여 점점 크게 되는 것을 말한다.

○ 郝懿行 : 이 말은 잘못되어 읽을 수가 없다. 楊氏는 왜곡되게 이것을 풀이하였으니, 〈자기가 모르는 것에 대해서는〉 대개 빼놓는다는 도리를 어긴 것 같다.

兪樾 : '漢'자는 아마도 잘못 덧붙여진 글자 같다. 雨小故潛이란 ≪爾雅≫ 〈釋言〉에 "潛은 깊다는 뜻이다."라고 하였으니, 빗물이 적기 때문에 땅속에 깊이 스며들어간다는 말이다. 아랫글에 "夫盡小者大 積微者著(작은 것을 한껏 모으면 거대해지고 희미한 것을 쌓아나가면 드러난다.)"라 하였으니, 이것이 그 뜻이다.

27-171 夫盡小者大하고 積微者著니 德至者色澤洽[210)]하고 行盡(而)〔者〕[211)] 聲問[212)]遠이라

작은 것을 한껏 모으면 거대해지고 희미한 것을 쌓아나가면 드러나는 법이니, 덕이 완전히 갖춰진 사람은 그 혜택이 두루 미치고 행위가 더할 나위 없이 훌륭한 사람은 명예가 멀리 전해진다.

色澤洽은 謂德潤身[213)]이라 行은 下孟反이라 ○ 先謙案 而는 蓋者之誤니 四句一例라

楊倞注 : 色澤洽은 덕이 몸을 윤택하게 한다는 것을 이른다. 行은 〈음이〉 下와 孟의 반절이다.

---

210) 色澤洽 : ≪書經≫ 〈周書 畢命〉에 "道洽政治 澤潤生民(가르쳐 인도하는 일이 흡족하여 정사가 잘 다스려짐으로써 그 은택이 백성에게 스며든다.)"이라고 하였는데, 王天海는 이것을 근거로 그 덕의 혜택이 두루 미친다는 뜻이라고 하였다. 이에 따라 번역하였다.

211) (而)〔者〕: 저본에는 '而'로 되어 있으나, 王先謙의 주에 의거하여 '者'로 바로잡았다.

212) 問 : '聞'과 통한다.

213) 德潤身 : ≪人學≫ 傳6장에 보인다.

○ 先謙案 : '而'는 대개 '者'의 잘못이니, 〈앞뒤〉 네 구가 같은 형식이다.

## 27-172 小人不誠於內而求之於外라

小人은 마음속이 진실하지 않으면서 밖에서 명성을 추구한다.

## 27-173 言而不稱師謂之畔하고

말을 하면서 자기 스승을 밝히지 않는 것을 畔이라 이르고,

畔者는 倍之半也[214)]라

楊倞注 : 畔이란 倍의 절반이다.

## 27-174 教而不稱師謂之倍[215)]라

가르치면서 자기 스승을 밝히지 않는 것을 倍라 이른다.

教人不稱師는 其罪重이라 故謂之倍라 倍者는 反逆之名也라 ○ 郝懿行曰 倍者는 反也라 畔은 與叛同이라 叛者는 反之半也라 不稱師同이어늘 而罪異者는 言謂自言이요 教謂傳授라 夫民生於三하여 事之如一[216)]하고 師儒得民하여 九兩攸繫[217)]어늘 而乃居肰(연)[218)]坐大하여 背棄師門은 名教罪人이라 故以反叛坐

214) 畔者 倍之半也 : 畔이란 倍의 절반이라는 뜻이다. 畔과 倍가 배반한다는 뜻은 다 같지만 畔은 배반하는 정도가 倍의 절반가량으로, 비교적 심하지 않다는 말이다.

215) 倍 : '背'와 통한다.

216) 民生於三 事之如一 : ≪國語≫ 〈晉語〉에 보이는 欒共子의 말이다. 三은 군주·아비·스승을 가리킨다. 아비는 생명을 주고 스승은 도리를 가르쳐주고 군주는 衣食을 주어 살아가게 하므로 이들을 한결같이 받들어 섬겨야 한다는 것이다.

217) 師儒得民 九兩攸繫 : 九兩은 제후와 백성이 서로 연결되어 흩어지지 않게 하는 아홉 가지 원칙을 말한다. 師儒得民은 그 가운데 일부이다. ≪周禮≫ 〈天官 大宰〉에 "아홉 가지 원칙으로 온 나라의 백성과 연결한다. 첫 번째는 군주이니 그의 토지로 백성의 지지를 얻고, 두 번째는 官長이니 그의 爵位로 백성의 존중을 얻고, 세 번째는 스승이니 그의 도덕으로 백성의 존경을 얻고, 네 번째는 선비이니 그의 재능으로 백성의 信服을 얻고……"라

之라 檀弓記曾子怒子夏曰 使西河之民疑女於夫子하니 爾罪一也라하여늘 鄭注에 言其不稱師也라하니라 然則荀子斯言은 蓋有因於古矣라

楊倞注 : 남들을 가르치면서 자기 스승을 밝히지 않는 것은 그 죄가 무겁기 때문에 그것을 倍라 이른다. 倍란 반역이라는 뜻의 글자이다.

○ 郝懿行 : 倍란 '反'의 뜻이다. 畔은 '叛'과 같다. 叛이란 反의 절반이다. 자기 스승을 밝히지 않는 것은 동일한데 그 죄가 다른 이유는, 言은 자기 혼자 하는 말을 이르고 敎는 남에게 전수하는 것을 이르기 때문이다. 대개 백성은 〈군주·아비·스승의〉 셋에 의해 살아가므로 이들을 한결같이 섬겨야 하고, 스승과 선비는 〈그 도덕과 재능으로〉 백성의 존경과 信服을 얻으므로 아홉 가지 화합하는 법이 연관되어 있는 것인데, 도리어 거만하게 잘난 체하여 스승을 배반하여 버리는 것은 윤리도덕의 죄인이기 때문에 그를 반역자로 치부하는 것이다. ≪禮記≫ 〈檀弓〉의 기록에 의하면, 曾子가 子夏에게 화를 내기를 "西河 지방의 백성들로 하여금 너를 우리 夫子로 의심하게 하였으니, 이것이 너의 죄 가운데 하나이다."라고 하였는데, 鄭玄의 주에 "그가 자기 스승을 밝히지 않는 것을 말한 것이다."라고 하였다. 그렇다면 ≪荀子≫의 이 말은 어쩌면 옛말에 근거를 두었을 것이다.

## 27-175 倍畔之人은 明君不內(납)[219]하고 朝士[220]大夫遇諸塗不與言이라

〈자기 스승을〉 倍畔(背叛)한 사람에 대해서는 현명한 군주는 받아들여 〈임용하지〉 않고 朝士와 大夫는 길에서 만나더라도 그와 함께 말을 하지 않는다.

## 27-176 不足於行者는 說過하고

행동이 부족한 사람은 말이 〈실제보다〉 지나치고

言說大過라 故行不能副也라

---

고 하였다.

218) 居肰(연) : '倨然'과 같다.

219) 內(납) : '納'과 같다.

220) 朝士 : 周代 秋官에 딸린 관직명이다. 外朝의 관리 서열 및 刑獄을 관장한다. 外朝는 천자와 제후가 정사를 처리하는 곳이다.

楊倞注 : 말이 너무 지나치므로 행동이 그에 부응하지 못하는 것이다.

## 27-177 **不足於信者**는 **誠**[221)]**言**이라

信義가 부족한 사람은 과장되게 말한다.

**數欲誠實其言**이라 **故信不能副**하니 **君子所以貴行不貴言也**라 ○ 郝懿行曰 **說過者**는 **大言不怍**하며 **誠言者**는 **貌言若誠**이라

楊倞注 : 여러 번 계속 그의 말을 진실되게 하려 하므로 신의가 그에 부응하지 못하는 것이니, 君子는 이 때문에 행동을 귀하게 여기고 말을 귀하게 여기지 않는다.

○ 郝懿行 : 말이 실제보다 지나친 사람은 큰소리 치고 부끄러워하지 않으며, 말을 진실되게 하려는 사람은 허튼소리가 진실 같다.

## 27-178 **故春秋善胥命**하고 **而詩非屢盟**하니 **其心一也**라

그러므로 ≪春秋≫에서는 상호간에 구두로 약정하는 것을 좋게 여겼고, ≪詩經≫에서는 자주 맹약하는 것을 비난하였으니, 그 마음은 동일하다.

**春秋魯桓公三年**에 **齊侯衛侯胥命于蒲**라하여늘 **公羊傳曰 相命也**라 **何言乎相命**고 **近正也**라 **古者不盟**[222)]하고 **結言而退**라하니라 **又詩曰 君子屢盟**하니 **亂是用長**이라하니라 **言其一心而相信**하면 **則不在盟誓也**라

楊倞注 : ≪春秋≫의 魯 桓公 3년에 "齊侯와 衛侯가 蒲 지방에서 胥命하였다."라고 하였는데, ≪春秋公羊傳≫에 "〈胥命은〉 서로 명한 것이다. 무엇 때문에 서로 명한 것이라고 말하는가? 正道에 가깝기 때문이다. 고대에는 맹세를 하지 않고 말로만 약속하고 물러갔다."라고 하였다. 또 ≪詩經≫ 〈小雅 巧言〉에 "君子 자주 새로운 맹약 맺으니〔君子屢盟〕, 혼란이 이로 인해 늘어난다네."라고 하였다. 이것은 그들이 한마음이 되어 서로 믿는다면 〈중요한 것이〉 맹세에 있지 않다는 말이다.

---

221) 誠 : '盛'과 통한다. 이에 대해 于省吾 · 楊柳橋 · 張覺 · 王天海 등의 설이 모두 같다.

222) 盟 : 맹세한다는 뜻이다. 그러나 여기서는 제후끼리 맹약을 맺을 때 그것을 반드시 지키겠다는 의지의 표현으로, 희생을 잡아 그 피를 입안에 머금거나 입술에 바르는 의식을 치른다는 뜻까지 포함된 것이다.

27-179 **善爲詩者不說**하고 **善爲易者不占**하고 **善爲禮者不相**하니 **其心同也**라

≪詩經≫을 잘 다루는 사람은 해설하지 않고, ≪周易≫을 잘 다루는 사람은 점을 치지 않고, ≪禮經≫을 잘 다루는 사람은 〈남의 禮를 위해〉 들러리를 서지 않으니, 그 마음은 동일하다.

皆言與理冥會者는 至於無言說者也라 相은 謂爲人贊相也라

楊倞注 : 이것은 모두 이치를 은연중에 깨달은 사람은 말이 없는 경지에 도달한다는 말이다. 相은 남의 〈禮를〉 위해 들러리를 서는 것을 이른다.

27-180 **曾子曰 孝子言爲可聞**하고 **行爲可見**이라

曾子가 말하기를 "孝子가 하는 말은 들을 만하고, 하는 행위는 볼 만하다.

發言使人可聞은 不詐妄也요 立行使人可見은 不苟爲니 斯爲孝子也라

楊倞注 : 하는 말을 다른 사람이 들을 만하게 하는 것은 속이지 않기 때문이고, 하는 행위를 다른 사람이 볼 만하게 하는 것은 구차스럽게 하지 않기 때문이니, 이것이 효자이다.

27-181 **言爲可聞**할새 **所以說**(열)**遠也**하고 **行爲可見**할새 **所以說近也**라 **近者說則親**하고 **遠者說則附**라 **親近而附遠**이 **孝子之道也**라하니라

하는 말이 들을 만하기 때문에 멀리 있는 사람을 기쁘게 하고, 하는 행위가 볼 만하기 때문에 가까이 있는 사람을 기쁘게 한다. 가까이 있는 사람이 기뻐하면 친근해지고, 멀리 있는 사람이 기뻐하면 따르게 된다. 가까이 있는 사람을 친근해지게 하고 멀리 있는 사람을 따르게 하는 것이 효자의 도리이다."라고 하였다.

說은 皆讀爲悅이라 近親遠附하면 則毁辱無由及親也라

楊倞注 : 說은 모두 '悅'로 읽어야 한다. 가까이 있는 사람이 친근해지고 멀리 있는 사람이 따른다면 남들의 비방과 모욕이 부모에게 미칠 일이 없다.

27-182 **曾子行**에 **晏子從於郊**하여 **曰 嬰聞之**컨대 **君子贈人以言**하고 **庶人贈人以財**라하니라 **嬰貧無財**하니 **請假於君子**하여 **贈吾子以言**하리라

曾子가 〈齊나라를〉 떠날 적에 晏子가 교외까지 따라와 말하기를 "제가 듣건대, '君子는 〈길 떠나는〉 사람에게 선물하기를 말로 하고, 일반백성은 〈길 떠나는〉 사람에게 선물하기를 재물로 한다.' 하였습니다. 저는 가난하여 재물이 없으니 君子의 〈이름을〉 빌려 당신에게 말로 선물하겠습니다.

**假於君子**는 **謙辭也**라 **晏子先於孔子**하고 **曾子之父**는 **猶爲孔子弟子**니 **此云送曾子**는 **豈好事者爲之歟**아

楊倞注 : 君子의 〈이름을〉 빌린다는 것은 겸손의 말이다. 晏子는 〈그 시대가〉 孔子보다 앞서고 曾子의 아버지(曾點)는 오히려 孔子의 제자이니, 여기서 〈晏子가〉 曾子를 전송한다고 말한 것은 어찌 말 만들기를 좋아하는 사람이 만들어낸 것이 아니겠는가.

27-183 **乘輿之輪**은 **太**[223]**山之木也**라 **示**(치)**諸檃栝三月五月**하면 **爲**[224]**幬**(**菜**)〔**革**〕[225]**敝而不反其常**이라

수레의 바퀴는 본디 泰山의 목재로 만든 것입니다. 그것을 석 달이나 다섯 달 동안 도지개에 놓아두어 〈둥근 바퀴가 이뤄지면〉 바퀴를 둘러싸 얽은 가죽 끈이 헐고 끊어지더라도 평소의 모양으로 돌아가지 않습니다.

**此皆言車之材也**라 **示**는 **讀爲寘**라 **檃栝**은 **矯煣木之器也**라 **言寘諸檃栝**을 **或三月**하고 **或五月也**라 **幬菜**는 **未詳**이라 **或曰 菜**는 **讀爲菑**[226]니 **謂轂與輻**[227]**也**라하니라 **言矯煣**

---

223) 太 : '泰'와 같다.

224) 爲 : '則'과 같다.

225) (菜)〔革〕: 저본에는 '菜'로 되어 있으나, 張覺의 설에 의거하여 '革'으로 바로잡았다.

226) 菑 : 바퀴살이 안쪽 轂 속으로 들어간 것을 말한다. 바깥쪽 牙 속으로 들어간 것은 '蚤'라 한다.

227) 轂與輻 : 轂은 수레바퀴 중심의 속이 빈 둥근 나무를 가리킨다. 그 빈 곳에는 굴대가 들어가고, 바깥쪽에는 30개의 바퀴살을 박아 끼운다. 輻은 바퀴살이다.

直木爲牙[228]면 至於轂輻皆敝라도 而規曲不反其初하니 所謂三材不失職[229]也라 周禮考工記曰 望其轂하면 欲其眼也하고 進而眡之하면 欲其幬之廉也라하여늘 鄭云 幬는 冒轂之革也라 革急則裹[230]木廉隅見이라하니라 考工記又曰 察其菑蚤하여 不齵하면 則輪雖敝라도 不匡이라하여늘 鄭云 菑는 謂輻入轂中者라 蚤는 讀爲爪니 謂輻入牙中者也라 匡은 刺也라하니라 晏子春秋曰 今夫車輪은 山之直木이라 良匠煣之하여 其員[231]中規면 雖有槁暴라도 不復(嬴)〔羸〕[232]矣라하니라

楊倞注：여기서는 모두 수레의 재료를 말한 것이다. 示는 '寘(두다)'로 읽어야 한다. 檃栝(도지개)은 목재를 구부리는 도구이다. 도지개에 놓아두기를 혹은 3개월 혹은 5개월 동안 한다는 말이다. 幬茱는 알 수 없다. 혹자는 "茱는 '菑'로 읽어야 하니 轂에 바퀴살이 박힌 부분을 이른다."라고 하였다. 곧은 목재를 구부려 牙를 만들면 轂과 바퀴살이 모두 망가지더라도 둥글게 굽어진 것이 그 처음 상태로 돌아오지 않는다는 말이니, 이른바 세 가지 재료가 제 역할을 잃지 않는다는 것이다. ≪周禮≫ 〈考工記〉에 "望其轂 欲其眼也 進而眡之 欲其幬之廉也(그 轂을 먼 곳에서 바라보면 큰 눈알이 볼록 튀어나온 것 같고, 가까이 다가가서 보면 가죽으로 둘러싼 부분이 〈팽팽하여〉 모서리의 윤곽이 드러나야 한다.)"라고 하였는데, 鄭玄이 "幬

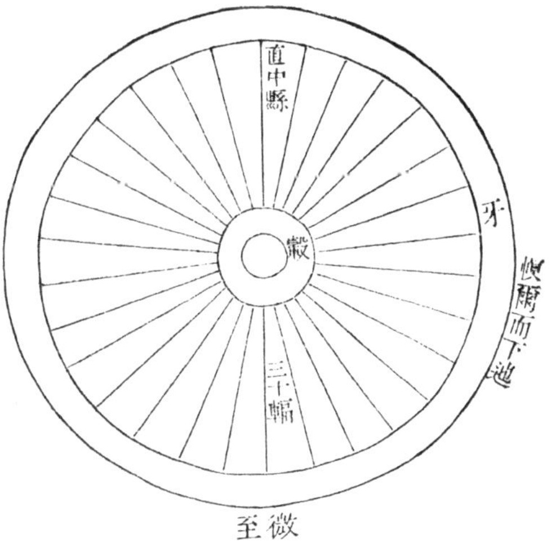

輪

228) 牙：수레바퀴 바깥의 둥근 부분을 가리킨다.

229) 三材不失職：≪周禮≫ 〈冬官 考工記 輪人〉에 보인다. 三材는 수레바퀴를 구성하는 세 가지 재료를 말하는 것으로, 轂・輻・牙이다.

230) 裹：저본의 원주에 "裹는 원본에 없으나, ≪周禮≫ 〈考工記 輪人〉의 鄭玄 주에 의거하여 보충하였다.〔裹 原本無 據周禮考工記輪人鄭注補〕"라고 하였다.

231) 員：'圓'과 같다.

232) (嬴)〔羸〕：저본에는 '嬴'로 되어 있으나, ≪晏子春秋≫ 권5에 의거하여 '羸'으로 바로잡았다.

는 轂을 덮어 싼 가죽이다. 가죽이 팽팽하면 나무를 싼 모서리의 윤곽이 드러난다."라고 하였다. ≪周禮≫ 〈考工記〉에 또 "察其菑蚤 不齵 則輪雖敝 不匡(그 菑와 蚤가 〈가지런히 끼워졌는지〉 살펴보아 과연 가지런하다면 바퀴가 비록 망가지더라도 굽어지지 않는다.)"이라 하였는데, 鄭玄이 "菑는 바퀴살이 轂 속으로 들어간 것을 이른다. 蚤는 '爪'로 읽어야 하니, 바퀴살이 牙 속으로 들어간 것을 이른다. 匡은 어긋난다는 뜻이다."라고 하였다. ≪晏子春秋≫에 "今夫車輪 山之直木 良匠煣之 其員中規 雖有槁暴 不復嬴矣(지금 저 수레바퀴는 본디 산속의 곧은 목재였습니다. 기능이 뛰어난 匠人이 불에 구워 굽혀서 그 둥글기가 그림쇠와 부합하면, 이것을 비록 바싹 말린다 해도 다시는 곧아지지 않습니다.)"라 하였다.

## 27-184 君子之檃栝에 不可不謹也라 愼之하라

君子가 〈본성을 바꾸는〉 도지개에 대해 신중하게 여기지 않으면 안 됩니다. 부디 신중히 여기십시오.

爲移其性이라 故不可慢이라

楊倞注 : 그의 본성을 바꾸는 도구이므로 소홀히 여길 수 없다는 것이다.

## 27-185 蘭茝槀本이라도 漸於蜜醴하면 一佩易之[233]라

난초·白芷·槀本 같은 향초라도 꿀이나 단술에 담그면 한 번 써보고 버릴 것입니다.

雖皆香草나 然以浸於甘醴면 一玉佩方可易買之라 言所漸者美而加貴也라 佩는 或爲倍니 謂其一倍也라 漸은 浸也니 子廉反이라 此語與晏子春秋不同也라 ○ 盧文弨曰 晏子엔 作今夫蘭本은 三年而成하니 湛之苦酒하면 則君子不近하고 庶人不佩나 湛之麋醢하면 而賈匹馬矣라하니라 說苑家語略同[234]이라 麋醢作鹿醢라 案漸於蜜醴와 與漸於酒와 漸之滫中[235]은 皆謂其不可久라 故一佩卽易之라 各書俱

233) 一佩易之 : 王天海는 "한 번 써보고 버린다는 뜻이다. 이것은 난초·白芷·槀本을 꿀이나 단술에 담그면 쓸 수 없다는 것을 이른다."라고 하였다. 이에 따라 번역하였다.

234) 說苑家語略同 : ≪說苑≫ 〈雜言〉과 ≪孔子家語≫ 〈六本〉에 보인다.

235) 漸之滫中 : ≪荀子≫ 〈勸學〉(1-15)에 보인다.

一意라 注非라

楊倞注 : 이것들이 비록 모두 향초이나 단술에 담가두면 패옥 한 개 정도는 되어야 그것을 바꾸거나 살 수 있다는 것이다. 담가둔 단술이 좋아서 더 귀해진다는 말이다. 佩는 간혹 '倍'로 되어 있기도 하니, 〈이때는〉 그 값이 갑절이라는 것을 이른다. 漸은 담근다는 뜻이니, 〈그 음이〉 子와 廉의 반절이다. 이 말은 ≪晏子春秋≫와 같지 않다.

○ 盧文弨 : ≪晏子春秋≫에는 "今夫蘭本 三年而成 湛之苦酒 則君子不近 庶人不佩 湛之麋醢 而賈匹馬矣(지금 저 난초와 稾本은 3년이 지나야 어느 정도 자라는데, 그것을 쓴 술에 담그면 君子가 가까이하지 않고 일반 사람도 허리에 차지 않지만 사슴고기로 만든 간장에 담근다면 그것으로 말 한 필을 바꿀 수 있습니다.)"로 되어 있다. ≪說苑≫과 ≪孔子家語≫의 내용도 대략 같다. 거기에는 麋醢가 '鹿醢'로 되어 있다. 살펴보건대, 꿀과 단술에 담근다는 것과 술에 담근다는 것과 쉰 뜨물에 담근다는 것은 모두 그 〈본연의 향기가〉 오래가지 못하는 것을 이른다. 그러므로 패옥 한 개로도 바꿀 수 있다는 뜻이다. 각 책의 내용도 다 같은 뜻이다. 〈楊氏의〉 주는 틀렸다.

蘭

白芷

27-186 正君漸於香酒면 可讒而得也라

바른 군주라도 향긋한 술맛과도 〈같은 달콤한 말에〉 담겨진다면 모함하는 말이 귀에 들어갈 것입니다.

雖正直之君이라도 其所漸染이 如香之於酒면 則讒邪可得而入이라 言甘醴變香草之性하고 甘言變正君之性이니 或爲美하고 或爲惡은 皆在其所漸染也라 ○ 郝懿行曰 正君者는 好是正直之君이라 讒言甘而易(이)入은 如飮醇醪에 令人自醉라 故以漸於香酒譬況之라

楊倞注 : 비록 바르고 곧은 군주라 하더라도 〈색다른 것에〉 담겨지는 것이 마치 향초의 향기가 단술 맛에 〈의해 사라지는 것과〉 같다면 모함하고 간사한 말이 귀에 들어갈 수 있을 것이다. 단술은 향초의 본성을 바꾸고 달콤한 말은 바른 군주의 본성을 바꾼다는 말이니, 혹은 아름답게 되기도 하고 혹은 추악하게 되기도 하는 것은 모두 〈색다른 것에〉 담겨지는 데에 달려 있다는 것이다.

○ 郝懿行 : 正君이란 바르고 곧은 것을 좋아하는 군주이다. 모함하는 말이 달콤하여 귀에 쉽게 들어가는 것은 맛있는 술을 마실 때 사람으로 하여금 저절로 취하게 하는 것과 같다. 그러므로 향긋한 술에 담겨진다는 말로 비유한 것이다.

27-187 君子之所漸에 不可不愼也라하니라

그러니 君子는 〈자기가〉 담겨지는 것에 대해 신중히 대처하지 않으면 안 됩니다."라고 하였다.

27-188 人之於文學也는 猶玉之於琢磨也라 詩曰 如切如磋하고 如琢如磨[236]라하니 謂學問也라 和之璧은 井里之厥[237]也나 玉人琢之하여 爲天(子)〔下〕[238]寶라

---

236) 如切如磋 如琢如磨 : 옥이나 돌 따위를 갈고 닦아서 빛을 내듯이 학문과 덕행도 그처럼 끊임없이 닦고 수련해야 한다는 뜻이다. 뼈를 가공하는 것을 '切'이라 하고, 상아를 가공하는 것을 '磋'라 하고, 옥을 가공하는 것을 '琢'이라 하고, 돌을 가공하는 것을 '磨'라 한다.

237) 井里之厥 : 井里는 시골마을이란 뜻이다. 고대에는 마을사람들이 하나의 우물을 공동

사람이 학문을 닦는 것은 옥이 다듬어지는 것과 같다. ≪詩經≫ 〈衛風 淇奧〉에 "뼈 자르고 상아를 갈 듯이 하고, 옥을 쪼고 바윗돌 다듬듯 하네."라 하였으니, 이는 학문을 닦는 것을 이른다. 和氏의 옥돌은 시골마을의 문지방을 고정하는 돌덩이와 〈같았으나〉 옥을 다듬는 匠人이 그것을 쪼고 다듬어 천하의 보물이 되었던 것이다.

和之璧은 楚人卞和所得之璧也라 井里는 里名이라 厥也는 未詳이라 或曰 厥은 石也라하니라 晏子春秋엔 作井里之困也라 ○ 盧文弨曰 案厥은 同橜이라 說文에 橜은 門梱也라하고 梱은 門橜也라하니라 荀子以厥爲橜하고 晏子以困爲梱하니 皆謂門限이라 意林不解하여 乃改爲璞矣라 郝懿行曰 晏子春秋雜上篇에는 作井里之困이라 據盧說하면 則厥與困一物이니 皆謂得石如門限木耳라 王念孫曰 盧本段說하니 見鍾山札記[239)]라 文選劉琨答盧諶詩序의 天下之寶는 當與天下共之의 注引此하여 和下有氏字①하고 爲天子寶는 作爲天下寶②하니 於義爲長이라 下文亦云 子贛季路는 爲天下列士라하니라

① 晏子春秋雜篇同이라
≪晏子春秋≫ 〈雜篇〉도 이와 같다.

② 又引史記藺相如傳하여 和氏璧은 天下所共傳寶也라하니라
〈그 주에〉 또 ≪史記≫ 〈藺相如傳〉을 인용하여 "和氏璧 天下所共傳寶也(和氏의 옥돌은 천하가 다함께 후세에 전할 보물이다.)"로 되어 있다.

楊倞注 : 和之璧은 楚나라 사람 卞和가 얻은 옥돌이다. 井里는 마을 이름이다. 厥은 무엇인지 알 수 없다. 혹자는 "厥은 돌이다."라고 하였다. ≪晏子春秋≫에는 '井里之困'으로 되어 있다.

○ 盧文弨 : 살펴보건대, 厥은 '橜(문지방)'과 같다. ≪說文解字≫에 "橜은 '門梱(문지방)'이다."라 하고, 또 "梱은 '門橜(문지방)'이다."라고 하였다. ≪荀子≫는 '厥'을 '橜'의

---

으로 사용하였으므로 붙여진 이름이다. 厥은 문지방을 고정하는 쐐기모양의 돌덩이를 말한다.

238) (子)〔下〕: 저본에는 '子'로 되어 있으나, 王念孫의 주에 의거하여 '下'로 바로잡았다.

239) 鍾山札記 : 盧文弨의 수필집으로, 모두 4권 2책이다. 그가 南京 鍾山書院의 敎官으로 있을 무렵에 고서를 교감하면서 쓴 것이다.

뜻으로 쓰고, ≪晏子春秋≫는 '困'을 '梱'의 뜻으로 썼으니, 모두 門限(문지방)을 이른다. ≪意林≫에서는 그 뜻을 몰라 이것을 고쳐 '璞'으로 되었다.

郝懿行 : ≪晏子春秋≫ 〈雜上篇〉에는 〈井里之厥이〉 '井里之困'으로 되어 있다. 盧氏의 설에 의하면 厥과 困은 같은 물건이니, 모두 〈和氏가〉 얻은 돌이 〈시골마을에서〉 문지방을 고정하는 나무쐐기처럼 〈대수롭지 않았다는 것을〉 이른다.

王念孫 : 盧氏는 段氏(段玉裁)의 설에 근본을 둔 것이니, ≪鍾山札記≫에 보인다. ≪文選≫에 劉琨이 쓴 〈答盧諶詩序〉의 "天下之寶 當與天下共之(천하의 보물은 마땅히 천하가 공유해야 한다.)"라고 한 곳의 李善 주에 이 글을 인용하여 '和' 밑에 '氏'자가 있고 '爲天子寶'는 '爲天下寶'로 되어 있으니, 뜻이 더 낫다. 아랫글에도 "子贛季路……爲天下列士(子贛과 季路는……천하에 손꼽히는 인물이 되었다.)"라고 하였다.

### 27-189 子贛季路[240)]는 故[241)]鄙人也나 被文學하고 服禮義하여 爲天下列士라

子贛(子貢)과 季路(子路)는 본디 촌스런 사람이었으나, 학문을 닦고 禮義를 익혀 천하에 손꼽히는 명사가 된 것이다.

子貢

### 27-190 學問不厭하고 好士不倦하면 是天府[242)]也라

배우고 묻기를 싫어하지 않고 어진 선비 좋아하기를 게을리하지 않는다면 이것은 자연의 지식 寶庫이다.

---

240) 子贛季路 : 子贛은 端木賜의 자이고, 季路는 仲由의 자이다. 모두 孔子의 뛰어난 제자들로 孔門十哲에 들어간다. 子贛은 子貢과 같고, 仲由의 또 다른 자는 子路이다.

241) 故 : 여기서는 '本'과 통한다.

242) 天府 : 楊柳橋는 천연의 지식 寶庫라 하고, 王天海는 천자의 府庫라고 하였다.

言所得多라

楊倞注 : 얻는 것이 많다는 말이다.

27-191 君子疑則不言하고 未問[243]則不(立)〔言〕[244]이니 道遠日益矣라

君子는 의심나는 일은 말하지 않고 아직 들어보지 못한 일은 말하지 않아야 하니, 가는 길이 멀더라도 날로 더 진보하는 것이다.

未曾學問이면 不敢立爲論議니 所謂不知爲不知[245]也라 爲道久遠이라도 自日有所益일새 不必道聽塗說也라 此語出曾子라 ○ 王念孫曰 立字는 義不可通이리立은 亦當爲言①이라 疑則不言하고 未問則不言은 皆謂君子之不易(이)②其言也라 大戴記曾子立事篇에 君子疑則不言하고 未問則不言이라하니라 此篇之文은 多與曾子同也라 隸書言字는 或作㝵③하니 因脫其半而爲立④이라 楊曲爲之說하니 非라

① 下文未問則不立同이라
아랫글(27-236)의 '未問則不立'도 같다.

② 以豉反이라
〈易는〉 以와 豉의 반절이다.

③ 若䍃(요)作䍃하고 詹作詹하고 善(선)作善之類皆是라
'䍃'가 '䍃'로 되고, '詹'이 '詹'으로 되고, '善'이 '善'으로 되어 있는 사례와 같은 것이 모두 이것이다.

④ 秦策에 秦王愛公孫衍하여 與之間有所言이라하여늘 今本言譌作立이라
≪戰國策≫ 〈秦策〉에 "秦王愛公孫衍 與之間有所言(秦 武王이 公孫衍을 총애하여 틈을 내 그에게 말을 한 일이 있었다.)"이라고 하였는데, 지금 판본에는 '言'이 잘못되어 '立'으로 되어 있다.

楊倞注 : 일찍이 배우고 물은 적이 없다면 감히 어떤 논의를 내세우지 말아야 하니,

---

243) 問 : '聞'과 통한다.

244) (立)〔言〕: 저본에는 '立'으로 되어 있으나, 王念孫의 주에 의거하여 '言'으로 바로잡았다.

245) 不知爲不知 : ≪論語≫ 〈爲政〉에 보인다.

이것이 이른바 '不知爲不知(모르는 것을 모른다고 하는 것)'이다. 배우는 길이 멀더라도 저절로 날로 더 진보하는 일이 있을 것이므로 길에서 듣고 길에서 말할 필요가 없다는 것이다. 이 말은 ≪大戴禮記≫ 〈曾子立事篇〉에 나온다.

○ 王念孫 : 立자는 뜻이 통하지 않는다. 立은 또한 마땅히 '言'으로 되어야 한다. '의심나는 일은 말하지 않고 아직 들어보지 못한 일은 말하지 않아야 한다.'는 것은 모두 君子가 그에 관한 말을 쉽게 하지 않는 것을 이른다. ≪大戴禮記≫ 〈曾子立事篇〉에 "君子疑則不言 未問則不言(君子는 의심나는 일은 말하지 않고 아직 들어보지 못한 일은 말하지 않아야 한다.)"이라 하였다. 이 편의 글은 많은 부분이 ≪大戴禮記≫ 〈曾子立事篇〉과 같다. 隸書에서 '言'자는 간혹 '音'으로 되어 있기도 하니, 이로 인해 그 절반(口)이 탈락되어 '立'으로 된 것이다. 楊氏는 이것을 왜곡되게 말했으니 틀렸다.

27-192 多知而無親하고 博學而無方하고 好多而無定者는 君子不與라

아는 것이 많으면서도 직접 〈스승에게 전수받은 것이〉 없고, 널리 배우면서도 일정한 법도가 없고, 많이 〈배우는 것을〉 좋아하면서도 일정한 방향이 없는 사람은 君子가 함께하지 않는다.

無親은 不親師也라 方은 法也라 此皆謂雖廣博而無師法也라

楊倞注 : 無親은 스승에게 직접 전수받은 것이 없다는 뜻이다. 方은 법이란 뜻이다. 이것은 모두 〈알거나 배우는〉 범위가 비록 넓더라도 스승과 법도가 없는 것을 이른다.

27-193 少不諷〔誦〕[246)]하고 壯不論議하면 雖可라도 未成也라

젊어서는 글을 읽지 않고 장년이 되어서는 견해를 설명하지 않는다면 비록 〈자질은〉 그런대로 좋더라도 완전한 인물이 되지 못한다.

諷은 謂就學諷詩書也라 言不學이면 雖有善質이라도 未爲成人也라 ○ 王念孫曰 少不諷은 當從大戴記하여 作少不諷誦이라 諷誦與論議對文이니 少一誦字면 則文

246) 〔誦〕: 저본에는 '誦'이 없으나, 王念孫의 주에 의거하여 보충하였다.

不足意矣라 楊云 諷은 謂就學諷詩書라하니 則所見本已脫誦字라

楊倞注 : 諷은 학교에 들어가 ≪詩經≫ · ≪書經≫을 읽는 것을 이른다. 글을 배우지 않는다면 비록 좋은 자질을 지녔더라도 완전한 인물이 되지 못한다는 말이다.

○ 王念孫 : '少不諷'은 마땅히 ≪大戴禮記≫에 따라 '少不諷誦'으로 되어야 한다. '諷誦'과 '論議'은 대구이니 '誦' 한 자가 적으면 글 뜻이 완전하지 못하다. 楊氏가 "諷은 謂就學諷詩書(諷은 학교에 들어가 ≪詩經≫ · ≪書經≫을 읽는 것을 이른다.)"라 하였으니, 그가 본 판본에 이미 '誦'자가 빠졌을 것이다.

27-194 君子壹教하고 弟子壹學하면 亟成하리라

君子가 온 마음을 기울여 가르치고 제자가 온 마음을 기울여 배운다면 〈학문이〉 빨리 이루어질 것이다.

壹은 專壹也라 亟은 急也니 己力反이라

楊倞注 : 壹은 전일하다는 뜻이다. 亟은 급하다는 뜻이니, 〈그 음이〉 己와 力의 반절이다.

27-195 君子進하면 則能益上之譽하고 而損下之憂라

君子는 벼슬길에 나아가면 군주의 영예에 보탬이 되고 백성들의 걱정을 덜어줄 수 있어야 한다.

進은 仕라 損은 減이라

楊倞注 : 進은 벼슬한다는 뜻이다. 損은 줄어든다는 뜻이다.

27-196 不能而居之는 誣也요 無益而厚受之는 竊也라

재능이 없으면서도 〈관직을〉 차지하고 있는 것은 〈군주를〉 속이는 짓이고, 도움주는 일이 없으면서 〈녹을〉 후하게 받는 것은 〈벼슬자리를〉 훔치는 짓이다.

誣君竊位라

楊倞注 : 군주를 속이고 벼슬자리를 훔치는 짓이라는 것이다.

### 27-197 學者非必爲仕나 而仕者必如[247)]學이라

배운 사람은 모두가 반드시 벼슬살이를 하는 것은 아니지만, 벼슬살이를 하는 사람은 반드시 마땅히 배워야 한다.

如는 往이라 ○ 郝懿行曰 如는 肖似也라 此言仕必不負所學이라 注云 如는 往이라하니 非也라

楊倞注 : 如는 '往(가다)'의 뜻이다.

○ 郝懿行 : 如는 서로 같다는 뜻이다. 여기서는 벼슬살이를 할 때는 반드시 이전에 배운 것을 저버리지 않아야 한다는 말이다. 〈楊氏의〉 주에 "如는 '往(가다)'의 뜻이다."라 하였으니, 이는 틀렸다.

### 27-198 子貢問於孔子曰 賜倦於學矣라 願息事君하리이다하니

子貢이 孔子에게 묻기를 "저는 배우는 것에 싫증이 납니다. 쉬면서 군주를 섬길까 합니다." 하니,

息는 休息이라

楊倞注 : 息는 쉰다는 뜻이다.

### 27-199 孔子曰 詩云 溫恭朝夕하여 執事有恪이라하니 事君難이어늘 事君焉可息哉아하니라

孔子가 말하기를 "≪詩經≫에 '朝夕에 온순하고 공경하면서, 종묘 제사 정성껏 봉행하였네.'라 하였으니, 군주를 섬기는 것도 어려운데 군주를 섬기면서 어찌 쉴 수 있겠는가."라고 하였다.

孔子

247) 如 : '當'과 같다.

詩는 商頌那之篇이라

楊倞注：≪詩經≫은 〈商頌 那〉편이다.

27-200 然則賜願息事親하리이다하니 孔子曰 詩云 孝子不匱하니 永錫爾類라하니 事親難이어늘 事親焉可息哉아하니라

〈子貢이 말하기를〉 "그렇다면 저는 쉬면서 부모님을 섬길까 합니다." 하니, 孔子가 말하기를 "≪詩經≫에 '효자 봉양 끝나는 날이 없거니, 길이 네게 좋은 복 내릴 거로세.'라 하였으니, 부모를 섬기는 것도 어려운데 부모를 섬기면서 어찌 쉴 수 있겠는가."라고 하였다.

詩는 大雅旣醉之篇이라 毛云 匱는 竭也라 類은 善也라하니라 言孝子之養은 無有匱竭之時라 故天長賜以善也라

楊倞注：≪詩經≫은 〈大雅 旣醉〉편이다. 〈毛傳〉에 "匱는 '竭(다하다)'의 뜻이다. 類은 '善(좋다)'의 뜻이다."라고 하였다. 효자가 부모를 봉양하는 일은 끝나는 때가 없기 때문에 하늘이 길이 그에게 좋은 복을 내려줄 것이라는 말이다.

27-201 然則賜願息於妻子하리이다하니 孔子曰 詩云 刑[248]于寡妻하여 至于兄弟하여 以御於家邦이라하니 妻子難이어늘 妻子焉可息哉아하니라

〈子貢이 말하기를〉 "그렇다면 저는 처자 속에서 쉴까 합니다." 하니, 孔子가 말하기를 "≪詩經≫에 '아내에게 禮法을 먼저 세워서, 형이며 아우에게 미쳐갔으며, 그런 뒤에 국가를 다스렸다네.'라 하였으니, 처자를 〈거느리는 것도〉 어려운데 처자 속에서 어찌 쉴 수 있겠는가."라고 하였다.

詩는 大雅思齊之篇이라 刑은 法也라 寡有之妻니 言賢也라 御는 治也라 言文王先立禮法於其妻하여 以至于兄弟하고 然後治于家邦이라 言自家刑國也라

---

248) 刑：'型'과 통한다.

楊倞注 : ≪詩經≫은 〈大雅 思齊〉편이다. 刑은 법이라는 뜻이다. 〈寡妻는 겸손하여〉 지닌 〈덕이〉 적다고 〈말하는〉 아내이니, 어질다는 말이다. 御는 다스린다는 뜻이다. 文王이 먼저 그의 아내에게 禮法을 세워서 형제에게 미쳐가고 그런 다음에 국가를 다스렸다는 말이다. 가정에서부터 국가에 이르기까지 모두 규범이 있었다는 것을 말한다.

**27-202 然則賜願息於朋友**하리이다하니 **孔子曰 詩云 朋友攸攝**한대 **攝以威儀**로다하니 **朋友難**이어늘 **朋友焉可息哉**아하니라

〈子貢이 말하기를〉 "그렇다면 저는 벗들 속에서 쉴까 합니다." 하니, 孔子가 말하기를 "≪詩經≫에 '벗 사이에 서로들 도와주는데, 돕기를 〈다름 아닌〉 예절로 하네.'라 하였으니, 벗들과 〈어울리기도 어려운데〉 벗들 속에서 어찌 쉴 수 있겠는가."라고 하였다.

**亦旣醉之篇**이라 **毛云 言相攝佐者以威儀也**라

楊倞注 : 이 또한 ≪詩經≫ 〈大雅 旣醉〉편이다. 〈毛傳〉에 "서로 돕는 사람들이 예절로 〈돕는다는〉 말이다."라고 하였다.

**27-203 然則賜願息耕**하리이다하니 **孔子曰 詩云 晝爾于茅**요 **宵爾索**綯하여 亟**其乘屋**이오사 **其始播百穀**이라하니 **耕難**이어늘 **耕焉可息哉**아하니라

〈子貢이 말하기를〉 "그렇다면 저는 쉬면서 농사를 지을까 합니다." 하니, 孔子가 말하기를 "≪詩經≫에 '낮에는 〈들에 나가〉 띠풀 베 오고, 밤에는 〈방안에서〉 새끼를 꼬아, 빨리 지붕 올라가 〈손질해야만,〉 비로소 온갖 곡식 파종한다네.'라 하였으니, 농사짓는 것도 어려운데 농사를 지으면서 어찌 쉴 수 있겠는가."라고 하였다.

**詩**는 **豳風七月之篇**이라 **于茅**는 **往取茅也**라 綯는 **絞也**라 亟은 **急也**라 **乘屋**은 **升屋**하여 **治其敝漏也**라

楊倞注 : ≪詩經≫은 〈豳風 七月〉편이다. 于茅는 〈들에〉 가서 띠풀을 가져온다는 뜻

이다. 綯는 새끼를 꼰다는 뜻이다. 亟은 급하다는 뜻이다. 乘屋은 지붕에 올라가 헤어져 빗물이 새는 곳을 고친다는 뜻이다.

27-204 **然則賜無息者乎**잇가하니 **孔子曰 望其壙**하라 **皐如也**하고 **嵮**(전)**如也**하고 **鬲**(력)**如也**라 **此則知所息矣**리라하니라

〈子貢이 말하기를〉 "그렇다면 저는 쉴 곳이 없다는 말씀입니까?" 하니, 孔子가 말하기를 "저 무덤을 바라보아라. 높다랗기도 하고 두두룩하기도 하고 둥그스름하기도 하다. 이것을 〈본다면〉 쉴 곳이 어디인지 알 것이다."라고 하였다.

壙은 丘壟이라 皐는 當爲宰이니 宰은 冢也리 宰如는 高貌라 嵮은 與塡同하니 謂土塡塞也라 鬲(격)은 謂隔絶於上이라 列子엔 作宰如墳如[249)]하고 張湛注云 見其墳壤鬲異하면 則知息之有所也라하니라 ○ 盧文弨曰 公羊僖卅三年傳에 宰上之木拱矣라하니 是宰訓冢也라 冢은 大也니 如大山也라 嵮은 讀爲顚이니 山頂也라 鬲(력)如는 形如實五觳之器[250)]也니 山有似甗者矣라 列子엔 嵮如作墳如하니 如大防[251)]也라 郝懿行曰 皐는 猶高也라 言皐韜在上也라 嵮은 卽顚字라 顚은 俗作巓하니 因又作嵮耳라 鬲은 鼎屬也니 圓而弇上이라 此皆言丘壟之形狀이라 故以如字寫貌之라 皐如는 蓋若覆夏屋者[252)]하고 嵮如는 蓋若防者露標顚也라 列子天瑞篇엔 作墳如라 墳는 大防也라 鬲如는 蓋若覆釜之形하여 上小下大하니 今所見亦多有之라 注竝非라 劉台拱曰 今列子엔 作睪如也宰如也하니 睪은 卽皐라 豈楊氏所見本異邪(야)아 睪

---

249) 列子 作宰如墳如 : 본문의 '皐如也 嵮如也 鬲如也'가 ≪列子≫ 〈天瑞〉에는 '睪如也 宰如也 墳如也 鬲如也'로 되어 있다.

250) 實五觳之器 : 5觳의 양이 들어가는 그릇이란 뜻으로, 鬲의 크기를 말한 것이다. 觳은 용량의 단위인 '斛'과 같다. 1斛은 10斗이다.

251) 大防 : ≪爾雅≫ 〈釋丘〉의 "墳 大防(墳은 큰 제방이다.)"을 인용한 것이다.

252) 若覆夏屋者 : 子夏가 孔子의 장례를 참관하러 온 燕나라 사람에게 한 말로 ≪禮記≫ 〈檀弓〉에 보인다. 夏屋은 夏나라 때 지붕이란 뜻이다. 지붕 모서리 부분의 처마가 위로 치켜 일어나는 형식이 일반적으로 네 군데이지만 夏나라 때는 두 군데이고 그 처마가 또 넓으면서 낮았다고 한다. 넓으면서 낮은 무덤의 모양이 夏나라 때의 지붕을 덮은 것과 같다는 뜻이다.

**如宰如二句疊出**하니 **則不得破皐爲宰矣**라 **王念孫曰 家語困誓篇**에도 **亦作睪如也**[253)]하고 **王肅曰 睪**는 **高貌**라하니라

楊倞注：壙은 무덤이다. 皐는 마땅히 '宰'로 되어야 하니, 宰는 '冢'이다. 宰如는 높다란 모양이다. 嵮은 '塡'과 같으니, 흙이 메워져 있는 것을 이른다. 鬲은 위에서 막힌 것을 이른다. ≪列子≫ 〈天瑞〉에는 '宰如'와 '墳如'로 되어 있고, 張湛의 주에 "무덤이 막혀 있는 것을 보면 쉴 곳이 거기에 있다는 것을 알 수 있다는 것이다."라고 하였다.

○ 盧文弨：≪春秋公羊傳〉 僖公 33년에 "宰上之木拱矣(무덤 위에 자란 나무가 한아름이 되었다.)"라 하였으니, 이로 볼 때 宰는 冢의 뜻이다. 冢은 곧 '大'이니, 大山과 같다. 嵮은 '顚'으로 읽어야 하니, 산꼭대기이다. 鬲如는 모양이 5穀이 들어가는 그릇과 같다는 것이니, 산이 시루와 같은 모양을 지닌 것이다. ≪列子≫ 〈天瑞〉에는 '嵮如'가 '墳如'로 되어 있으니, 큰 언덕 모양과 같다는 것이다.

郝懿行：皐는 '高'와 같다. 높이 감춰져 위에 있다는 말이다. 嵮은 곧 '顚'자이다. 顚은 속자로는 '巓'으로 쓰니, 이로 인해 또 '嵮'으로 쓰기도 한다. 鬲은 솥의 일종이니, 둥글고 위를 뚜껑으로 덮는 것이다. 이것은 모두 무덤의 형상을 말한 것이므로 '如'자로 그것을 묘사한 것이다. 皐如는 대개 夏나라 때 지붕을 덮은 것처럼 〈넓으면서 낮다는 것이고,〉 嵮如는 대개 〈좁고 긴〉 제방처럼 그 등성이가 드러났다는 것이다. ≪列子≫ 〈天瑞〉에는 〈嵮如가〉 '墳如'로 되어 있다. 墳은 큰 제방이다. 鬲如는 대개 엎어놓은 솥 모양처럼 위는 작고 아래는 크다는 뜻이니, 오늘날 보이는 무덤도 그와 같은 모양이 많이 있다. 〈楊氏의〉 주는 모두 틀렸다.

劉台拱：지금의 ≪列子≫ 〈天瑞〉에는 〈皐如也가〉 '睪如也 宰如也'로 되어 있으니, '睪'은 곧 '皐'이다. 혹시 楊氏가 본 판본은 이것과 달랐는지 모르겠다. '睪如'와 '宰如' 두 구가 〈楊氏의 주대로라면 뜻이 같은 글이〉 거듭 나온 것이 되니, '皐'를 바꾸어 '宰'로 만들 수 없다.

王念孫：≪孔子家語≫ 〈困誓篇〉에도 '睪如'로 되어 있고, 王肅의 주에 "睪은 높다란 모양이다."라고 하였다.

---

253) 家語困誓篇 亦作睪如也：'望其壙 皐如也 嵮如也 鬲如也'가 ≪孔子家語≫ 〈困誓篇〉에는 '自望其廣 則睪如也 視其高 則塡如也 察其從 則隔如也'로 되어 있다.

27-205 子貢曰 大哉死乎여 君子息焉하고 小人休焉이로다

子貢이 말하기를 "〈의미가〉 중대하구나. 죽음이여. 君子는 이때 쉬고 小人도 이때 쉬는구나."라고 하였다.

○ 郝懿行曰 休息一耳어늘 此別之者는 亦猶檀弓記言君子曰終이요 小人曰死之意라 子貢始言願得休息하니 孔子(四)〔五〕[254]言焉可息哉하여 必須死而後已라 於是에 子貢悚然警悟하여 始知大塊勞我以生하고 逸我以死하여 作而歎曰 大哉死乎여 君子息焉하고 小人休焉이라하니라 言人不可苟生이요 亦不可徒死也라

○ 郝懿行 : 休와 息은 뜻이 같은데 여기서 이것을 구별한 것은 ≪禮記≫ 〈檀弓〉의 기록에 "君子가 죽는 것을 '終'이라 하고, 小人이 죽는 것을 '死'라 한다."라고 말한 뜻과 같다. 子貢이 처음에 쉬었으면 한다고 말하자, 孔子가 어찌 쉴 수 있겠느냐고 다섯 번을 말해 반드시 죽고 난 뒤에야 끝날 수 있다고 하였다. 그러자 子貢이 소름끼칠 정도로 깨달아 비로소 대자연이 생명으로 나를 수고롭게 하고 죽음으로 나를 편안하게 한다는 것을 알고, 자리에서 일어나 탄식하기를 "〈의미가〉 중대하구나. 죽음이여. 君子는 이때 쉬고 小人도 이때 쉬는구나."라고 하였다. 사람은 구차하게 살아서는 안 되고 또 헛되어 죽어서도 안 된다는 말이다.

27-206 國風之好色[255]也에 傳曰 盈其欲而不愆其止[256]라

≪詩經≫ 〈國風〉이 女色을 좋아하는 것에 대해 그것을 설명한 옛글에 "그 욕정이 가득 찼으면서도 그 행동거지가 잘못이 없다.

好色은 謂關雎樂得淑女也라 盈其欲은 謂好仇를 寤寐思服也라 止는 禮也라 欲雖盈滿而不敢過禮求之라 此言好色人所不免이나 美其不過禮也라 故詩序云 關雎

254) (四)〔五〕 : 저본에는 '四'로 되어 있으나, 저본의 원주에 "四는 본문에 의거하면 마땅히 '五'로 되어야 할 듯하다.〔四 據正文似當作五〕"라고 한 것에 의거하여 '五'로 바로잡았다.

255) 國風之好色 : 〈國風〉은 ≪詩經≫을 구성하는 세 가지 詩歌 유형의 하나이다. 周代 15개국의 民歌로, 모두 160편이다. 이 속에 남녀간의 애정을 묘사한 부분이 많으므로 '好色'이라 말한 것이다.

256) 不愆其止 : 행동거지가 잘못이 없다는 뜻이다. 止는 擧止의 뜻이다.

**樂得淑女以配君子**라 **憂在進賢**하여 **不淫其色**하고 **哀窈窕**하여 **思賢才**하여 **而無傷善之心焉**하니 **是關雎之義也**라

楊倞注 : 好色은 ≪詩經≫ 〈關雎〉가 현숙한 여인을 얻을 것을 즐거워한 것을 이른다. 盈其欲은 ≪詩經≫ 〈關雎〉에서 좋은 배필을 자나 깨나 생각한 것을 이른다. 止는 예법이다. 〈不愆其止는〉 욕정이 비록 가득 찼더라도 감히 예법을 뛰어넘어 구하지는 않았다는 뜻이다. 이 문구는 女色을 좋아하는 것은 사람이면 누구나 면할 수 없는 일이지만 그것이 예법을 넘어서지 않은 것을 칭송하는 말이다. 그러므로 〈毛詩序〉에 "〈關雎〉는 현숙한 여인을 얻어 君子의 배필로 삼은 것을 좋아한 것이다. 근심하는 것은 현능한 사람이 임용되지 〈못하는 데에〉 있고 그 미모에 빠져들지 않아, 정숙한 덕을 사랑하고 현능한 인재를 그리워하면서 선한 사람을 해롭게 할 마음이 없으니, 이것이 〈關雎〉의 취지이다."라고 하였다.

27-207 **其誠可比於金石**하고 **其聲可內**(납)[257]**於宗廟**라하니라

그 진실한 마음은 무쇠나 바윗돌에 견줄 만하고 그 음악은 宗廟에 들여 넣을 만하다."라고 하였다.

**其誠**은 **以禮自防之誠也**라 **比於金石**은 **言不變也**라 **其聲可內於宗廟**는 **謂以其樂章播八音**[258]하여 **奏於宗廟**라 **鄉飮酒禮**에 **合樂**은 **周南關雎葛覃**이라하고 **詩序云關雎**는 **后妃之德**이니 **風之始也**라 **所以風化天下**[259]라 **故用之鄉人焉**하고 **用之邦國焉**이라하니라 **旣云用之邦國**이라하니 **是其聲可內於宗廟者也**라

楊倞注 : 其誠은 예법으로 자기를 방어하는 진실한 마음이다. 比於金石은 변치 않는다는 말이다. 其聲可內於宗廟는 그 악장을 八音에 입혀 宗廟에 연주하는 것을 이른다. ≪儀禮≫ 〈鄉飮酒禮〉에 "여러 악기로 합주할 수 있는 詩歌는 ≪詩經≫ 〈周南〉의

---

257) 內(납) : '納'과 통한다.

258) 八音 : 고대 악기의 총칭으로, 金·石·絲·竹·匏·土·革·木 등 여덟 가지 다른 재질로 만든 것을 말한다. 金은 鍾, 石은 磬, 絲는 현악기, 竹은 관악기, 匏는 생황, 土는 塤, 革은 북, 木은 柷·敔이다.

259) 所以風化天下 : 지금의 〈毛詩序〉에는 '所以風天下而正夫婦也(천하를 감화시키고 夫婦의 도리를 바로잡을 수 있다.)'로 되어 있다.

〈關雎〉와 〈葛覃〉이다."라 하고, 〈毛詩序〉에 "〈關雎〉는 后妃의 덕을 〈노래한 것이니,〉 風의 시작이다. 천하를 감화시킬 수 있으므로 시골사람에게도 사용하고 국가에도 사용할 수 있다."라고 하였다. 이미 국가에도 사용할 수 있다 하였으니, 이로 볼 때 그 음악이 宗廟에 들여 넣을 만하다는 것이다.

## 27-208 小雅不以於汙上하고 自引[260]而居下하여

《詩經》〈小雅〉는 교만한 군주에게 쓰이지 않고 스스로 물러나 낮은 지위에 있으면서

以는 用也라 汙上은 驕君也라 言作小雅之人이 不爲驕君所用고 自引而疏遠也라

楊倞注 : 以는 '用'의 뜻이다. 汙上은 교만한 군주이다. 《詩經》〈小雅〉를 지은 사람이 교만한 군주에게 쓰이지 않고 스스로 물러나 〈군주와〉 소원해졌다는 것이다.

## 27-209 疾今之政以思往者라 其言有文焉하고 其聲有哀焉이라

당시의 부패한 정치를 비판하고 과거를 그리워하는 시이다. 그 언어는 문채가 있고 그 음악은 슬픔이 배어 있다.

小雅多刺幽厲而思文武라 言有文은 謂不鄙陋요 聲有哀는 謂哀以思也라

楊倞注 : 《詩經》〈小雅〉는 幽王·厲王을 풍자하고 文王·武王을 그리워하는 작품이 많다. 言有文은 〈歌辭가〉 고루하지 않은 것을 이르고, 聲有哀는 〈음악이〉 슬퍼 근심이 서린 것을 이른다.

## 27-210 國將興엔 必貴師而重傅하니 貴師而重傅면 則法度存이라

국가가 장차 흥성해지려고 할 때는 반드시 은사를 귀히 여기고 스승을 존중하니 은사를 귀히 여기고 스승을 존중하면 법도가 잘 지켜진다.

○ 兪樾曰 下文云 賤師而輕傅하면 則人有快하고 人有快면 則法度壞라하니 據此

---

260) 引 : '引退'의 줄임말로, 뒤로 물러난다는 뜻이다.

**則貴師而重傳下**에 **疑有闕文**[261]이라

○ 俞樾 : 아랫글에 "賤師而輕傳 則人有快 人有快 則法度壞(은사를 천시하고 스승을 깔보면 사람이 멋대로 하려는 마음을 지니고 사람이 멋대로 하려는 마음을 지니면 법도가 무너진다.)"라고 하였으니, 이에 의거하면 '貴師而重傳' 밑에 아마도 빠진 글이 있는 것 같다.

27-211 **國將衰**엔 **必賤師而輕傳**하니 **賤師而輕傳**하면 **則人有快**하고

국가가 장차 쇠약지려고 할 때는 반드시 은사를 천시하고 스승을 깔보니 은사를 천시하고 스승을 깔보면 사람이 멋대로 하려는 마음을 지니고

**人有肆意**라

楊倞注 : 〈人有快는〉 사람이 멋대로 하려는 마음을 지닌다는 것이다.

27-212 **人有快**면 **則法度壞**라

사람이 멋대로 하려는 마음을 지니면 법도가 무너진다.

27-213 **古者匹夫五十而士**[262]라

옛날에 평민은 50세가 되어야 벼슬하였다

**禮四十而士**하고 **五十而後爵**[263]이어늘 **此云五十而士**라하니 **恐誤**라 **或曰 爲卿士**라하니라 ○ **郝懿行曰 士者**는 **事也**라 **五十曰艾**니 **服官政**[264]이요 **然後可以任事**

---

261) 下文云……疑有闕文 : 아래(27-211, 212)의 '則人有快 人有快'와 대를 맞춘 일곱 글자가 '貴師而重傳' 밑에 빠졌을 것이라는 말이다.

262) 士 : '仕'와 통한다.

263) 禮四十而士 五十而後爵 : 四十而士는 '四十始仕'와 같은 것으로 ≪禮記≫ 〈內則〉에 보이고, 五十而後爵은 50세가 된 뒤에 爵位를 받아 大夫가 된다는 뜻으로 ≪禮記≫ 〈郊特牲〉에 보인다.

264) 五十曰艾 服官政 : ≪禮記≫ 〈曲禮 上〉에 보인다. '艾'는 늙었다는 뜻과 나이가 많아 경험이 풍부하여 일처리가 노련하다는 뜻을 함께 지니고 있다.

也라 兪樾曰 二說皆非也라 下文云 天子諸侯子十九而冠이라하고 注曰 先於臣下一年也라하니라 然則四十而士는 猶二十而冠하여 皆是論其常이요 五十而士는 猶十九而冠하여 皆是言其異也라 禮所謂四十始仕하고 五十命爲大夫者는 蓋指卿大夫元士之適子[265]而言이라 此明言匹夫하니 則殆謂(卿)〔鄕〕[266]之俊士選士[267]矣라 禮記王制篇의 正義曰 鄕人旣卑하여 節級升之라 故爲選士俊士라 至於造士[268]와 若王子與公卿之子는 本位旣尊하여 不須積漸하고 學業旣成하여 卽爲造士라하니라 以是言之하면 古人於世族子弟及民間秀士엔 自有區別이라 故其始仕有十年之差也라 荀子不直曰古者五十而士하고 必加匹夫二字하여 明與下文天子諸侯子相對라 知十九而冠이 爲天子諸侯子之制면 則知五十而士 爲匹夫之制니 不必疑其與禮經不合矣라

楊倞注 : 禮書에 의하면 40세에 벼슬하고 50세 이후에 爵位를 받는 법인데 여기서는 50세가 되어야 벼슬하였다고 하니, 아마도 잘못된 것 같다. 혹자는 "卿士가 된다는 것이다."라고 하였다.

○ 郝懿行 : 士란 '事'의 뜻이다. 50세를 '艾'라 말하니 〈이때가 되어야〉 국가의 일을 처리할 수 있고, 그런 뒤에 국사를 맡길 수 있는 것이다.

兪樾 : 두 사람의 설은 다 틀렸다. 아랫글(27-214)에 "天子諸侯子十九而冠(천자와 제후의 아들은 19세에 冠禮를 거행한다.)"이라 하고, 〈楊氏의〉 주에 "일반 신하보다 한 해가 앞선다."라고 하였다. 그렇다면 40세에 벼슬한다는 것은 20세에 冠禮를 거행한다는 말과 같은 것으로서 모두 일반적인 예법을 논한 것이고, 50세에 벼슬한다는 것은 19세에 冠禮를 거행한다는 말과 같은 것으로서 모두 특별한 예법을 말한 것이다. ≪禮記≫의 이른바 "四十始仕 五十命爲大夫(40세에 비로소 벼슬하고 50세에 명을 받아 大

---

265) 適子 : '嫡子'와 같다. 正室이 낳은 맏아들을 가리킨다.

266) (卿)〔鄕〕: 저본에는 '卿'으로 되어 있으나, ≪禮記≫ 〈王制〉에 의거하여 '鄕'으로 바로잡았다.

267) 俊士選士 : 周代에 인재를 선발하는 제도에 의해 지방학교에서 뽑혀 올라온 두 부류이다. ≪禮記≫ 〈王制〉에 "司徒가 六鄕의 長官에게 명하여 지방학교에서 도덕과 재능을 겸비한 학생을 선발하여 그들을 司徒로 추천해 올리게 하는데 그들을 選士라 하고, 司徒가 選士 중에 우수한 자를 太學으로 추천해 올리는데 그들을 俊士라 한다."라고 하였다.

268) 造士 : 太學의 학생으로서 국가의 徭役을 면제받는 인재를 말한다.

夫가 된다.)"라는 것은 대개 卿·大夫와 元士의 맏아들을 가리켜 하는 말이다. 여기서는 '匹夫'라고 분명히 말했으니, 아마도 지방에서 올라온 俊士와 選士를 이를 것이다. ≪禮記≫ 〈王制篇〉의 ≪禮記正義≫에 "지방에서 온 사람은 신분이 이미 낮아 일정한 등급을 거쳐 올려오기 때문에 選士와 俊士가 된다. 造士와 王의 아들 및 公·卿의 아들에 이르러서는 본디 지위가 이미 높으므로 지위 등급이 단계를 밟아 올라갈 필요가 없고 학업이 이미 이루어졌으므로 곧바로 造士가 된다."라고 하였다. 이로써 말하면 옛사람들은 대대로 벼슬을 한 집안의 子弟와 민간의 우수한 선비에 대해서는 본디 구별이 있기 때문에 처음 벼슬하는 나이가 10년의 차이가 있었던 것이다. 〈이 때문에〉 ≪荀子≫에 '古者五十而士'라고 곧장 말하지 않고 반드시 '匹夫' 두 자를 추가하여 아랫글 '天子諸侯子'와 서로 대를 맞추었음을 밝혔다. 19세에 冠禮를 거행하는 것이 천자와 제후의 아들에 관한 제도라는 것을 알면, 50세에 벼슬하는 것이 匹夫에 관한 제도라는 것을 알 수 있으니, 굳이 禮書와 맞지 않는다고 의심할 것은 없다.

## 27-214 天子諸侯子十九而冠하고 冠而聽治하니 其教至也라

천자와 제후의 아들은 19세에 冠禮를 거행하고 冠禮를 거행한 뒤에 정사를 다스리니, 이것은 그들이 받은 교육이 매우 좋았기 때문이다.

十九而冠하니 先於臣下一年也라 雖人君之子라도 猶年長而冠하고 冠而後聽其政治하여 以明教至然後治事하고 不敢輕易(이)라 ○ 郝懿行曰 天子諸侯子十九而冠者 異於常人은 由其生質本異하고 其教又至라 故能爾也라 傳謂國君十五生子하되 冠而生子 禮也라하여늘 於時魯侯年才十二니 則太早矣라 荀子所言은 當是古法이라

楊倞注 : 19세에 冠禮를 거행하였으니, 일반 신하보다 한 해가 앞선다. 비록 군주의 아들이라 하더라도 오히려 나이가 장성한 뒤에 冠禮를 거행하고 冠禮를 거행한 뒤에 정치를 처리함으로써 매우 좋은 교육을 받은 다음에 일을 처리하고 감히 함부로 쉽게 하지 않았다는 것을 밝힌 것이다.

○ 郝懿行 : 일반인과 달리 천자와 제후의 아들은 19세에 冠禮를 거행하는 것은 태어난 자질이 본디 다르고 교육을 받은 것도 충분하기 때문에 그럴 수가 있다. ≪春秋左氏傳≫ 襄公 9년에 "한 국가의 군주는 15세에 자식을 낳되 冠禮를 거행한 뒤에 자식을 낳는 것이 예법이다."라 하였는데, 이 당시 魯 襄公의 나이는 겨우 12세였으니, 너무 빠르다. ≪荀子≫에 말한 것은 분명히 옛 법일 것이다.

## 27-215 君子(也)者而好之면 其人〔也〕[269)]라

君子여서 그를 배우기를 좋아한다면 가르칠 만한 사람이다.

有君子之質하고 而所好得其人을 謂得賢師也라

楊倞注 : 君子로서의 자질이 있고 좋아하는 상대를 그만한 사람을 얻은 것을 현명한 스승을 얻었다고 이른다.

## 27-216 其人(也)[270)]而不教면 不祥이라

가르칠 만한 사람인데도 가르치지 않는다면 상서롭지 못한 일이다.

祥은 善이라 ○ 王念孫曰 其人也而不教의 也字當在上句其人下①라 下文에 非君子而好之면 非其人也라 非其人而教之면 齎盜糧하고 借賊兵也라하여 上非其人下有也字하고 下非其人下無也字하니 是其證이라 先謙案 人有好善之誠이어늘 我不以善告之면 是不祥也라

① 汪說同이라
汪氏(汪中)의 설도 같다.

楊倞注 : 祥은 좋다는 뜻이다.

○ 王念孫 : '其人也而不教'의 '也'자는 마땅히 윗구 '其人' 밑에 있어야 한다. 아랫글(27-217, 218)에 "非君子而好之 非其人也 非其人而教之 齎盜糧借賊兵也(君子가 아닌데도 그를 배우기를 좋아한다면 가르칠 만한 사람이 아니다. 가르칠 만한 사람이 아닌데도 가르친다면 도둑에게 양식을 공급하고 강도에게 무기를 빌려주는 것과 같다.)"라 하여, 위 '非其人' 밑에 '也'자가 있고, 아래 '非其人' 밑에는 '也'자가 없으니, 이것이 그 증거이다.

先謙案 : 사람이 선을 좋아하는 정성이 있는데도 내가 선을 그에게 일러주지 않는

269) 君子(也)者而好之 其人〔也〕: 저본에는 '君子也者而好之 其人'으로 되어 있으나, 久保愛의 설에 의거하여 '君子者而好之 其人也'로 바로잡았다. 久保愛는 "好之는 배우기를 좋아하는 것을 이른다. 其人은 가르칠 만한 사람을 이른다."라고 하였다. 이를 참작하여 번역하였다.

270) (也) : 저본에는 이곳에 '也'가 있으나, 王念孫의 주에 의거하여 앞(27-215)의 '其人' 뒤로 옮겼다.

다면 이것은 상서롭지 못한 일이다.

### 27-217 非君子而好之면 非其人也라

君子가 아닌데도 그를 배우기를 좋아한다면 가르칠 만한 사람이 아니다.

旣無君子之質하고 又所好非其人也라

楊倞注 : 이미 君子로서의 자질이 없고 또 좋아하는 상대가 그만한 사람이 아니라는 것이다.

### 27-218 非其人而教之면 齎(자)盜糧하고 借賊兵也라

가르칠 만한 사람이 아닌데도 가르친다면 도둑에게 양식을 제공하고 강도에게 무기를 빌려주는 것과 같다.

若使不善人教非君子는 是猶資借盜賊之兵糧이니 爲害滋甚이라 不如不教也라 齎는 與資同이라 兵은 五兵[271]也라 ○ 盧文弨曰 此條言所好者君子면 是爲得其人이요 非君子而好之면 則所好非其人也라 人可與言而不教면 是爲不祥이요 不可與言而教之면 則又資盜糧하고 借賊兵也라 楊注不了라 王念孫曰 此言能好君子면 則爲可教之人이니 可教而不教之면 是爲不祥이나 若所好非君子면 則爲不可教之人이니 不可教而教之면 則是齎盜糧하고 借賊兵也라 盧說亦未了라

楊倞注 : 만약 선하지 못한 사람에게 君子가 아닌 자를 가르치게 한다면 이는 도둑과 강도에게 무기와 식량을 제공하고 빌려주는 것과 같으니, 그 피해가 매우 클 것이다. 그러니 가르치지 않는 것만 못하다. 齎는 '資'와 같다. 兵은 다섯 가지 무기이다.
○ 盧文弨 : 이 조목은 좋아하는 대상이 君子면 이는 좋은 사람을 얻은 것이 되고, 君子가 아닌데도 그를 좋아한다면 좋아하는 자가 좋은 사람이 아니라는 말이다. 어

271) 五兵 : 戈·殳·戟·酋矛·夷矛 등 다섯 종류의 창을 말한다. 戈는 자루 길이가 여섯 자 여섯 치에 날이 가로로 뻗은 것이고, 殳는 날이 없고 끝이 모가 난 대나무창이고, 戟은 끝이 나뭇가지처럼 둘 또는 세 가닥으로 갈라진 마늘창이고, 酋矛는 자루 길이가 넉 자 되는 창이고, 夷矛는 자루 길이가 열두 자 되는 긴 창이다.

떤 사람이 함께 대화를 할 만한데도 가르치지 않는다면 이는 상서롭지 못한 것이 되고, 함께 대화를 할 수 없는데도 그를 가르친다면 이는 또 도둑에게 식량을 제공하고 강도에게 무기를 빌려주는 것이라는 말이다. 楊氏의 주는 분명치 않다.

王念孫 : 여기서는 능히 君子를 좋아한다면 가르칠 만한 사람이 되는데 가르칠 만한데도 가르치지 않는다면 이는 상서롭지 못한 것이 되지만, 만약 좋아하는 대상이 君子가 아니면 가르칠 만하지 않은 사람이 되는데 가르칠 만하지 않은데도 가르친다면 이는 도둑에게 식량을 제공하고 강도에게 무기를 빌려주는 것이라는 말이다. 盧氏의 설도 분명치 못하다.

## 27-219 不自嗛[272]其行者는 言濫過라

그의 행동을 스스로 겸손하게 하지 않는 사람은 말을 함부로 지나치게 한다.

嗛은 足也라 謂行不足也라 所以不足其行者는 由於言辭汎濫過度也라 ○ 郝懿行曰 嗛은 不足也라 言人不知自歉其行者는 其言易(이)於濫過而難副라 楊注失之라 嗛與歉은 古字通하여 荀書多以嗛爲歉이어늘 楊氏不了라 此注支離妄說도 亦由訓嗛爲足이어늘 遂不顧文義之難通耳라

楊倞注 : 嗛은 족하다는 뜻이다. 행동이 부족한 것을 이른다. 그의 행동을 부족하게 하는 이유는 말을 마구 쏟아내 한도에 지나치게 했기 때문이다.

○ 郝懿行 : 嗛은 부족하다는 뜻이다. 사람이 자기 행동에 대해 스스로 부족하게 여길 줄 모르는 사람은 그의 말을 쉽게 쏟아내 행동에 맞추기가 어렵다는 말이다. 楊氏의 주는 잘못되었다. '嗛'과 '歉'은 옛 글자에 통용하므로 ≪荀子≫에 '嗛'이 '歉'으로 된 곳이 많은데도 楊氏가 그것을 몰랐다. 이 〈楊氏〉 주에서 조리 없이 함부로 말한 것도 '嗛'을 족하다는 뜻으로 알았기 때문인데, 끝내 글 뜻이 순탄하지 않다는 점을 돌아보지 않았다.

272) 嗛 : 王天海는 ≪莊子≫ 〈齊物論〉에 "大仁不仁 大廉不嗛(가장 어진 사람은 편애하지 않고 가장 청렴한 사람은 겸손을 표하지 않는다.)"이라 한 것과, ≪漢書≫ 〈尹翁歸傳〉에 "溫良嗛退不以行能驕人(온화하고 선량하며 겸손하게 사양하여 자기의 재능으로 다른 사람을 깔보지 않았다.)"이라고 한 것을 근거로 '謙'과 통한다고 하였다. 일리가 있으므로 이에 따라 번역하였다.

27-220 **古之賢人**은 **賤爲布衣**요 **貧爲匹夫**며 **食則饘粥不足**하고 **衣則豎褐不完**이라 **然而非禮不進**하고 **非義不受**하니 **安取此**리오

옛날 賢人은 미천하면 베옷 입은 서민이고 가난하면 하찮은 匹夫였으며 먹는 것은 멀건 죽도 충분치 못하고 입는 것은 짧은 베잠방이도 완전하지 못했다. 그렇지만 禮法에 의한 발탁이 아니면 나아가지 않았고 道義에 의한 녹이 아니면 받지 않았으니, 어찌 〈행동이 겸손하지 않아 말이 지나치는〉 그런 일을 하겠는가.

豎褐은 僮豎之褐이니 亦短褐也라 言賢人雖貧窮이라도 義不苟進하니 安取此言過而行不副之事乎아

楊倞注 : 豎褐은 노복이 입는 잠방이이니, 또한 '短褐(짧은 잠방이)'이라고도 한다. 賢人은 비록 가난하고 궁색하더라도 도의를 〈따를 뿐〉 구차하게 나아가지 않으니, 어찌 말이 지나쳐 행동이 그에 따르지 못하는 이런 일을 취하겠느냐는 말이다.

27-221 **子夏貧**하여 **衣若縣鶉**[273)]이라 **人曰 子何不仕**오하니 **曰 諸侯之驕我者**는 **吾不爲臣**하고 **大夫之驕我者**는 **吾不復**(부)**見**이라 **柳下惠與後門者同衣而不見疑**하니 **非一日之聞也**라

子夏는 가난해 입은 옷이 메추라기를 매달아놓은 것과 같았다. 어떤 사람이 "당신은 어찌하여 벼슬하지 않는가?"라고 하니, 子夏가 "제후로서 나에게 교만을 피우는 자에 대해서는 나는 그의 신하가 되지 않고, 大夫로서 나에게 교만을 피우는 자에 대해서는 나는 두 번 다시 만나지 않는다. 柳下惠는 성문을 닫은 뒤에 늦게 온 여인과 옷을 함께 걸쳤어도 의심받지 않았으니, 이는 〈그가 고결하다는 명성을 얻은 것이〉 하루 이틀이 아니기 때문이다.

柳下惠는 魯賢人이니 公子展之後라 名獲이요 字禽이라 居於柳下하고 謚惠라 季其

273) 衣若縣鶉 : 縣은 '懸'과 같다. 옷이 낡아 여기저기 구멍이 숭숭 뚫린 곳을 바늘로 꿰매지 않고 그냥 잡아서 끌어당겨 끈으로 묶어놓아 동동하게 돌출한 모양새가 마치 꽁지 빠진 메추라기를 매어놓은 것과 같다는 뜻이다.

伯仲也라 後門者는 君(之)〔子〕[274]守後門하여 至賤者라 子夏言昔柳下惠衣之敝惡與後門者同이나 時人尙無疑怪者라하니 言安於貧賤하여 渾迹而人不知也라 非一日之聞은 言聞之久矣라 ○ 盧文弨曰 案柳下惠一條는 不當蒙上文이라 與後門同衣而不見疑는 蓋卽毛詩巷伯篇故訓傳所云 嫗[275]不逮門之女나 而國人不稱其亂也라 非一日之聞은 言素行爲人所信이라 王念孫曰 案鍾山札記에 又引呂氏春秋長利篇云 戎夷違齊如魯어늘 天大寒而後門의 高誘注에 後門은 日夕하여 門已閉也라하고 韓非子外儲說左下云 暮而後하니 門〔閉〕[276]라하니라

楊倞注 : 柳下惠는 魯나라의 賢人이니, 公子 展의 후손이다. 이름은 獲이고 자는 禽이다. 柳下에서 살았고 시호가 惠이다. 그 형제의 서열로는 막내였다. 後門이란 성곽 후문의 문지기인 군자로서 신분이 매우 미천한 사람이다. 子夏가 "옛날 柳下惠가 입은 옷이 너덜너덜하여 성곽 후문의 문지기와 같았으나 당시 사람들 가운데 오히려 이상하게 여긴 사람은 없었다."라고 말한 것이니, 가난하고 미천한 것을 편안하게 여겨 세속에 자취를 숨겼는데 사람들이 알아보지 못했다는 말이다. 非一日之聞은 그 말을 들은 지 오래되었다는 말이다.

○ 盧文弨 : 살펴보건대, 柳下惠 한 조목은 윗글과 연결하는 것이 옳지 않다. '與後門同衣而不見疑'는 대개 곧 ≪毛詩故訓傳≫ 〈巷伯篇〉에 "嫗不逮門之女 而國人不稱其亂(성문으로 들어가지 못한 여인을 자기 체온으로 덥혀줬지만 온 나라에서 누구도 그를 음란하다고 말하지 않았다.)"이라고 말한 일이다. 非一日之聞은 평소의 행위가 사람들로부터 신임을 받았다는 말이다.

子夏

274) (之)〔子〕: 저본에는 '之'로 되어 있으나, 世德堂本의 의거하여 '子'로 바로잡았다.

275) 嫗 : 체온으로 서로 따뜻하게 덥혀준다는 뜻이다.

276) 〔閉〕: 저본에 '閉'가 없으나, ≪韓非子≫에 의거하여 보충하였다.

王念孫：살펴보건대, ≪鍾山札記≫에 또 ≪呂氏春秋≫〈長利篇〉을 인용하여 "戎夷違齊如魯 天大寒而後門(戎夷가 齊나라를 떠나 魯나라로 갔는데 날씨가 매우 추웠고 성문이 닫힌 뒤에 도착하였다.)"이라고 한 곳의 高誘 주에 "後門은 날이 저물어 성문이 이미 닫혔다는 뜻이다."라 하고, ≪韓非子≫〈外儲說左下〉에 "暮而後 門閉(날이 저문 뒤에 〈도착하니〉 성문이 이미 닫혀 있었다.)"라고 하였다.

## 27-222 爭利如蚤甲하고 而喪其掌이라하니라

이익을 다투는 것은 손톱만 하고 그 손바닥만큼 잃어버릴 것이다."라고 하였다.

蚤는 與爪同이라 言仕亂世驕君하면 縱得小利나 終喪其身이라 ○ 盧文弨曰 蚤者는 叉字之叚借라 叉甲同義하고 爪訓覆手하여 不與蚤同이라 此亦當別爲一條라 郝懿行曰 此章은 言子夏貧無衣而不仕者는 以時君大夫皆驕慢이라 故衣雖縣鶉而自甘이라 又引柳下惠與後門同衣하니 意可見矣라 又言得利如叉甲하고 而喪其手掌이라하니 言仕之利小而害大也라 楊注甚明이어늘 盧氏欲分段하니 似失之라

楊倞注：蚤는 '爪'와 같다. 혼란한 세상의 교만한 군주에게 벼슬하면 비록 작은 이익은 얻더라도 결국에는 자기 몸을 잃는다는 말이다.

○ 盧文弨：蚤란 '叉'의 假借字이다. 叉와 甲은 뜻이 같고 爪는 손바닥을 뒤집는다는 뜻으로서 '蚤'와 같지 않다. 이것도 마땅히 별도로 한 조목이 되어야 한다.

郝懿行：이 章은 子夏가 옷이 없을 정도로 가난한데도 벼슬살이를 하지 않는 것은 당시의 군주와 大夫가 모두 교만하기 때문이라는 말이다. 그래서 옷이 메추라기를 매단 것처럼 너덜너덜하지만 스스로 달게 여긴다는 것이다. 게다가 또 柳下惠와 성곽 후문의 문지기가 입은 옷이 같았다는 말을 인용하였으니, 여기서 그 뜻을 알 수 있다. 또 이익을 얻은 것은 손톱만 하고 그 손바닥만큼 잃어버릴 것이라고 말했으니, 이는 벼슬하여 얻는 이익은 작고 피해는 크다는 말이다. 楊氏의 주가 매우 분명한데 盧氏는 단락을 나누려고 하였으니, 잘못된 것 같다.

## 27-223 君人者不可以不愼取臣이요 匹夫不可以不愼取友라

백성을 다스리는 군주는 신하를 신중히 가리지 않으면 안 되고, 일반백성은 벗을 신중히 가리지 않으면 안 된다.

○ 謝本은 從盧校하여 作匹夫者라 王念孫曰 匹夫下不當有者字니 此涉上君人者而衍이라 呂錢本엔 匹夫下皆無者字라 先謙案 王說是라 今從呂錢本刪이라

○ 謝本은 盧校本에 따라 〈匹夫가〉 '匹夫者'로 되어 있다.

王念孫 : '匹夫' 밑에 '者'자가 있는 것은 옳지 않으니, 이것은 위의 '君人者'와 연관되어 잘못 덧붙여진 것이다. 呂·錢本에는 '匹夫' 밑에 모두 '者'자가 없다.

先謙案 : 王氏의 설이 옳다. 여기서는 呂·錢本에 따라 〈匹夫者의 '者'를〉 삭제하였다.

## 27-224 友者는 所以相有[277)]也라

벗이란 〈상대를 통해〉 서로 돕는 것이다.

友與有同義라 相有는 謂不使喪亡이라 ○ 郝懿行曰 有者는 相保有也라 詩云 亦莫我有라하니 友有聲義同하여 古亦通用이라 如云有朋自遠方來[278)]의 有卽友矣라

楊倞注 : 友와 有는 같은 뜻이다. 相有는 〈상대의 목숨을〉 잃게 하지 않는 것을 이른다.

○ 郝懿行 : 有란 서로 지켜주고 도와준다는 뜻이다. ≪詩經≫ 〈王風 葛藟〉에 "亦莫我有(또한 나를 도와줄 리가 없다네.)"라 하였으니, 友와 有는 소리와 뜻이 같아 옛날에도 통용하였다. 이를테면 '有朋自遠方來(벗이 먼 곳으로부터 찾아오면)'의 '有'는 곧 '友'이다.

## 27-225 道不同하면 何以相有也아 均薪施火하면 火就燥하고 平地注水하면 水流溼이라 夫類之相從也 如此之著也하니 以友觀人하면 焉所疑리오

만약 따르는 원칙이 같지 않다면 무엇으로 서로 돕겠는가. 섶나무를 고르게 깔아놓고 불을 붙이면 불은 마른 쪽으로 타들어가고, 바닥이 편편한 땅에 물을 부으면 물은 젖은 쪽으로 흘러간다. 같은 부류끼리 서로 따르는 것이 이처럼 뚜렷이 드러나니, 벗을 통해 사람들을 관찰한다면 무슨 의심할 일이 있겠는가.

---

277) 有 : '佑(돕다)'와 통한다.

278) 有朋自遠方來 : ≪論語≫ 〈學而〉에 보인다.

察其友하면 則可以知人之善惡不疑也라

楊倞注 : 그의 벗을 살펴보면 사람들의 善惡을 알아 의심하지 않을 수 있다는 것이다.

27-226 取友善人을 不可不愼이라 是德之基也라

벗을 가리고 선한 사람을 〈구하는〉 것을 신중히 하지 않으면 안 되니, 이것은 덕을 〈완성하는〉 기본이다.

取友求善人은 不可不愼이니 是德之基本이라 言所以成德也라 ○ 盧文弨曰 俗本正文엔 亦作取友求善人이나 宋本元刻엔 皆無求字라 若有면 注可不費辭矣라 先謙案 善人은 使人善也라 楊注非라

楊倞注 : 벗을 가리거나 선한 사람을 구하는 것을 신중히 하지 않으면 안 되니, 이는 덕을 〈완성하는〉 기본이라는 것이다. 〈벗을 가리고 선한 사람을 구하는 것을 신중히 하는 것은〉 덕을 완성하기 위한 것이라는 말이다.

○ 盧文弨 : 세속 판본의 본문에는 그 또한 '取友求善人'으로 되어 있으나 宋本과 元刻本에는 모두 '求'자가 없다. 만약 있었다면 〈楊氏의〉 주에 〈'求'자를 넣어〉 불필요한 말을 하지 않았을 것이다.

先謙案 : 善人은 사람을 선해지게 한다는 뜻이다. 楊氏의 주는 틀렸다.

27-227 詩曰 無將大車니 維塵冥冥하리라하니 言無與小人處也라

≪詩經≫에 "큰 수레 몰고 가지 말아야 하니, 흙먼지 컴컴하게 일어나리라."라고 하였으니, 이는 小人들과 함께 지내지 말라는 말이다.

詩는 小雅無將大車之篇이라 將은 猶扶進也라 將車는 賤者之事라 塵冥冥하면 蔽人目明하여 令無所見하니 與小人處亦然也라

楊倞注 : ≪詩經≫은 〈小雅 無將大車〉편이다. 將은 '扶進(붙들고 나아가다)'과 같다. 수레를 모는 것은 미천한 사람의 일이다. 흙먼지가 날려 어두우면 사람의 시야를 가려 눈에 보이는 것이 없게 만드니, 小人과 함께 있는 것도 마찬가지이다.

27-228 藍(苴路作)〔狙略詐〕[279]는 似知而非하고

남몰래 엿보고 속이는 것은 지혜로운 것 같아도 사실은 아니고,

未詳其義라 或曰 苴는 讀爲姐니 慢也라하니라 趙蕤[280]注長短經[281]知人篇曰 姐者는 類智而非智라하니라 或讀爲狙하니 伺也라 姐는 子野反이라

楊倞注 : 그 뜻을 알 수 없다. 혹자는 "苴는 '姐'로 읽어야 하니, 거만하다는 뜻이다."라고 하였다. ≪長短經≫ 〈知人篇〉의 趙蕤의 주에 "姐란 지혜로운 것 같아도 지혜가 아니라는 뜻이다."라고 하였다. 어떤 경우는 '狙'로 읽으니, 엿본다는 뜻이다. 姐는 〈음이〉 子와 野의 반절이다.

27-229 偄(난)弱易(이)奪은 似仁而非하고

무르고 약하여 〈남의 유혹을〉 쉽게 받아 〈자기주장을〉 바꾸는 것은 인자한 것 같아도 사실은 아니고,

仁者는 不爭而與物이라 故偄弱易奪者似之라 易奪은 無執守之謂也라 ○ 盧文弨曰 偄은 與懦同하니 從宋本이라

楊倞注 : 인자한 사람은 다투지 않고 물건을 내주므로 무르고 약하여 〈남의 유혹을〉 쉽게 받아 〈자기주장을〉 바꾸는 사람이 그와 비슷하다는 것이다. 易奪은 단단히 지키는 일이 없는 것을 이른다.

○ 盧文弨 : 偄은 '懦'와 같으니, 宋本대로 따랐다.

27-230 悍戇(당)好鬪는 似勇而非라

흉포하고 거칠어 싸우기 좋아하는 것은 용감한 것 같아도 사실은 아니다.

---

279) (苴路作)〔狙略詐〕: 저본에는 '苴路作'으로 되어 있으나, 劉師培의 설에 의거하여 '狙略詐'로 바로잡았다.

280) 趙蕤 : 唐나라 梓州 鹽亭 사람으로, 자는 太賓이다. 長平山에 은거하여 開元 연간에 玄宗이 세 번이나 불렀으나 응하지 않았다.

281) 長短經 : 趙蕤의 저술로, 본디 모두 10권이었으나 제10권 〈陰謀篇〉이 유실되고 오늘날 9권만 남아 있다.

悍은 凶戾也라 戇은 愚也니 丁絳反이라

楊倞注 : 悍은 흉포하다는 뜻이다. 戇은 어리석다는 뜻이니, 〈그 음이〉 丁과 絳의 반절이다.

27-231 仁義禮善之於人也는 辟(비)[282]之若貨財粟米之於家也라 多有之者富하고 少有之者貧하며 至無有者窮이라 故大者不能하고 小者不爲면 是棄國捐身之道也라

사람에게 있어서의 仁·義·禮·善은 비유하자면 가정에 있어서의 재물·양식과 같다. 그것을 많이 가진 사람은 부유하고 그것을 적게 가진 사람은 가난하며 전혀 가지지 않은 사람은 곤궁하다. 그러므로 크게는 〈仁·義·禮·善을 추구하지〉 못하고 작게는 〈또 그것을 추구하려〉 하지 않는다면 그것은 나라를 버리고 몸을 망치는 길이다.

○ 盧文弨曰 捐은 宋本作損이라 今從元刻이라

○ 盧文弨 : 捐은 宋本에는 '損'으로 되어 있다. 여기서는 元刻本에 따랐다.

27-232 凡物有乘而來라 (乘其)〔其乘而〕[283]出者는 是其反者也라

모든 일은 원인이 있어 생기는 것이다. 그 원인이 있어 나간 일은 다시 그곳으로 돌아온다.

反은 復也요 出은 去也라 凡乘埶而來하고 乘埶而去者는 皆是物之還反也라 言善惡皆所自取也라 ○ 王念孫曰 下乘字는 疑涉上乘字而衍이라 凡物有乘而來者의 乘은 因也①라 言凡物必有所因而來라 反乎我者는 卽出乎我者也라 故曰 其出者는 是其反者也라하니라 今本來下又有乘字하니 則義反晦矣라 楊說失之라

---

282) 辟(비) : '譬'와 같다.

283) (乘其)〔其乘而〕: 저본에는 '乘其'로 되어 있으나, 王天海의 설에 의거하여 '其乘而'로 바로잡았다.

① 文選謝眺始出尙書省詩注引如淳漢書注라

≪文選≫〈雜詩 下〉에 보이는 謝眺의〈始出尙書省詩〉주에 如淳의 ≪漢書≫ 주를 인용하였다.

楊倞注 : 反은 돌아온다는 뜻이고, 出은 나간다는 뜻이다. 일반적으로 시세를 타고 들어오고 시세를 타고 나가는 것은 모두 사물이 왕래하는 일이다. 善惡은 모두 스스로 취한 것이라는 말이다.

○ 王念孫 : 아래 '乘'자는 아마도 위의 '乘'자와 연관되어 잘못 덧붙여진 것 같다. '凡物有乘而來'라 한 곳의 '乘'은 원인이란 뜻이다. 모든 일은 반드시 그 원인이 있어 생긴다는 말이다. 나에게 돌아오는 것은 곧 나에게서 나갔던 것이다. 그러므로 "나간 것은 돌아오는 것이다."라고 말한 것이다. 지금 저본에는 '來' 밑에 또 '乘'자가 있으니, 뜻이 도리어 애매해졌다. 楊氏의 설은 잘못되었다.

27-233 流言滅之하고 貨色遠之라 禍之所由生也로 生自纖纖也라 是故君子蚤絶之라

근거 없이 떠도는 말은 없애고 재물과 여색은 멀리해야 한다. 모든 재앙이 생겨나는 근원으로 극히 미세한 데서 생겨난다. 이 때문에 君子는 일찌감치 〈그 싹을〉 끊어버리는 것이다.

流言은 謂流轉之言不定者也라 滅도 亦絶也라 凡禍之所由生은 自纖纖微細라 故君子早絶其萌이라 此語亦出曾子라 ○ 盧文弨曰 元刻엔 作禍之所由生은 自纖纖也하여 與大戴曾子立事篇同이라 王念孫曰 宋龔本同元刻하니 汪從之라

楊倞注 : 流言은 떠돌아다니는 말로서 확실치 않은 것을 이른다. 滅 또한 끊는다는 뜻이다. 모든 재앙이 생겨나는 것은 극히 미세한 데서 시작되기 때문에 君子는 일찌감치 그 싹을 끊어버린다는 것이다. 이 말 또한 ≪大戴禮記≫〈曾子立事篇〉에서 나왔다.

○ 盧文弨 : 元刻本에는 〈禍之所由生也 生自纖纖也가〉 '禍之所由生 自纖纖也'로 되어 있어 ≪大戴禮記≫〈曾子立事篇〉과 같다.

王念孫 : 宋龔本도 元刻本과 같으니, 汪氏(汪中)가 그대로 따랐다.

27-234 言之信者는 在乎區蓋[284]之間이라

말이 〈진실하여〉 믿을 만한 것은 〈모르면〉 모른다 하고 〈의문나면〉 머뭇거리는 그 사이에 있다.

區는 藏物處라 蓋는 所以覆(부)物者라 凡言之可信者는 如物在器皿之間하니 言有分限하여 不流溢也라 器名區[285]者는 與丘同義라 漢書儒林傳에 唐生褚生應博士弟子[286]選하여 試誦說하되 有法하여 疑者丘蓋不言이라하니 丘與區同也라

楊倞注 : 區는 물건을 담는 부분이다. 蓋는 물건을 덮는 뚜껑이다. 일반적으로 말 중에 믿을 만한 것은 물건이 그릇 속에 있는 것과 같으니, 〈하는 말이 일정한〉 한계가 있어서 넘쳐흐르지 않는다는 말이다. 그릇을 區라고 이름 붙인 것은 '丘'와 그 뜻이 같다. ≪漢書≫ 〈儒林傳〉에 "唐生褚生應博士弟子選 試誦說 有法 疑者丘蓋不言(唐生과 褚生이 博士弟子를 선발하는 시험에 응시하여 글을 암송하고 설명하는 시험을 치르는데 매우 법도가 있어 의심스러운 것은 머뭇거리고 말하지 않았다.)"이라고 하였으니, 丘와 區는 같다.

27-235 疑則不言하고 未問[287]則不(立)〔言〕[288]이라

의심나는 일은 말하지 않고 아직 들어보지 못한 일은 말하지 않아야 한다.

重引此兩句以明之라 ○ 郝懿行曰 此二句已見上이라 疑立皆當爲言이니 形近之譌라 楊注說立[289]은 非也라 區蓋者는 古讀區若丘하니 注引漢儒林傳의 疑者丘蓋不言 此說是也라 論語記孔子言蓋는 皆疑而未定之詞라 如云 君子於其所不知에

---

284) 區蓋 : 區는 모른다는 뜻이고, 蓋는 머뭇거린다는 뜻이다.

285) 區 : 부피를 헤아리는 그릇으로, 한 말 여섯 되가 들어간다.

286) 博士弟子 : 漢代에 博士가 가르치는 제자이다. 漢 武帝 元朔 5년(B.C. 124)에 公孫弘의 건의에 따라 博士官을 두고 제자 50명을 선발하여 가르치고 해마다 시험을 거쳐 성적이 우수한 사람을 文學掌故에 보임하거나 郎中에 임명하였다.

287) 問 : '聞'과 같다.

288) (立)〔言〕 : 저본에는 '立'으로 되어 있으나, 郝懿行의 주에 의거하여 '言'으로 바로잡았다.

289) 楊注說立 : 앞서(27-191) '未問則不言'의 楊倞 주에 "不敢立爲論議(감히 어떤 논의를 내세우지 말아야 한다.)"라고 한 것을 말한다.

蓋闕如也와 蓋有不知而作之者나 我無是也와 蓋有之矣어늘 我未之見也라 蓋는 皆疑詞라 故謂疑者曰丘蓋라하니 以音同借爲區蓋耳라 楊注非是라 漢書注에 蘇林曰 丘蓋不言은 不知之意也라하고 如淳曰 齊俗以不知爲丘라하니 二說皆得其意라 但語未明晰耳라 顔師古注엔 以蓋爲發語之辭하니 亦非라

楊倞注 : 이 두 구를 재차 인용하여 그 뜻을 밝힌 것이다.

○ 郝懿行 : 이 두 구는 이미 위(27-191)에 보인다. 아마도 '立'은 모두 마땅히 '言'으로 되어야 하니, 모양이 가까워 잘못된 것이다. 楊氏의 주에 '立'자를 설명한 것은 틀렸다. 區蓋는 옛날에 '區'를 '丘'와 같은 글자로 읽었으니, 〈楊氏의〉 주에 인용된 ≪漢書≫ 〈儒林傳〉의 "疑者丘蓋不言(의심스러운 것은 제쳐두고 말하지 않았다.)"이라는 이 설이 옳다. ≪論語≫에서 孔子의 말씀을 기록한 곳의 '蓋'는 모두 의심스러워 단정하지 못한다는 의문사이다. 이를테면 〈子路〉의 '君子於其所不知 蓋闕如也(君子는 자기가 모르는 것에 대해서는 대개 제쳐놓는다.)'와, 〈述而〉의 '蓋有不知而作之者 我無是也(대개 알지 못하면서 일을 창작하는 이가 있을 수도 있겠으나, 나는 이런 일이 없다.)'와, 〈里仁〉의 '蓋有之矣 我未之見也(대개 그런 사람이 있을 것이지만 내가 아직 못 보았다.)'와 같은 경우이다. '蓋'는 모두 의문사이기 때문에 의심스러운 것을 '丘蓋'라 말했으니, 이는 음이 같은 글자를 빌려 '區蓋'가 된 것이다. 楊氏의 주는 옳지 않다. ≪漢書≫ 〈儒林傳〉의 주에 "蘇林은 '丘蓋不言은 알지 못한다는 뜻이다.'라 하고, 如淳은 '齊나라의 풍속에는 알지 못하는 것을 丘라 한다.'라고 하였으니, 이 두 설은 모두 그 뜻을 제대로 알았다. 다만 말이 분명치 못할 뿐이다. 顔師古의 주에는 '蓋'를 發語辭라 하였으니, 이 또한 틀린 것이다.

## 27-236 知者明於事하고 達於數하니 不可以不誠事也라

지혜로운 사람은 사정에 밝고 사리에 통달하니, 〈지혜로운 사람을〉 정성껏 섬기지 않으면 안 된다.

誠은 忠誠이라 言不可以虛妄事智者라 ○ 盧文弨曰 事智者는 元刻에 作了知也라

楊倞注 : 誠은 忠誠이라는 뜻이다. 〈不可以不誠事也는〉 지혜로운 사람을 거짓으로 섬겨서는 안 된다는 말이다.

○ 盧文弨 : 〈楊氏 주의〉 '事智者'는 元刻本에 '了知也'로 되어 있다.

27-237 故曰 君子難說(열)하니 說之不以道면 不說也[290]라하니라

그러므로 "君子는 기쁘게 하기 어려우니 기쁘게 하기를 道로써 하지 않으면 기뻐하지 않는다."라고 하였다.

27-238 語曰 流丸止於甌臾[291]하고 流言止於知者라하니라

속담에 "구르는 탄환은 움푹 패인 곳에서 멈추고, 근거 없이 떠도는 말은 지혜로운 사람에게서 멈춘다."라고 하였다.

甌臾는 皆瓦器也라 揚子雲方言云 陳魏楚宋之間에 謂罃[292]爲臾라하니라 甌臾는 謂地之坳坎如甌臾者也라 或曰 甌臾는 窳下之地라하니라 史記曰 甌窶滿溝[293]하고 汚邪滿車라하여늘 裴駰云 甌窶는 傾側之地요 汚邪는 下地[294]也라하니라 邪與臾는 聲相近하니 蓋同也라 窶는 力侯反이라 汚는 烏瓜反이라

楊倞注：甌와 臾는 모두 질그릇이다. 揚子雲(揚雄)의 ≪方言≫에 "陳·魏·楚·宋 지방에서는 罃을 臾라 이른다."라고 하였다. 甌臾는 땅이 움푹 패여 사발 모양과 같은 것을 이른다. 혹자는 "甌臾는 바닥이 낮은 땅이다."라고 하였다. ≪史記≫에 "甌窶滿溝 汚邪滿車(기운 땅 거둔 작물 광주리 그득하고, 논에서 거둔 곡식 수레에 그득하길)"라 하였는데, 裴駰이 "甌窶는 기울어진 땅이고, 汚邪는 낮은 땅이다."라고 하였다.

甌

290) 君子難說(열)……不說也：孔子의 말씀으로, ≪論語≫ 〈子路〉에 보인다.
291) 甌臾：사발인데, 여기서는 사발처럼 중앙이 움푹 패인 땅을 말한다.
292) 罃：배가 부르고 아가리가 작은 병이다.
293) 溝：'篝'와 통한다. ≪史記≫ 〈滑稽列傳〉에는 '篝'로 되어 있다.
294) 地：저본의 원주에 "≪史記≫ 〈滑稽列傳〉 裴駰의 ≪集解≫에는 '下地' 아래에 '田'자가 있다.〔史記滑稽列傳裴駰集解下地下有田字〕"라고 하였다.

邪와 臾는 소리가 서로 가까우니, 아마도 같을 것이다. 窶는 〈음이〉 力과 侯의 반절이다. 汚는 〈음이〉 烏와 瓜의 반절이다.

27-239 **此家言**[295]**邪學之所以惡**(오)**儒者也**라

이것은 사적인 말과 사악한 학설이 儒者를 증오하는 원인이다.

**家言**은 **謂偏見自成一家之言**이니 **若宋**[296]**墨者**라

楊倞注 : 家言은 편견으로 스스로 일가를 이룬 자의 말을 이르니, 宋銒・墨翟과 같은 자들이다.

27-240 **是非疑**엔 **則度**(탁)**之以遠事**하고 **驗之以近物**하고 **參之以平心**하면 **流言止焉**하고 **惡言死焉**하리라

옳고 그른 것이 의심스러울 때는 지나간 오래전의 일로 헤아리고 가까운 근래의 일로 검증하고 차분한 마음으로 살펴본다면 근거 없이 떠도는 말도 멈추고 사악한 말도 소멸될 것이다.

**參驗之至**면 **則流言息**이라 **死**는 **猶盡也**라 **鄭康成曰 死之言澌**라하니라 **澌**는 **猶消盡也**라

楊倞注 : 살피고 검증하기를 완전하게 하면 근거 없이 떠도는 말이 멈출 것이다. 死는 '盡'과 같다. 鄭康成(鄭玄)이 "死는 '澌'의 뜻이다."라고 하였다. 澌는 소멸된다는 뜻이다.

---

295) 家言 : 駱瑞鶴은 "家는 '私'와 같다. 私 또한 '邪'의 뜻이니, 邪는 한쪽으로 치우쳐 공정하지 않은 것을 이른다. 家言은 곧 私言이니 '邪學'과 같은 뜻이다."라고 하였다. 이에 따라 번역하였다.

296) 宋 : 戰國時代 宋나라의 학자 宋銒을 말한다. 孟子와 같은 시대 인물이다. 사물을 인식할 때 먼저 先入觀을 깰 것을 주장하고 사람과 사람 사이의 모순을 제거할 것을 추구하였다. 남의 모욕을 당하더라도 치욕으로 여겨서는 안 된다고 하였고 국가간의 전쟁을 반대하기도 하였다. 宋牼・宋榮子로도 불린다.

27-241 曾子食魚라가 有餘하여 曰 泔之하라하니 門人曰 泔之傷人하리이다 不若奧之니이다

曾子가 생선을 먹다가 남은 것이 있어 말하기를 "쌀뜨물에 담가두어라."라 하니, 문인이 말하기를 "쌀뜨물에 담그면 사람이 상할 것입니다. 소금에 절여두는 것만 못합니다."라고 하였다.

泔與奧는 皆烹和之名이나 未詳其說이라 ○ 盧文弨曰 案非烹和也니 曾子以魚多欲藏之耳라 泔은 米汁也라 泔之는 謂以米汁浸漬之라 門人以易(이)致腐爛하여 食之不宜於人하고 或致有腹疾之患이라 故以爲傷人이라 說文에 奧는 宛也라하고 宛은 奧也라하니라 奧與宛은 皆與鬱音義同이라 今人藏魚之法은 醉魚則用酒하고 醃魚則用鹽하여 置之甄中以鬱之하니 可以經久하고 且味美라 奧는 如鬱韭鬱麴之鬱①이니 皆謂治之하여 藏於幽隱之處라 今魚經鹽酒者는 於老者病者極相宜하니 正與傷人相反②이라 王念孫曰 米泔不可以漬魚어늘 盧謂以米汁浸漬之하니 非也라 泔은 當爲洎라 周官士師에 洎鑊水의 鄭注曰 洎는 謂增其沃汁이라하고 襄二十八年左傳에 去其肉而以其洎饋의 正義曰 添水以爲肉汁하고 遂名肉汁爲洎라하니라 然則添水以爲魚汁도 亦得謂之洎라 洎之는 謂添水以漬之也라 呂氏春秋應言篇에 多洎之則淡而不可食하고 少洎之則焦而不熟의 高注曰 肉汁爲洎라하니 彼言多洎之少洎之는 卽此所謂洎之矣라 以洎漬魚하면 則恐致腐爛而不宜於食이라 故曰洎之傷人也라하니라 隸書에 甘字或作目하여 與自字極相似라 故洎誤爲泔耳③라 奧는 亦非烹和之名이라 盧訓奧爲鬱이 是也라 釋名曰 脾는 奧也라 藏物[297]於奧內라가 稍出用之也라하니 彼所謂脾는 卽此所謂奧之矣라 然盧謂奧與宛鬱同音은 則非也라 奧與宛鬱同義而不同音이라 故諸書中鬱字有通作宛者나 而宛鬱二字는 無通作奧者라 以宛鬱釋奧則可어니와 讀奧爲宛鬱則不可라

① 鬱韭見說文韽字下하고 鬱麴見釋名이라
'鬱韭'는 ≪說文解字≫ '韽'자 밑에 보이고, '鬱麴'은 ≪釋名≫에 보인다.

② 此條見龍城札記[298]라

---

297) 物 : ≪釋名≫에는 '肉'으로 되어 있다.

이 조목은 ≪龍城札記≫에 보인다.

③ 漢西嶽華山亭碑에 甘澍弗布의 甘字作目하니 見漢隷字(原)〔源〕[299]이라
〈漢西嶽華山亭碑〉에 "甘澍弗布(단비를 뿌리지 않았다.)"의 '甘'자가 '目'으로 되어 있기도 하니, ≪漢隷字源≫에 보인다.

〈漢西嶽華山亭碑〉의 '甘'자

楊倞注 : 泔과 奧는 모두 요리한다는 뜻의 글자이나, 그 내용은 알 수 없다.

○ 盧文弨 : 살펴보건대, 〈泔이란〉 요리한다는 뜻이 아니니, 曾子가 고기가 많으므로 그것을 저장하려고 한 것일 뿐이다. 泔은 쌀뜨물이다. 泔之는 쌀뜨물로 그것을 담그는 것을 이른다. 문인이 〈생각할 때〉 쉽게 부패하여 그것을 먹기에는 사람에게 마땅치 않고 혹시 복통을 일으킬 수도 있었기 때문에 사람을 상하게 한다고 한 것이다. ≪說文解字≫에 "奧는 '宛'의 뜻이다."라 하고, 또 "宛은 '奧'의 뜻이다."라고 하였다. 奧와 宛은 모두 '鬱'과 음이며 뜻이 같다. 지금 사람들이 생선을 저장하는 법은, 담그는 고기는 술을 사용하고 절이는 고기는 소금을 사용하여 항아리 속에 두어 발효시키니, 〈이렇게 하면〉 오래 저장할 수 있고 게다가 맛도 좋다. 奧는 '鬱韭(발효시킨 부추)'·'鬱麴(발효시킨 누룩)'의 '鬱'과 같으니, 모두 손질하여 어두운 곳에 보관하는 것을 이른다. 오늘날 생선을 소금과 술로 발효를 거친 것은 노인과 환자에게 매우 좋으니, 사람을 상하게 하는 것과 정확히 상반된다.

王念孫 : 쌀뜨물에는 생선을 담글 수 없는데도 盧氏는 쌀뜨물로 담근다고 하였으니, 틀렸다. 泔은 마땅히 '洎'로 되어야 한다. ≪周官(周禮)≫ 〈士師〉에 "洎鑊水(솥 안에

298) 龍城札記 : 盧文弨가 常州 龍城書院에서 교육을 담당하고 있을 때 기록한 것으로, 經書와 역사서를 교감한 것에 관한 내용이다.

299) 漢隷字(原)〔源〕 : 저본에는 '原'으로 되어 있으나, 誤字이므로 '源'으로 바로잡았다. ≪漢隷字源≫은 宋나라 婁機(1133~1211)의 저술로 모두 6권이다.

〈희생의 몸통을 삶는〉 물을 더 넣는다.)"라고 한 곳의 鄭玄의 주에 "洎는 그 육즙을 더 넣는 것을 이른다."라 하고, ≪春秋左氏傳≫ 襄公 28년에 "去其肉而以其洎饋(그 살을 건져내고 고깃국을 먹게 하였다.)"라 한 곳의 ≪春秋左傳正義≫에 "물을 더 넣어 육즙을 만들고 마침내 육즙을 '洎'라 한 것이다."라고 하였다. 그렇다면 물을 더 넣어 魚汁을 만든 것도 '洎'라 이를 수 있다. 洎之는 물을 더 넣어 담그는 것을 이른다. ≪呂氏春秋≫〈應言篇〉에 "多洎之則淡而不可食 少洎之則焦而不熟(육즙을 많이 넣으면 싱거워 먹을 수가 없고, 육즙을 적게 넣으면 타서 〈눌어붙더라도〉 익지 않는다.)"이라 한 곳의 高誘 주에 "육즙이 洎의 뜻이다."라고 하였으니, 그곳에 말한 '多洎之'니 '少洎之'니 하는 것은 곧 이곳의 이른바 '洎之'이다. 육즙으로 생선을 담그면 부패하여 먹기에 마땅치 않기 때문에 '洎之傷人'이라 한 것이다. 隸書에 '甘'자가 간혹 '目'으로 되어 있기도 하여 '自'자와 매우 비슷하므로 '洎'가 잘못되어 '泔'이 된 것이다. 奧 또한 요리한다는 뜻의 글자가 아니다. 盧氏가 奧를 발효시키는 뜻이라고 한 것이 옳다. ≪釋名≫에 "脾는 '奧(절이다)'와 같다. 절인 그 속에 음식물을 저장해두었다가 조금씩 꺼내 쓰는 것이다."라고 하였으니, 그곳의 이른바 '脾'는 곧 이곳의 이른바 '奧之'이다. 그러나 盧氏가 奧와 宛은 鬱과 음이 같다고 한 것은 틀렸다. 奧와 宛은 鬱과 뜻은 같지만 음은 같지 않다. 그러므로 여러 문헌 속에서 '鬱'자는 '宛'과 통용하여 쓴 경우는 있으나, 宛·鬱 두 자는 '奧'와 통용하여 쓴 경우가 없다. 宛·鬱로 奧의 뜻을 풀이하는 것은 무방하지만, 奧를 宛·鬱로 읽는 것은 옳지 않다.

## 27-242 曾子泣涕曰 有異心乎哉아하니 傷其聞之晚也라

그러자 曾子가 눈물을 흘리며 "내가 어찌 별다른 마음이 있었겠느냐."라고 하였으니, 자기가 이와 같은 말을 너무 늦게 들은 것이 슬펐기 때문이다.

曾子自傷不知以食餘之傷人이라 故泣涕하여 深自引過하여 謝門人曰 吾豈有異心故欲傷人哉아 乃所不知也라하니라 言此者는 以譏時人飾非自是하여 恥言不知與曾子異也라 ○ 先謙案 曾子養親至孝라 當時或進此魚而未知其傷人이라가 親沒後始聞此語라 故觸念自傷이라 楊注未得其義라

楊倞注 : 曾子가 먹다 남은 음식은 사람을 상하게 한다는 사실을 몰랐던 것이 스스로 슬펐기 때문에, 눈물을 흘리면서 깊이 자책하여 문인에게 사과하기를 "내가 어찌 별다른 마음이 있어 일부러 사람을 상하게 하려고 했겠느냐. 내가 몰라서 그런 것이

다."라고 하였다. 이 내용을 말한 것은 그 당시 사람들이 잘못을 가리고 스스로 옳다 하면서 모른다고 말하는 것을 부끄러워하는 것이 曾子와 다르다는 것을 꼬집기 위해서이다.

○ 先謙案 : 曾子는 어버이를 지극한 효성으로 봉양하였다. 〈어버이가 생존할〉 당시에 혹시 생선을 올리면서 사람을 상하게 할 수도 있다는 사실을 몰랐다가, 어버이가 돌아가신 뒤에 비로소 이 말을 들었기 때문에 느낀 바가 있어 스스로 슬퍼했을 것이다. 楊氏의 주는 그 뜻을 알아내지 못했다.

27-243 無用吾之所短으로 遇人之所長이라

나의 단점을 가지고 다른 사람의 장점과 맞서지 말아야 한다.

遇는 當也라 言己才藝有所短이면 宜自審其分이요 不可彊欲當人所長而辨爭也라

楊倞注 : 遇는 '當(맞서다)'의 뜻이다. 자기 재능에 단점이 있다면 마땅히 스스로 그 한계를 살펴야 하고 억지로 남의 장점과 맞서 논쟁하려 해서는 안 된다는 말이다.

27-244 故[300]塞而避所短인댄 移而從所(仕)〔任〕[301]이라 疏知而不法하며 察辨[302]而操辟[303]하며 勇果而亡禮는 君子之所憎惡(오)也라

대체로 나의 단점을 덮어 회피하기 위해서는 방향을 바꿔 자기가 잘하는 쪽으로 따라가야 한다. 사리에 통달하고 지혜롭더라도 법도를 지키지 않으며, 통찰력이 있고 논변을 잘하더라도 행위가 바르지 않으며, 용감하고 과단성이 있더라도 禮義를 잃어버리는 것은 君子가 증오하는 일이다.

塞은 掩也라 移는 就也라 仕는 與事同하니 事는 所能也라 言掩其不善하고 務其所能也라 疏는 通也라 察辨而操辟은 謂聽察其辨이라도 所操之事邪僻也라 操는 七刀

300) 故 : 여기서는 助辭인 '夫'와 같은 것으로 보인다.
301) (仕)〔任〕 : 저본에는 '仕'로 되어 있으나, 兪樾의 주에 의거하여 '任'으로 바로잡았다.
302) 辨 : '辯'과 통한다.
303) 辟 : '僻'과 통한다.

反이라 ○ 兪樾曰 仕는 疑任字之誤라 莊子秋水篇에 任士之所勞의 釋文引李注曰 任은 能也라하니 然則移而從所任者는 移而從所能也 於義較捷矣라

楊倞注 : 塞은 덮는다는 뜻이다. 移는 나아간다는 뜻이다. 仕는 '事'와 같으니, 事는 잘하는 일이다. 자기가 잘하지 못하는 것을 덮고 자기가 잘하는 일에 힘쓴다는 말이다. 疏는 통달한다는 뜻이다. 察辨而操辟은 그 가려내야 할 것을 잘 살피더라도 행하는 일이 바르지 않은 것을 이른다. 操는 〈음이〉 七과 刀의 반절이다.

○ 兪樾 : '仕'는 아마도 '任'자의 잘못일 것이다. ≪莊子≫ 〈秋水篇〉에 "任士之所勞(賢能한 선비가 애써 수고하는 것)"라 한 곳의 ≪經典釋文≫에 李氏의 주를 인용하여 "任은 '能'의 뜻이다."라고 하였으니, 그렇다면 移而從所任은 '移而從所能(방향을 바꿔 자기가 잘하는 쪽으로 따라가야 한다.)'으로 이해하는 것이 뜻으로 볼 때 비교적 더 우세하다.

27-245 多言而類는 聖人也요

말이 많으면서 법도와 부합되는 것은 聖人이고,

應萬變이라 故多라 類는 謂皆當其類而無乖越이라 此聖人也라

楊倞注 : 온갖 변화에 대응하기 때문에 말이 많은 것이다. 類는 모두 그 법도에 들어맞아 어긋나거나 넘어서는 일이 없는 것을 이른다. 이것은 聖人에 해당한다.

27-246 少言而法은 君子也요 多言無法而流면 喆然[304)]雖辯이라도 小人也라

말이 적으면서 법도와 부합되는 것은 君子이고, 말이 많고 법도가 없어 제멋대로라면 뻔뻔스레 비록 말은 잘하더라도 小人이다.

喆은 當爲湎이라 非十二子篇에 有此語하니 此當同이라 或曰 當爲楛也라하니라 ○ 先謙案 而는 當訓爲如니 通用字라

楊倞注 : '喆'은 마땅히 '湎'으로 되어야 한다. 〈非十二子篇〉(6-49)에 이 말이 있으니, 이 글자는 마땅히 거기와 같아야 한다. 혹자는 "〈喆은〉 마땅히 '楛'로 되어야 한다."라고 하였다.

304) 喆然 : '哲然'과 같고, 哲然은 곧 '靦然'으로, 뻔뻔스럽다는 뜻이다.

○ 先謙案 : '而'는 마땅히 '如'자의 뜻이 되어야 하니, 통용하는 글자이다.

27-247 國法禁拾遺는 惡(오)民之串以無分得也라

국법에 남이 잃어버린 재물을 줍는 것을 금지한 것은 백성들이 명분 없이 재물을 취득하는 습관을 가지는 것을 증오하기 때문이다.

串은 習也니 工患反이라

楊倞注 : 串은 '習'의 뜻이니, 〈음이〉 工과 患의 반절이다.

27-248 有夫分義면 則容天下而治나

명분과 도의가 있다면 천하를 포용하여 잘 다스릴 것이지만

○ 先謙案 容은 受也라

○ 先謙案 : 容은 수용한다는 뜻이다.

27-249 無分義면 則一妻一妾而亂이라

명분과 도의가 없다면 자기 妻妾을 〈관리하게 하더라도〉 혼란스러울 것이다.

27-250 天下之人이 唯[305]各特意哉나 然而有所共予也라

온 천하 사람이 비록 저마다 생각하는 것이 다르지만 다함께 인정하는 것도 있다.

特意는 謂人人殊意라 予는 讀爲與라 ○ 盧文弨曰 唯는 元刻作雖라 王念孫曰 唯는 即雖字니 說見經義述聞桓十四年穀梁傳이라

楊倞注 : 特意는 사람마다 생각이 다르다는 것을 이른다. 予는 '與(허여하다)'로 읽어야 한다.

305) 唯 : '雖'와 통한다.

○ 盧文弨 : '唯'는 元刻本에 '雖'로 되어 있다.

王念孫 : '唯'는 곧 '雖'자이니, 이에 관한 설명은 ≪經義述聞≫의 ≪春秋穀梁傳≫ 桓公 14년에 보인다.

**27-251 言味者予易牙**[306)]하고 **言音者予師曠**[307)]하고 **言治者予三王**[308)]이라

맛을 거론하는 사람은 易牙를 인정하고, 음악을 거론하는 사람은 師曠을 인정하고, 정치를 거론하는 사람은 三王을 인정한다.

**易牙**는 **齊桓公宰夫**[309)]니 **知味者**라 **師曠**은 **晉平公樂師**[310)]니 **知音者**라

楊倞注 : 易牙는 齊 桓公의 宰夫이니, 음식 맛을 잘 아는 사람이다. 師曠은 晉 平公의 樂師이니, 음악을 잘 아는 사람이다.

**27-252 三王旣已定法度**하고 **制禮樂而傳之**어늘 **有不用而改自作**이면 **何以異於變易牙之和**하고 **更師曠之律**이리오 **無三王之法**이면 **天下不待亡**하고 **國不待死**리라

三王이 이미 법도를 정하고 禮樂을 만들어 그것을 후세에 전했는데, 그것을 쓰지 않고 고쳐 자신이 새로 만드는 일이 있다면 易牙의 요리 방법을 바꾸고 師曠의 음률을 고치는 것과 무엇이 다르겠는가. 三王의 법도가 없다면 천하는 그 즉시 멸

---

306) 易牙 : 狄牙로 표기하도 한다. 春秋 때 齊나라 사람으로, 이름은 巫이다. 음식요리를 잘하여 齊 桓公의 총애를 받아 雍人에 임용되었다.

307) 師曠 : 春秋 때 晉나라 사람으로 자는 子野이다. 전설에 의하면 태어나면서부터 소경이었는데, 음률을 잘 구별하여 음악으로 길흉을 알아맞혔다고 한다. 齊나라가 晉나라를 공격했을 때 새 울음소리를 듣고 齊나라 군대가 이미 물러간 것을 알았고, 晉 平公이 큰 종을 주조했을 때 여러 樂工이 모두 그 소리가 음률에 들어맞는다고 하였으나 師曠만은 그렇지 않다고 하였는데, 나중에 衛나라 樂官인 師涓에 의해 그의 말이 옳은 것으로 증명되었다.

308) 三王 : 夏・殷・周 三代의 聖王인 禹・湯과 文王・武王을 말한다.

309) 宰夫 : 관직명으로도 쓰이나, 여기서는 음식을 요리하는 사람이란 뜻으로 보인다.

310) 樂師 : 음악을 담당하는 관직명이다.

망하고 국가도 그 즉시 없어질 것이다.

言不暇有所待而死亡하여 速之甚也라 更은 工衡反이라 ○ 謝本은 從盧校하여 作無三王之治라 王念孫曰 呂錢本엔 治皆作法하니 是也라 此承上三王旣已定法度而言이라 先謙案 王說是라 今從呂錢本改라

楊倞注 : 기다릴 틈도 없이 죽거나 멸망하여 그 속도가 매우 빠를 것이라는 말이다. 更은 〈음이〉 工과 衡의 반절이다.

○ 謝本은 盧校本에 따라 〈'無三王之法'이〉 '無三王之治'로 되어 있다.

王念孫 : 呂·錢本에는 '治'가 모두 '法'으로 되어 있으니, 그것이 옳다. 이것은 위의 '三王旣已定法度'를 이어받아 말한 것이다.

先謙案 : 王氏의 설이 옳다. 여기서는 呂·錢本에 따라 고쳤다.

27-253 飮而不食者蟬也요 不飮不食者(浮)〔蜉〕[311]蝣也라

마시기만 하고 먹지 않는 것은 매미이고, 마시지도 않고 먹지도 않는 것은 하루살이이다.

(浮)〔蜉〕蝣는 渠略이니 朝生夕死蟲也라 言此者는 以喩人旣飮且食하니 必須求先王法略爲治요 不得苟且如(浮)〔蜉〕蝣輩也라 ○ 郝懿行曰 二句義似未足하고 文無所蒙하니 容有缺脫이라 汪中曰 此二語는 別是一義요 與上文不相蒙하니 注非라

蜉蝣

楊倞注 : 蜉蝣는 하루살이이니, 아침에 생겼다가 저녁에 죽는 곤충이다. 이것을 말한 것은 인간은 이미

311) (浮)〔蜉〕: 저본에는 '浮'로 되어 있으나, 世德堂本에 의거하여 '蜉'로 바로잡았다. 楊倞의 수도 같다.

마시기도 하고 먹기도 하니, 반드시 고대 聖王의 법도를 구해 다스려야 하고 구차하게 하루살이 무리처럼 되어서는 안 된다는 것을 비유한 것이다.

○ 郝懿行 : 이 두 구는 뜻이 충분치 못한 것 같고 글이 연관되는 것이 없으니, 빠진 글이 있을 수 있다.

汪中 : 이 두 말은 별도로 하나의 뜻이 되고 윗글과 연관되지 않으니, 〈楊氏의〉 주는 틀렸다.

**27-254 虞舜孝己[312)]孝而親不愛**하고 **比干子胥[313)]忠而君不用**하고 **仲尼顔淵[314)]知而窮於世**라 **劫迫於暴國而無所辟**(피)**之**면

虞舜과 孝己는 효성스러웠으나 부모가 사랑하지 않았고, 比干과 子胥는 충성스러웠으나 군왕이 믿어 쓰지 않았고, 仲尼와 顔淵은 지혜로웠으나 세상에서 곤궁하게 살았다. 폭군이 통치하는 국가에서 압박을 받으며 생활하고 도피할 곳도 없다면

顔回

312) 虞舜孝己 : 虞舜은 고대 五帝의 하나로, 성은 姚이고 이름은 重華이다. 처음에 虞 지방에 도읍을 정했다 하여 虞舜이라 부른다. 사나운 아버지와 미련한 계모 그리고 거만한 이복아우가 항상 그를 죽이려고 하였으나 부모에 대한 효성이 변함없었다고 한다. 孝己는 殷 高宗인 武丁의 태자이다. 전설에 의하면 효성이 지극하였으나, 그의 어머니가 죽은 뒤에 高宗이 후처의 말에 현혹되어 그를 추방해 죽게 하였다 한다.

313) 比干子胥 : 比干은 紂王의 친족으로, 紂王의 숙부라는 설과 이복형이라는 설이 있다. 바른말로 紂王에게 충고하였으나 받아들이지 않고 죽여버렸다. 子胥는 春秋 때 吳나라 大夫 伍員의 자이다. 吳王 闔閭를 도와 楚나라와 다섯 번 싸워 모두 승리한 공으로 申에 봉해져 申胥로 불리기도 한다. 吳王 夫差 때 吳나라와 싸워 패배한 越나라가 화친을 요구할 때 그것을 거부할 것을 강력히 권했으나 夫差가 받아들이지 않았고 吳나라가 齊나라를 공격할 때 만류하였으나 또 받아들이지 않았다. 나중에는 夫差가 伯嚭의 모함을 믿고 그에게 칼을 내려줘 자살하게 하였다.

314) 仲尼顔淵 : 仲尼는 孔子의 자이고, 顔淵은 孔子의 으뜸가는 제자로 亞聖으로 불린다.

辟는 讀爲避라 (聖)〔言〕[315)] 賢者不遇時엔 危行言遜[316)]이라

楊倞注：辟는 '避'로 읽어야 한다. 賢者가 때를 만나지 못했을 경우에는 행위는 정직하고 말은 겸손하게 한다는 말이다.

27-255 則崇其善하고 揚其美하며 言其所長而不稱其所短也라 惟惟而亡者는 誹也며

자기의 선행을 존중하고 자기의 미덕을 선양하며 자기의 장점을 말할 뿐 자기의 단점에 대해서는 거론하지 않아야 한다. 네네 하면서 순종하는데도 죽는 것은 〈자기가 등 뒤에서〉 비방했기 때문이며,

惟는 讀爲唯니 以癸反이라 唯唯는 聽從貌라 常聽從人而不免亡者는 由於退後卽誹謗也라

楊倞注：惟는 '唯'로 읽어야 하니, 〈음이〉 以와 癸의 반절이다. 唯唯는 순종하는 모양이다. 항상 남에게 순종하는데도 죽음을 면치 못하는 사람은 뒤로 물러난 뒤에 비방하기 때문이다.

27-256 博而窮者는 訾也며 清之而俞[317)]濁者는 口也라

박식한데도 곤경에 처하는 것은 〈남을〉 헐뜯었기 때문이며, 淸白을 추구하면 추구할수록 더 혼탁해지는 것은 하는 말이 〈많기〉 때문이다.

已解於榮辱篇이라

楊倞注：이미 〈榮辱篇〉(4-9, 10)에서 풀이하였다.

27-257 君子能爲可貴나 不能使人必貴己하고 能爲可用이나 不能使人必用己라

---

315) (聖)〔言〕: 저본에는 '聖'으로 되어 있으나, 世德堂本에 의거하여 '言'으로 바로잡았다.

316) 危行言遜 : ≪論語≫ 〈憲問〉에 보인다.

317) 俞 : '愈(더욱)'와 같다.

君子는 〈덕이〉 능히 남에게 존중받을 수 있으나 남에게 반드시 자기를 존중하게 할 수는 없고, 〈재주가 많아〉 능히 남에게 임용될 수 있으나 남에게 반드시 자기를 임용하게 할 수는 없다.

**修德在己**하고 **所遇在命**이라

楊倞注 : 덕을 닦는 것은 자기에 달려 있고, 〈자기를 알아주는 사람을〉 만나는 것은 운명에 달려 있다는 것이다.

27-258 **誥誓不及五帝**[318)]하고

포고문과 서약문을 쓰는 일은 五帝 시대까지 올라가지 않고

**誥誓**는 **以言辭相誡約也**라 **禮記曰 約信曰誓**라하고 **又曰 殷人作誓而民始畔**이라하니라

楊倞注 : 誥誓는 구두로 서로 당부하고 약속하는 것이다. ≪禮記≫ 〈曲禮 下〉에 "約信曰誓(〈피차가 준수할〉 조약을 맺는 것을 '誓'라 한다.)"라 하고, 또 ≪禮記≫ 〈檀弓 下〉에 "殷人作誓而民始畔(殷나라 사람이 '誓'를 만들자 백성들이 비로소 〈맹약을〉 배반하였다.)"이라 하였다.

27-259 **盟詛**[319)]**不及三王**하고

맹약을 체결하는 일은 三王 시대까지 올라가지 않고

**涖牲曰盟**이라 **謂殺牲歃血**하고 **告神以盟約也**라

楊倞注 : 희생 앞에서 〈맹약하는〉 것을 '盟'이라 한다. 희생을 죽여 그 피를 마시고 신령에게 고하여 맹약하는 것을 이른다.

27-260 **交質子不及五伯**(패)[320)]하니라

318) 五帝 : 少昊·顓頊·高辛·唐堯·虞舜 등을 가리킨다. 五帝에 대해서는 여러 설이 있다.

319) 盟詛 : 詛도 '맹약'의 뜻이다. ≪周禮≫ 〈春官 詛祝〉의 鄭玄 주에 의하면, 큰 일에 대한 맹세는 '盟'이라 하고, 작은 일에 대한 맹세는 '詛'라 한다.

320) 五伯(패) : 춘추 때 제후의 우두머리였던 齊 桓公, 晉 文公, 秦 穆公, 宋 襄公, 楚 莊王

군주가 자기 아들을 교환하여 인질로 삼는 일은 五伯 때까지 올라가지 않는다.

**此言後世德義不足**하여 **雖要約轉深**이나 **猶不能固也**라 **伯**는 **讀曰霸**라 **穀梁傳亦有此語**[321)]라

楊倞注 : 여기서는 후세에 도덕과 의리가 부족하여 비록 조약을 체결하는 일이 더욱 치밀하였으나 오히려 견고하지 못했다는 말이다. 伯는 '霸'로 읽는다. ≪春秋穀梁傳≫에도 이 말이 있다.

---

등을 가리킨다. 五伯에 대해서는 여러 설이 있다.

321) 穀梁傳亦有此語 : ≪春秋穀梁傳≫ 隱公 8년에 "誥誓不及五帝 盟詛不及三王 交質子不及二伯"라고 거의 동일하게 보인다. 다만 ≪荀子≫의 '五伯'가 ≪春秋穀梁傳≫에는 '二伯'로 되어 있다.

# 1. 參考圖版 目錄 및 出處

## 2. ≪荀子集解≫ 總目次 및 각 篇의 要旨

QR코드를 스캔하면 ≪荀子集解≫ 總目次 및 각 篇의 要旨를 볼 수 있습니다.

總目次

## 譯註者 略歷

### 宋基采

1949년 전남 고흥 출생
향리 龍岡齋에서 梧泉 朴壽烈 선생에게 학문 수학
蓬山 安鍾宣·海蓑 朴奎鉉 선생 師事
1980년 民族文化推進會 부설 국역연수원 수료
1985년 民族文化推進會 상임연구부 졸업
1985년~2006년 民族文化推進會 전문위원, 국역실장, 편찬실장, 교무처장 역임
2004년~2014년 韓國古典飜譯院 교수
2008년~2013년 成均館大學校 번역대학원 겸임교수
2015년~현재 韓國古典飜譯院 명예교수
2015년 국민훈장석류장 수훈

### 譯著書

譯書 ≪唐宋八大家文抄 曾鞏≫ ≪唐宋八大家文抄 柳宗元 1, 2≫
≪寒岡集≫ ≪農山世獻≫ ≪荀子集解 1, 2, 3, 4, 5≫
共譯 ≪孝宗實錄≫ ≪中宗實錄≫ ≪正祖實錄≫ ≪仁祖實錄≫ ≪宣祖實錄≫
≪寒水齋集≫ ≪宋子大全≫ ≪惺所覆瓿藁≫ ≪象村集≫ ≪茶山詩文集≫
≪서울金石文大觀≫ ≪農巖集≫
編著 ≪古文選讀≫

### 업적

1994년 漢字 고속입력법 '宋碼法' 개발
1996년 동양고전검색시스템 개발 'CD-ROM 尙友千古' 제작
2007년~현재 11개 분야 동양고전자료 1,762종 6억 3천만 자 DB화
http://www.s-sangwoo.kr/로 웹서비스

東洋古典譯註叢書 91

譯註 荀子集解 6 정가 40,000원

2018년 12월 30일 초판 발행
2025년 07월 31일 초판 3쇄

著者 荀況 集解 王先謙
譯 註 宋基采
諮問委員 吳圭根
潤文校訂 南賢熙 李孝宰 田炳秀 郭成龍
編 輯 東洋古典飜譯編輯委員會

發行人 金 炫

發行處 社團法人 傳統文化硏究會
서울 종로구 삼봉로 81 두산위브파빌리온 1332호
전화 : (02)762-8401 전송 : (02)747-0083
전자우편 : juntong@juntong.or.kr
홈페이지 : juntong.or.kr
사이버書堂 : cyberseodang.or.kr
온라인서점 : book.cyberseodang.or.kr
등록 : 1989. 7. 3. 제1-936호
총판 : 한국출판협동조합(070-7119-1750)

ISBN 979-11-5794-182-7 94150
978-89-85395-71-7(세트)

※ 이 책은 2018년도 교육부 고전문헌 국역지원사업 지원비에 의해 초판(비매품) 간행.